상담 및 심리치료에서

수치심과 분노 다루기

Leslie S. Greenberg 저 | 김영근 역

SHAME AND ANGER IN PSYCHOTHERAPY

학지사

Shame and Anger in Psychotherapy

by Leslie S. Greenberg

역자 서문

역자 서문 작성을 위해 내용을 구상하고 타이핑을 하고 있는 지금 이 순간, 나는 기쁨과 설렘의 정서를 느끼고 있다. 모든 정서에는 욕구와 의미가 서려 있다. 바로 그 욕구와 의미는 『정서중심상담의 실제』(공역, 2024, 학지사) 및 『복합외상에 대한 정서중심치료: 통합적 접근법』(역, 2025, 학지사)에 이어 내가 정서중심치료와 관련하여 세 번째로 번역하게 된 이 책이 한국의 많은 독자에게 읽히고 수치심과 분노를 다루는 상담 및 심리치료 실제에서 많이 적용될 수 있기를 바라는 소망과 연결될 것이다. 개별 정서를 포함한 정서 전반에 대한 근거기반의 구체적인 접근법으로서 정서중심치료만큼 이론적 · 경험적 체계가 탄탄하게 잡혀 온 상담 및 심리치료 이론이 또 있을까? 무엇보다 최근 들어 눈부시게 발전하고 있는 신경과학 이론과 함께 최신의 정서심리학 이론들이 이 접근법의 이론적 · 경험적 근거를 탄탄하게 뒷받침해 주고 있다. 게다가 정서중심치료는 최근 들어 타 이론들과의 통합적인 접근법에 대해 개방적인 견지를 취하고 있다.

한국에서는 부적응적 분노로 인한 다양한 문제가 사회 전반에 걸쳐 나타나고 있다. 또한 부적응적 수치심의 문제로 인해 많은 내담자가 상담실의 문을 두드리고 있다. 아마도 수많은 잠재적 내담자도 이러한 반응적 분노와 이차 수치심으로 인한 문제로 고통받고 있을 것이다. 남아프리카공화국 출신의 캐나다 학자를 중심으로 개발된 정서중심치료는 대륙과 문화를 넘어 전 세계적으로 영향력을 발휘하고 있다. 지금까지 문화적으로 다방면에 있어 정서가 억압되고 정서 표현이 제한되어 온 우리 한국 사회에서는 이제 유기체의 성장에 있어서 건강한 정서처리가 매우 중요한 요소라는 것에 대해 점점 더 인식의 범위가 넓어지고 있다고 생각된다. 또한 전통적으로 한(恨)과 화병(火病)의 문화가 자리 잡아 온 우리나라에서도 상담자 및 치료자들 사이에서 인간중심치료의 인본주의적 정신에 대한 지속적인 관심이 이어지고 있고, 세계를 주름잡는 K컬처의 파급력이 온 세상에 전파되고 있는 이 시대에 정서를 다루어나가는 우리네 능력도 점점 더 신장하고 있다고 믿어 의심치 않는다. 그러한 가운데 정서중심치료는 우리 국민들의 정서와도 잘 맞아떨어지는 치료법이라 사료된다. 그렇기에 상담 및 심리치료에서 수치심과 분노를 어떻게 다루는지에 대한 이 책은 독자들에게 가장 구체적이면서도 효과적인 치료법의 세계로 안내할 것이다.

책 번역을 마무리하면서 감사의 마음을 전할 분들을 떠올려 본다. 먼저 고령에도 불구하고 좋은 책을 통해 치료의 원리를 전하고자 애쓰시면서 한국의 독자들을 위해 특별히 원서에도 없는 애정이 듬뿍 서린 서문을 정성스레 써 주신 Greenberg 박사님께 심심한 감사의 마음을 전한다. 그리고 이 책이 우리나라에 번역되어 나올 수 있도록 많은 관심을 주시고 정서중심치료 관련 워크숍 개최를 친히 제안해 주신 학지사 김진환 사장님께 감사드린다. 또한 APA와의 계약을 매끄럽게 잘 이끌어 주신 이수정 대리님과 통상적으로 3차까지 걸리는 교정작업을 2차에 마무리할 수 있도록 세심한 작업을 해 주신 백소현 실장님께도 고마운 마음을 전한다. 이 책이 잘 나올 수 있도록 꼼꼼하게 검토해 준 나의 사랑하는 정서변화와성장 랩(애칭 '정서의 후예들') 식구들에게 애정 어린 감사를 전한다. 마지막으로 멀리 떨어져 있어도 늘 은혜 안에서 하루하루를 잘 살아내고 있는 나의 세 자녀와 아내에게도 감사를 표한다.

장영실관 연구실에서
김영근

한국 독자들을 위한 저자 서문

지난 10년 동안 상담 및 심리치료에서 정서를 다루는 것에 대한 관심은 국제적으로 모든 치료 접근법에서 급증하고 있다. 수치심과 분노를 다루는 정서중심치료(Emotion-Focused Therapy: EFT)의 접근법을 다룬 이 책의 번역을 통해 정서를 다루는 방법에 대한 관심이 더욱 높아지고, 한국에서도 정서를 다루는 치료가 확산되기를 바란다. "정서는 보편적인 언어"라는 말은 언어 · 문화 · 규범은 다르지만 정서의 표현과 해석은 전 세계적으로 이해된다는 것을 시사하는 말이다. 문화와 지리적 위치가 다르지만 이 책에서 보여 주듯이, 수치심과 분노는 치료적 변화에 있어서도 불가분의 관계에 있다는 사실에 우리 모두 동의할 수 있다.

나의 경험에 비추어 볼 때, 5개 대륙과 여러 나라에서 일하면서 문화마다 사회적 표현의 규칙이 다르지만 근본적으로 우리 모두는 정서적으로 거의 비슷하다는 사실을 발견했다. 따라서 상담 및 심리치료에서의 수치심과 분노에 관한 이 책은 한국 문화에도 적용될 수 있겠지만, 한국인의 사회적 표현 규칙을 고려하여 문화적으로 민감한 방식으로 적용해야 할 것이다. 예를 들어, 한국에서는 분노를 표현하는 것이 서구 사회보다 금기시될 수 있고, 수치심을 표현하는 규칙이 다르며 수치심을 드러내는 것이 사회적으로 더 용인될 수 있다. 하지만 인간의 고통과 정신건강에서 정서의 중요성을 직관적으로 잘 이해하고 있는 한국 문화에서 행동과 인지로만 치료하는 것이 아니라 정서로 치료하는 방식은 한국 문화와 잘 맞을 것이라고 생각한다.

나는 이 책에서 가장 고통스러운 정서 중 하나이지만 보통 어둠 속에 숨어 있는 부적응적 수치심을 내담자가 직면하도록 상담자 및 치료자가 돕기를 권한다. 부적응적 수치심을 치료하는 첫 번째 단계는 수용적인 치료적 관계의 안전 속에서 수치심을 개방적으로 드러내고 직면하도록 돕는 것이다. 일단 수치심을 인정하고 받아들인 후 다음 단계는 수치심을 보다 적응적 정서로 변화시켜서 수치심을 변화하도록 하는 것이다. 분노는 수치심을 해소하는 데 도움이 되는 주요 정서 중 하나로, 수치심에 이끌려 땅으로 가라앉아 사라지는 반면, 분노의 자극에 따라 자신의 경계를 지키기 위해 확장하고 앞으로 나아갈 수 있다. 따라서 분노는 수치심을 바꿀 수 있다. 나는 또한 분노 관리를 통해 내담자가 분노를 차단하도록 상담자 및 치료자가 도와야 한다는 수정 지향적 치료의 일반적인 경향을 깨뜨릴 것을 제안한다. 이는 종종 사람들이 화를 낸 것에 대해 수치심을 느끼게 하고 반응적 분노의 기저에 있는 정서에 도달하지 못하게 하는 역할을 한다. 대신 나는 내담자의 반응적 분노를 탐색하여 분노의 기저에 있는 정서에 도달하도록 유도하고, 가장 중요한 것은 치료 상황의 안전 속에서 이전에 억압된 분노를 표현하도록 장려하는 정서 친화적인 분노 치료 접근법을 제안한다. 여기서 주장적 화는 경계 위반, 배신, 위험에 대한 중요한 정보와 이에 대처하는 데 필요한 정보를 사람들에게 알리는 신뢰할 수 있고 건강한 내적 안내 시스템으로 간주된다.

한국에서의 EFT 훈련은 몇 년 전부터 진행되어 왔으며, 이는 전 세계적으로 급성장하고 있는 EFT 훈련의 일부이다. 이 책의 번역이 EFT에 대한 더 많은 관심을 불러일으키고 한국 전역에 이 훈련과 실무가 확산되는 데 도움이 되기를 바란다.

Leslie Greenberg

내가 많은 것을 배운

모든 내담자, 학생, 수련생 여러분께

차례

1장

서론: 수치심과 분노의 상호 보완적인 정서

다른 사람을 수치심에 젖게 해서는 안 된다. 수치심이 오래 지속되면 파괴적인 분노로 표출될 수 있기 때문이다.

—한나 개즈비(Hannah Gadsby)

분노로 시작된 일은 결국 수치심으로 끝난다.

—벤자민 프랭클린(Benjamin Franklin)

수치심과 분노는 모두 치료적 변화에 중요한 역할을 하는 것으로 보인다. 심리치료에서 이 두 가지 정서를 어떻게 다룰지는 치료자와 내담자 모두에게 어려운 과제이다. 이 책에서는 각 정서와 서로의 관계, 그리고 변화를 일으키기 위해 각 정서와 함께 작업하는 방법에 대해 설명한다.

심리적 장애에서 수치심의 중요성은 종종 치료자들이 인식하지 못하거나 내담자에게 고통을 준다는 이유로 회피되어 왔다. 종종 치료자들은 수치심을 어떻게 다루어야 할지 몰라서 수치심을 피하는 경우가 많다. 반면에 사회적으로 가장 바람직하지 않은 정서이며 종종 공격성과 혼동되는 분노는 통제해야 하는 것으로 간주된다. 이 책에서 나는 내담자와 치료자가 수치심과 분노에 어떻게 접근해야 하는지, 그리고 이 두 정서가 얼마나 밀접하게 얽혀 있는지에 대해 논의한다. 이러한 접근 방식은 치료자가 각 정서를 개별적으로 또는 함께 다루어 치료적 변화를 촉진하는 데 도움이 될 것이다.

마지막으로 수치심이 격노로 이어질 수 있다는 것은 잘 알려져 있으며, 수치심–격노의 순환이 잘 문서화되어 있다(Scheff & Retzinger, 1991). 따라서 분노를 다룰 때 수치심으로부터 자신을 보호하는 것으로 보는 것이 중요하다. 그러나 수줍음과 수치심은 종종 사람들이 단호하게 분노를 표현하는 것을 방해한다. 이 책에서는 수치심과 분노의 다양한 유형을 구분하고 그 상호작용 방식에 대해 설명한다. 이러한 이해는 치료자가 회기의 여러 순간에 일어나는 일에 대한 과정 진단을 내리고 개입 방법을 안내하는 데 도움이 될 것이다.

수치심과 분노를 함께 논의하는 이유는 무엇인가

수치심과 분노는 각각 그 자체로 중요한 정서이며 사회 · 질병 · 치료적 변화에서 복잡한 관계를 공유한다. 수치심에 대한 근본적인 경험은 종종 외현적인 분노로 나타난다. 사람들은 수치심을 느끼는 것보다 분노를 느끼는 것이 더 쉽다. 고통에 빠진 아기의 울음소리처럼, 분노는 수치심과 같은 정서적 고통에 대한 반응이자 주의 분산이 될 수 있다. 분노는 고통으로부터 주의를 분산시키는 연기(煙氣)가 될 수 있다. 또한 분노는 연결과 친밀감을 위한 우리의 능력을 방해할 수 있으며 심지어 거리를 두는 데 사용될 수도 있다. 다시 말하지만, 분노는 수치심에 대한 보호 수단으로 볼 수도 있다(Kaufman, 1996; Paivio, 1999). 반면에 사람들은 종종 분노에 대해 부끄러워하거나 죄책감을 느낀다(Kim et al., 2011; H. B. Lewis, 1971a, 1971b). 분노는 사회적으로 용납되지 않는 경우가 많기 때문에 사람들은 자제력을 잃은 것으로 여겨지는 것을 부끄러워한다. 수치심과 분노는 종종 순서대로 발생하며 상호작용한다. 사람들은 자신이 부적절하거나 결함이 있다고 느낄 때 자신을 보호하기 위해 화를 내고, 나중에 화를 낸 것에 대해 부끄러움을 느낄 수도 있다. 이러한 일련의 과정은 일종의 수치심-격노 순환으로 발전하여 가정폭력이나 기타 폭력으로 분출될 수 있다(Retzinger, 1995). 그러나 표현되지 않거나 인정받지 못한 분노는 자기주장 부족 · 위축 · 절망감 · 우울로 이어질 수 있다(Bridewell & Chang, 1997; Gross & John, 2003; Gross & Levenson, 1997). 따라서 치료자는 어떤 유형의 수치심과 어떤 유형의 분노를 다루고 있는지, 그리고 두 정서가 어떻게 상호작용하는지 고려해야 한다.

예를 들어, 사람들은 일차적으로 수치심을 느낄 때 종종 이차 분노를 나타내지만 나중에 자신의 분노를 부끄럽게 느낄 수 있다. 하지만 역설적이게도 적응적 일차 분노는 일반적으로 수치심에 대한 해결책이다. 힘을 얻고 주장적 화(assertive anger)를 표현하고 존중받을 자격이 있다고 느끼면 수치심을 해소하는 데 도움이 되는 경우가 많다. 사람들은 스스로를 더 강하고 가치 있는 사람이라고 느끼며 수치심을 자신감으로 바꾼다. 결과적으로 분노는 수치심의 결과일 수도 있고, 수치심의 원인이 될 수도 있으며, 심지어 수치심의 치료제가 될 수도 있다(Harper & Arias, 2004; Tangney, Miller et al., 1996). 수치심은 때때로 사람들이 분노를 조화와 화해로 바꾸거나 치유적인 사과나 굴복으로 바꾸는 데 도움이 될 수도 있다. 이 마지막 관계는 드물고 조금 더 미약하지만 관심의 대상이 되는 관계이다.

수치심과 분노는 도덕적으로 올바르다고 간주되는 것과 이러한 정서의 경험 및 표현에 대해 발전하는 규범 측면이 사회에서 중요한 역할을 한다(Plaks et al., 2022). 이는 이러한 정서가 기능 장애, 치료 작업 및 다양한 문화적 맥락에서 어떻게 나타나는지에 영향을 미친다. 분노는 많은 문화권에서 가장 기피하는 정서이며, 수치심은 차별적으로 선호된다(Matsumoto et al., 2010). 북미 국가와 같이 개인주의적 관점이 더 강한 일부 문화권이나 국가에서는 분노-죄책감 도덕성이 더 강하다. 분노를 더 자유롭게 표현하고, 아이들은 분노에 의해 사회화되어 죄책감으로 이어진다. 일본과 같이 집단주의 문화권에서는 분노를 회피하고 경멸을 사회화에 사용하여 수치심을 유발하는 수치심-경멸 규범이 있다(Flanagan, 2022). 따라서 수치심과 분노에 대한 사회적 규범은 이 두 가지 정서가 역기능을 일으키는 방식에 중요한 역할을 한다.

정서 및 정서중심치료의 개요

정서중심치료적 접근법은 언어보다 신체적 감각을, 인지보다 감정을 우선시한다. 수치심과 분노를 치료적으로 다루는 방법을 이해하려면 정서에 대한 기본적인 이해부터 시작하는 것이 중요하다. 정서는 생각과 행동에 영향을 미치는 신체적 · 심리적 변화를 초래하는 복잡한 상태이다. 정서의 핵심에는 생존과 성장을 돕기 위해 진화해 온 인간의 가장 본질적인 욕구가 담겨 있다. 정서의 본질과 기능, 그리고 정서도식(emotion schemes)은 2장에서 광범위하게 논의된다.

정서의 유형

정서 평가는 지금 여기에서 펼쳐지는 내담자의 정서적 경험을 순간순간(moment-by-moment) 평가하는 것으로 구성되며, 정서를 다루는 데 있어서 매우 중요하다. 이 과정에서 치료자는 내담자의 주관적인 경험이 전개되는 과정을 이해하려고 노력한다. 이러한 평가는 음성의 질 · 표정 · 몸짓 · 자세와 같은 비언어적 단서와 정서적 상태에 대한 언어적 의사소통에 모두 주의를 기울임으로써 이루어진다. 치료자는 일차(primary), 이차(secondary), 도구적(instrumental) 정서와 적응적 일차 정서(primary adaptive emotion), 부적응적 일차 정서(primary maladaptive emotion)를 구분하는 것이 중요하다. 수치심과 같은 단일 정서는 한 가지 범주에만 속하지 않으며, 모든 정서는 상황과 특정 활성화에 따라 일차 · 이차 · 도구적 · 적응적 또는 부적응적 정서 사이를 이동할 수 있다. 따라서 치료자는 표현되는 정서의 유형을 평가하고 어떤 유형의 정서가 표현되고 있는지에 따라 적절하게 개입해야 한다. 이러한 구분은 내담자가 수치심과 분노를 다루고 그 순서를 정하는 데 매우 유용하다.

적응적 또는 부적응적 일차 정서

일차 정서는 내부 또는 외부의 상황적 신호에 반응하는 사람의 첫 번째 직감이다. 사람들은 진화적으로 파생된 적응적 정서 체계를 가지고 세상에 태어나며, 생존과 번영을 위해 일생 동안 이 체계에 의존한다. 일차 정서는 이전의 정서나 인지로 환원할 수 없다. 이는 사건에 대한 직접적이고 매개되지 않은 반응이며 다른 사람에게 의도를 전달한다(Izard, 1990).

일차 정서는 적응적이거나 부적응적일 수 있다. 적응적 정서는 적응과 생존을 촉진한다. 환경에 대한 방향을 제시하고 좋은 정보를 제공한다. 그리고 활성화되는 상황에 적합하며 개인이 그 상황에 대처하도록 도와준다(예: 상실감에 대한 슬픔은 위로를, 위협에 대한 두려움은 탈출을 준비하게 함). 이러한 정서는 개인이 적응 행동을 할 수 있도록 조직화하고 자신의 욕구를 충족하도록 돕는다(Frijda, 1986). 이러한 정서에 내재된 적응 정보에 접근하고 문제 해결을 안내하는 행위 경향성을 경험하려면 치료에서 이러한 정서에 주의를 기울이고 표현해야 한다. 일차 정서는 근본적이고 환원 불가능한 반응이기 때문에 인지적-정동적 구성 요소를 풀기 위해 탐색하지 않고 오히려 타당화한다. 예를 들어, 위반에 대한 분노는 신속하고 환원 불가능한 일차 정서적 반응이다. 이러한 경험에 대한 접근을 용이하게 하고, 자기(self)를 보호하고 적절한 경계를 설정하기 위한 분노의 적응적 행위 경향성에 따라 처리하는 것이 치료에 도움이 된다.

부적응적 일차 정서는 원래 나쁜 상황에 대한 적응적 반응이었지만 현재는 더 이상 적응적이지 않은 만성적인 역기능적 감정이라는 점에서 적응적 일차 정서와 다르다. 부적응적 일차 정서는 인지나 정서가 매개하지 않는 외부 사건에 대한 즉각적인 반응이지만 적응 행동을 유도하지는 않는다. 외상적인(traumatic) 역사는 자신을 무가치하거나 취약한 핵심 자기감(core sense of self)으로 인식하게 하며 무해한 상황에 대한 두려움 · 수치심 · 분노와 같은 부적응적인 정서 반응을 일으킬 수 있다. 부적응적 정서는 외상(trauma), 방임 또는 애착 문제의 결과이자 과거에 대한 현재의 반응으로, 상황에 적응적으로 대처하거나 욕구를 충족하는 데 도움이 되지 않는 경우가 많다. 이러한 정서와 감정은 비판적인 아버지로 인한 굴욕을 연상시키는 상사의 목소리에 대한 수치심, 과거의 성적 학대로 인해 파트너의 접촉에 대한 혐오감과 같은 정서와 감정이다. 이러한 정서는 상황에 따라 극단적이거나 부적절한 반응으로 이어지므로 새로운 경험에 접근하기 위해서는 이러한 정서를 활성화해야 한다. 치료에서 이러한 나쁜 감정에 접근하는 것이 사람들을 기분 나쁘게 만드는 것이 아니라는 점에 유의하는 것이 중요하다. 그들은 이미 기분이 나쁘다. 그들이 느끼는 감정은 이미 그들의 내면에 존재한다. 이러한 감정을 말한다고 해서 그 감정이 만들어지거나 기분이 더 나빠지는 것은 아니다. 또한 말하지 않는다고 해서 그 감정이 존재하지 않거나 사라지는 것도 아니다. 어려운 감정은 이미 존재하고 있으며, 사람들은 이미 그것을 느끼고 있기 때문에 그 감정을 견딜 수 있다.

이차 정서

이차 정서는 일차 정서에 대한 반응이거나 인지 과정에 대한 반응일 수 있다. 일차 정서에 대한 반응으로 나타나는 이차 정서는 종종 참을 수 없는 것으로 경험되는 일차 정서로부터 자신을 보호한다. 대표적인 예로는 수치심에 대한 취약성으로부터 보호하기 위해 분노를 느끼고, 자신의 독단적인 분노나 슬픔에 대해 두려움을 느끼는 것을 들 수 있다. 부적절하다고 느끼는 부적응적 일차 수치심을 덮는 우울증의 무망감이나 거절의 상처를 덮는 분노와 같은 이차 정서가 증상에 수반되는 경우가 많다. 이러한 정서는 일차 정서 반응에 대한 이차 반응이며, 종종 일차 정서 반응을 모호하게 하거나 방해하기도 한다. 또한 자기보호를 위한 경우가 많으며 일반적으로 일차 정서를 숨기는 경우가 많다. 예를 들어, 적절한 양육자가 되지 못했다는 수치심을 느끼는 남편은 자신의 수치심을 느끼기보다는 아내, 자녀 또는 개에게 화를 낼 수 있다. 슬픔에 대한 수치심과 같은 메타정서(meta-emotions)라고 할 수 있는 정서에 대한 정서도 이차 정서이다. 정서는 또한 더 많은 인지적 과정에 대한 부차적인 것일 수도 있다(예: 불공평하다는 의식적인 생각에 대한 반응으로 분노를 느끼지만 그 생각을 하게 된 것은 열등감을 느끼는 더 지속적인 자동적 일차 과정에서 비롯된 것일 수 있다). 공황 · 무력감 · 무망감과 같은 대부분의 증상적인 감정은 일반적으로 이차 정서이다.

도구적 정서

도구적 정서는 다른 사람들로부터 원하는 반응을 얻기 위해 표현되는 정서이다. 다른 사람에게 영향을 미치거나 다른 사람이 특정 방식으로 행동하도록 느끼게 하기 위해 의식적으로 사용 혹은 자동적으로 표현한다. 예를 들어, 슬픔을 표현하여 보살핌을 요청하지 않고도 보살핌을 불러일으키거나 분노를 표현하여 다른 사람을 위협하는 것 등이 있다. 이러한 정서는 전략적으로 사용되며 조작적인 기능을 한다. 이러한 정서는 본질적으로 직접 요청하거나 일차 감정을 드러내지 않고도 원하는 것을 간접적으로 얻을 수 있는 방법이다. 하지만 장기적으로는 역효과를 불러일으키고 좋은 관계를 형성하지 못하는 경우가 많다.

수치심에 대한 간략한 개요

수치심은 강력하면서 가장 중요한 정서이다. 수치심은 인간의 정서 중 가장 고통스럽고 가장 잘 이해되지 않는 정서 중 하나이며 아마도 가장 피하고 싶은 정서일 것이다(Dearing & Tangney, 2011). 수치심은 자신이 충분하지 않다는 느낌이며, 자기의 부적절함과 가치 부족에 관한 것이다. 수치심은 다른 사람의 눈에 용납할 수 없거나 겸손하지 못하다는 느낌에서 비롯된다. 수치심이 만성적인 경우에는 자신이 결함이 있고 근본적으로 결점이 있다는 느낌을 수반할 수 있다. 수치심은 본질적으로 사람들이 자신에 대해 나쁘게 느끼기 때문에 숨고, 닫고, 너무 많이 생각하지 않기를 원하게 만든다. 수치심은 일반적으로 위축되는 행위 경향성이 특징이지만 방어적인 분노를 유발할 수도 있다.

수치심의 진화적 적응 기능은 사회적 규범을 위반하지 않거나 위반한 경우 복종을 보여 줌으로써 자신의 집단에 소속감을 높이는 것이었다(Izard, 1971, 1977). 수치심은 시선을 회피하고 몸을 작게 만드는 것과 같은 회유 의식을 촉진하고 사회적 평가 절하와 배척을 방지했으며, 수치심을 예상하고 수치심을 유발하는 요인에 대한 감각을 통해 생존을 촉진했다. 따라서 수치심은 적응적이거나 부적응적일 수 있으며, 집단에 소속감을 유지하거나 건강하지 못한 철수로 이어질 수 있다.

그러나 심리치료에서 수치심은 문제가 있고 변화가 필요한 것으로 나타난다. 수치심은 내담자가 자신의 경험에서 어떤 측면을 드러내고 어떤 측면을 숨길지 끊임없이 고민하기 때문에 치료의 모든 곳에서 작용한다. 치료자가 수치심을 다루는 것은 내담자의 가장 사적인 경험의 숨겨진 구석에 빛을 비추는 것과 같으며,

오랫동안 어둠 속에 머물러 있었기 때문에 내담자는 매우 외로움을 느끼게 된다.

분노에 대한 간략한 개요

사회적으로 바람직하지 않은 정서로 여겨지는 분노는 욕구불만에 대한 선천적인 반응이며, 위험에 대한 정보를 제공하고 위험으로부터 사람들을 보호하려는 행위 경향성이 있을 때 적응적인 감정이 될 수 있다(Izard, 1971, 1977). 분노는 위반, 경계 침범 또는 목표의 좌절에 대한 적응적 반응이며 심리치료에서 긍정적인 역할을 할 수 있다. 분노는 고의적으로 자신을 부당하게 대했다고 느끼는 사람이나 사물에 대한 적대감이 특징이다. 치료에서 이전에 인정하지 않았던 분노를 인정하는 것은 불공평함을 알리고, 부정적인 감정의 표현을 촉진하여 대인관계에서 다룰 수 있도록 하며, 장애물을 극복하거나 문제에 대한 해결책을 찾도록 동기를 부여하기 때문에 치료 효과가 높을 수 있다. 분노의 대상을 제거하거나 침입으로부터 경계를 보호하기 위해 고안된 행동을 촉진한다(Berkowitz, 1990).

하지만 과도하거나 잘못된 분노는 문제를 일으킬 수 있다. 분노의 강도는 가벼운 짜증부터 파괴적인 분노까지 다양하다. 분노는 행동이 아닌 감정이지만 공격적인 행동으로 이어지거나 억눌려서 폭발할 수 있다는 점에 유의해야 한다. 그러나 공격성과는 반대로 분노는 역기능적일 수 있으며 거부감과 격노로 이어질 수 있고, 분노가 표출될 경우 파괴적일 수 있다(Retzinger, 1995). 분노는 해를 입히려는 공격적인 행동은 아니지만, 분노가 과도하거나 일상적인 기능과 관계에 영향을 미칠 때 문제가 된다. 예를 들어, 주장적이거나 애정 어린 분노(assertive or loving anger)가 경계를 설정할 때 분노는 유익할 수 있다. 복수를 위한 보복성 분노이거나 고양이를 발로 차는 등 고통을 유발하는 분노는 파괴적이다.

분노 조절에 관한 많은 글이 쓰였지만, 분노 억제 또한 주요 치료 문제로 인식하고 논의할 필요가 있다(Gilbert & Gilbert, 2003). 내담자는 분노가 너무 많거나 적은 문제를 보일 수 있다. 행동 수정 접근법에서는 과도한 분노를 관리하는 기술을 가르치는 데 많은 관심을 기울여 왔다. 이 책은 잘 알려지지 않은 분노의 차단된 문제에 초점을 맞추어 이러한 과도한 분노의 균형을 맞추려고 시도한다. 표현되지 않는 분노도 과도한 분노만큼이나 문제가 되며, 치료적 관심이 필요하다(Pascual-Leone et al., 2013). 우울증이나 불안과 같은 많은 장애는 억압된 분노와 관련이 있다. 이차 분노가 우울증의 증상일 수 있지만, 많은 우울증의 근본적인 원인은 표현되지 않은 분노이다(Greenberg & Watson, 2006). 억압된 분노는 신체화의 기저에 있는 경우가 많다. 분노 억제, 복종적 행동, 자기 주장력 부족은 우울증과 관련이 있으며(Akhavan, 2001; Harmon-Jones et al., 2002), 많은 우울증 내담자는 강한 분노 감정의 징후를 보인다(Brody et al., 1999; Fava et al., 1990). 분노가 억제되고 표현이 차단되면 스트레스가 증가하고 우울증의 원인이 된다(Gilbert, 2006; Gilbert & Gilbert, 2003).

수치심-분노 관계

수치심과 분노는 서로 다른 정서이지만, 분노는 접근 정서이고 수치심은 철수 정서라는 점에서 치료에서 매우 밀접한 관련이 있다. 이 장의 앞부분에서 설명한 것처럼 분노와 수치심 사이에는 분명한 양방향성이 있으며, 각각이 다른 정서의 원인이 되거나 치료제가 될 수 있기 때문에 치료적 관심을 기울일 필요가 있다. 따라서 인과 관계의 방향은 양방향으로 진행될 수 있다. 수치심과 분노가 상호작용할 수 있는 네 가지 주요 방법이 있다.

1. 타당화 받지 않았거나 마땅히 충족되어야 할 욕구가 충족되지 않은 것에 대해 주장적으로 분노할 수 있다. 부적응적 일차 수치심은 강화된 분노에 의해 변형된다.
2. 자신이 부적절하거나 실패자처럼 느껴질 때 고양이를 발로 차거나 파트너에게 소리를 지를 수 있다. 부적응적 일차 수치심은 반응적 이차 분노 또는 파

괴적 격노로 이어진다.

3. 화를 내는 것에 대해 부끄러움을 느낄 수 있다. 이차 수치심은 일차적, 적응적, 주장적 화를 방해하거나 막는다.
4. 외상과 학대의 경험으로 인해 부적응적으로 분노하는 경우, 처음에는 해를 입지 않기 위한 방어기제였지만 지금은 과도하게 일반화될 수 있다. 이 일촉즉발의 분노는 더 이상 존재하지 않는 수치심·상실감·위협과 같은 일차적으로 인지된 위협에 대한 반응이다. 위협에 접근하고 주의를 기울이고 상징화하면 분노의 초점이 분노에서 벗어나 그 기원을 이해하는 것으로 이동한다.

따라서 부적응적 일차 수치심은 이차 분노와 격노로 이어질 수 있고, 일차 분노는 부적응적 일차 수치심을 변화시킬 수 있다. 또는 일차 분노는 이차 수치심에 의해 차단될 수 있으며, 다소 일차적인(8장 참조) 부적응적 분노의 기원을 이해하면서 더 많은 일차 수치심과 위협에 접근할 수 있다.

사례 설명

이 절의 사례는 이 장에서 설명한 개념의 예시이다.[1]

39세의 흑인 남성인 델(Dell)은 근본적인 수치심으로부터 자신을 보호하기 위해 이차 분노를 많이 표현하는 사람이다. 이 사례는 수치심과 분노가 교차하는 주요 방식 중 하나이며, 정확한 과정 진단이 치료자에게 개입 방법을 안내하는 데 얼마나 중요한지를 보여 준다(Goldman & Greenberg, 2015). 분노가 수치심에 대한

1 이 책에 사용된 임상 자료는 내담자의 비밀을 보호하기 위해 적절히 각색되었다. 내담자의 신원은 유지되었다.

보호막이라는 점을 이해하지 못하면 분노 관리 개입으로 이어질 수 있으며, 이는 델에게 임시방편적 치료만 제공하고 분노의 결정 요인인 근본적인 수치심은 해결되지 않은 채로 남게 될 것이다. 델은 최근 감옥에서 출소하여 가석방 중이다. 그는 재취업에 어려움을 겪고 있으며 사회의 불공정에 대해 많은 분노를 표출하고 있다. 그 결과 그는 자신의 수치심을 감추기 위해 쉽게 화를 내면서 잠재적 고용주에게 접근한다. 그의 아내는 그가 이전에 자주 실망시켰기 때문에 그를 지지하지 않는다. 그는 집에 돌아오지 못하거나 아들을 볼 수 없다는 좌절감에 폭발한다. 그는 알코올 중독에 걸린 학대적인 아버지 밑에서 자랐는데, 아버지는 실패자로서 감옥을 들락거리며 수치심을 심어주었고, 기회가 있을 때마다 델을 실망시켜 아들에게 굴욕을 주었다.

치료는 먼저 델의 이차 분노를 타당화하고 전과자로서 무시당했다는 수치심에 천천히 접근하는 것이었다. 결국 치료자의 도움으로 그는 자신의 핵심적인 수치심과 어렸을 때 타당화와 안전에 대한 충족되지 못한 욕구(unmet needs)에 접근할 수 있었다. 두려움과 수치심 없는 어린 시절을 보낼 자격이 있다고 생각한 그는 모든 불공평함에 대해 아버지에 대한 분노를 표출했다. 이 분노는 그에게 힘을 실어주고 수치심을 해소해 주었다. 적응적 일차 분노에 접근한 후, 그는 종종 그랬듯이 어린 시절 안전과 양육을 받지 못한 것에 대해 슬퍼했다. 이 사례는 수치심을 변화시키기 위해 분노에 접근하는 방법을 보여 준다.

또 다른 예로, 32세의 이성애자 백인 여성인 수잔(Susan)은 사회불안이 많았고 집단에서 재치와 대화 기술이 부족하다는 사실에 부끄러움을 느꼈다. 그녀는 막내라는 이유로 서로를 재치 있게 깔보고 농담을 하는 가족에게서 태어났다. 막내인 그녀는 반박할 준비가 되어 있지 않았고, 알아봐 주고 인정해 주기를 갈망하면서도 물러서기만 했다. 치료 과정에서 인정받고 싶은 욕구와 불공평함에 대한 분노에 접근하면서 그녀는 목소리를 내고 스스로를 옹호할 수 있게 되었다. 자신감이 생기면서 그녀는 사회적 환경에서 더 많은 목소리를 낼 수 있게 되었다. 이 사례는 억압된 분노에 접근하는 것이 수치심에 기반한 불안을 극복하는 데 어떻게 도움이 되는지 보여 준다.

수치심이 분노를 억제하는 방법의 예로, 흑인으로서 분노를 표현하는 것은 위험하고 사회적으로 인정받지 못한다는 것을 배우며 자란 22세의 흑인 남성 자마엘(Jamael)은 '그저 또 다른 화난 흑인'이 되었다. 그 결과 그는 직장에서 절대 다른 사람에게 주장하거나 도전하지 않았다. 그는 조직적인 인종 차별적 태도를 내면화하도록 강요받았기 때문에 분노를 표출하지 않았고, 분노가 터져 나오면 수치심을 느끼고 즉시 마음을 닫았다. 이 사례는 수치심이 분노를 억누르는 방법과 분노 표현이 사회적 요인에 의해 어떻게 영향을 받는지 보여 준다.

마지막 예로, 45세의 백인 남성 폴(Paul)은 아내가 성관계에 관심이 없어서 바람을 피웠다고 화를 내며 자신을 변호했다. 신성한 정조의 서약을 배신한 것에 대한 근본적인 수치심을 표현하게 되자, 그는 화를 내는 것에서 자신의 감정을 다루는 더 나은 방법을 찾지 못했다는 느낌을 개방하는 것으로 바뀌었다. 그는 자신이 도덕적 기준에 부응하지 못했다고 느꼈다고 말했다. 이 건강한 자기주도적 수치심의 표현은 그의 아내로 하여금 그가 다시는 아내를 배신하지 않을 것이라는 믿음을 갖게 했다. 남편이 수치심을 느끼는 모습을 보면서 아내는 자신이 겪은 고통에 대한 정당성을 느낄 수 있었다(Greenberg & Woldarsky Meneses, 2019; Woldarsky Meneses & Greenberg, 2014). 이 사례는 방어적 분노의 밑바닥에 깔려 갈등을 해결하는 데 도움이 되는 적응적 수치심의 수용을 보여 주는 예시이다.

장에 대한 지도

이어지는 장에서는 여기서 소개한 내용을 확장한다. 2장에서는 정서의 일반적인 역할에 대해 설명하고 정서를 변화시키기 위한 정서 작업의 기본 접근 방식을 설명한다. 정서를 인지와 대조하여 인간 기능에서 정서가 차지하는 우선순위를 이해한다. 또한 신체적으로 느껴지는 경험을 만들어 내는 정서도식(emotion schemes)의 역할을 설명하고, 신념을 만들어 내는 인지도식(cognitive schemas)과 대조한다.

3장부터 7장까지는 수치심을 주제로 다룬다. 여기에는 수치심을 다루는 다양한 측면에 대한 논의와 수많은 축어록 예시가 포함되어 있다. 3장에서는 수치심의 본질과 기능에 초점을 맞추어 일차 수치심과 이차 수치심, 적응적 수치심과 부적응적 수치심의 차이점을 강조하고 이러한 다양한 유형의 수치심을 다루기 위한 개입에 대해 논의한다. 또한 이 장에서는 다양한 형태의 개입이 필요한 핵심 수치심, 자기비판적 수치심, 사회적 수치심과 같은 회기 내 수치심 표현의 다양한 유형에 대해서도 다룬다.

4장부터 7장까지는 수치심을 다루는 세 가지 구체적인 방법을 다룬다. 4장에서는 관계적 타당화와 수치심에 접근하는 방법에 대해 설명한다. 수치심을 다루는 데 있어 세 가지 중요한 하위 과정, 즉 안전한 관계 제공, 교정적 대인관계 정서 체험 제공, 내담자가 회기에서 수치심을 인정하고 경험하도록 돕는 것이 고려된다. 수치심 조절에 관한 5장에서는 수치심에 접근하고 직면하는 것에 이어 수치심이 압도적일 때 수치심을 관리하여 더 잘 대처할 수 있도록 하는 방법을 설명한다. 명시적인 정서조절(emotion regulation) 기술을 가르치는 개입과 자동적이고 암묵적인 우반구 정동조절(affect regulation)의 발달을 촉진하는 과정이 함께 제시된다.

6장과 7장에서는 수치심의 변화를 촉진하는 방법에 초점을 맞춘다. 6장에서는 통합을 통한 변화의 새로운 원리를 설명한다. 이 장에서는 타당화 받지 못했을 때 부인된 적응적 분노에 쉽게 접근할 수 있는 방법을 제시하고, 이 경험을 수치심과 통합하는 방법을 설명한다. 분노로 주장하면서 수치심으로 물러설 수는 없다. 이 장에서는 이러한 정서가 어떻게 자신의 입장에 대한 자신감으로 통합되는지 보여준다. 수치심에 관한 마지막 장인 7장에서는 이러한 모든 과정을 좋은 성과와 좋지 않은 성과를 가져온 사례의 축어록으로 제시한다. 축어록[2]은 과정에 대한 반영적 설명이 아니라 실제로 어떤 일이 일어났는지에 대한 관점을 제공한다. 치료자

2 이 책에 사용된 모든 임상 자료와 기록은 내담자의 비밀을 보호하기 위해 적절히 각색되었다. 내담자의 신원은 유지되었다.

의 행동과 의도는 축어록 내에 설명되어 있다. 이러한 방식으로 치료자의 개입을 분석하면 치료자가 순간순간 무엇을 하는지 확인할 수 있다. 이 분석은 치료자가 순간순간 정서처리(emotional processing) 촉진자이며 모든 치료자의 반응이 다음 순간에 내담자의 정서처리 방식에 영향을 미친다는 것을 보여 준다. 이러한 방식으로 축어록을 보는 것은 행동에 가까이 다가가는 방법이며, 치료자나 이론이 말하는 것이 아니라 실제로 도움이 되는 치료자의 행동을 보여 주기 때문에 훌륭한 훈련 도구가 될 수 있다.

책의 후반부에서는 분노를 다루는 방법과 수치심과의 관계를 강조하는 데 초점을 맞춘다. 8장에서는 분노의 본질과 기능, 분노의 다양한 표현, 그리고 분노를 바라보고 관리하는 방식에 대한 성별과 문화적 · 인종적 측면에 초점을 맞춘다. 9장부터 11장까지는 치료에서 분노를 다루는 방법을 살펴본다. 이 장에서는 분노를 치료하는 세 가지 방법, 차단된 분노를 활성화하는 방법, 분노 해결을 촉진하는 단계, 마지막으로 부적응적 분노를 극복하는 방법에 대해 다룬다. 이 장에서는 분노를 하향 조절하는 분노 관리보다는 이전에 표현되지 않았던 적응적 분노를 중요한 치료 과정으로 접근하는 것이 중요하다는 점을 강조한다. 이 장에서는 분노 관리가 널리 퍼져 있다는 점에 주목하여, 내담자가 더 힘을 갖도록 돕기 위해 차단된 분노에 접근하는 것의 치료적 중요성에 대해 논의함으로써 이러한 관점의 확장을 제시한다.

특히 9장에서는 내담자가 분노의 장애물을 극복하고, 차단된 분노를 표현하며, 더 힘을 얻도록 돕는 방법을 설명한다. 내담자가 자신의 기저의 적응적 분노에 접근하고 받아들일 수 있도록 도와야 한다. 그들은 분노를 차단하는 무수한 방법을 극복해야 한다. 따라서 내담자가 분노를 회피하고 느끼지 않으려는 여러 과정을 다룸으로써 분노에 대한 두려움과 분노 표현에 대한 죄책감을 극복하도록 돕는 것이 주요 작업이다. 10장에서는 내담자의 이 과정에 대한 과제 분석 연구(task-analytic study)를 바탕으로 내담자가 차단된 분노를 해결하도록 돕는 과정을 소개한다. 또한 이 장에서는 내담자가 차단된 분노에 접근하고 해결하는 데 도움이 되는 일련의 치료 단계를 제안한다. 11장에서는 부적응적 분노를 다루는 데 중점을 둔다. 이 장에서는 보호적 이차 분노와 부적응적 일차 분노를 다루는 방법에 대해 설명한다. 11장에서는 이러한 부적응적 분노를 조절하고 탐색하는 방법도 살펴본다. 12장에서는 회기 길이의 사례 예시를 제공한다. 마지막으로 수치심과 분노를 다루는 방법을 통합한 짧은 결론으로 책을 마무리한다.

결론

이 책은 심리치료에서 수치심과 분노의 역할에 대해 논의하고 치료자가 이 두 가지 중요한 정서를 각각 개별적으로 또는 적절할 경우 함께 다루는 방법을 보여 준다. 수치심과 분노의 다양한 종류를 이해하면 치료자가 치료적 변화를 촉진하는 데 도움이 될 수 있다. 예를 들어, 독자들은 분노가 수치심을 얼마나 자주 보호하고 본질적으로 수치심을 숨기는지 알 수 있다. 반대로 이 책은 수치심이 어떻게 사람들이 적응적 분노를 주장하지 못하게 하는지도 보여 준다. 이러한 차이를 파악하면 치료자가 회기의 여러 순간에 어떤 일이 일어나고 있는지 과정 진단을 내리는 데 도움이 될 수 있으며, 이러한 과정 진단은 개입 방법과 시기를 안내할 수 있다. 이 책의 앞 장에서는 수치심의 본질과 이 정서를 다루는 방법에 초점을 맞추고, 뒷장에서는 분노와 전혀 다른 정서를 다루는 방법에 초점을 맞추고 있다. 변화를 촉진하기 위해 이 두 가지 정서를 언제 어떻게 함께 다루어야 하는지에 대한 유용한 논의가 각 장에 분산되어 있다.

2장

정서의 본질과 기능

마음을 놓아버리면 곧 머리도 통제할 수 없게 되니 마음을 붙잡아야 한다.

—프리드리히 니체(Friedrich Nietzsche)

수치심과 분노에 대해 알아보고 이를 치료적으로 다루는 방법을 살펴보기 전에 정서의 본질과 기능에 대해 전반적으로 생각해 보는 것이 유용하다. 정서는 생각과 행동 모두에 영향을 미치는 신체적 · 심리적 변화를 일으킨다. 기본적인 정서적 반응은 적응 기능을 제공하기 때문에 보존되어 왔다(Darwin, 1872; Panksepp, 2008; Plutchik, 1962). 정서는 기본적인 처리 방식을 작동시킨다(Greenberg, 2002; LeDoux, 1996). 정서는 우리의 생존과 안녕에 중요한 상황을 빠르게 알려주고, 우리의 필요를 충족하기 위해 행동할 수 있도록 준비시킨다. 또한 환경과의 상호작용에서 목표나 욕구가 어느 정도 충족되었는지에 대한 평가를 제공한다.

정서 대 인지

신념과 달리 정서는 어떤 것이 나에게 좋은지 나쁜지, 내가 좋아하는지 싫어하는지를 평가하는 반면, 신념은 어떤 것이 참인지 거짓인지를 평가한다. 의식적인 생각(또는 의도)은 자신이 주인이라고 믿지만, 사실 암묵적인 정서와 욕구의 종이다. Hume(1882)은 "이성은 정념(情念)의 노예일 뿐이며, 그래야만 하며, 정념에 봉사하고 순종하는 것 외에 다른 어떤 직책인 척할 수 없다"(p. 43)는 유명한 말을 남겼다. 그리고 Schopenhauer(1969)는 의식 또는 지성은 눈먼 욕망의 거인의 어깨에 올라탄 절름발이와 같다고 말했다. 절름발이는 앞을 볼 수 있지만, 그가 보고 행동하는 것을 결정하는 것은 거인이다. 정서는 우리를 움직이고 인지는 우리를 안내한다.

인생에서 더 중요하고 개인적이며 사회적인 결정일수록 정서가 인지에 더 많은 영향을 미친다(Forgas, 1995). 인지는 자신이 주인이고 정서는 하인이라고 생각하지만, 실제로는 그 반대이다. 정서가 주인이고 인지는 그 메신저이다(McGilchrist, 2009). 정서는 이성이 해결해야 할 문제를 설정하고(예를 들어, '이것이 위험한가'와 같은 문제), 인지는 정동적 목표를 달성하기 위해 이 문제를 해결하도록 작용한다. 이러한 방식으로 정서는 문제를 정의하고 행동 성향의 형태로 세상에 대한 방향을 제시한다. 예를 들어, 정서는 이것이 나에게 좋다, 나쁘다 또는 잠재적으로 위험하다고 말하며 접근하거나 물러나도록 유도한다. 의식적 인지는 정서가 우리에게 경고하고 특정한 방식으로 방향을 제시한 것을 이해하여 정서의 목표를 달성할 수 있는 좋은 방법을 찾을 수 있도록 도와준다.

사람들의 행동과 의식적인 내러티브를 결정하는 대부분의 요소는 의식 수준 아래의 자동 프로세스에서 비롯된다. 인간은 자동화된 일차적 수준의 정서를 가지고 있을 뿐만 아니라, 언어를 갖기 훨씬 전부터 의미와 의도를 가지고 있었다. 오늘날의 1세 아이들도 마찬가지이다. 인류 최초의 내러티브는 비언어적, 이야기 구조의 이미지로 자신에게 일어난 일에 대한 신체적 감각을 표현한 것이었다. 사람들이 자신의 신체에 무슨 일이 일어났는지 알게 된 것은 정동적 경험을 이야기하는 것을 통해서였다. Damasio(1999)가 말한 것처럼, 앎은 신체의 변화가 환경의 영향과 연결될 때 어떤 일이 일어났는지에 대한 느낌에서 생겨난다. 최초의 인간 내러티브는 "당신이 나에게 돌을 던지면 내 몸에 부딪혀 아프다"와 같이 자신의 생생한 경험을 이야기로 코딩한 언어 이전의 존재들이 만들어 낸 이야기였다. 따라서 내러티브 기반의 의미는 언어보다 훨씬 이전에 만들어졌으며, 경험을 시작 · 중간 · 끝은 물론이고 행위자 · 행동 · 의도가 있는 이야기로 구성했다.

정서와 언어

이후 사람들은 언어를 사용하여 개인적인 경험을 내러티브로 만들어 나갔다. 사람들은 자신의 경험을 이야기로 조직화했고, 이러한 이야기를 통해 자신에게 일어난 일을 되돌아보고 이해하며, 경험을 반추하여 새로운 의미를 만들고, 다른 사람들과 의미를 공유할 수 있었다. 유기체는 조직화한다. 유기체는 세상과 타인, 그리고 자신을 이해한다. 언어는 사람들이 자신의 경험을 의식적인 내러티브로 조직하는 데 도움이 되었지만, 그것이 무엇을 느꼈는지를 결정하지는 못했다. 오히려 깊이 느껴지는 경험을 이해하도록 도와주었다.

의미는 머리와 가슴, 이성과 정서, 생물학과 문화가 통합되어 사람들이 능동적으로 만들어 낸다. 사람들은 새로운 것을 경험하면서 새로운 정보를 기존의 지식과 통합한다. 또한 언어는 정서의 메시지를 이해하고 정서의 목표를 달성하기 위해 이성을 사용하는 데 도움이 된다. 또한 사람들은 자신의 문화적 환경에 맞는 방식으로 삶의 경험을 성찰하고 의미를 창조하는 법을 배운다. 이렇게 만들어진 의미는 중요한 대인관계에서 지속된다. 따라서 유기체적 기반의 신체적 경험을 문화적 기반의 의미와 통합하여 우리 삶을 지배하는 내러티브를 만드는 과정은 계속 진행 중이다.

그렇다면 언어의 역할은 무엇일까? 우리는 정서에 이름을 붙이는 것이 편도체 각성을 하향 조절하는 데 도움이 된다는 것을 알고 있으므로(Kircanski et al., 2012), 경험을 정신화하고 상징화하는 것은 치료적 변화의 중요한 측면이다. Spinoza(1677/1967)는 "정서에 대한 명확하고 뚜렷한 관념"을 형성하는 순간 정서가 더 이상 열정(우리를 지배하는 것)이 되지 않는다는 점을 통해 인식에서 정서를 상징화하는 것이 어떻게 도움이 되는지 강조했다. 그는 수치심이나 분노, 슬픔과 같은 고통스러운 정서를 알 때, 아는 활동은 힘의 증가를 신호하여 기쁨을 느끼게 한다고 제안했다. Spinoza는 정서를 말로 표현하는 것이 우리를 삶의 주체로 만들고, 그것을 이해한다는 것은 본질적으로 즐거운 일이라고 말했다. 따라서 언어 경험은 중요하지만 그것이 주체가 아니라 의미 창출과 정서 관리를 위해 작동한다.

수치심은 매우 불쾌하게 느껴져 스스로 물러서게 만드는 거대한 정서이다. 분노는 도발, 상처 또는 위협으로 인식되는 것에 대한 강한 불쾌감이나 적대감으로, 접근하고 싶어지는 감정이다. 이러한 정서는 진리에 대한 신념이나 평가의 결과가 아니다. 신념은 느껴지는 것이 아니라 유지되는 것이지만, 정서는 느껴지고 신념을 행동으로 옮기게 한다는 점을 기억하라. "나는 무언가가 위법하거나 수치스럽다고 생각한다"와 같은 신념이 반드시 분노나 수치심을 동반하는 것은 아니다. 신체적 반응이 먼저 나타나고 나중에야 이름이 붙여지고 그 명명은 학습된다. 명명은 감정을 유발하는 것이 아니다. 감정을 나타내는 것이다. 신체적 느낌을 다시 떠올리면 너무 불쾌하고 혼란스러워서 다시 떠올리고 싶지 않은 경우가 많기 때문에 우리는 그것을 제쳐두기 시작한다. 그 생각을 건드리기만 해도 신체적 반응이 유발될 수 있기 때문에 더 이상 의식에서 이름을 붙이고 싶지 않다. 그러나 생각은 반응을 일으키는 것이 아니라 단지 그것을 언어로 표현할 뿐이다. 그러나 종종 우리가 느끼는 것에 이름을 붙이는 것은 숙달감과 일관성을 제공한다. 자신이 느끼는 정서를 알게 되면 그 정서는 더 이상 우리를 통제하지 못한다. 자신이 느끼는 정서를 알면 주체성을 갖게 되고, 정서를 이해하여 정보, 방향성 또는 변화에 활용할 수 있다.

정서와 동기

정서의 우위와 정서가 인지 및 행동에 미치는 영향을 이해하는 것 외에도, 정서와 동기는 서로 밀접하게 얽혀 있다. Tompkins(1963)는 정동 이론(affect theory)에서 정동(즉, 정서)이 타고난 주요 동기 부여 메커니즘이며 생물학적 근거가 있다고 제안했다. 정서중심적 관점에서 우리는 동기가 정동에 의해 발전하고 증폭되는 것으로 이해한다. 정서는 목표 달성을 돕고 강화하기 위해 진화했다(Frijda, 1986, 1988; Plutchik, 1962, 2000). 타인에 대한 애착과 세상에서의 숙달을 통해 생존을 돕는 정서는 세대를 거쳐 전승되었다. 이제 인간은 관계적 연결과 정체성에 기반한 성취를 추구하는데, 이는 바람직한 감정을 불러일으키기 때문이다. 따라서 애착이나 정체성/주체성(identity/agency)과 같은 더 높은 수준의 동기는 정동적 과정을 통해 구성되고 증폭된다. 불안감이나 안정감이 없다면 애착 동기가 없고, 두려움이 없다면 회피 동기가 없으며, 관심이 없다면 참여 동기가 없고, 분노가 없다면 주장도 없고, 자부심이 없다면 성취를 위해 노력하지 않을 것이며, 기쁨이 없다면 관계의 즐거움도 없을 것이다. 감정이 없다면 사람들은 다른 사람을 찾지 않고 유대감도 느끼지 않을 것이며, 목표와 성취를 추구하지도 않을 것이다. 따라서 정서가 없다면 애착 동기도 없고 성취 동기도 없을 것이다. 사람들은 자신을 지탱하는 데 도움이 되는 유대감이나 정체성을 발전시키지 못할 것이다.

정서도식

유아는 기본적인 심리정동 운동 프로그램(psychoaffective motor programs)과 선천적인 활성화 신호를 가지고 세상에 태어난다. 이러한 선천적 정동 프로그램은 분노 · 슬픔 · 두려움 · 수치심 · 기쁨 등 기본적인 정동을 자동으로 생성한다. 정동도식(affective schemes)은 행위 경향성과 주요 의미를 제공한다. 정동은 우리의 행복에 중요한 것이 무엇인지 자동으로 평가하여 우리를 성향에 따라 세상으로 향하게 하며, 개인적인 의미를 전달하는 매개체 역할을 한다. 그러나 발달과 함께 정서적 경험은 복잡한 정동적-인지적(affective-cognitive) 네트워크로 조직화되는데, 이를 '정서도식(emotion schemes)'이라고 부른다. 이러한 도식은 정동과 인지를 결합하고 단서 상황을 포함한다(Greenberg, 2002; Oatley, 1992). 인지도식(cognitive schema)과는 달리 정서도식은 언어 이전의 것이다. 이러한 정서도식이 활성화되면 자동 정서 반응이 생성된다. 따라서 타고난 수치심 도식은 경험을 통해 발달하며, 수치심을 느끼거나 분노하게 되는 대상과 수치심이나 분노에 반응하는 방식은 경험과 학습에 의해 영향을 받는다.

정서중심 이론의 핵심 주의는 정서도식이 인간 기능의 중심 조직적 측면을 제공한다는 것이다. 감각운동 자극, 정서도식적 기억, 개념적 수준의 정보는 모두 자동으로 통합되어 우리 자신에 대한 경험을 제공하지만(Greenberg, 2002), 도식적 수준의 처리는 경험을 결정하는 데 가장 큰 영향을 미친다(Greenberg & Safran 1987, 1989; Leventhal, 1979). 정서도식은 행동과 경험을 만들어 내는 내적 정신 구조이다. 개념을 생성하는 언어로 공식화된 핵심 신념으로 설명되는 인지도식과 달리 정서도식은 생생한 경험을 생성한다. 정서도식의 출력은 오히려 환경을 지향하고 신체적으로 느끼는 경험에 영향을 주는 행위 경향성을 제공하며, 이는 사고에 의해 매개되지 않는다. 도식은 단서를 통해 활성화되고 반응을 일으키는 내부 조직 또는 신경망이다.

사람들은 현실을 구성하는 주체(agents)라는 점에 주목하는 것이 중요하다(Neimeyer & Mahoney, 1995). 사람들은 자극에 수동적으로 반응하는 존재가 아니라 자신과 관련된 단서로 채워진 자신만의 환경적 틈새를 능동적으로 창조하는 존재이다. 따라서 단서는 단순한 현실 자극이 아니라 각 개인이 고유하게 해석한 '해석된 현실'이다. 예를 들어, 종소리 · 종의 모양 · 종의 시각에 주의를 기울인 결과 종소리에서 구성되는 단서이며, 주의를 기울인 단서는 향후 도식의 발산자(releaser) 역할을 한다. 이렇게 구성된 단서는 도식을 활성화하는 데 도움이 된다.

단서는 이미 적극적으로 적용하려는 특정 도식의 활성화 가중치를 높이는 역할을 한다(J. Pascual-Leone & Johnson, 2021). 시끄러운 대화 속에서 자신의 이름이 언급되는 것을 선택적으로 듣는 칵테일 파티 효과는 적용하려는 도식이 활발하게 작동하는 예시이다. 정서적 경험은 단서 활성화 도식(cue-activated schemes)으로 형성되며, 이는 그 경험이 발생한 상황의 생생한 경험 측면을 코드화하는 정서도식적 기억(emotion-schematic memories)으로 작용하여 개인에게 두드러지게 나타난다. 개인이 경험을 통해 구성한 단서가 도식의 발산자와 일치하면 적용하고자 하는 도식의 활성화가 촉진된다. 예를 들어, 어머니의 표정은 두려움 또는 기쁨에 대한 단서일 수 있으며, 이러한 표정 또는 이와 유사한 표정이 나타나면 도식의 활성화가 촉진되고 함께 활성화된 다른 도식과 결합하여 두려움 또는 기쁨이라는 궁극적인 복합 정서적 반응으로 통합된다.

사람은 복잡하고 역동적인 자기조직화 시스템이며, 정서도식은 뇌의 여러 수준에서 다양한 유형의 정보를 조정하여 경험을 결정한다. 정서도식은 색상이나 분위기가 우리가 느끼는 감정에 영향을 미치는 방식과 같이 인식하지 못하는 자동적 수준에서 단서에 의해 활성화된다. 이러한 도식은 수치심과 같은 정서 경험과 무가치한 느낌과 같은 상위 수준의 자기조직화(self-organizations)를 생성하며, 이는 다양한 단서에 의해 활성화된 도식의 복잡한 통합체이다. 따라서 도식은 삶의 세계를 해석하고 도식 적용의 미래 결과에 대한 암묵적 또는 명시적 기대를 구현할 뿐만 아니라 도식이 적용될 때 일어날 일에 대한 요점 또는 각본을 포함한다.

정서도식의 세 가지 주요 구성 요소

정서도식은 발산 구성 요소, 영향 구성 요소, 기능 구성 요소의 세 가지 주요 구성 요소로 이루어져 있다(J. Pascual-Leone & Johnson, 2021). '발산(releasing)' 구성 요소는 도식을 활성화하거나 발산하는 조건의 집합이다. 이는 지각적-상황적 요소이다. '영향(effecting)' 구성 요소는 도식의 적용에서 나오는 영향의 집합이다. 여기에는 즉각적인 감각, 정서의 표현, 행위 경향성과 관련된 바람, 욕구, 소망의 경험을 포함한 경험적, 행위 경향성, 감각 운동적 결과물이 포함된다. 도식이 적용될 때 '기능(functional)' 구성 요소는 목표의 요점과 미래 결과에 대한 암묵적 기대(도식의 목적과 의도)를 구체화한다. 이것은 특정 정서 각본이나 내러티브를 중심으로 다양한 구성 요소를 이루는 정서도식의 핵심 과정이다. 다른 요소에 대한 성찰을 거친 후에야 인식이 구체화될 수 있다. 치료자는 도식을 활성화하기 위해 발산 구성 요소에 집중한 다음 내담자가 도식의 경험적 영향(감정)을 경험하고 목표에 대한 정보를 얻을 수 있도록 도와야 한다.

자극-자극 및 자극-반응 연합이나 강화와 달리, 도식은 최소한의 활성화로 수행을 상호결정(codetermine)하기 위해 자기추진(self-propelling)된다. 또한 함께 작용하여 수행을 과도하게 결정(overdetermine)하기도 한다. 시가를 피우는 데에는 항상 많은 원인이 있다! 상호기능(cofunctional)하는 도식의 상호활성화(coactivation)는 경험과 행동에 영향을 준다.

앞서 언급했듯이 도식은 이전에 일어난 일을 바탕으로 다음에 일어날 일에 대한 기대치를 담고 있다. 도식은 현재 상황에서 무엇이 무엇으로 이어질지에 대한 기대를 담고 있는 의미 전달 구조이다. 기대가 경험에 의해 위반되면(기대의 오류) 유기체적 균형이 상실되어 유기체적 각성(정동)이 발생하고 자동적으로 주의를 기울여 이상을 찾아 해결하고 균형을 재조정하도록 동기를 부여한다. 도식은 단독으로 작용하지는 않지만, 어떤 상황에서도 여러 도식이 함께 활성화된다. 유사한 단서에 반응하여 반복적으로 활성화된 수치심 관련 정서도식이 결합하여 "나는 무가치하거나 사랑받을 수 없는 사람이다"와 같은 더 높은 수준의 자기조직화를 형성한다. 따라서 경멸적인 표정, 조롱하는 목소리 톤, 거친 신체적 접촉 등 다양한 꾸중을 받은 경험이 있는 아이는 이러한 경험을 하나의 감정으로 통합하게 될 수 있다. "나는 나쁘다"

자기조직화

자기조직화는 언어로 표현할 수 있는 구성 도식의 양립 가능한 요소를 결합한 복잡하고 통합적인 자기 경험이다. 따라서 수치심 도식이 활성화되면 치료에서 열등감이나 무가치감으로 표현되는 더 높은 자기조직화로 이어진다. 이러한 경험은 인지적 신념이라기보다는 눈과 고개를 떨구고, 자신을 작아지게 하고, 사라지려는 노력으로 위축되는 유기체적 경향, 뱃속이 가라앉는 느낌, 외부로 시선을 돌리는 동안 얼굴에 피가 솟구치고 타인의 시선과 판단을 받는 자신을 고통스럽게 인식하게 되는 내적 경험을 언어로 상징화한 것이다. 따라서 자신이 무가치하다는 믿음이나 열등하다는 생각보다는 신체적으로 느끼는 굴욕감과 사회적 경멸의 경험을 갖게 된다.

정서중심치료(emotion-focused therapy: EFT)에서는 결함 · 결점 · 부족함이라는 부적응적 일차 수치심 기반 자기조직화에 접근하고 이를 변화시켜야 한다. 다시 말하자면, 이러한 수치심 반응은 사고나 자기판단(self-judgement)에 의해 매개되는 것이 아니라, 정서도식적 수치심 기억이 도식 발산자(scheme releasers)와 일치하는 일련의 단서에 의해 자동으로 유발될 때 발생한다. 이 경험은 의식적인 판단이나 언어에서 발생하는 자동적 사고 이전에 발생한다. 신념은 수치심의 원인이라기보다는 수치심 경험을 언어로 표현한 것이다. 따라서 사람의 경멸의 얼굴은 수치심이라는 정서도식을 불러일으키기에 충분하며, 이는 땅속으로 움츠러드는 경향, 뱃속이 가라앉는 느낌, 숨고 싶은 욕구를 불러일으킨다.

EFT에 등장하는 인간 기능에 대한 변증법적-구성주의적 관점은 인간이 다양한 상호 활성화된 도식의 통합에서 자기조직화를 발전시킬 뿐만 아니라, 여러 도식의 활성화와 통합에서 발생하는 내적 · 정서적 경험을 지속적으로 이해하는 역동적인 자기조직화 시스템이라는 것을 시사한다(Greenberg & Pascual-Leone, 1995; Greenberg et al., 1993). 정서체계(emotion system)는 어떤 것이 자신에게 좋은지 나쁜지를 자동으로 평가하고 이러한 평가를 신체를 통해 유기체에 알린다. 경험과 행동의 의미를 이해하려는 내러티브 시스템은 이러한 경험을 이해하고 설명하기 위해 내러티브를 생성한다. 이 관점에서 개인적 의미는 언어 기반 내러티브에서 경험한 정서도식적 통합 자기조직화와 정서적 경험을 설명함으로써 나타난다. 신체적 감각느낌(bodily felt sense)을 이해하기 위해 신체적 감각느낌에 주의를 기울이고, 이를 인식으로 상징화하여 언어로 표현하는 지속적인 과정이 경험의 구성으로 이어진다. 적응은 궁극적으로 이성과 정서, 머리와 가슴의 통합을 포함한다.

정서로 정서를 변화시키기

이 책은 성격에서 만성적으로 지속되는 수치심을 바꾸는 방법과 과도하거나 막혀 있는 분노를 바꾸는 방법을 설명한다. 정서중심 접근법에서 변화의 핵심 원리는 정서를 변화시키는 가장 좋은 방법으로서 다른 정서로 변화시키라는 것이다. 내담자는 기술을 배우는 것이 아니라 이해나 통찰을 통해, 노출로 인한 감소가 아니라 회기에서 새로운 정서적 경험을 통해 새로운 절차적 학습을 함으로써 깊이 자리 잡은 편도체 기반 정서를 변화시킨다. 이러한 '통합에 의한 변화(transformation by synthesis)' 과정은 회기에서 새롭게 유발된 경험이 정서도식적 기억에 저장된 기존 경험 요소와 혼합되어 진정으로 새로운 경험적 마음 상태를 형성하는 통합에 의한 암묵적 변화 과정을 통해 발생한다(Greenberg, 2021). 이 과정은 뇌가 새로운 암묵적 연결을 만들고 새로운 신경 경로를 구축한 결과로 작동한다. 이 과정에서 불공평함에 대한 적응적 일차 분노(접근 행위 경향성)가 동일한 자극 상황에서 수치심 경험(철수 행위 경향성)과 함께 작용하면 자부심 · 힘 · 평온 또는 그 사람의 도식의 통합에 의해 형성되는 고유한 상태와 같은 진정으로 새로운 경험이 발달한다. 정서는 욕구와 관련하여 상황을 평가하는 정서적 뇌에 의해 심리적으로 생성된다. 따라서 어떤 상황이 욕구를 충족시키지 못한다고 평가되면 정서적 뇌는 자동으로 욕구 충족의 차단에 대한 정서적 반응을 일으켜 이를 극복하기 위해 분노를 일으키거나 이 상황을 상실로 평가하고 애도의 슬픔을 느끼게 된다.

EFT는 이러한 유형의 자기재조직화(self-reorganization)를 촉진하는 과정이다. 예를 들어, 학대하는 아버지를 둔 남성은 자신이 받은 대우 때문에 참을 수 없는 수치심을 느끼고, 이로 인해 타당화 받지 못하거나 학대받을까 봐 사회적으로 불안감을 느낀다. 치료 작업에는 먼저 그의 수치심에 접근하는 것이 포함된다. 그런 다음 치료자의 도움으로 수치심의 고통을 경험한 남성은 안전과 어머니의 보호에 대한 욕구에 접근할 수 있다. 그는 수치심과 두려움이 없는 어린 시절을 보낼 자격이 있다고 느끼기 시작한다. 이러한 자격감(sense of deservingness)은 그의 정서적 뇌가 말하지 않아도 자동으로 자신의 대우를 불공평하다고 평가하도록 유도하여 분노가 강화되는 경험을 만들어 낸다. 회기에서 그는 빈 의자에 앉아 있는 심상 속의 아버지에게 분노를 표출하고, 이를 통해 수치심에서 유발된 철수 경향과 신경세포 수준에서 통합된 경계를 설정하기 위해 신체가 동원되고 앞으로 밀려나는 느낌을 만들어 낸다. 이것은 새롭게 통합된 신체적 힘의 감각을 만들어 내고, 더 이상 자신을 나쁘게 보지 않는 대신 아버지를 부모가 될 수 없는 존재로 보는 새로운 감정과 새로운 내러티브를 동반한다.

기억 재통합 과정에 대한 연구에 따르면, 동일한 단서 상황에 대응하여 현재에 새로운 정서적 경험을 도입하면 정서적 기억이 바뀔 수 있다(Lane et al., 2015; Nadel & Bohbot, 2001; Nader et al., 2000). 기억 재통합은 현재의 모순되는 새로운 자료가 과거의 기억에 동화되는 것을 포함한다(Nadel & Bohbot, 2001). 수치심 대신 분노와 같은 현재의 새로운 정서적 경험은 신경세포와 도식 수준에서 발생하는 암묵적 자동 연결을 통해 새로운 느낌과 존재 방식을 생성하는 새로운 경로를 조각할 수 있다. 오래된 고통스러운 기억에 새로운 경험을 불어넣으면 내담자는 수치심을 교정하는 경험으로 바꿀 수 있다.

기억을 변화시키는 과정에서는 새로운 입력을 받아들이기 위해 기억이 활성화되어야 한다. 기억이 변화하려면 정서적 기억을 치료에서 생생하게 불러일으켜야 한다. 그러면 치료에서 새로운 경험이 기억에 통합되어 원래의 기억이 바뀔 수 있다. 따라서 과거의 외상으로 인해 두려움에 마비된 사람들은 그 기억을 불러일으켜 현재에 과거의 두려움을 경험한 다음, 두려움을 극복하는 데 도움이 되는 숙달감(sense of mastery)을 제공하는 새로운 정서를 경험해야 한다. 이 과정은 한 정서를 다른 정서로 대체하는 것이 아니라 기억 속의 오래된 정서와 새로운 정서를 새롭게 통합하는 과정이라는 점에 유의해야 한다.

교정적 체험(corrective experience)은 오랫동안 여러 접근법에서 핵심 변화 원리로 제안되어 왔다(Alexander & French, 1946; Bridges, 2006; Castonguay & Hill, 2012). 정서를 정서로 변화시키는 것은 이 원칙의 구체적인 형태로, 정서를 변화시키는 가장 좋은 방법은 반대되는 다른 정서로 변화시키는 것임을 강조한다(Greenberg, 2021). 감정은 신체적 느낌의 변화와 함께 변화하며, 이러한 경험적 과정이 일어나야만 변화를 언어로 유익하게 상징화하거나 '정신화(mentalized)'하여 신체적 느낌, 정서적 수준에서 경험한 변화를 통합하는 새로운 내러티브 의미로 형성할 수 있다. 기본적인 변화는 신경세포 수준에서 자동으로 일어난다. 뇌는 사람의 새로운 정서적 경험을 나타내는 새로운 내부 정신 구조(정서도식)를 형성하기 위해 자동으로 새로운 경로를 마련한다. 새로운 정서적 경험이 오래된 정서적 경험을 바꾸기 때문에 변화가 일어난다(Greenberg, 2021).

변화는 긍정적인 자기대화(self-talk)나 불안을 달래기 위한 다양한 기술을 통해 스스로에게 말하는 것이 아니라 새로운 경험과의 긴밀한 접촉에서 비롯된다. 변화는 치료자의 조언이나 치료자가 제공하는 새로운 이해나 해석이 아니라 새로운 경험에서 발생한다. 대신, 변화는 새로운 경험의 결과로서의 발달을 포함한다. 치료의 과제는 새로운 정서적 경험을 촉진하는 것이다. 치료자는 정서로 추론하거나, 심리교육을 하거나, 새로운 기술을 훈련하는 대신 회기에서 새로운 정서적 경험을 촉진하여 오래된 정서적 경험을 변화시켜야 하며, 새로운 경험은 변화를 일으킨다. 신념 · 내러티브 · 통찰력 · 이해의 의식적인 변화는 변화 과정의 후반부에 오며, 신체적으로 느껴지는 정서적 변화가 일어난 후에야 의식적인 인식으로 통합될 수 있다.

이러한 통합에 의한 변화의 과정에서 사람들은 정서를 변화시키기 위해 정서를 느껴야 한다. 수치심을 바꾸려면 먼저 수치심을 느껴야 하고, 분노의 적응력을 활용하려면 이전에 인식하지 못했던 분노를 느껴야 한다. 이 과정은 단순히 정서를 수용하는 것 이상의 의미를 갖는다. 단순히 정서를 경험하고 표현하는 것은 변화에 중요하지만 그것만으로는 충분하지 않다. 정서를 치유하기 위해서는 그 정서를 느껴야 하고, 그 정서를 떠나기 전에 그 정서에 도달해야 한다. 사람들은 이전에 거부했던 적응적 정서를 경험하고 수용함으로써 그로부터 정보를 얻고 행위경향성의 지침을 얻는 데 도움이 된다. 그러나 고통스러울 정도로 부적응적이고 적응 정보나 행위 경향성을 제공하지 않는 정서는 먼저 수용한 다음 변화시켜야 한다. 수용하는 것만으로는 충분하지 않은 경우가 많으며, 고통스러운 정서에서 벗어나 앞으로 나아가야 한다. 수치심이나 분노를 수용하기만 하면 부끄러움이나 분노만 느끼게 된다. 변화가 필요하다.

그러나 통합에 의한 변화는 노출에 의해 정서가 감소하거나 정서가 유발하는 행동을 변화시킴으로써 정서를 변화시킬 수 있다는 관점과는 다르다(Barlow, 1988; Izard, 1971; Linehan, 1993). 학습 이론에 기반한 노출 변화의 고전적인 메커니즘은 둔감화(habituation), 소거(extinction), 그리고 억제 학습(inhibitory learning; Craske et al., 2014) 및 반대 행동(opposite action; Linehan, 1993)과 같은 최근에 제안된 메커니즘이다. 여기서 제안하는 변화에 대한 관점은 새로운 경험이 외부에서 오는 것이 아니라 내부에서 동원되는 발달적 관점을 제공한다. 인지적 수준에서 새로운 억제 학습을 제안하는 관점은 정서가 정서를 변화시키는 것과 유사하지만, 통합에 의한 변화에서 변화는 학습이 아닌 정서적 발달이다. 또한 통합에 의한 변화는 단순히 부정적인 정동을 줄이는 것이 아니라 기저의 정서를 활성화하고, 수용하고, 이해하도록 촉진하며, 적응적 일차 정서와 부적응적 일차 정서의 통합을 포함한다는 점에서 노출과 차이가 있다. 이러한 변화는 소거나 둔감화를 통해 증상적 정서의 각성을 줄이는 대신 기저의 일차 정서의 정서적 각성을 증가시키는 것을 포함한다. 통합에 의한 변화는 또한 정서에 인지를 가져와 정서를 이해하고 변화를 통합함으로써 새로운 의미를 창출하는 것을 포함한다.

Linehan(1993)이 제안한 반대 행동도 외부의 행동 수준에서 작동한다는 점을 제외하면 정서가 정서를 변화시키는 개념과 어느 정도 유사하다. 이 이론은 새로운 행동을 취하면 이전의 정서적 경험과 관련된 행위 경향성이 사라지고 새로운 행동으로 대체된다고 제안한다. 정서가 정서를 변화시키는 것은 내부에서 외부로 작용하며, 새로 활성화된 정서의 새로운 행위 경향성은 이전 행위 경향성을 대체하는 것이 아니라 통합하여 변화시킨다.

예를 들어, 부적응에 대한 기저의 부적응적 수치심을 경험하고 위축되는 경향이 있는 내담자는 사회불안 증상을 보일 수 있다. EFT에서 치료자는 증상적인 불안을 치료하는 것이 아니라 기저의 수치심을 변화시키기 위해 노력한다. 불안을 없애기 위한 지속적인 변화는 사회적 상황에 노출되는 것이 아니라 기저의 고통스러운 정서를 직면한 다음, 자신에 대한 분노나 연민에서 비롯되는 양립할 수 없는, 보다 적응적인 반대 경향의 접근 방식을 동일한 유발 상황에 적용함으로써 달성된다. 새로운 정서가 이전 정서를 대체하는 것이 아니라, 이전 정서를 '무효화하고(undoes)' 새로운 정서로 변화시키는 것이다. 따라서 수치심은 자신감이 될 수 있다. 이 과정에는 정서를 직면함으로써 정서를 약화시키거나 분노나 불안과 같은 이차적인 증상을 수용하여 정서를 감소시키는 것 이상의 것이 포함된다. 정서에 대한 치료적 작업은 노출을 통해 불안을 수정하기보다는 기저의 부적응적 일차 수치심의 행위 경향성에 접근하고 접촉한 다음 분노, 슬픔 또는 연민에 대한 변형적 접근 행위 경향성을 함께 활성화하는 것을 포함한다.

따라서 정서로 정서를 변화시키는 것과 기억 재통합은 행동 소거와 구별해야 한다. 소거는 이전에 학습된 반응을 재정의하는 새로운 기억을 생성하는 것으로 가정한다. 따라서 '소거된(extinguished)' 반응은 시간이 지나면서 자발적으로 회복되거나 새로운 맥락에서 관련 단서에 노출되면 다시 회복될 수 있으므로 실제로 사라진 것은 아니다. 정서로 정서를 변화시키는 것은 새로운 상태를 생성하는 반면, 기억 재통합은 기존 기억의 실제 구성 요소를 변경하는 것으로 이해된다. 따라서 재통합과 소거는 기억 재활성화의 서로 다른 작업 방식을 나타낸다(Lane et al., 2015). 이 과정을 서로 구별하는 세포적/분자적 차이가 발견되었으며, 시험 절차의 일시적 역학과 문제의 기억이 얼마나 최근에 형성 및/또는 재활성화되었는지에 따라 재통합인지 소거인지 결정된다(de la Fuente et al., 2011; Inda et al., 2011; Maren, 2011).

정서와 정서적 기억을 변화시키는 과정은 정서나 기억이 활성화되어 새로운 입력을 받아들이고 다소 모순되는 새로운 경험에 직면해야 한다. 따라서 고통스러운 부적응적 정서나 정서적 기억이 변화하려면 치료에서 이를 생생하게 불러일으켜야 한다. 그런 다음 치료에서 새로운 모순적인 경험은 원래의 경험을 수정하는 오래된 정서나 기억에 통합될 수 있다. 따라서 과거의 외상으로 인해 수치심에 마비된 사람들은 과거의 기억을 불러일으켜 현재에 수치심을 경험한 다음, 수치심을 극복하는 데 도움이 되는 숙달감을 제공하는 새로운 정서를 경험해야 한다. 정서로 정서를 변화시킨다(changing emotion with emotion)는 개념은 둔감화나 소거가 아닌 정서적 수준에서의 새로운 경험이 작동하고 있음을 시사한다. 또한 이 과정에는 한 정서를 다른 정서로 대체하는 것이 아니라 기억 속의 오래된 정서와 새로운 정서로 새롭게 통합하는 것이 포함된다.

치료자는 내담자가 수치심이라는 핵심 부적응적 감정에 도달하고, 이를 인식하여 상징화하며, 부적응적 감정에 대한 해독제로서 보다 적응적 정서 자원에 접근할 수 있도록 도와야 한다. 수치심은 종종 분노가 해독제 역할을 한다. 적응적 정서 반응에 접근하는 데 도움이 되는 개입은 내담자의 기분이 나아지기 위해 무엇이 필요한지 물어보는 것이다. 이러한 변화 과정의 핵심은 이전에 충족되지 못한 적응적 욕구(unmet adaptive need)가 충족될 자격이 있다고 느끼는 것이다. 타당화 받을 자격이 있다고 느끼면 정서적 뇌에서 자동으로 생성되는 새로운 적응적 분노 반응이 발생하며, 이 반응의 의제는 생존과 안녕을 증진하기 위해 타당화 욕구 또는 안전 욕구를 충족시키는 것이다(Greenberg, 2002, 2011).

치료에서 실제 변화 사건을 탐구한 연구(Greenberg 1984, 2007)에 따르면, 정서로 정서를 변화시키는 것이 정서적 변화가 실제로 어떻게 일어나는지 이해하는 데 가장 유용한 방법이라고 한다(Herrmann et al., 2016; A. Pascual-Leone & Greenberg, 2007). 이러한 정서적 변화의 원리는 Spinoza(1967)에 의해 처음 언급되었는데, 그는 "정서는 반대되는 더 강한 정서에 의하지 않고서는 억제되거나 제거될 수 없다"(p. 195)고 말했다. 이성은 편도체에서 생성된 자동적인 정서 반응을 바꿀 수 있을 만큼 충분하지 않다. Darwin(1872)은 유리에 갇힌 뱀에게 다가갔을 때 반응하지 않기로 결심했음에도 불구하고 뱀의 공격에서 자동으로 뒤로 물러섰다고 적었다. 그는 자신이 안전하다는 것을 알고 있었고 평생 뱀의 공격 위험을 경험한 적이 없었지만, 뱀에 물릴 수 있다는 상상 속의 위험에 대해서는 의지와 이성이 아무런 효과가 없었다.

동일한 단서 상황에 대한 적응적 정서와 부적응적 정서의 반복적인 상호작용은 새로운 정서적 상태의 통합을 촉진하여 원래의 부적응적 정서를 변화시킨다. 반대되는 정서적 상태의 상호작용에 의한 정서 통합을 통한 변화에는 다양한 과정이 관여한다. 가장 근본적으로는 새로 활성화된 적응적 정서의 행위 경향성이 기존 정서의 행위 경향성에 반대되는 행위 경향성에 참여하도록 유도한다. 이것은 통합된 새로운 반응으로 이어진다. 분노로 앞으로 나아가고자 하는 행위 경향성이 함께 활성화되는 동안 두려움에 사로잡혀 도망칠 수는 없다. 따라서 새로운 정서는 변증법적 통합 과정을 통해 오래된 정서를 무효화하거나(undoes) 변형하여(transforms) 새로운 경험 상태를 만들어 낸다. 노란색이 파란색과 결합하여 녹색을 만드는 것처럼, 접근 경향성과 철수 경향성이 결합하여 단호한 경계 설정이나 차분한 침착함과 같은 새로운 반응을 만들어 내는 것이다. 이 과정은 하나의 정서가 다른 정서를 대체하는 것(replacing)이 아니라 새로운 상태를 구성하는 것이다.

도식적 수준에서는 수치심과 분노라는 상호작용하는 정서도식이 통합되어 새로운 상위 수준의 도식을 형성한다. 신경과학의 첫 번째 법칙인 Hebb(1949)의 법칙은 함께 발화하는 뉴런은 서로 연결되어 계속 함께 발화한다는 것이다. 두 개 이상의 도식이 동일한 자극에 적용되려고 할 때, 이들은 통합되어 새로운 도식을 형성한다. 새롭게 통합된 행위 경향성과 새롭게 형성된 도식이 더해져 새롭게 느껴지는 신체 경험과 환경에 대한 행동 방향이 달라진다. 이제 세상에 존재하는 이 새로운 방식은 새로운 내러티브로 표현되어 새로운 의미와 자기(self), 세계(world), 타자(other)에 대한 새로운 관점을 구축하게 된다.

회기에서 부적응적 수치심이 유발되면 적응적 분노나 혐오감이라는 경계 설정 정서에 접근하거나 슬픔이나 연민과 관련된 친밀감 추구 행동을 불러일으킴으로써 자신감과 같은 새로운 상태로 전환될 수 있다. 부적응적 분노는 적응적 슬픔의 상호작용에 의해 변화될 수 있으며, 상호작용은 종종 분노를 놓아버리고(letting go), 받아들이고, 가능하다면 용서하는 것으로 이어진다. 앞서 설명한 것처럼 부적응적 수치심은 위반에 대한 분노에 접근함으로써 자기수용으로 전환될 수 있다. 분노는 부적응적 수치심을 자부심, 자기가치감(self-worth), 자기수용(self-acceptance)으로 바꾸거나 수치심의 고통이 자기위안(self-comforting)을 주는 연민으로 이어질 수 있다. 이런 식으로 철수 정서는 접근 정서에 의해 변화된다. 정서가 변하면 생각과 내러티브도 변한다. 분노가 슬픔으로 바뀌면 화난 생각이 바뀐다. 어렸을 때 무시당했던 사람들은 더 이상 자신이 무가치하다고 느끼지 않게 되면, 자신이 다른 사람에게 사랑받을 수 없는 사람이라는 내러티브를 오히려 다른 사람이 자신에게 사랑을 줄 수 없었던 사람이라고 보는 내러티브로 바꾼다. 또는 학대를 당한 자신을 탓하고 수치심이나 죄책감을 느꼈던 사람이 자신이 저지른 잘못에 대해 상대방에게 책임을 돌리고 자신은 책임이 없다는 것을 깨닫게 될 수도 있다.

대부분의 사람들은 좋은 감정이 나쁜 감정을 바꿀 수 있다는 것을 직관적으로 이해하지만, 우리가 주로 부정적인 감정을 긍정적인 감정으로 대체하는 것을 옹호하는 것이 아니라는 점에 유의하는 것이 중요하다. 오히려 나는 부적응적인 정서인 한 정서를 반대되는 행위 경향성을 가진 적응적인 정서인 다른 정서로 되돌릴 수 있는 과정에 대해 이야기하고 있다. 예를 들어, 내담자가 빈 의자에 앉아 정서적 · 신체적으로 학대하는 아버지를 심상화하게 하면 과거 학대에 대한 정서도식적 수치심 기억이 떠오르고, 이러한 기억은 폭력에 대한 적응적 분노를 표출하고 심상 속의 아버지와 맞서 싸우는 새로운 경험에 적응할 수 있게 된다. 그런 다음 내담자는 자신을 더 강하게 주장하고 보호할 수 있다고 느끼는 교정적 정서 체험(corrective emotional experience)을 하게 되고, 기억은 더 강한 자기감(sense of self)을 포함하도록 재통합된다. 분명한 것은 정서는 정서를 변화시키고 인지도 변화시킨다는 것이다.

정서 변화에 이르는 길

치료에서 정서를 다루는 과정에는 정서 변화에 이르는 다소 다른 두 가지 경로가 있다. 한 가지 경로는 인정받지 못한 주장적 화(assertive anger)와 같이 이전에 부인되었던 적응적 감정에 도달하여 이를 수용하는 것이다. 다른 경로는 수치심에 기반한 무가치감과 같이 부인되었던 부적응적 일차 감정 경험을 수용하고 변화시켜야 하는 경우이다.

첫 번째 경로는 적응적 정서를 부정하고 그 정서가 제공하는 적응적 정보와 행위 경향성을 경험하지 않음으로써 발생하는 문제와 관련이 있다. 이 경로는 치료적으로 접근하기가 더 간단하며, 일단 접근한 정서는 행동 변화의 지침으로 사용할 수 있다. 이 경로에는 두 가지 치료 단계가 포함되는데, 먼저 반응적 이차 정서에서 적응적 일차 정서로, 예를 들어 이차 무망감에서 적응적 일차 분노로 이동하는 것이다. 내담자는 치료에서 적응적 정서에 대해 이야기하거나 통찰력을 얻는데 그치지 않고 이를 경험하도록 도움을 받는다. 내담자는 자신의 몸으로부터 경험적 수준에서 힘을 얻는다는 느낌을 경험하고, 이를 통해 침해받지 않을 권리를 주장할 수 있게 된다. 그런 다음 내담자는 이 새로운 경험을 말로 상징화하고 이를 성찰하여 새로운 내러티브, 새로운 의미, 새로운 행동을 만들어 낸다.

두 번째 경로는 핵심 부적응적 정서를 부정함으로써 발생하는 문제와 관련이 있다. 이 치료 경로에는 3단계의 순서가 포함된다. 이 경로는 증상적 이차 정서를 우회하여 부적응적 일차 정서로 이동한 다음 적응적 정서로 이동하는 것으로 시작된다(Greenberg, 2015). 예를 들어, 이차 걱정에서 기저의 부적응적 일차 두려움으로 이동한 다음 적응적 일차 주장적 화에 접근하여 변화할 수 있다(Greenberg & Paivio, 1997). 이보다 복잡한 두 번째 경로에서 작업할 때 치료자는 먼저 내담자가 이전에 거부했던 고통스럽고 부적응적인 정서에 도달할 수 있도록 도와야 한다. 고통스러운 부적응적 상태에 접근하고, 다시 소유하고, 수용해야 한다. 그러나 부적응적 이차 정서에서 부적응적 일차 정서로 이동하는 중요한 첫 번째 순서는 건강하고 적응적인 정서와 동기에 접근하는 세 번째 단계 없이는 불완전하다. 이 3단계 순서는 정서로 정서를 변화시키는 가장 중요한 변화 과정이며, 성과를 예측하는 것으로 나타났다(Herrmann et al., 2016; A. Pascual-Leone & Greenberg, 2007).

결론

이 장에서는 정서의 본질과 기능에 있어 정서도식의 역할에 대해 살펴보았다. 언어보다 신체적 감각이, 인지보다 정서가 중요하다는 점을 강조했다. 언어가 사실을 교환하고 추론하는 데는 유용하지만, 사실과 논리는 인간관계와 개인 정체성을 형성하는 데는 정서의 경험과 표현보다 상대적으로 덜 중요하다. 정서는 우리에게 언어로 말하지 않고 좋은 것과 나쁜 것을 몸을 통해 말하지만, 인지는 무엇이 옳고 그른지를 말하며 상징적인 언어를 통해 말한다. 정서는 나에게 좋은 것과 나쁜 것, 즉 가치에 관한 것이다. 인지는 진실, 즉 무엇이 옳고 그른지에 관한 것이다. 언어는 의식적인 인식 수준에서 작동하지만, 우리가 하는 일의 대부분은 의식의 표면 아래에서 암묵적인 과정에 의해 결정된다.

정서의 생성과 변화를 이해하는 가장 좋은 방법으로 도식과 도식적 기능의 역할이 설명되었다. 마지막으로, 인지나 행동 수정 또는 통찰과 새로운 이해에 의한 변화가 아닌 통합에 의한 변화를 이해하기 위해 정서로 정서를 변화시키는 원리와 기억 통합 과정을 소개했다. 3장에서는 수치심이라는 정서와 그 특징, 수치심의 다양한 유형, 그리고 치료에서 이러한 다양한 유형을 다루는 방법에 대해 중점적으로 다룬다.

3장

상담 및 심리치료에서의 수치심

유일한 수치는 수치심이 없는 것이다.

–블레즈 파스칼(Blaise Pascal)

수치심은 영혼을 갉아먹는 정서이다.

–칼 구스타프 융(Carl Gustav Jung)

이 장에서는 수치심의 본질과 심리치료에서 수치심의 다양한 형태에 대해 다룬다. 수치심은 심리치료에서 일차 및 이차 반응, 깊은 수치심 또는 피상적인 부끄러움 등 다양한 형태로 나타난다. 또한 수치심은 종종 죄책감과 혼동되기도 한다. 이 장에서는 수치심을 다루는 작업의 복잡성과 다양한 유형의 수치심 경험에 대한 차별적 개입 지침의 필요성을 강조하기 위해 수치심의 다양한 측면에 대해 논의한다. 또한 이 장에서는 수치심을 다루는 작업과 관련된 사회적 · 문화적 · 성별 기반 문제의 영향에 대해서도 설명한다.

Tompkins(1963)는 수치심에 대해 자세히 이론화한 최초의 학자이다. 그는 '수치심-굴욕감(shame-humiliation)'이 가장 널리 퍼져 있는 정동이며 다른 모든 정동과 상호작용한다고 주장했다. 그는 수치심-굴욕감을 달성하지 못한 욕망의 감정으로 정의했다. Tompkins에게 수치심은 긍정적인 정동이 불완전하게 감소했을 때 발생했다. 다시 말해, 수치심은 기분이 좋은데 무언가가 그 좋은 기분을 방해할 때 발생하지만 그 좋은 기분을 계속 유지하고 싶은 욕구를 막지 못할 때 발생한다. 갑작스러운 흥분의 감소이다. Helen Block Lewis(1971a, 1971b, 1987)는 치료에서 수치심의 중요성에 초점을 맞추고 정신분석 이론에서 수치심과 죄책감의 차이를 명확히 한 최초의 치료자였다. 그녀는 수치심을 자기의 전체(the whole self)에 관한 것으로 본 반면, 죄책감은 행동에 관한 것으로 보았다. Greenberg와 Paivio(1997)는 정서중심치료(emotion-focused therapy: EFT)에 대해 논의할 때 수치심을 "노출되어 존엄성이나 가치가 부족하다고 느끼는 것"(p. 229)이라고 설명했다. 수치심을 경험하는 사람은 자신이 관심이나 사랑을 받을 만한 가치가 없다고 느끼며, 있는 그대로의 자신을 보이면 거부당할까 봐 두려워한다(Tangney & Dearing, 2002). 수치심은 소속감을 느끼고 매력적으로 인식되고 위계적 · 사회적 지위를 유지하려는 타고난 욕구에서 비롯되었을 수 있다(Gilbert & Andrews, 1998). 수치심의 근본적인 정서적 반응은 생존을 촉진하고 자동적으로 올라오기 때문에 진화적으로 보존되어 왔다(Frijda, 1986; Tompkins, 1963).

치료적 맥락에서 수치심은 "나는 괜찮은 사람이 아니다" "나는 받아들여지지 않는다" "나는 소속되지 않았다"라는 익숙한 고통으로 설명된다. 이러한 느낌의 고통은 사람들을 위축되게 만든다. 이러한 철수는 자신과 인간관계를 돌아보는 데 도움이 되는 본래의 기능을 가지고 있을 수도 있지만, 이러한 경향은 사회적 회피나 자해로 이어질 수 있다. 사람들은 자기의 다양한 측면에 대해 수치심을 느낄 수 있다. 자신의 신체, 애정과 인정에 대한 욕구, 성적 욕구나 성적 취향, 능력이나 아이디어, 야망에 대해 수치심을 느낄 수 있다. 사람들은 다른 사람의 눈에 자신이 작아지고 열등하다고 느끼거나 다른 사람들이 자신을 품위 없는 사람으로 본다고 느낄 때 수치심을 경험한다(Dearing & Tangney, 2011). 수치심을 극복하는 데 가장 도움이 되는 방법은 자신을 배려하고 수용하는 사람과 대화를 통해 수치심을 개방적으로, 머릿속에서 꺼내놓는 것이다.

사람들은 공공장소에서 알몸으로 나타나거나 자신을 통제하지 못하는 것처럼 자신을 과도하게 노출하는 것을 경험할 때 수치심을 느낀다. 수치심은 또한 사람이 흥분하고 그 감정이 다른 사람에 의해 일치하지 않거나 반영되지 않을 때 발생할 수 있다(Tompkins, 1963). 사람들은 자신의 정서를 드러내거나 흥분을 표현했는데, 상대가 이러한 표현을 보이지 않거나 반응하지 않을 때 수치심을 느낀다(Nathanson, 1994). 예를 들어, 어린이는 자신의 정서적 흥분이나 재능 혹은 능력을 발휘하려는 노력이 인정받지 못할 때 수치심을 경험한다. 아이가 다이빙 보드에 서서 수영장으로 뛰어내리려고 할 때 신나게 "엄마! 아빠! 저 좀 봐요!"라고 외치지만 부모가 이를 무시하면 수치심에 움츠러들 수 있다(Kohut, 1977). 의미 있는 상대방으로부터 기대했던 반응이 없을 때 나타나는 이러한 위축된 반응은 수치심이다. 사람들은 자신의 의사를 표현하는 순간 누군가가 자신을 무시하거나 외면하여 충격을 받으면 수치심을 느낀다. 수치심은 자기의 모든 측면을 압도하고 정동을 조절하는 능력을 방해한다. 건강한 핵심 자기감(healthy core sense of self)과 생존과 번영에 대한 동기가 상실되어 자기 일관성을 잃고 패배감과 고갈 상태에 빠지게 된다.

수치심에 관한 한 연구에 따르면, 수치심은 이상적인 자기가(ideal self) 되지 못했을 때보다 원치 않는 자기, 즉 매력적이지 않은 자기를 가질 때 더 많이 느끼는 것으로 나타났다(Lindsay-Hartz et al., 1995). 이 연구에 참여한 참가자들은 자신이 원하지 않는 모습이 될 때 수치심을 느낀다고 보고했다. 수치심은 단순히 자신이 되고 싶었던 사람이 되지 못한 것이 아니라 반이상적인(anti-ideal) 자신을 경험하는 것과 관련이 있었다. 참가자들은 "나는 예뻐지지 못했다"가 아니라 "나는 못생겼다"라고 말하거나 "나는 내가 되고 싶은 만큼 잘하지 못했다"가 아니라 "나는 나쁘다"라고 말했다. 참가자들은 이러한 차이가 단순히 의미론적인 차이가 아니라고 강조했다. 따라서 기준을 충족하지 못하는 것이 아니라 기준에 미치지 못하는 경험을 의미한다. 이 차이는 부적응적 수치심의 비난적 성격과 수치심에서 자기경멸(self-contempt)의 역할을 가져온다.

Kaufman(1996)은 Tompkins(1963)의 연구를 바탕으로 경멸(contempt)은 분노(anger)와 더러운 냄새를 맡는 것(dis-smell)이 혼합된 것으로, 코를 위로 움직여 멀어지게 하는 행위 경향성이 있다고 제안했다. 반면에 혐오감(disgust)은 '불쾌감(distaste)'(즉, 입에서 더러운 것을 맛보는 것)에서 비롯되며, 혐오감과 동일한 행위 경향성인 뱉어내려는 행위 경향성을 보인다. 자신을 부정적으로 평가하는 것과 자신을 경멸하는 느낌은 각각 자기비판적(self-ciritical) 과정의 인지적 측면과 정서적 측면으로 생각할 수 있다. 자기경멸감은 특정 신체 언어, 표정, 목소리 톤으로 특징지어지기도 한다(Whelton & Greenberg, 2005). 경멸의 신체 언어에는 입술을 말거나, 나쁜 냄새를 피하려는 듯 코를 들어 올리거나, 자신을 우월한 위치로 들어 올리거나, 꾸중 · 무시 · 거절 또는 짓누르는 듯한 손짓을 하는 등의 동작이 포함된다.

수치심과 관련 정서의 차이

'부끄러움(embarrassment)'이라는 용어는 종종 '수치심(shame)'과 같은 의미로 사용되지만 두 개념을 구분하는 것이 유용하다. 두 가지 측면에서 차이가 있다. 첫째, 수치심은 도덕적으로 비난받을 수 있고 어느 정도 자기경멸을 포함하는 반면, 부끄러움은 도덕적으로 중립적이다. 사람들은 자신이 결함이 있거나 무가치하다고 느낄 때가 아니라, 자신이 원하는 이미지를 훼손할 수 있다고 생각하는 자신의 어떤 측면이 다른 사람에게 목격될 때 부끄러움을 느낀다. 예를 들어, 사람들은 자신의 치마나 블라우스가 열려 있거나 현대 사회에서 방귀를 뀌거나 코를 후비는 모습을 목격했을 때 부끄러움을 느낀다. 두 번째 차이점은 수치심은 자기 자신에 대해서만 느끼는 반면, 사람들은 타인에 대해서도 부끄러움을 느낄 수 있다는 점이다. 예를 들어, 사람들은 공연자가 관객 앞에서 무대에서 노골적인 실수를 했을 때 부끄러움을 느끼거나 배우자의 어리석은 말이나 자녀의 잘못된 행동에 대해 부끄러움을 느낄 수 있다. 사람들은 자신의 이미지에 못 미치는 것뿐만 아니라, 불우한 사람들 앞에서 부끄러움을 느끼거나 엘리트 교육을 받았거나 부유하거나 과시적인 부모를 둔 경우와 같이 이미지에 부합하지 않는 것에 대해서도 부끄러움을 느낄 수 있다. 수치심은 부끄러움과는 반대로 도덕적으로 잘못되었거나 비난받을 만한 일에 대한 반응이다. 수치심은 어떤 도덕적 기준에 따라 자신을 평가하고 자신이 부족하다는 것을 발견할 때 발생한다. 부끄러움은 우리가 원하는 모습이 훼손될 때 발생한다.

'굴욕감(humiliation)'은 수치심과 같은 의미로 자주 사용되는 또 다른 용어이지만, 굴욕감은 공공장소에서 다른 사람이 우리에게 가하는 것이라는 점에서 수치심과는 다르다. 굴욕감은 자신의 존엄성이 훼손되고 지위나 신분을 잃는 것을 포함한다. 굴욕감은 자기비난적(self-condemning)인 개인적 평가라기보다는 자신의 지위에 대한 공개적인 비하이다. 누군가 한 사람에게 권력을 행사하여 그 사람의 명예나 평판을 무너뜨릴 때 깊은 상처를 받고 본능적으로 고통스러워한다. 이러한 이유로 굴욕감은 오래전부터 광장에 놓인 채로 썩은 채소를 뒤집어쓰거나 침을 뱉는 등 처벌의 한 형태로 사용되어 왔다.

수치심과 '죄책감(guilt)'은 종종 서로 혼동되기도 하지만, 둘을 구분할 수 있다(Tangney & Dearing, 2002). 죄책감은 수치심과 표면적인 유사성을 가지고 있지만 동일하지는 않다. 이 두 정서는 종종 같은 의미로 사용되거나 혼동되기도 하지만(Kim et al., 2011), 구분할 필요가 있다. 죄책감은 자신의 특정 행동에 대한 부정적인 평가를 포함하는 반면, 수치심은 자신의 자기 · 가치 · 존엄성 등 자기 전체에 대한 부정적인 평가와 타인의 부정적인 평가에 대한 지각을 포함한다는 점에서 흔히 구별되는 특징이 있다. 이러한 구분은 학문적으로는 사실이지만, 치료적 및 경험적으로 볼 때 사람들은 자기의 일부분에 대해서만 수치심을 느끼는 경우가 분명히 있다. 예를 들어, 어떤 사람들은 자신의 학업 성적은 수치스러워 하지만 자신의 매력은 수치스러워 하지 않을 수 있다. 좀 더 명확하게 구분하자면, 죄책감은 상처를 회복하거나 속죄하려는 행위 경향성이 있는 반면, 수치심은 상처로부터 벗어나거나 숨기거나 사라지려는 행위 경향성이 활성화된다는 점이다. 수치심은 개인의 가치감(sense of worth)과 관련이 있으며, 종종 자기 전체를 지칭하고 숨고 싶게 만드는 것으로 볼 수 있다. 반면 죄책감은 행동에 관한 것으로 사과하거나 수정하도록 유도한다. 수치심과 죄책감을 구분하는 한 가지 방법은 수치심은 "내가 나쁘다"를 포함하는 반면, 죄책감은 "내가 나쁜 일을 했다"를 포함한다고 보는 것이다. 수치심은 자기 자신에 초점을 맞추는 반면, 죄책감은 자기 자신이 아닌 자신의 행동에 초점을 맞추는 것이다. 부모가 "넌 멍청해"라고 말하는 것은 수치심을 유발하는 반면, "넌 착한 아이인데 나쁜 결정을 내렸어"라고 말하는 것은 죄책감에 더 가깝다. 또한 사람들은 누군가에게 상처를 준 것에 대해 죄책감을 느끼면서 동시에 수치심을 느끼는 일종의 죄책감-수치심 과정을 경험할 수도 있다. 자신의 책임을 숨기려고 하거나 방어적으로 화를 낼 수도 있다.

수치심은 사회적 위치와 지위를 보호하고 집단에 소속감을 유지하기 위해 진화적으로 발달한 반면, 죄책감은 타인을 배려하고 보상하며 관계적 유대감을 유지하기 위해 진화했다. 수치심은 사람들이 스스로에 대해 기분이 나빠지게 만든 일에 대해 생각하지 않고, 위축되고, 닫아버리도록 유도한다. 반면에 죄책감은 사람들이 회복하도록 유도한다. 죄책감은 후회할 만한 행동을 했을 때 발생하는 반면, 수치심은 다른 사람의 시선이나 행동의 대상이 되었을 때 발생한다. 따라서 죄책감은 사람들에게 선택권이 있을 때 발생하는 반면, 수치심은 무력감 · 타인의 행동의 대상 · 모멸감 또는 존엄성 없는 느낌의 경험에서 발생한다. 폭행 · 대인 폭력 · 성적 학대의 생존자들은 종종 수치심을 경험한다(Wolfgang, 1998).

건강한 죄책감과 건강한 수치심은 행위 경향성이 다르다. 적응적 수치심은 현재 상황에 처한 사람을 부정적으로 보지 않거나 과도하게 노출되지 않도록 도와주며, 적응적 죄책감은 회복으로 이어진다. 부적응적인 형태의 죄책감과 수치심도 다르다. 부적응적 수치심은 과거에 대한 반응이기 때문에 현재 상황에 도움이 되지 않는다. Freud(1923)는 죄책감을 가혹한 초자아(superego)에서 비롯된 병리의 핵심 일차 정서로 보았지만, 나는 수치심을 죄책감보다 더 근본적인 병리의 핵심 일차 정서로 보고 수치심을 당하고 그 수치심을 내면화하는 데서 비롯되는 것으로 본다. 건강하지 않은 죄책감은 일차 정서라기보다는 성격에 내사된(introjected) '해야 한다'에 대한 이차 정서적 반응인 경우가 많다.

수치심과 다른 정서에 대한 논의에서 수치심과 반대되는 개념이라고 할 수 있는 자부심(pride)에 대해 한두 마디 빼놓을 수 없다. 자부심은 악덕이자 미덕으로 여겨져 왔다. 일곱 가지 대죄 중 하나인 교만(pride)은 부풀려진 자기감(sense of self), 허영심, 심지어 자기우상화(self-idolization)를 의미한다. 그러나 미덕으로서의 자부심은 자기상(self-image)을 확인하고 자신의 성과에 만족감을 느끼는 감정이다. 자부심이 자신의 우수성이나 가치에 대한 사랑이라면, 수치심은 정반대이다. 따라서 한편으로 교만은 특히 종교계에서 용서할 수 없는 죄로 여겨져 왔지만, 다른 한편으로 심리학계에서 자부심은 자기가치와 성취, 자기존중감(self-esteem)에 대한 축하이며 수치심과의 싸움에서 가능한 동맹이 될 수 있다.

적응적 또는 부적응적 수치심

앞서 언급했듯이 수치심은 적응적이거나 부적응적일 수 있으며, 집단에 계속 소속되어 있거나 건강하지 않은 철수로 이어질 수 있다. 그러나 대부분의 경우 치료에서 수치심은 자신이 충분하지 않다는 고통스러운 느낌, 즉 부적절함과 가치 부족에 관한 것이다. 수치심은 본질적으로 사람들이 다른 사람들의 시선에서 사라지기를 원하게 만들므로 철수는 종종 수치심의 결과이다. Cooley(1902)는 〈거울 속의 자기(The Looking Glass Self)〉에서 많은 평범한 사람들이 타인의 시선을 신경 쓰는 것을 부정한다고 썼다. 그는 이것이 착각이며, 실패나 수치심이 닥치면 땅이 자신을 어떻게 지탱하는지 생각하지 않고 걷는 것처럼 자신도 모르게 다른 사람의 마음속에 살고 있었다는 사실을 발견하게 될 것이라고 말했다. 사람들은 상호의존성이 강하며, 다른 사람의 시선 속에서 살아가는 수치심은 사람들을 그렇게 만든다.

수치심은 실험 및 발달심리학에서 자기개념(self-concept)이 발달한 후에만 나타나는 자의식적(self-conscious) 정서로 개념화되는 경우가 많다. 수치심을 경험하려면 '자기(self)'를 표현할 수 있는 능력과 자기 자신에 대한 타인의 의견을 인식하거나 상상할 수 있어야 하는 것으로 여겨진다(M. Lewis, 2008; Tangney & Dearing, 2002). 그러나 임상적 관점과 다른 기초 정서 이론가 및 치료자(Bradshaw, 1988; Darwin, 1872; Izard, 1977; Nathanson, 1994; Panksepp, 2008; Tompkins, 1963)의 관점을 담은 EFT에서 수치심은 자기개념의 발달보다 훨씬 일찍 나타나는 기초 정동으로, 자기개념에 의존하지 않기 때문에 유아는 자기개념을 갖기 훨씬 전에 수치심/수줍음을 나타낸다(Izard, 1977). 개와 같은 동물은 어떤 개념적 방식으로도 자기개념과 동등한 것을 가지고 있지 않지만 규칙을 위반했을 때 수치심을 표현한다. 개는 알파 주인(alpha owner)에게 복종하는 모습을 보이고, 수치심에 몸을 숨긴다. 치료에서 수치심은 종종 인지적으로 부정적인 자기평가(self-evaluation)의 산물이 아니라 육체적 자기에 연결된 깊은 본능적 반응이며 어떤 형태의 의식적인 자기평가와도 무관하다. 수치심은 사회적으로 버림받고 고립될 수 있다는 거부감과 위협에 대한 원초적이고 자동적인 생리적 반응이다. 초기 정동적 수치심 반응 이후에는 체면 상실에 대처하기 위한 인지적 과정이 작용한다.

수치심은 혐오감(disgust)이나 두려움(fear)처럼 내재된 것으로 보아야 한다. Darwin(1872)은 수치심을 피하기 위해 몸을 돌리는 것으로 설명했다. 그는 이를 자신을 지키기 위해 밀어내려는 상호 행위 경향성을 포함하는 혐오감과 비교했다. 수치심과 혐오감은 모두 다양한 적응 과제에 대한 해결책으로 진화한 것으로 여겨진다(Terrizzi & Shook, 2020). 수치심 경험은 매우 고통스러울 수 있으므로 많은 내담자가 수치심에 접근하거나 자기경멸을 표현하는 과정의 일부 또는 직접적인 반응으로 깊은 고통에 접근한다(Greenberg & Bolger, 2001; S. Miller, 2021). 수치심은 어떤 면에서 두려움에 비유될 수도 있다. 수치심은 두려움과 마찬가지로 후천적이고 생리적 반응이 매우 빠르며 철수 행위 경향성이 있고 때때로 압도적일 수 있다. 따라서 수치심은 인지적으로 파생된 정서라기보다는 인간의 기초적이고 보편적인 정서로 이해하는 것이 가장 좋다.

수치심의 구성 요소

수치심은 다면적인 경험이다. 수치심은 다음과 같은 다섯 가지 요소로 구성되며, 모두 치료에서 다루어져야 한다.

1. 정서적 요소: 신체적으로 가라앉는 느낌, 수치심-불안, 자기혐오, 자기경멸
2. 내면의 자기평가적 요소: 나는 나쁘다, 부적절하다, 결함이 있다, 쓸모없다, 실패자다.
3. 사회적 요소: 다른 사람들이 나를 나쁘고, 부적절하고, 쓸모없고, 실패한 사람으로 보고 나를 경멸한다.
4. 동기/행동적 요소: 자신의 행동을 숨기거나 감추려는 욕구 및 경향성, 격노의 감정 또는 수치심 유발자에게 보복하려는 생각
5. 생리적 요소: 각성, 교감/부교감 자율 신경계, 스트레스 호르몬 분비 증가

'수치심(shame)'이라는 단어는 '가리다(to cover)'에서 유래했으며, 종종 눈과 눈썹을 가리고 아래를 내려다보는 시선으로 표현된다. 수치심의 행위 경향성은 타인의 시선으로부터 자신을 숨기고, 작아지거나 사라지거나 심지어 존재하지 않기를 원하고, 타인으로부터 물러나기를 원하는 것이다. 행위 경향성은 앞으로 나아가기(moving forward), 멀어지기(moving away), 맞서기(moving against) 등으로 분

류할 수 있으며, 이 모든 것이 수치심에서 비롯될 수 있다. 수치심에서 멀어지려는 경향성은 사라지고, 숨고, 비밀을 지키려고 하는 것을 포함한다. 앞으로 나아가는(moving toward) 수치심은 다른 사람, 특히 지위가 높은 사람에게 지나치게 잘 보이기 위한 행동으로 나타난다. 맞서기(moving against)는 반격을 수반하며 수치심에서 비롯된 분노와 공격성을 유발할 수 있다. 여기에는 복수심과 "네가 나를 수치스럽게 하면 나도 너에게 상처와 수치심을 주겠다"는 생각이 포함된다.

수치심은 종종 불안을 유발하기 때문에 생리적 불안 증상은 수치심 경험의 일부일 수 있다. 수치심은 부정적인 평가에 대한 인식뿐만 아니라 그러한 부정적인 평가에 대한 두려움으로 인해 발생할 수 있다. 수치심-불안(shame-anxiety)은 사람들에게 임박한 수치심이나 굴욕감의 가능성을 경고하고 행동을 철회하거나 숨기거나 억제하도록 동기를 부여하는 신호이다. 고통 또한 수치심 경험의 한 측면으로, 수치심은 강렬하고 분열적인 경험이 될 수 있으며, 이는 사람이 부서지고 산산조각 난 느낌을 받을 수 있다(S. Miller, 2021). 수치심 경험은 매우 고통스러울 수 있으므로 많은 내담자가 수치심에 접근하거나 자기경멸을 표현하는 과정의 일부 또는 직접적인 반응으로 깊은 고통에 접근한다(S. Miller, 2021). 뇌는 신체적 고통을 기록하는 것과 같은 방식으로 수치심의 고통을 기록한다. 수치심과 같은 정서를 느낄 때 우리는 취약해지고 상처를 입지만, 수치심에 접근하기 위해 고통을 견뎌야만 수치심에 대한 새로운 정서적 경험을 가져와 변화를 촉진할 수 있다.

수치심에는 많은 비언어적 지표가 있다(Julle-Danière et al., 2020). 얼굴을 붉히고 숨기는 것은 수치심의 신체 언어의 특징이다. 고개를 떨구고, 눈을 내리깔거나 시선을 피하고, 어깨를 축 늘어뜨리고 가슴을 움츠리며, 다른 사람과의 접촉을 피한다. 또한 무표정해지거나, 말을 끊거나, 참여를 거부하거나, 분리함으로써 수치심을 숨길 수도 있다. 언어적 지표는 부정적인 자기평가와 타인으로부터 부정적인 평가를 받는 것에 대한 우려를 포함한다. 굴욕감이나 부끄러움을 느끼고 자신의 행동에 대해 무시한다는 표현은 자기비판적이거나 지나치게 사과하는 태도 · 완벽주의적 기준 · 무력감 · 갇힌 느낌 · 고립감 · 외로움을 느끼는 것과 마찬가지로 수치심을 나타내는 지표가 될 수 있다. 수치심을 나타내는 단어로는 (영어로)

'부끄러움(embarrassed)' '창피함(ashamed)' '굴욕감(humiliated)' '쑥스러움(shy)' '수줍음(bashful)' '멋쩍음(sheepish)' '모욕감(mortified)' '비하(demeaned)' '자의식(self-conscious)' '어리석음(foolish)' '바보(silly)' '무력감(powerless)' 등 많은 단어가 사용된다. Potter-Efron(2011)은 내담자가 자신의 수치심 경험을 설명할 때 사용하는 다섯 가지 '결핍 진술(deficiency statements)'을 설명했다: (1) "나는 좋지 않다", (2) "나는 충분하지 않다", (3) "나는 소속감이 없다", (4) "나는 사랑받을 수 없다", (5) "나는 그래서는 안 된다". Wille(2014)은 가장 극단적인 형태의 수치심을 '존재에 대한 수치심(shame of existing)'이라고 설명했다. 이러한 형태의 수치심에서 사람들은 자신이 존재할 자격이 없다고 느끼며, 이는 "대상의 자기에 대한 무자비하고 완전한 거부(merciless and total rejection of the subject's self)"(p. 695)이다.

수치심을 유발하는 요인에는 실제 또는 상상의 비판, 대처 실패, 사회적으로 위축되는 것, 자기 자신에 대한 관점을 훼손하는 모든 것 등 여러 가지가 있다. 이러한 반응에는 사과와 회복이 아닌 숨거나 도피하려는 자동적 반응이 수반된다. 고통이 크고, 근본적으로 결함이 있는 자기를 선한 자기로 변화시키는 일은 불가능할 정도로 엄청난 일처럼 보인다. 수치심은 또한 책임 회피, 피해자 비난, 잘못된 분노 관리, 극단적으로는 적대적인 공격과도 관련이 있다. 상호작용에서 수치심이 활성화되면 사람들은 반성적 사고 없이 자동적으로 위협에 초점을 맞춘 처리로 전환한다. 상호작용은 통제 불능 상태가 되고 보호 방어는 더욱 극단적으로 변한다. 사람들은 더 지배적이 되거나 더 복종적이 될 수 있다. 사람들이 피해를 입었다고 느끼거나 관계가 손상되었다고 생각하지만 어떻게 회복해야 할지 모를 때 수치심을 느끼고 해리·회피·최소화·외현화·반추를 하게 된다.

수치심의 종류

앞서 언급했듯이 심리치료에서 수치심은 단일한 것이 아니며 여러 가지 형태로 나타날 수 있다. 일차 및 이차 수치심, 적응적 및 부적응적 수치심과 같은 다양한 유형의 과정을 구분하여 차별적인 개입을 유도해야 한다. '적응적 일차 수치심(primary adaptive shame)'은 상황에 대한 가장 근본적이고 직접적인 초기 반응이며, 적응 정보와 적응 행동을 조직할 수 있는 능력을 위해 접근하는 것이다. '부적응적 일차 수치심(primary maladaptive shame)'은 종종 과거의 학대, 초기 외상 또는 열악한 애착 경험에서 비롯되고, 현재에 경험한 과거에 대한 반응에서 비롯되며 현재 상황에 적응하는 데 도움이 되지 않는다. 학대 · 굴욕감 · 거절에 대한 반응으로 발전된 적응적 생존 전략이 내면화되어 부적응적인 무가치감과 철수 감정이 될 수 있다. '이차 수치심(secondary shame)'은 슬픔이나 분노에 부끄러움을 느끼는 경우와 같이 일차 정서에 대한 개인의 정서적 반응이다(Dearing & Tangney, 2011). 누구나 특정 상황에 대한 반응으로 때때로 이러한 유형의 수치심을 경험한다. 이차 수치심은 기저의 일차 정서를 발견하고 처리하기 위해 탐색되어야 한다. 예를 들어, 우울한 내담자가 눈물을 흘리며 항의하는 목소리로 "왜 내가 이렇게 고통받아야 하나요? 저는 너무 쓸모없다고 느껴요. 제가 이렇게 엉망인 게 너무 부끄러워요"라고 말한다. 그녀의 목소리에는 불평과 절망의 기운이 가득하다. 이것은 무망감이나 무력감, 기저의 감정과 충족되지 못한 욕구(unmet need)에 대한 정서적 반응을 동반하는 이차 수치심이다. 이에 대응할 때 치료자는 먼저 이차 수치심과 무망감을 인정한 다음 내담자의 기저의 취약한 수치심 정서, 무가치감, 궁극적으로는 타당화에 대한 욕구로 안내한다. 이 예는 핵심적인 부적응적 일차 수치심을 덮는 이차 수치심의 유형을 보여 준다.

반면에 '도구적 수치심(instrumental shame)'은 평생에 걸쳐 발달한 정서 기반 행동 패턴으로, 대인관계 목표를 달성하기 위해 의식적이든 무의식적이든 사용된다. 사회적으로 적절하게 보이기 위해 부끄러워하는 척하거나 동정심을 불러일으키기 위해 악어의 눈물을 흘리는 등 정서를 사용하여 다른 사람에게 영향을 미치거나 조종하는 방법을 배웠다. 치료는 내담자의 도구적 수치심 사용에 주의를 환기시키고 이러한 방식으로 표현되는 수치심의 목표를 인식하도록 도울 수 있다. 수치심을 표현하여 복종을 전달하는 것은 종종 문화적 인사말의 한 형태이다. 그러나 도구적 수치심은 충족되지 못한 욕구를 충족시키기 위해 경직되고 반복적으로 사용될 경우 역기능을 일으킬 수 있다(Dearing & Tangney, 2011). 도구적 수치심은 성격장애 내담자를 제외하고는 치료 회기에서 정서로써 그다지 많이 발생하지 않는다. 그것이 치료에서 표현되면 치료자는 특정 방식으로 반응해야 한다는 대인관계적 끌림을 느낀다. 예를 들어, 치료자는 내담자의 농담에 웃어주어야 한다고 느끼거나, 내담자가 회기가 끝날 때 '문손잡이'(나가는 길에 중요한 이야기를 꺼내는 것)로 매달린 후 의존 욕구를 처리해야 한다고 느낄 수 있다. 도구적 수치심은 충족되지 못한 욕구를 충족하기 위해 반복적으로 사용될 때 역기능을 일으키며, 내담자가 자신이 하고 있는 일과 목표에 대한 인식을 높여주는 것이 가장 효과적이다.

적응적 일차 수치심

수치심의 적응적 기능은 사람들이 과도하게 노출되지 않고 집단에 계속 연결되어 있도록 하는 것이다. 적응적 수치심은 사람들이 중요한 기준이나 가치 및 사회집단의 규범을 위반했거나 지나치게 노출되었거나 사람들의 지지를 받지 못할 위험에 처해 있음을 알려준다. 수치심은 사람들이 자신이 속한 집단에서 소외되지 않도록 도와주며, 사생활을 보호하면서 집단에 소속감과 유대감을 유지하게 해준다. 수치심은 사회 구조의 규칙을 어기거나 공공장소에서 지나친 실수를 하지 않게 함으로써 배척당하는 것을 방지한다.

따라서 적응적 일차 수치심은 사람들이 자신의 개인적 기준이나 가치관 또는 사회 집단의 기준에 위배될 때 활성화되는 정서이다. 이는 종종 의식적인 생각 없이 자동적으로 평가된다. 적응적인 형태의 수치심은 사람들이 사회 집단 내에서 결속력을 촉진하는 방식으로 행동하도록 유도하는 친사회적 정서이다. 또한 수치심은 대인관계 또는 집단 내 폭력을 줄이고 위계질서나 지배 지향적인 맥락에서 서열을 재확인하는 회유 기능도 한다.

수치심을 유발하는 상황에 비례하여 발생하는 적응적 수치심은 개인이 사회적 맥락에서 잘 기능하고 전반적인 사회적 결속을 위해 건강하고 필요한 정서이다. 수치심을 경험하지 않는 사람들은 종종 타인의 권리를 침해하거나 불쾌감을 주는 경우가 많으며, 실제로 사이코패스는 의식적으로 수치심을 경험하지 않는 것이 특징이다(Loader, 1998). 영어에서 '수치스러운 줄 모르는(shameless)'이라는 형용사는 '무모하고 뻔뻔하다(imprudent, brazen)'로 정의되는 부정적인 평가이다 (Canadian Oxford Dictionary, 1998, p. 1329).

치료에서는 적응적 수치심을 경험하고 탐색하여 적응적 정보를 얻고 적응적 행동을 조직하는 데 도움을 준다. 거절의 수치심에 대한 예상은 사람들이 집단에 소속감을 높이는 방식으로 행동하도록 유도한다. 또한 수치심을 표현하는 것은 타인의 공격성을 감소시키고 타인의 동정이나 용서와 같은 더 많은 소속감 반응을 불러일으켜 화해의 가능성을 높이는 역할을 한다. 치료에서 일차 수치심은 수치심 상황에 대한 개인의 가장 근본적이고 직접적이며 초기적이고 빠른 반응이다 (Dearing & Tangney, 2011). 진화론적 관점에서 볼 때 수치심은 중요한 사회적 기능을 수행했을 수 있지만, 적어도 현대 서구화된 도시 문화에서는 일반적으로 수치심이 유용한 기능을 하는 경우는 드물다. 수치심은 개인 또는 대규모 사회적 상호작용에서 그다지 도움이 되지 않는다.

부적응적 일차 수치심

부적응적 일차 수치심은 자신이 무가치하거나 결함이 있거나 본질적으로 결점이 있다는 오랜 감각이 활성화되어 현재에 느껴진다. 이러한 감각은 중요하지 않게 여겨지거나 수치심을 당하거나, 타당화 받지 못했거나 위반을 당한 이전의 경험에서 비롯된다. 핵심 수치심은 한순간에 느껴지는 일시적인 반응이 아니라, 개인의 경험에서 더 오래 지속되는 부분으로, 의식에 명시적으로 드러나지 않고 경험의 저류를 형성하며 전체 성격에 영향을 미친다. 무시당하고, 타당화 받지 못하고, 조롱당하고, 거절당한 초기 경험과 학대 및 방임의 경험은 일반적으로 자신을 결점이 있고, 결함이 있으며, 무가치하고, 중요하지 않고, 사랑받을 수 없는 존재로 인식하는 핵심 자기감(core sense of self)의 발달로 이어진다(Dearing & Tangney,

2011). 부모가 자녀를 때리고 자녀가 나쁘다는 설명을 하면 자녀는 이러한 설명을 내면화하고, 사람들이 자녀에게 화를 내면 자신이 나쁘고 자신의 잘못이라고 느낀다. 아이들은 부모가 통제 불능이거나 나쁘다는 것을 알지 못하고 자신의 격노 경험을 배제하고 부모를 다시 공격하고 싶어한다. 그들의 격노는 애착 유대감에 너무 위험하기 때문에 부인되어야 한다(Bowlby, 1982).

부적응적 수치심은 과거에 대한 반응이기 때문에 현재를 대처하는 데 도움이 되는 유용한 정보를 제공하지 않는다. 이러한 수치심은 굴욕감 · 무력감 · 모멸감 · 수줍음 등 다양한 형태로 나타날 수 있다. 부적응적 일차 수치심으로 현재의 상황에 만성적으로 반응하는 사람들은 과거의 수치심 경험에 대한 정서도식적 기억으로 구성된 '핵심 부적응적 일차 수치심 자기조직화(core primary maladaptive shame self-organizations)'를 가지고 있다고 생각할 수 있다. 핵심 부적응적 수치심 조직화를 가진 사람들은 종종 자신을 본질적으로 결함이 있거나 치명적인 결점이 있거나 무능하고 가치가 없는 존재로 인식하는 경우가 많다. 수치심은 이들의 핵심 정서 경험이며, 낮은 자기존중감과 부정적인 자기개념의 정서적 밑바탕이다(Greenberg & Iwakabe, 2011).

Kaufman(1996)은 수치심에 관한 중요한 연구에서 '내면화된 수치심(internalized shame)'을 역기능적 수치심의 중요한 형태라고 언급했다. 다른 사람의 행동과 의견으로 인해 수치심을 내면화한 사람은 다른 사람이 없는 현재 상황에서, 그리고 그 상황에서 다른 사람들에게 가벼운 당혹감만 불러일으킬 수 있는 상황에 대한 반응으로 많은 수치심을 경험할 수 있다(Greenberg & Paivio, 1997). 이것이 부적응적 일차 수치심의 경험이다.

핵심 수치심에는 두 가지 다른 경험이 있다. 하나는 굴욕감을 내면화하여 수치심을 느끼는 것으로, 대개 어떤 형태의 학대적인 대우로 인해 수치심을 느낀다. 다른 하나는 살아 있다는 사실에 대한 수치심이다. 자기의 생명력과 본질을 인정받거나 키워본 적이 없는 사람은 자신이 하찮게 느껴지고 어떤 자기표현(self-expression)도 수치스럽다고 느끼게 된다. 정서 표현이나 자주성(initiatives)을 지지받지 못한 이전 경험을 바탕으로, 자신이 존재할 권리가 없다고 느끼게 된다. 존재할 권리가 없다면, 핵심 자기는 보이지 않고 외롭고 고립된 채 매달려 있는 경험으로부터 자신을 보호하기 위해 내면 깊숙한 곳으로 물러난다. 내면화된 수치심은 부적응적 일차 도식적 기억의 발달에서 비롯되며, 이는 수치심에 기반한 무가치한 자기조직화로 통합된다. 이러한 유형의 자기조직화는 어렸을 때 정서적 · 신체적 · 성적 학대를 당한 경험이 있거나 부모와 같은 중요한 애착 대상 또는 또래 집단으로부터 반복적으로 굴욕감 · 위축감 · 경멸을 받은 사람들에게서 자주 발생한다. 쓰레기 취급을 받으면 자신이 쓰레기라고 생각하게 된다. 또한 또래 집단에서 팀원으로 선택받지 못하는 등 어린 시절에 작은 외상을 겪을 수도 있다. 따돌림을 당하거나 선택받지 못한 경험은 내면화되어 개인의 자기감에 지울 수 없는 흔적을 남길 수 있다.

핵심 부적응적 수치심의 또 다른 형태는 생명력 · 감정 · 욕구를 가진 사람으로 존재하는 것에 대한 수치심이라고 할 수 있다. 이러한 형태의 수치심은 부모가 자녀에게 자신의 생명력 · 감정 · 욕구 · 행동이 모두 원치 않는 것이라고 느끼게 만들 때 발생한다. 부모는 아이가 살아 있다는 기쁨에 대한 인식과 반응이 전혀 부족하다. 수치심은 현대의 가장 일반적인 육아 방식 중 하나이다. 체벌을 대체한 수치심은 모든 사람에게 어느 정도 영향을 미친다. 가벼운 형태의 수치심을 반영하는 말로는 "아이들은 보여야 하지만 들려서는 안 된다", 가장 심한 형태로는 "존재하지도 말고 자주성의 중심이 되지도 마라" 등이 있다. 그 사이에는 어떤 자기표현도 환영받지 못하고 무시당하거나 꾸중을 듣는 경험이 있다. 그 결과 모든 활력과 주장이 원천적으로 차단된다. 그 결과 자기는 도달할 수 없는 곳으로 물러나게 된다. 그 결과 "나는 여기 없다"고 널리 알리는 듯한 사람들이 생겨난다. 이들은 에너지가 매우 낮은 목소리로 눈을 마주치지 않고 무의미한 자세를 취한다. "나는 귀찮게 하지 않겠습니다"라는 메시지를 전달한다. 이 사람들의 활력은 너무 소멸되어 잘 보이지 않고, 존재 자체도 거의 알지 못한다. 하지만 내면의 깊은 곳 어딘가에 외롭고 쓸쓸하게 존재하고 있다. 이런 사람들에게 가장 치료적인 것은 자신의 활력과 자주성을 다른 사람에게 인정받는 것이다. 치료자는 숨겨진 자기의 고립을 깨기 위해 천천히, 민감하게, 섬세하게 사람들의 내면에 있는 어두운 자원에 다가가야 한다.

내면화된 수치심으로 인한 부적응적 일차 수치심은 아마도 치료에서 가장 자주 발생하는 정서일 것이며, 새로운 입력에 의해 변화될 수 있는 경험이 필요하다. 연구에 따르면 성인이 자기보고한(self-reported) 잦은 수치심과 성인이 자기보고한 신체적 · 성적 학대의 초기 경험 간에 관계가 있는 것으로 나타났다(Hoglund & Nicholas, 1995; Webb et al., 2007). 학대는 또한 부모가 수치심을 이용해 아동을 통제하는 훈육 방법을 사용할 때 발생하는 미묘한 형태의 의사소통을 통해 발생한다. 심리적 학대는 종종 아동에게 깊은 수치심을 남긴다. Webb 등(2007)은 280명의 청년을 대상으로 연구한 결과, 성인의 수치심 및 우울 증상 경험은 거부 · 방임 · 고립을 포함하는 심리적 학대에 대한 어린 시절의 경험 보고와 양의 상관관계가 있음을 발견했다. 또 다른 연구에서는 심리적 학대나 수치심 유발 행동을 구체적으로 조사하지는 않았지만 성인의 수치심과 출신 가족 내 높은 갈등 사이의 연관성을 발견했다(Pulakos, 1996). 이러한 종류의 경험은 명백한 학대나 미묘한 가족 간의 의사소통을 통해 아동에게 상처를 입힐 수 있으며, 이는 성인이 되어서도 지속되는 내재적 감각, 즉 자신은 뭔가 잘못되었다는 느낌, 나쁘거나 원치 않는 짐이라는 느낌을 남길 수 있다. 학대받는 아동은 부모의 학대로 인해 느끼는 고통이 자신의 잘못이며 '있는 그대로의 자신(way they are)' 때문에 당해도 마땅하다고 생각하는 경우가 많다. 아이들은 부모가 자신을 돌보고 있다고 믿고 싶은 가장 중요한 욕구가 있으며, 이러한 욕구는 종종 자신이 근본적으로 잘못되었거나 나쁜 점이 있을 것이라고 추론하게 만든다. 이러한 느낌은 평생 만연한 수치심으로 이어진다.

결함이 있거나 무가치한 자기감과 부적응적인 수치심은 많은 심리적 어려움, 특히 우울증의 중요한 예측 인자인 것으로 밝혀졌다. 2만 명 이상이 참여한 100개 이상의 연구를 조사한 메타 분석에 따르면, 수치심과 병적 죄책감은 모두 우울증 증상을 예측하는 반면, '수치심 없는(shame-free)' 죄책감은 그렇지 않은 것으로 나타났다. 수치심은 또한 사회불안과 다른 유형의 불안장애(Moscovitch, 2009; Shahar et al., 2015), 섭식장애(Kelly et al., 2013; Troop et al., 2008), 외상 후 스트레스 장애(Paivio & Pascual-Leone, 2010), 경계선, 자기애 및 반사회적 성격장애(Goss & Allan, 2009; Kelly et al., 2013; Kramer et al., 2018; Ritter et al., 2014; Troop et al., 2008)에서도 널리 퍼져 있다. 또한 공격성과 폭력적인 행동으로 이어지는 공통적인 기저 경험으로 제안되며(Velotti et al., 2014), 공공장소에서 수치심을 느끼는 것에 대한 두려움과 같은 문화특수적(culture-specific) 장애의 기저에 있는 것으로 추정된다(Greenberg & Iwakabe, 2011).

다양한 수치심 과정을 구분하는 것 외에도 외적 수치심과 내적 수치심의 경험을 구분하는 것도 중요하다. '외적 수치심(external shame)'은 다른 사람으로부터 수치심을 느끼거나 어떤 사건에 대한 반응으로, 다른 사람의 마음속에서 일어나는 일에 대한 지각으로 인해 수치심을 느끼는 것이다. 이는 자신이 속한 사회 집단에서 지위를 잃었다는 인식과 관련이 있으며, 집단에서 배척당할 가능성에 대해 진화적으로 발달된 우려에서 비롯된다. 이 형태의 수치심은 자기 외부에서 비롯되며 다른 사람들이 자신을 부정적으로 바라본다는 고통스러운 인식을 포함한다. '내적 수치심(internal shame)'은 자기 내부에서 비롯되며 다른 사람이 자신을 보거나 판단하는 것을 상상하기보다는 부정적인 자기평가와 자기비판을 수반한다. 내적 수치심은 사람들이 스스로에게 하는 것으로, 타인이 자신을 바라보는 시각보다 자기에 대한 자신의 시각과 자기비난이 더 중요하다. 내적 수치심은 스스로를 비난하기 때문에 고통스럽고, 외적 수치심은 다른 사람이 자신을 비난한다는 사실을 알고 있기 때문에 고통스럽다. 예를 들어, 비만인 사람이 비만한 사람을 탐욕스럽고 게으르다고 자주 판단하는 사회에 살고 있다면 비만이 외부적으로 매우 수치스럽다는 것을 인식할 수 있지만(예: 의학적 진단명 중 하나가 '고도 비만(grossly obese)'이다), 자신의 외모에 만족하기 때문에 내부적으로 수치심을 느끼지 않을 수 있다. 하지만 일반적으로 외적 수치심과 내적 수치심은 상관관계가 높다.

자신의 욕구에 지나치게 관심이 많고 타인에 대한 공감 능력이 부족한 자기중심적(self-centered) 성격 스타일인 '자기애(narcissism)'에 대한 언급 없이 수치심에 대해 이야기할 수는 없다. 병적 자기애는 수치심과 격노라는 정서가 특징이다. 수치심은 자기애의 기저에 깔려 있으며, 자기애와 취약성 상태의 기저에 있는 불쾌감이다(Morrison, 1989). 수치심은 자부심 부족, 낮은 자기존중감, 취약성과 관련이 있다(Morrison, 1989).

자기애적인 사람들은 자기구조(self-structure)가 약하기 때문에 주요 보호 수단으로 과장(grandiosity)을 내세워 이를 은폐한다. 자기애적 자기조직화를 가진 사람들이 느끼는 수치심은 어느 순간 격노나 극단적인 적대감으로 발전하여 자신의 강한 자기상을 약화시키려는 사람을 파괴하려는 욕구로 발전한다(Martens, 2005). 이 과정을 '수치심-격노 역동(shame-rage dynamic)'이라고 한다. 자기애적인 사람들은 실패를 견디는 데 큰 어려움을 겪고 자기존중감이 취약하다. 실패는 극심한 수치심으로 이어지며, 다른 곳으로 책임을 전가하고 격노로 가득 차게 된다. 이러한 형태의 실패에 대한 수치심은 종종 거부감으로 느껴지기도 한다. 자기중요성(self-importance)이 무시되어 다른 사람에게 깊은 자기상을 보여 줄 수 없다고 느끼게 된다.

치료에서 나타나는 수치심

치료자는 다양한 형태의 수치심을 다양한 방식으로 다루어야 한다. 임상 연구와 우울증 환자 36명을 대상으로 한 질적 연구(Greenberg & Paivio, 1997; Greenberg & Watson, 2006)를 바탕으로, 우리는 다양한 형태의 수치심이 내담자의 변화를 촉진하기 위해 다양한 회기 내 개입을 통해 도움이 되는 여러 상황을 확인했다. 주요 상황 유형은 (1) 내담자가 적응적 일차 수치심을 인식하도록 돕는 것, (2) 부적응적 일차 수치심(핵심 수치심)의 감각을 변화시키는 것, (3) 이차 수치심을 극복하는 것이었다. 핵심 부적응적 일차 수치심의 변화는 (1) 내면화된 수치심, (2) 경멸과 자기혐오, (3) 자기차단(self-blocking)이라는 세 가지 형태로 나타났다. 이차 수치심은 (1) 기준에 부응하지 못하는 것과 관련된 자기비판적 인지와 (2) 사회적 수치심 극복의 두 가지 형태로 나타났다. 각 형태에 대한 차별적 개입은 다음 절에서 간략하게 논의하고 이후 장에서 자세히 설명한다.

적응적 일차 수치심 다루기

적응적 일차 수치심은 내담자에게 사회적으로 허용되는 행동에 대한 귀중한 정보를 제공하고 적절한 행동을 유도하는 행위 성향(action dispositions)을 제공하기 때문에 치료에서 인정해야 한다. 자신의 내재적 기준과 가치에 대한 위반에 관한 수치심(예: 허용되지 않는 행동에 대한 수치심, 공공장소에서 통제력을 상실한 것에 대한 수치심, 자신의 눈에 나쁜 사람이 된 것에 대한 수치심, 나쁜 부모가 된 것에 대한 수치심)은 적응적 수치심이다. 치료 과정에서 부끄러움을 느끼는 행동을 인정하는 것은 아주 어렵지만 매우 정화하는 일이며 변화의 첫걸음이다. 배신이라는 정서적 상처를 경험한 부부를 대상으로 한 치료 연구에서, 상처를 준 사람이 파트너에게 수치심을 표현하는 것이 신뢰를 회복하고 용서를 촉진하는 데 가장 중요한 요소이며 사과보다 훨씬 더 영향력이 있는 것으로 밝혀졌다(Dearing & Tangney, 2011; Woldarsky Meneses & Greenberg, 2011, 2014). 상처를 입은 파트너가 수치심을 느끼고 표현하는 모습을 본 파트너는 상처를 입은 파트너가 다시는 자신을 배신하지 않을 것이라고 믿을 가능성이 더 높았다. 또한 파트너가 수치심이라는 고통을 겪는 것을 보면 둘 다 고통을 겪었기 때문에 불공평하다는 느낌의 균형을 맞출 수 있다고 느끼는 것으로 나타났다. 피해를 입은 파트너는 일반적으로 처음에는 분노로 자신의 행동을 방어했지만, 특히 기저의 적응적 수치심을 표현하는 것이 피해를 입은 파트너의 관계적 용서를 촉진하는 데 도움이 되었다(Woldarsky Meneses & Greenberg, 2011, 2014). 따라서 적응적 일차 수치심은 부당한 분노에 대한 건강한 해독제가 될 수 있으며, 비난이나 방어적 분노를 사과와 용서를 구하는 것으로 전환하는 데 도움이 될 수 있다. 이러한 방식으로 수치심은 화해와 관계 회복이 가능한 순종적인 접근 경향을 제공한다.

핵심 부적응적 일차 수치심 다루기

수치심은 보통 치료에서 부적응적인 형태로 나타난다. 치료의 목표는 이 부적응적인 정서를 보다 적응적인 정서로 바꾸는 것이다. 앞서 언급했듯이, 핵심 부적응적 수치심은 자신의 전체 자기감(sense of one's whole self)이 무가치하거나 결함이 있거나 용납할 수 없는 결점이 있다고 느끼는 것과 관련이 있다. 수치심 때문에 사람들은 다른 사람의 시선을 피해 숨고 사회적 접촉을 피한다. 사교 활동을 할 때 지나치게 복종적이거나 수동적이며 의견 표현을 피하거나 자신이 생각하거나 느끼는 것을 표현하기보다는 사람들이 듣고 싶어 한다고 생각하는 것을 말하게 된다. 이러한 형태의 핵심 수치심을 줄이면 우울증 및 기타 정동장애의 재발을 예방하는 데 도움이 된다.

내면화된 부적응적 핵심 수치심

부적응적 일차 핵심 수치심은 핵심에 결함이 있거나 썩었다고 느끼는 것으로 깊이 내면화된 수치심이다. 일반적으로 거칠게 다루어짐 · 이전의 굴욕감 · 학대 등으로 인해 발생하며 열등감 · 무가치함 · 사랑받을 수 없는 존재라는 자기감의 핵심에 있다. '결함(defective)' '부적절함(inadequate)' '무가치함(worthless)' 등의 단어가 이러한 감정을 설명하는 데 사용된다. 거칠게 다루어짐 · 학대 · 비하를 당한 많은 사람들은 자신이 상한 물건처럼 책임이 있거나 나쁘거나 결함이 있는 사람이라고 느낀다. 보호자가 고통과 비난의 근원이라면 아이들은 자신을 비난한다. 자기비난의 문제는 많은 장애, 특히 일부 형태의 학대에서 만성적으로 나타난다. 사람들은 자신이 한 일이나 하지 않은 일에 대해 결국 자신을 비난하게 된다. 과거에 주요 타자(significant others)로부터 혐오감이나 경멸을 받았던 사람들은 이러한 감정을 내면화하여 자신에게 향하게 된다.

따라서 학대를 당한 많은 내담자의 가장 큰 문제는 죄책감이다. 이들은 자신이 학대를 당한 책임이 있다고 느끼고 자신을 탓한다. 자신이 무력하고 통제력이 부족했음에도 불구하고 학대를 당해도 싸다고 생각하거나 스스로 학대를 자초했다고 생각한다. 학대는 종종 비밀에 부쳐지기 때문에 '수치심-불안(shame-anxiety)'(즉, 수치심을 느끼는 것에 대한 예기 불안)과 친밀함에 대한 두려움(fear of intimacy)이 만연하게 된다. 자신을 결함이 있는 존재로 여기는 병적인 경험이 발달한다. 예를 들어, 어렸을 때 성추행을 당한 적이 있는 내담자는 "이제 아무도 나를 원하지 않을 거야"라고 선언한다. 학대에 대한 수치스러운 책임을 느끼는 이러한 내담자에게 개입하려면 "책임이 있는 곳에 책임을 돌리고" 자신에게 가해진 잘못에 대한 분노를 표현하여 이를 외부화하도록 도와야 한다.

내면화된 핵심 부적응적 수치심은 남들과 다르다는 이유로 거부당하고 열등하다고 평가받은 경험에서 비롯되는 경우가 많다. 예를 들어, 한 내담자는 자신의 불임에 대해 마치 자신이 진짜 여자가 아닌 것처럼 느끼는 극심한 수치심을 느꼈다. 또 다른 남성은 청소년기에 스포츠보다는 꽃꽂이와 예술에 관심이 많았고, 아버지로부터 올바른 남자가 되지 못한다는 수치심을 느꼈다. 그는 치료에서 하루 16시간 동안 "나는 남자답지 못하다"라는 내면의 목소리가 머릿속에서 들린다고 말했다. 누군가 그의 창의력에 대해 칭찬하거나 어떤 식으로든 비판할 때마다 그는 깊은 수치심에 빠졌다.

사람들은 또한 특정 계급 · 인종 · 성별 또는 성적 지향에 속한다는 이유로 수치심을 느낀다. 사회적 비교와 배척 또는 굴욕감으로 인한 부적응적 일차 핵심 수치심은 일차적 애착 대상에 의해 수치심이 부과되지 않는다는 점에서 어린 시절 학대로 인한 내면화된 수치심과 본질적으로 다를 뿐이다. 사람들은 여전히 자신을 열등하거나, 용납할 수 없거나, 비정상적이거나, 심각한 결함이 있는 것으로 핵심 자기감을 내면화한다(Dearing & Tangey, 2011).

부정적 자기평가와 핵심 수치심

두 번째 형태의 부적응적 핵심 수치심은 자신을 향한 경멸과 혐오를 동반한 비판으로 인해 내면화된 부정적인 자기평가에서 비롯된다. 부정적인 자기평가는 종종 "넌 나쁘다"는 말을 듣고 내면화되어 스스로에게 그렇게 말하게 되는 경우가 많다. 내면화된 비판과 그 비판에서 전달된 부정적인 영향에서 오는 수치심은 전체 자기에 적용된다. 이러한 부정적인 평가에 수반되는 자기에 대한 경멸은 자신을 무가치하고 부끄럽고 실패자처럼 느끼게 한다(Whelton & Greenberg, 2005). 치료는 자기의 수치심, 핵심이 썩었다는 느낌에 접근한 다음 비판에 대항할 수 있는 자기의 능력을 개발하여 경멸보다는 자기에 대한 연민을 키우는 과정을 포함한다.

이러한 형태의 부적응적 핵심 수치심은 사람들이 많은 비난과 자기경멸을 느낀 상황에서 발견된다. 예를 들어, 가혹한 처벌 환경에서 자란 사람들은 종종 도덕적 기준을 위반한 자신을 비난하고 쇠약해지는 수치심을 느끼며, 타당화 받지 못한 사람들은 폄하당할까 봐 두려워하며 살아간다. 문제는 왜곡되거나 비현실적인 가치와 기준, 부적절한 자책이 아니라 자신이 저지른 일에 대한 자기비난이 사건 이후에도 오랫동안 지속되어 전체 자기(the entire self)로 일반화되는 것이다. 따라서 치료의 목표는 수치심보다는 자기연민과 용서, 그리고 후회를 촉진하는 것이다. 사람은 죄책감에서 특정 행동을 후회하지만 자기는 어느 정도 손상되지 않은 채 잠재적인 보상 행동에 주의를 집중한다. 앞서 언급했듯이, 부적응적 일차 수치심의 행위 경향성은 자신을 수정하거나 용서할 가능성 없이 비판과 경멸로 자신을 숨기고 공격하는 것이다. 자신의 실수를 받아들이고 자신을 용서하지 못하면 만성 우울증 · 불안 · 약물 남용과 같은 부적응적 회피 및 자해 행동이 증가하여 참을 수 없는 수치심 경험을 조절하는 데 도움이 된다. 이러한 상황에서의 치료 목표는 지나치게 일반화된 수치심과 자기비난을 행동이나 실수에 대한 후회로 전환하는 것이다. 이를 통해 치료자는 내담자가 수치심에서 죄책감으로, 그리고 자신에 대한 자기이해와 연민으로 나아갈 수 있도록 도울 수 있다.

차단하는 수치심

차단하는 수치심(blocking shame)은 부적응적 핵심 수치심의 세 번째 형태이다. 이는 자신의 감정과 욕구를 표현하는 것에 대해 수치심을 느끼는 데서 비롯된다. "나는 내 감정이 부끄러워, 당신이 내 감정을 보면 죽을 거야." 차단하는 수치심은 주요 타자와의 관계를 유지하기 위해 자기를 침묵시킨다. 이러한 유형의 수치심은 아동의 건강한 주체성 · 자율성 · 활력 · 표현력 발달에 대한 무반응과 처벌의 역사에서 발생한다. 사람은 자신의 슬픔, 분노 또는 흥분을 부끄러워하는 것과 같이 일차적으로 허용되지 않는 정서나 욕구에 대해 수치심을 느낀다. 차단하는 수치심은 정서(분노나 흥분, 슬픔)에 대한 정서(수치심)이기 때문에 이차 수치심으로 볼 수 있지만, 이러한 형태의 부적응적 일차 수치심은 자신의 전체 자기를 표현하는 것이 허용되지 않는 것에 대한 수치심이다. 이러한 상처를 더 많이 받은 내담자들은 '존재 자체에 대한 수치심(shame of being)'을 가지고 있으며, 자신을 보호하기 위해 숨거나 존재에 대해 사과해야 한다는 느낌을 받는다. 이런 대우를 받은 사람들 중 일부는 자신의 내적 경험이나 표현을 드러내는 것을 부끄러워한다. 다른 사람들은 약하거나 궁핍한 느낌, 성적인 느낌이나 분노, 심지어 기쁨을 느끼는 것조차 부끄러워하는 등 특정 정서를 표현하거나 경험하는 것을 부끄러워한다. 이들은 감정을 표현하면 수치심을 느끼며, 좀 더 제한적인 상황에서 느낄 수 있는 감정일지라도 이들이 그 감정을 느낄 때는 보호가 필요한 전체 자기에 관한 것이다.

내면의 특정 경험이 드러날까 봐 두려워하는 것도 수치심-불안으로 이어질 수 있으며, 이는 종종 취약한 느낌과 구별하기 어렵다. 수치심-불안은 자신의 내적 경험이 용납할 수 없는 것으로 판단될까 봐 두려워하는 것이다. 내담자는 종종 자신의 정서를 검열하여 근육을 긴장시키고 숨을 참으며 침묵함으로써 표현을 중단한다.

수치심을 느끼는 것에 이름을 붙이고, 그 내용을 말하거나 어떤 식으로든 자신을 표현하는 것은 자신이 존재할 자격이 없고, 특정 감정을 가질 자격이 없고, 표현할 자격이 없다는 수치심 메시지를 반박하는 데 도움이 된다. 그 다음에는 수치심에 의해 방해받았던 욕구 · 정서 · 표현에 접근하여 기저의 감정을 허용하고 수용해야 한다.

성적으로 제한적인 사회에서 사람들은 종종 성적 감정에 대해 큰 수치심을 경험한다. 성적 수치심은 다루기 어려운 문제 중 하나이다. 성적 경험의 보편적인 측면과 인류 공통의 관점을 도입하여 내담자가 비판적인 태도로 이 문제를 다루기 시작하도록 돕는 것이 도움이 된다. 치료자는 내담자가 자신의 성적 본성을 정상적으로 받아들일 수 있도록 도와야 한다. 성에 대한 깊은 수치심이 있기 때문에 허용은 매우 정상화될 수 있으며 수치심에 대한 강력한 해독제가 될 수 있다. 자위행위를 정상화하는 좋은 예는 한 건강 교실의 일화에서 찾을 수 있다. 한 남성 강사가 "여러분, 남성의 90%가 자위행위를 한다는 사실을 알아주셨으면 합니다"라고 말했다. 이 말에 사춘기 남학생들의 얼굴에 안도의 표정이 번졌다. 그러자 그는 "그리고 10%의 남자는 거짓말을 합니다"라고 말했다. 이것은 수치심 해소 개입의 좋은 예이다. 수치심은 개인의 욕망에 대한 실제 또는 가정된 장벽을 무너뜨리는 데 도움이 되며, 장벽이 제거되면 수치심은 감정의 중요한 발판을 잃게 된다.

이러한 세 가지 형태의 부적응적 수치심(핵심 부적응적, 자기비판적 핵심, 차단하는)은 종종 서로 연관되어 있다. 이들은 만성적인 무가치감과 열등감을 유발하는 수치심 기반 증후군의 스펙트럼을 형성하는 것으로 볼 수 있다.

이차 수치심 다루기

부적응적 일차 수치심과 달리 이차 수치심은 자기 자신에 대한 집착이 덜하다. 이는 특정 경험 영역, 특정 사건 또는 특정 시기와 관련하여 발생한다. 이러한 상황에서 사람들은 기준에 부합하지 못하거나 도덕적 결함 또는 사회적 거절에 대한 우려로 인해 자신을 비판한다.

자기비판적 수치심

자기비판은 아마도 가장 흔한 역기능적 이차 수치심 과정일 것이다. 사람들은 기준에 부응하지 못했거나 자신의 결점에 대해 스스로를 질책한다. 자신의 실수에 대해 스스로를 판단하고 많은 '해야만 한다(shoulds)'에 대한 부담감에 시달린다. 이러한 유형의 수치심은 어떤 상황에서 좋은 친구나 부모가 되지 못한 것과 같이 주기적으로만 발생하는 문제와 관련이 있다. 따라서 이러한 감정은 만연한 자기감(pervasive sense of self)을 수반하기보다는 상황에 따라 촉발된다. 이러한 인지적-정동적(cognitive-affective) 과정은 열등감이나 부족감을 유발한다.

자기비판적 과정에서 발생하는 수치심은 주기적으로 특정 상황에서만 활성화되고 전체 자기에 적용되지 않는다는 점에서 부적응적 수치심과 다르다. 그러나 수치심이 만연하고 여러 상황에 걸쳐 만성적으로 발생하는 경우, 이는 보다 중심적인 자기조직화에서 비롯되며 핵심 부적응적 일차 수치심의 증상을 수반한다. 이러한 형태의 수치심에서는 자기의 일부가 비판자가 되어 자기의 다른 부분의 특정 행동이나 특성을 비판하거나 판단한다. 비판받는 부분은 실패한 것처럼 느끼고 수치심을 느끼지만 종종 방어적이거나 적대적으로 반응한다.

자기비판을 다루는 치료적 과제는 회기에서 이차 수치심을 활성화한 다음 내담자의 정서처리를 외로움, 거절에 대한 두려움 또는 적응적 분노와 같은 보다 기저의 일차 경험으로 안내하는 것이다. 이 과정은 내담자가 수치심을 유발하는 자기비판을 실행하여 비판에 대한 자기의 일차 정서적 반응을 활성화하도록 함으로써 이루어진다. 자기비판 과정에는 판단(예: 자신이 잘못한 것으로 판단되는 행동을 했기 때문에 나쁘다거나 기대에 못 미쳤다는 판단)이 포함되며, 비판을 받은 자기의 일부는 수치심을 느낀다. 몇 가지 상황적 예로는 시험에 떨어진 것을 부끄러워하고 아무에게도 말하지 않는 것, 이혼한 것을 부끄러워하는 것, 실수한 것을 부끄러워하는 것 등이 있다. 저녁 식사 자리에서 와인 한 잔을 엎질러 부끄러움을 느끼는 것과 같이 자기비판적인 과정도 부끄러움으로 느껴질 수 있다.

만연한 무가치감을 수반하는 핵심 부적응적 수치심과 달리, 이차 수치심은 실직, 업무 능력 부족, 부모로서의 실패, 이혼으로 인한 죄 등 자기감에 영향을 미치는 인지된 실패의 결과로 발생한다. 또한 이차 수치심을 극복하기 위해 노력하는 것은 이차 수치심을 우회하여 슬픔・두려움・분노와 같이 수치심이 보호하는 기저의 정서에 도달하거나, 그것이 불가능할 경우 실패를 전체 자기가 아닌 일부의 행동으로 본다는 점에서 죄책감과는 차이가 있다.

사회적 수치심

사회적 수치심은 실패에 대한 자기비판이 아니라 사회적 지위 상실과 정체성 또는 공공 이미지의 손상으로 인해 발생한다. 사회적 수치심은 다른 사람의 눈에 굴욕감을 느끼는 것을 포함한다. 사람들은 수치심 때문에 상실감과 슬픔을 함께 나눌 사람을 찾지 못해 고립감을 느끼고 결국 소외감을 느끼게 된다. 이들은 대인관계 네트워크를 재건할 수 없게 된다. 사회적 수치심은 지역사회에 위협이 되는 사람이 지역사회의 규범을 지키지 않아서 낙오자로 낙인찍힐 때 발생할 수 있다. 예를 들어 낙태 · 고임금 직장에서의 실직 · 개인적인 패배 경험 · 이혼 등이 있으며, 특히 이러한 상황을 규범 위반으로 간주하는 집단에서는 더욱 그렇다.

치료 목표는 내담자의 가치를 확인하고 자기존중감을 강화하도록 돕는 것이다. 사회적 수치심을 가진 내담자는 다른 사람의 눈에 자신이 어떻게 보이고 굴욕감을 느끼는지에 가장 민감하다. 사회적 수치심은 상황에 따라 발생하는 경우가 많지만, 일부 내담자에게는 과거의 외상과 해결되지 않은 갈등, 자신감 · 자기가치감 · 효능감의 부족을 불러일으킬 수 있다. 치료자는 이러한 수치심의 고통을 확인하고 내담자가 기저의 상실감에 대처할 수 있도록 비판적인 목소리에 맞서거나 이를 제거할 수 있도록 도와야 한다.

정도의 차이는 있지만 신체에 대한 사회적 수치심도 내면화되어 있다. 앞서 제시한 예는 비만이 수치심의 핵심 원인이 될 수 있음을 보여 주지만, 광고 업계에서의 완벽한 신체 이미지와 아름다움에 대한 추구는 모든 사람에게 영향을 미치며 스스로 완벽하지 않다고 느끼게 만들 수 있다. 남성보다 여성이 신체 이미지 수치심을 더 많이 경험하는 이유는 사회가 완벽한 여성 신체 이미지를 장려하기 때문이다. 이는 남성보다 여성에게 더 많이 나타나는 섭식장애로 이어질 수 있다. '비교염증(comparativitis)'(즉, 자신을 다른 사람과 비교하는 것)은 특히 미디어가 지배하고 외모에 집착하는 문화에서 수치심의 핵심적인 원인으로, 현재 전 세계에 널리 퍼져 있다. 문화나 미디어가 설정한 여성의 외모에 대한 비현실적인 기준을 고려할 때, 부족함을 느끼고 수치심을 느끼지 않는 것은 어렵다. 날씬한 몸매를 중시하는 문화 속에서 자란 여성은 자의식을 느끼고 다이어트에 의존하게 된다. 실패한 다이어트 시도는 수치심의 또 다른 원인이 될 수 있다. 또한 사회는 질병 · 노화 · 의존성 · 박탈감 · 불행 · 빈곤에 대한 수치심을 만들어 냈다. 이러한 것들은 모두 사람들이 달성할 수 없는 존재 방식에 맞춰 살지 않고, 있는 그대로의 자신을 받아들이도록 돕는 치료의 대상이다.

사회적 수치심을 살펴볼 때 낙인(stigma)과 수치심을 구분하는 것이 중요하다. 다르다고 느끼는 것은 성별 · 인종 · 민족 · 성적 지향에 관계없이 모든 사람이 겪는 보편적인 경험이지만, 그것이 항상 수치심인 것은 아니다. 어떤 사람들은 자신이 속한 집단 때문에 다른 대우를 받는다는 고정관념의 위협에 상처받고 분노한다. 이들은 자신이 완벽하게 적합하다고 느끼지만 인류 가족의 일원으로 받아들여지지 않는다고 느낀다. 예를 들어, 자신의 정체성을 인정해 주는 가정에서 자랐고, 그것이 항상 자신에 대해 느꼈던 것과 완전히 일치한다고 상상해 보라. 그런데 다른 그룹에 들어갔는데 갑자기 다른 사람들이 당신에게 뭔가 문제가 있는 것처럼 취급한다고 상상해 보라. 수치심보다는 분노가 더 크게 느껴질 수도 있고, 회복력이 떨어질 수도 있다. 이는 자신의 정체성을 인정받는 환경에서 자란 후 부정적인 대우를 받는 것과는 매우 다른 경험이다.

모든 고정관념 위협(stereotype threats)이 내면화되는 것은 아니다. 예를 들어, 수치심이 실제로 존재하지 않는 경우, 그 감정을 '수치심'이라고 부르면 낙인이나 고정관념 위협을 경험하는 사람이 더욱 위축될 수 있으므로 '수치심'이라고 부르지 않는 것이 중요하다. 따라서 사회적 수치심에 대한 가장 적절한 개입은 공감적 조율(empathic attunement), 자신을 보호할 필요성에 대한 타당화, 정서적 지지이다. 사회적 수치심에 대한 치료 전략에는 자기의 일부 상실로 인한 슬픔과 접촉하고, 이전에 의기소침해진 자기에 대한 자신감을 확인하며, 기쁨 · 연민 · 자부심과 같은 긍정적인 정서에 접근하는 것이 포함된다.

문화적 · 민족적 · 인종적 · 성적 · 성별 문제 수치심을 다루는 작업의 어려움

문화에 관계없이 평가절하될 가능성(또는 현실)에 직면하면 사람들은 고통스러운 정서를 느끼고, 평가절하를 유발하거나 증가시키는 행동을 피하며, 평판에 부정적인 영향을 미칠 수 있는 정보를 숨기려 한다. 이러한 수치심 경험은 보편적이지만 수치심을 유발하는 요인과 수치심을 표현하는 방식은 문화적 차이에 특히 민감하다. 따라서 수치심을 효과적으로 다루기 위해 치료자는 수치심에 대한 사람들의 신념 체계와 문화적 규범을 이해해야 한다.

'수치심'이라는 단어도 언어에 따라 미묘하게 의미가 다르다. 예를 들어, 중국어는 네 가지 유형의 수치심을 부호화하는 것으로 보인다(Bedford, 2004). 수치심은 평판의 상실 · 이상 실현의 실패 · 개인적인 실패 또는 사회적 실패와 관련하여 느낄 수 있으며, 보상을 촉구하는 것과 같은 죄책감과 유사한 특성을 가질 수 있다. 흥미롭게도 수치심을 나타내는 한자(耻)[1]는 '귀'자와 '멈춤'자의 두 부분으로 구성되어 있다. 이 글자의 구성은 사람들이 다른 사람의 비난을 들을 때 잘못된 행동을 멈출 수 있는 능력이 있다는 것을 암시하는 것 같다.

또한 문화마다 자기를 개념화하는 방식이 다르다. 이러한 개념화는 수치심의 의미에 영향을 미친다(Ha, 1995; Kitayama et al., 1995). 북미와 유럽의 대부분의 서구 국가는 독립성을 중시하는 문화권으로, 사람들은 일반적으로 자기를 타자와 분리된 별개의 존재로 간주한다. 수치심은 결함이 있고 고립된 자기에 대한 느낌과 관련이 있다. 그러나 상호 의존성이 더 강한 동양 문화권에서는 자기를 서로 연결되어 있고 관계적인 것으로 보는 경향이 있다. 이러한 문화권에서는 타자와 분리된 사적인 자기라는 개념이 완전히 이해되지 않을 수도 있다. 오히려 '나'에는 많은 '우리'가 포함되어 있다. 본질적으로 관계적인 수치심은 고립으로 이어지는 분리되고 결함이 있는 자기감을 강화할 가능성이 적다. 따라서 '수치심'은 상황에 따라 다른 기능을 하고, 다른 의미를 가지며, 다르게 작동할 수 있다.

이민자 또는 다른 문화권에서 온 내담자와 작업할 때는 특히 사회적 수치심에 관한 그들의 신념 · 가치관 · 관점을 이해하는 것이 중요하다. 치료자는 내담자의 종교적 · 영적 또는 부족적 신념과 세상에 대한 그들의 관점에 대해 문의하여 수

1 역자 주) 耻: 부끄러울 치(恥)의 속자.

치심을 다루는 것과 관련된 그들의 관행을 이해해야 한다. 예를 들어, 이민자 가정에서 온 내담자의 경우 가족과 지역사회에서 내담자의 지위를 이해하는 것이 중요하다. 지역사회는 종종 개인의 정체성에 중요한 부분을 차지하므로 남편의 뒤를 따르거나 연장자에게 순종하는 등 주어진 역할을 준수하는 것이 중요하다. 이러한 역할이나 규범을 위반하면 수치심을 느낄 수 있다.

또한 이민자와 다른 문화권의 사람들은 정신건강 치료를 받는 것에 수치심을 느낄 수 있다. 이들은 다른 문화권의 전문가와 수치스러운 경험을 공유하는 것이 어려울 수 있으며, 영어를 잘하지 못하는 것에 대해 수치심을 느낄 수 있다. 많은 내담자에게 서구 치료법에 내포되어 있는 자율성 · 통제 · 개인의 성취와 관련된 서구의 관점은 내담자의 견해와 상당히 상반될 수 있으며 위협적인 것으로 여겨질 수 있다. 반면, 집단주의 문화에서는 집단의 조화와 개인의 상호 의존성이 강조되기 때문에(Markus & Kitayama, 1991), 개인의 자기감은 각 개인의 독립성 · 자율성 · 고유성을 중시하는 서구 문화보다 집단에 소속되어 자신의 의무를 다하는 것과 더 밀접하게 관련될 수 있다.

상호 의존적인 문화권에서는 수치심이 사회적 역할과 행동을 규제하는 데 중요한 역할을 한다. 또한 분노 · 경멸 · 슬픔과 같은 부정적인 정서의 표현은 억제되고 기쁨 · 홍미와 같은 긍정적인 정서는 다른 집단 구성원과의 유대를 유지하고 강화하기 위해 도구적으로 사용된다. 지위 · 위계질서 · 연공서열에 대한 관심도 역할 관리를 위해 특정 정서적 표현을 도구적으로 사용하게 만들 수 있다. 또한 일부 문화권에서는 겸손하고 신중하게 행동하는 것이 미덕과 존중으로 간주되는 반면, 부정적인 정서를 표현하는 것은 무례하고 불충실하다고 간주되기도 한다(Dearing & Tangey, 2011). 자신의 내적 경험을 자발적이고 직접적으로 표현하는 것은 경시될 수 있다. 따라서 상호 의존적인 문화권의 사람들은 사회적 상황에서 긍정적인 정서를 자주 표현하고 부정적인 정서를 억누를 수 있다. 부정적인 정서는 사적이거나 친밀한 관계에서 더 개방적으로 표현될 수 있다.

굴욕감과 기타 공개적인 형태의 수치심은 자녀 양육, 교육 및 기업 교육과 같은 다른 형태의 사회적 훈련에서 자주 사용되며 규범으로 받아들여질 수 있다. 다시 말하지만, 치료자는 수치심이 문화에 따라 중요한 다른 역할을 할 수 있다는 점을 인식하는 것이 중요하다(Ha, 1995). 많은 집단주의 문화권에서 내담자는 사회적 수치심뿐만 아니라 자기비판으로 인해 발생하는 이차 수치심으로 인해 문제를 겪는다. 예를 들어, 일본에서는 문화 기반 공포증의 범주에 공개적으로 또는 타인의 시선을 통해 수치심을 받을 가능성에 대한 두려움 · 원치 않는 노출에 대한 두려움 · 자신의 부적절한 개인적 행동에 대한 두려움 등이 포함된다.

치료자는 내담자가 정서를 다루는 이유를 이해하고 수치심을 숨기는 것보다 수치심에 접근하고, 표현하고, 경험하고, 이해하는 것이 더 낫다는 것을 인식하도록 해야 한다. 집단주의 문화권의 내담자와 작업할 때 치료자는 내담자에게 치료자 앞에서 부정적인 정서를 표현하는 것이 허용될 뿐만 아니라 정서적 문제 해결을 위해 권장된다는 사실을 알려야 한다. 집단주의 문화권의 내담자는 자신이 잘 행동해야 한다고 생각하거나 권위의 위치에 있는 치료자에게 존경심을 보여야 한다고 생각할 수 있다. 치료자와 내담자 관계는 개인적인 관계라기보다는 공식적인 관계이기 때문에 내담자는 '사회적 얼굴'을 하고 부정적인 정서를 드러내지 말아야 한다고 느낄 수 있다. 또한 존중의 표시로 도구적인 수치심을 표현하는 것이 좋다고 느낄 수도 있다. 또한 내담자가 치료자를 권위자로 인식하는 문화에서는 수치심을 상쇄하는 정서인 분노 · 자부심 · 만족감을 표현하는 것이 매우 어렵거나 심지어 금지되어 있을 수도 있다. 치료자는 내담자가 사회적 가면을 벗고, 일차 수치심 경험을 공유하며, 적응적 정서에 접근할 수 있도록 이러한 문제와 기타 문제를 직접 해결해야 한다. 따라서 치료자는 치료에서 다양한 정서를 개방적으로 표현하고 경험하는 것의 중요성에 대한 치료적 근거를 직접 제시하는 것이 중요하다.

또한 치료자는 인종 · 민족 · 성적 소수자 그룹의 내담자가 수치심에 대한 독특한 경험을 가지고 있으며, 그들의 수치심 경험은 치료자 자신의 수치심 경험 및 역사와 현저하게 다를 수 있음을 인식하는 것이 매우 중요하다. 예를 들어, 한 남아시아계 내담자는 어렸을 때 자신과 가족에게서 냄새가 난다는 말을 들었다. 이성애주의/인종차별주의/백인 우월주의 사회에서 소수자 집단의 개인은 조직적인 인종차별 · 편견 · 낙인과 관련된 수치심을 지속적으로 겪으며 동성애 혐오나 인종차별을 내면화했을 수 있다는 점을 인식하는 것이 중요하다. 또한 소수자 집단의 개인은 차별과 폭력의 직접적인 경험뿐만 아니라 거부와 차별에 대한 기대에 지속적으로 대처해야 한다는 점을 이해해야 한다. 치료자가 이러한 하위문화 집단에 속한 사람의 수치심의 독특한 측면을 인식하지 못하면 치료적 동맹에 파열을 일으키고 치료적 개입의 효과를 저해할 수 있다.

사람들이 인종차별에 개인적으로 대처하도록 도울 때, 치료자는 사람들을 더 긍정적인 환경과 연결할 수 있도록 도와야 한다. 만약 사람들이 교실이나 사무실에 자신과 같은 인종이 아무도 없는 등 긍정을 많이 받지 못하는 환경에 처해 있고 어떤 식으로든 자신에게 문제가 있다는 메시지를 듣는다면, 자신을 긍정할 수 있는 다른 환경을 찾기 위해 노력할 수 있다. 또한 해당 환경이 전달할 수 있는 수치심 유발 메시지에 대한 인식을 높이고 환경이 변화하도록 돕기 위해 해당 환경 내에서 작업하도록 도울 수도 있다. 따라서 치료자는 치료적 관계[2]뿐만 아니라 사람들이 처한 상황에서도 긍정의 힘을 키우며 작업해야 한다. 이러한 유형의 수치심을 다루는 작업의 일부는 수치심을 드러내고, 이를 가시화하여 관계적으로 유효한 관계뿐 아니라 개인의 권한강화(empowerment) 과정을 만드는 것이다. 차별을 겪고 있는 내담자가 자신의 목소리를 활용하고, 진실을 말하며, 자신의 목소리를 들을 수 있도록 안내하는 것이 중요하다. 치료자는 내담자가 침묵 되어 온 것을 인식하고 그 목소리를 말할 수 있는 정서적으로 안전한 공간을 제공해야 한다.

백인이 주류를 이루는 세상에서 자신을 찾고 인종적 정체성을 개발하기 위해 고군분투하는 유색인종은 종종 자신이 백인 문화와 동일시되어 왔다는 사실을 먼저 깨달아야 한다. 그런 다음 자신의 인종 집단에 관심을 보이기 시작할 수 있다.

2 역자 주) 치료적 관계(therapeutic relationship) 형성은 인간중심치료의 기본 정신을 이어 정서중심치료에서도 모든 개입의 근간이 되어야 하는 핵심 원리이다. 이에 대한 상세한 개입 과정은 『정서중심상담의 실제』, Robert Elliott, Leslie Greenberg 공저, 김영근 외 공역(2024), 학지사 4장 참조.

이 시점에서 개인은 새로운 정체성을 정의하기 위한 노력의 일환으로 백인 문화에서 벗어나 자신의 인종을 탐구할 수 있다. 그런 다음 사람들은 자신의 인종 구성원으로서 자부심을 갖고 다른 문화를 이해하며 다문화 세계에서 태어난 자신의 유산에 대한 모든 측면의 균형을 맞추는 것을 선택할 수 있다.

차별의 내면화로 인한 피해에 대응하기 위해 치료의 목표는 내담자가 자신의 정체성에 대한 자부심을 키울 수 있도록 돕는 것이다. 예를 들어, 성 정체성과 관련하여 일부 내담자는 처음에는 여러 가지 자기보호 전략을 사용하여 개인적인 동성애 감정에 대한 인식을 차단하기 때문에 치료에서 자신의 감정을 직면하도록 도와야 한다. 내담자는 동성애 감정을 부정하거나 최소화하기 위해 방어 전략을 사용할 수 있지만, 이러한 방어 전략에는 많은 노력이 필요하다. 동성애 감정을 점진적으로 인식하고 잠정적으로 수용한 후, 자신이 이성애 지향적이지 않다는 사실을 받아들이게 되면 자신을 받아들이고 자신의 정체성에 대해 긍정적으로 느끼기 시작한다. 단순히 용인하는 것이 아니라 이러한 정체성을 자기의 본질적인 측면으로 통합한다.

다시 한번 강조하지만, 수치심을 다루는 EFT 원리는 문화 · 민족 · 종교 · 성별에 관계없이 동일하게 유지된다는 점에 유의해야 한다. 수치심은 여성과 남성에게 동일하지만, 북미에서 수치심을 활성화하는 기대치는 성별에 따라 다르며 서로 다른 성별 기반 규범에 의해 주도된다. Brené Brown(2012)의 질적 연구에 따르면, 여성들은 서로 다른 기대치가 복잡하게 얽혀 있다고 보고했다. 여성은 완벽함이나 타인을 돌보는 것과 관련된 수치심을 경험한 반면, 남성은 지위와 관련된 수치심을 더 많이 경험했다고 보고했다. 성별 차이는 치료자가 수치심을 다룰 때 무엇에 집중해야 하는지에 대한 경각심을 일깨워 준다. 다시 한번 강조하지만, EFT의 관점에서는 이론적 개념보다 공감을 강조하는 것이 중요하다. 따라서 치료자는 정동을 공감적으로 경청함으로써 내담자의 중심 관심사로 안내한다.

결론

수치심은 다양한 형태로 나타난다. 일차 수치심과 이차 수치심, 적응적 수치심과 부적응적 수치심, 수치심 표현의 문화적 차이에 대한 인식은 치료자가 수치심을 다루는 기술을 연마하는 데 도움이 될 것이다. 치료적 개입은 특히 적응적 수치심, 부적응적 핵심 수치심 및/또는 이차 수치심을 다루는 데 초점을 맞춰야 한다. 부적응적 핵심 수치심을 가진 내담자를 돕는 방법을 이해하는 것이 가장 중요하다. 이 문제는 다음 장에서 자세히 설명한다.

4장

내담자가 수치심에 도달하도록 돕기: 관계적 타당화와 인정

공감과 이해로 반응하는 사람과 우리의 이야기를 나눌 수 있다면 수치심은 살아남을 수 없다.

—브레네 브라운(Brené Brown)

이 장을 포함한 다음 네 장에서는 수치심 치료에 대해 다룬다. 수치심 치료의 세 가지 기본 범주인 관계적 타당화 및 인정(relational validation and acknowledgement), 조절(regulation), 그리고 변화(transformation)에 대해 설명한다. 일반적으로 수치심 치료는 항상 관계적 타당화와 그에 수반되는 수치심 개방 및 인정으로 회기가 시작된다. 수치심을 인정한 후에는 수치심을 조절하여 수치심을 견디고 새로운 경험에 접근할 수 있도록 하는 것이 중요하다. 따라서 수치심 조절은 5장에서 논의된다. 6장에서는 정서로 정서를 변화시키는 과정을 통해 수치심이 변화하는 과정을 전달하고, 변화하는 정서는 종종 분노이며 이 분노는 종종 슬픔으로 이어진다는 점을 강조한다. 분노는 종종 잃어버린 것에 대한 슬픔을 동반하므로 수치심 변화의 본질은 새로운 정서, 분노 또는 분노와 슬픔의 조합에 대한 접근을 얻는 것이다. 이러한 세 가지 형태의 개입(관계적 타당화, 조절, 변화)은 모든 경우에 반드시 또는 순차적으로 발생하는 것은 아니며, 때로는 각각 독립적으로 나타나기도 한다.

관계적 타당화

내담자가 안전하고 받아들여진다고 느낄 때, 자신의 숨겨진 수치스러운 측면을 개방하고 인정하는 위험을 감수할 수 있으므로 회기에서 새로운 부정적 경험에 개방적일 수 있다. 치료자가 내담자의 취약성을 공감적으로 인정하고 안전을 제공하면 내담자의 대인관계 수치심을 줄이고 대인관계 수치심을 경험하며 표현하는 것에 대한 불안을 더 잘 견딜 수 있게 된다. 수치심을 드러내는 것에 대한 내담자의 초기 취약성이 사라지고 자신의 경험이 받아들여진다는 확신을 갖게 되면 다른 개입을 사용할 수 있다.

수치심을 공유하면 큰 취약성과 노출된 느낌을 갖게 되고, 이는 잠재적인 거부나 판단에 대한 두려움을 불러일으켜 더 큰 수치심을 불러일으킨다(Dearing &

Tangney, 2011). 수치심은 벗어나기 어려운 악순환의 연속이지만, 다른 사람, 특히 소중한 사람의 수용과 타당화는 이 고통스러운 악순환의 고리를 끊을 수 있다. 따라서 수치심은 대인관계적 타당화(interpersonal validation)가 필요하다(P. DeYoung, 2022; Kaufman, 1996). 치료자는 내담자가 고통스러운 수치심에 대해 이야기하고 수치심에 이름을 붙일 수 있도록 도와야 한다. 이해하고 지지하는 관계는 수치심 치료의 필수적인 측면일 뿐만 아니라 수치심 치료를 위한 전제 조건이기도 하다. 치료적 관계[1]는 '치유적인 대인관계의 정서 체험(healing interpersonal emotional experience)'을 가능하게 한다. 수치심은 관계 속에서 만들어지며, 수치심을 변화시키기 위해서는 다른 사람과의 관계가 필요하다.

이 장에서는 내가 수치심 치료에서 관계의 중요성을 발견한 세 가지 주요 방법에 대해 설명한다. 첫 번째는 치료자와의 안전한 관계를 제공하여 개방을 촉진하는 것이다. 두 번째는 교정적 정서 체험(corrective emotional experience)을 제공하는 것이고, 세 번째는 내담자가 회기에서 수치심을 인정하고 경험하도록 도와서 수치심을 변화의 계기로 삼도록 하는 것이다. 세 번째 측면은 내담자가 수치심을 견디고 조절할 수 있도록 도와줌으로써 수치심을 변화할 수 있도록 만드는 방법이다. 이 장은 수치심을 관계적으로 다루는 회기의 축어록으로 마무리하며, 치료자가 안전, 현존(presence), 수용을 제공함으로써 어떻게 수치심을 드러내는 데 도움이 되는지 보여 준다.

안전한 관계 제공

내담자가 안전하게 드러낼 수 있는 것과 숨겨야 하는 것에 대해 고민할 때 수치

1 역자 주) 치료적 관계(therapeutic relationship) 형성은 인간중심치료의 기본 정신을 이어 정서중심치료에서도 모든 개입의 근간이 되어야 하는 핵심 원리이다. 이에 대한 상세한 개입 과정은 『정서중심상담의 실제』, Robert Elliott, Leslie Greenberg 공저, 김영근 외 공역(2024), 학지사 4장 참조.

심은 항상 존재한다. 수치심은 좀처럼 명명되지 않지만 자주 느껴지는 정서이다. 또한 치료 상황은 내담자가 더 강하고 더 전문적인 위치에 있는 사람에게 자신을 드러내야 한다는 점에서 어떤 식으로든 실패한 것처럼 느껴지는 종속적인 약자의 위치에 있다는 점에서 본질적으로 수치심을 유발한다. 너무 수치스러운 이야기를 할 때, 치료자가 현존하고 수용하며 연민하는 '공감적 타당화 관계(empathic validating relationship)'는 내담자가 회기에서 안전하다고 느끼도록 도와 수치심을 드러내고 변화의 문을 열 수 있도록 하는 데 매우 중요하다(Dearing & Tangney, 2011). 내담자는 예상되는 거절이나 결함이 있거나 무가치하다는 판단을 받는 대신 자신의 결점과 단점을 드러낼 때 수용되고 이해받는 경험을 할 수 있다. 내담자가 수치심을 둘러싼 절망감과 무망감을 치료자와 공유할 수 있을 때, 무망감 속 고통에 대한 치료자의 이해와 타당화는 수치심으로 인해 차단된 내담자의 충족되지 못한 정서적 접촉과 연결에 대한 갈망을 활성화하고 희망을 생성한다. 치료자와의 이러한 인간적인 접촉은 내담자의 고립감을 깨뜨린다. 내담자가 자신의 무망감을 이해받고 있다고 느낄 때 희망이 생긴다.

따라서 치료자는 수치심을 경험하는 환자가 취약성을 드러내고 정서적으로 마음을 열고 소통할 수 있도록 충분히 안전하고 존중하며 신뢰할 수 있는 관계를 만들어야 한다. 이를 위해서는 치료자의 세심한 반응과 감수성이 필요하다. 치료자는 내담자의 수치심에 직면하여 두려움 없이 연결성을 유지하려면 자신의 수치심이나 수치심을 드러내는 것에 대해 스스로 노력해야 한다. 치료자가 자신의 수치심을 견디지 못한다면 내담자의 수치심 앞에 현존하는 것은 어려울 것이다. 수치심에 관한 책을 읽는 것도 치료자가 수치심에 둔감해지는 데 도움이 된다.

내담자가 수치심에 도달하도록 돕는 첫 번째 측면은 관계의 안전과 치료자의 수용이다. 수치심은 비밀 · 침묵 · 부정적인 판단과 함께 싹트고 커진다. 수치심에 대한 해독제는 촉진적인 관계에서의 진정성 있는 표현이다. 궁극적으로 이를 위해서는 내담자가 있는 그대로의 모습을 드러내고 자신이 실제로 어떤 상태인지 말할 수 있어야 한다. 이를 촉진하기 위해 치료자는 공감하고, 정동에 조율되어 있으며, 연민하는 태도를 가져야 한다. 내담자가 자신을 드러낼 수 있도록 돕기 위해 치료자는 용기와 솔직함 · 호기심 · 연민을 보여줘야 한다.

수치심을 다루는 데 있어 치료자는 수치심과 관련된 감정과 욕구를 타당화해야 한다. 타당화하는 자세는 본질적으로 수치심을 없애는 것이다. 타당화하는 진술에는 다음과 같은 것들이 있다. "아버지가 아들에게 그런 대접을 받으니 너무 수치스러우셨겠군요" "너무 수치스럽고 고통스러우시겠군요" "온 가족에게 우는 아이라고 불릴까 봐 울기가 너무 두려웠지만 슬퍼서 울고 싶었군요" 수치심 경험도 공통의 인간성 개념으로 정상화해야 한다. 치료자는 내담자의 존엄성을 보호하려는 욕구를 정상화해야 하므로 내담자가 말할 때 치료자를 쳐다보기 힘든 경우 치료자는 그러한 경험을 예측 가능한 것으로 타당화하고 취약한 감정을 느낄 때 치료자를 쳐다보기 어려운 것은 이해할 수 있다고 전달해야 한다.

'현존(presence)'은 내담자의 수치심을 다루는 치료자의 작업 방식에서 첫 번째 핵심 요소이다. 관계에 대한 치료적 현존(therapeutic presence) 이론(Geller & Greenberg, 2002, 2012, 2023)에 따르면, 치료자가 판단이나 기대 없이 그 순간에 완전히 몰입하여 내담자와 함께, 그리고 내담자를 위해 존재할 수 있는 능력이 치유를 촉진한다. 현존은 궁극적으로 치료의 '수행(doing)'을 최적화하는 내담자와 '함께 있는(being)' 방식을 포함한다. 이 이론의 일환으로, 우리는 현존을 정의하고 치료자가 인지하는 현존을 다음 다섯 가지 요소로 측정하는 내담자 및 치료자 척도를 개발했다.

1. 순간에 온전히 집중하기
2. 신체적 · 정서적 · 인지적 · 영적으로 내담자와의 만남에 전체 자기를 동원하기
3. 자신의 몸을 안정화하기
4. 내담자의 순간순간 정서적 경험에 대한 언어적 · 신체적 표현을 수용적으로 받아들이기
5. 공감하고 일치하는 방식으로 상대방을 만나기 위해 확장하기

치료적 현존은 내담자의 경험에서 그 순간 가장 가슴 아픈(poignant) 것이 무엇인지 개방적이고 수용적으로 받아들이는 것을 포함한다. 이는 상대방의 경험을 감지하는 것뿐만 아니라 자신의 경험을 인식하고 그들 사이의 관계를 이해하는 것을 기반으로 상대방의 내면세계에 대한 조율을 촉진한다. 치료자가 현존할 때, 내담자는 순간적으로 자신의 신체를 안정화하고 자신과 접촉하고 있다고 느낀다. 동시에 그들은 개방적이고 수용적이며 내담자에게서 나오는 것에 몰입한다. 지각적 인식이 증가하고 공간이 넓어지는 경험을 하게 된다. 치료적 현존은 치유를 위해 내담자와 함께, 그리고 내담자를 위해 존재하려는 의도를 포함한다.

내담자의 수치심에 현존한다는 것은 치료자가 내담자의 순간순간 경험을 수용하고 조율하여 내담자의 수치심을 치료자가 내면에서 감지할 수 있도록 하는 지속적인 과정을 포함한다. 내담자와의 공명에서 느껴지는 상대방의 내면세계에 대한 이러한 감각은 치료자가 공감 · 수용 · 진정성 · 연민 · 수치심의 모든 뉘앙스에 대한 민감성으로 내담자의 경험과 연결될 수 있게 해 준다. 우리가 보기에 치료적 현존은 공감 · 긍정적인 치료 동맹 · 좋은 치료 성과의 전제 조건이다(Geller & Greenberg, 2002, 2012, 2023; Geller et al., 2010; J. A. Hayes & Vinca, 2017; Pos et al., 2011).

수치심은 고통스러운 핵심 정동이기 때문에 정동에 대한 '공감적 조율(empathic attunement)'은 수치심을 다룰 때도 중요하다. 정동에 대한 공감적 조율은 이해를 전달하는 것 그 이상이다. 그것은 내담자의 내면세계를 몸으로 감지하고, 내담자가 느끼는 것을 마치 자신이 내담자인 것처럼 느끼고 경험하며, 은유적으로 자신을 분리된 존재로 유지하면서 내담자의 피부 속에 있는 것과 같다(Rogers, 1959). 정동에 대한 공감적 조율은 '공감적 이해(empathic understanding)'를 넘어서는 것이다. 정동에 공명하는 데 중점을 두어 내담자가 감각을 느끼도록 하는 것이다(Stern, 1985). 정동의 이자적(dyadic) 조절은 내담자와 치료자 사이에 연결감을 형성하는 '상호 정동적 공명(reciprocal affective resonance)'이라는 두 사람의 경험을 포함한다. 초점은 의미가 아닌 정동적 경험에 분명히 맞춰져 있다. 이러한 유형의 연결은 정동의 공동 조절(co-regulation)을 촉진한다(Fosha, 2000 참조).

내담자의 정동적 상태에 대한 조율에는 치료자가 그 순간에 있을 수 있는 능력과 내담자가 감각을 느낄 수 있도록 말을 넘어서는 방식으로 내담자의 경험을 반영하는 것이 포함된다. 이해를 전달하는 것 외에도 치료자는 내담자의 몸으로 전달되는 내담자의 경험 방식을 반영해야 한다. 치료자는 내담자의 목소리와 표정·몸을 유지하는 방식·자세·앉는 방법·미세한 움직임·호흡·목소리 톤·생리적 현상에 반응해야 한다. 치료자는 내담자의 속도·상호작용의 속도·내담자의 상태에 맞춰 생체 리듬을 조율해야 한다. 이는 언어 사용·목소리 톤·일시 정지 및 기타 언어적 행동의 일치로 표현된다(Watson, 2021). 이 모든 것이 자동으로 이루어진다.

'다미주 이론(polyvagal theory)'(Porges, 2007, 2011)은 사람들의 단서가 어떻게 수신자의 안전에 대한 신경지(neuroception)를 촉발하여 접근해도 안전하다는 메시지를 보내는지에 대해 밝혀냈다. 관계에서 정동조절을 지원하기 위해 지속적으로 기능하는 '얼굴과 심장의 연결'이 있다. 치료자의 얼굴은 내담자의 부교감 신경계에 직접적인 영향을 미친다. 다른 사람의 신호가 수신자의 안전에 대한 신경지를 촉발하면 접근해도 안전하다는 메시지를 보낸다. 또한 눈을 마주치면 포옹 호르몬(cuddle hormone)인 옥시토신이 분비되어 편안함을 제공한다. Levinas(1969)는 얼굴이 모든 의미가 나타나는 근원이라고 선언했다. Levinas에게 상대방의 얼굴은 호소이며 행동에 대한 요청이다. 우리가 서로를 객체가 아닌 주체로서 대할 때, 이러한 시선은 언어적 의사소통에 의존하지 않고도 타인의 경험의 의미에 직접 접근할 수 있게 해 준다. 우리 모두는 생명체로서 다른 사람과 직접 소통하고, 인간의 표현에서 의미를 직접 인지하며, 상대방이 우리에게 무엇을 필요로 하는지 직관적으로 파악할 수 있는 능력을 가지고 있다.

치료자는 내담자에게 안전하다는 신호를 보내야 하며, 이러한 신호의 대부분은 비언어적으로 이루어진다. 안전감을 느끼면 내담자의 방어력이 낮아지고 치료적 참여가 가능해진다. 치료자는 현존과 조율을 통해 내담자의 안전에 대한 신경지를 활성화하여 수치심을 처리할 수 있도록 도울 수 있다. 안전감은 치료자 행동의 여러 측면에서 신호를 보낸다.

치료자는 회기 중 수치심과 관련된 경험의 비언어적 및 언어적 징후에 모두 주의를 기울이고 이에 대응할 수 있어야 한다. 비언어적 의사소통이 가장 중요할 것이다(Velotti et al., 2014). 안전을 알리는 신호에는 다음과 같은 것들이 있다.

- 부드러운 눈
- 내담자의 변화하는 목소리와 동기화되는 목소리 운율
- 관심 표명
- 적절한 공간 제공
- 중심을 잡고 안정화하면서도 편안하고 개방적인 몸자세
- 느리고 고른 호흡
- 내담자에 대한 주의 및 그들 사이의 현존하는 순간

또한 치료자는 안전하지 않다는 신호가 언제 나타날 수 있는지 인지하고 내담자에게서 나타날 수 있는 작은 수치심 징후에도 주의를 기울이는 것이 중요하다. 주의 산만 · 시선 이동 또는 안절부절못함 · 판단의 암시 · 불쾌한 표정 · 심지어 놀라는 표정은 관심이나 수용의 부족을 나타낼 수 있으며 안전하지 않다는 신호일 수 있다.

내담자의 안전감과 관련된 언어적 내러티브 신호도 많으므로 주의 깊게 살펴보고 주의를 기울여야 한다. 예를 들면, 다음과 같다.

- "나에게 문제가 있어요" "막힌 느낌이 들어요" "바보 같았어요"와 같은 언어로 표현되는 자기비판의 신호
- 비난 또는 판단의 미묘한 신호
- "오늘 오고 싶지 않았어요"와 같은 치료에 대한 불평이나 "여기 있는 것이 싫어요"와 같은 농담
- "치료비를 내야 한다는 것은 굴욕적인 일"과 같이 치료를 받는 것이 어떻게든 모욕적이라는 표현

- 즉각적인 경험에 대해 이야기하지 않고 굴욕적인 경험에 대해 주지적으로 이야기하는 경우

내담자의 목소리 질은 잠재적인 수치심이나 위축을 나타내는 신호이기도 하다. 예를 들면, 다음과 같다.

- 고음 목소리
- 단조롭거나 에너지가 부족하고 가늘고 힘없는 목소리
- 성대 수축으로 인한 성대 스트레스가 있는 경우
- 빠른 말 또는 갑작스러운 멈춤

수치심을 전달하는 내담자의 신체 언어에는 다음이 포함된다.

- 고개 숙임
- 어깨가 축 처짐
- 가슴이 좁아지거나 접힘
- 얼어붙거나 목이 막힘
- 좌석에서 꿈틀거리거나 불편함
- 웃음
- 부끄러움을 감추기 위해 어깨를 으쓱함

표정에는 다음이 포함된다.

- 움츠러든 입술
- 내리뜬 눈
- 시선을 피하는 눈빛
- 게슴츠레한 표정

- 얼굴이 붉어지거나 홍조
- 얼굴 만지기
- 다문 입술
- 아치형 눈썹(공포)

현존하는 치료자는 수치심 신호를 읽고 다음과 같은 조치를 취하여 내담자를 안전하게 만들 수 있다.

- 일시 중지 및 속도 늦추기
- 지금 어떤 상황인지 말해 보기
- 숨 들이쉬기와 같은 공동 조절 기법 사용하기
- 긍정적인 코멘트 제공하기
- 우뇌 기반의 비언어적 의사소통으로 대응하기

치료자가 현존하면 몸을 사용하여 경청하므로 내담자가 수치심의 강도를 조절하는 데 도움이 된다. 치료자는 내담자를 이해하지 못해서 내담자에게 수치심을 주지는 않았는지, 아니면 잘못 조율하여 중요한 것을 놓친 것은 아닌지 주의를 기울여야 한다. 다시 말하지만, 내담자가 치료자에게 자신의 가장 깊은 결점이라고 생각하는 것과 가장 부끄러워하는 것에 대해 밝히기 위해서는 신뢰가 필요하다. 내담자를 수치스럽게 하면 작업 동맹(working alliance)이 찢어지거나 손상된다. 이러한 관계의 손상(ruptures)을 치유하고 현재의 오해를 바로잡는 것은 매우 치료적일 수 있다(Dearing & Tangney, 2011).

언어 사용도 중요하다. 수치심은 매우 강렬하기 때문에 내담자는 '수치심(shame)'이라는 단어를 사용하지 않는 경우가 많으므로 치료자는 '수치심'이라는 단어의 사용까지 (아마도) '축소(diminished)' '작아짐(smaller)' '부끄러움(embarrassed)' 등의 단어로 시작하여 단계적인 언어를 사용해야 한다. 수치심에 대한 어휘는 상당히 많다. 추가로 사용할 수 있는 단어로는 '불편한(uncomfortable)'

'어리석은(foolish)' '멍청한(stupid)' '무례한(disrespected)' '무력한(helpless)' '힘없는(powerless)' '약한(weak)' '무능한(inept)' '무가치한(unworthy)' '열등한(inferior)' 등이 있다. 수치심이라는 단어를 반드시 사용해야 하는 것은 아니지만, 수치심이라는 단어를 사용하면 그 사람의 경험을 구체화하는 데 도움이 될 수 있다는 점도 중요하다. 수치심 해결에 대해서는 5장에서 자세히 설명한다. 수치심을 인정한다는 것은 그 자체로 매우 수치스러운 일이며 수치심이 사실일 수 있다는 함의를 내포하고 있다. 예를 들어, 내담자가 "내가 멍청한 게 너무 수치스러워요"라고 말하는 것은 다른 사람 앞에서 자신이 실제로 멍청할 수 있다는 가능성을 인정하는 것이며, 이 인정이 그 사람에게 어떤 영향을 미치든 간에 그 가능성을 인정할 수 있는 문을 여는 것이다. 수치심이라는 단어를 사용한 한 내담자는 어렸을 때 당한 성적 학대에 대해 "나 자신이 수치스러웠어요"고 말했다. 하지만 수치심이라는 단어를 사용하지 않은 내담자도 많았다. 예를 들어, 한 남성 내담자는 "제가 매우 작아지고 자신감이 없어진 것 같아요. 아무것도 아닌 것 같아요. 마치 큰 0처럼요"라고 말했다. 또 다른 내담자는 수년간의 아버지 학대의 영향에 대해 이야기하면서 "살아 있다는 것이 너무 죄책감이 들었어요"라고 말했다. 이 내담자는 '죄책감(guilt)'이라는 단어를 사용했지만 수치심에 얼굴을 떨구며 매우 가슴 아프게 말했고, 그것이 실제로는 존재 또는 실존에 대한 수치심과 비슷한 부적응적 수치심이라는 것을 분명히 했다.

'치료자의 공감적 인정(therapist empathic affirmation)'(Greenberg et al., 1993)은 취약성의 표식(marker)에 적용하도록 고안된 특정 개입이다. 회기 중 부적응적 수치심을 표현하는 것은 내담자의 취약성을 나타내는 전형적인 표식이다. 치료자는 경험을 심화시키고 더 많은 것을 발견하기 위해 주도적인 측면(leading edge)에 초점을 맞춘 공감적 탐색(empathic exploration)에 참여하는 것이 아니라, 내담자가 수치심 경험을 견디며 치료자의 수용을 느끼도록 개방하여 자신의 회복탄력성(resilience)에 접근할 수 있도록 돕는다. 수치심을 드러내고 치료자로부터 그 정서를 타당화 받는 과정에서 나타나는 정서는 다른 사람과 연결하기 위해 손을 뻗거나 삶의 의지를 주장하는 등 새로운 적응적 정서와 행위 경향성이 나타난다는 점에서 성장을 촉진하는(growth-producing) 경험의 일부이다(Greenberg, 2002; Greenberg et al., 1993).

핵심 수치심으로 고통받는 사람들은 긍정적인 정서를 경험하는 것을 거의 허용하지 않는다. 이들은 좋은 감정을 빼앗길지도 모른다는 두려움 때문에 기쁨의 홍분을 느끼거나 표현하기에는 너무 취약하다고 느낄 수 있다. 치료는 사람들이 자기 자신에 대한 기쁨과 자부심에 접근하고 다른 사람들에게 마음을 열고 개방할 수 있도록 도와야 한다.

교정적 정서 체험 제공

대인관계 교정적 정서 체험(interpersonal corrective emotional experience; Alexander & French, 1946)은 수치심에 대한 해독제이다. 예를 들어, 소중한 사람을 실망시킨 것에 대해 당황하거나 부끄러움을 느꼈는데 그 사람이 나와 관계를 맺고, 나를 받아들이며, 심지어 용서해 준다면 상대방의 수용감이 수치심을 씻어내는 데 도움이 된다. 따라서 정서에 도달하고 치료자와 취약한 감정을 공유하는 것은 수치심 치료의 필수 요소이다(Kaufman, 1996).

수치심의 고통 뒤에는 연결되고 인정받고자 하는 엄청난 욕구가 있다. 수치심은 숨고 싶게 만들지만 동시에 수치심 속에는 소속감, 연결되고 싶고, 알려지고 싶고, 인정받고 싶은 동기가 있다(Leach & Cidam, 2015; Tignor & Colvin, 2017). 우리는 깊은 관심을 가질 때 수치심을 느낀다. 부끄러움을 느꼈던 일을 털어놓은 후 누군가 공감과 연민으로 다가온다면, 그것은 변화의 경험이며 사랑받고 받아들여진다는 느낌을 받게 된다. 관계적 수용은 수치심에 대한 교정적 정서 체험이다.

치료 관계(therapy relationship)는 교정적 정서 체험을 제공할 때 수치심 치유의 중요한 원천이 된다. 치료자와의 새로운 상호작용에서 나오는 새로운 정서적 경험은 거절에 대한 기대와 모순되기 때문에 기대치를 부정할 수 있다. 수치심을 변화시키는 것은 신념의 인지적 변화가 아니라 수용이라는 새로운 정서적 경험이다. 이것은 교정적 정서 체험이며, 이전에 수치심을 느꼈던 관계의 외상을 회복한다. 자신의 약점과 취약성을 다루는 것은 항상 어느 정도의 수치심이나 실패감을 수반하기 때문에 치료는 치료자의 공감을 통해 안정감과 위안을 제공함으로써 수치심을 조절할 수 있는 여러 기회를 제공한다. 치료자와의 교정적 정서 체험은 내담자가 치료자로부터 자신의 감정이 조율되고 타당화 받는 것을 경험하면서 지속적인 방식으로 이루어진다.

또한 치료자는 내담자의 역사적 맥락을 파헤쳐 수치심의 발달을 탐색하고 이해해야 한다. 그리고 이 모든 것이 얼마나 고통스러웠을지 공감과 연민을 보여줘야 한다. 회기에서 수치심의 역사적 감각을 내담자의 현재 경험 속으로 생생하게 가져오는 것이 중요하다. 수치심이 내담자의 내면세계에서 곪아 터지지 않게 하려면 수치심을 현재로 민감하게 가져와야 한다. 수치심은 직접적으로 처리되어야 하며, 이는 회기에서 치료자와 함께 경험하고 상징화해야 함을 의미한다. 앞서 언급했듯이 수치심을 치료실 안으로 끌어들이는 가장 유용한 방법 중 하나는 치료자의 현존이다. 또한 호기심과 탐색적인 질문도 도움이 된다. 치료자는 호기심을 갖고 내담자의 내면에 어떤 일이 일어나고 있는지 부드럽게 질문하거나 내담자가 느끼는 다른 감정이 무엇인지 물어봄으로써 탐색을 촉진해야 한다.

그러나 내담자는 대놓고 드러내지는 않더라도 치료자가 혐오감을 느끼고 거부할까 봐 자신의 경험의 특정 측면을 개방하기 어려워하는 경우가 많다. 이러한 경우 치료자는 수용을 전달하고 내담자와 협력하여 숨겨진 자료에 단계적으로 접근해야 한다. 예를 들어, 자신의 성적 학대 경험에 대해 말하기 부끄러워하는 한 내담자에게 글을 써서 회기에서 큰 소리로 읽어보도록 했다. 시간이 지나면서 내담자는 치료자와 눈을 마주칠 수 있게 되었고, 계속해서 털어놓으면서 더 강해졌다고 느낄 수 있었다. 외상성 공포를 다루는 것과 마찬가지로 수치심 이야기는 내담자가 압도적인 수치심을 다시 경험하기보다는 수치심에 대한 숙달을 경험할 수 있도록 작은 단계로 개방해야 한다. 이렇게 하면 내담자는 수치심을 드러낼 때 압도감과 굴욕감 대신 힘과 주체성, 존엄성을 느낄 수 있다.

또한 대인관계 경험의 특정 패턴을 되돌릴 수 있는 치료자와의 새로운 정서적 경험은 교정 경험을 제공한다. 수치심에 대한 사람들의 핵심 정서도식은 긍정적인 대인관계 경험의 결과로 변화한다. 내담자는 종종 치료자가 어떻게 반응하고 얼마나 안전하다고 느끼는지 확인하기 위해 약간의 수치심에 기반한 취약성을 공유함으로써 치료자를 시험한다(Weiss et al., 1986). 수치심을 느끼는 것을 두려워하는 내담자는 치료자가 자신의 부적절함이나 분노에 대해 타당화하지 않는지 여부를 시험할 수 있다. 치료자가 내담자를 판단하거나 수치심을 주는 대신 경험을 타당화하면 이러한 교정적 정서 체험은 과거의 부정적인 경험을 되돌릴 수 있도록 도와준다. 내담자의 목표는 안전한 치료의 도움으로 과거에 감당할 수 없었던 수치심을 다시 경험하는 숙달을 경험하는 것이다. 따라서 치료 중인 내담자는 보다 긍정적인 다른 결과를 다시 경험해야 한다. 내담자가 수치심이나 분노를 치료자에게 표현하고 수치심이나 판단을 받는 대신 수용되고 이해받는다면, 내담자는 위축되지 않고 주장할 수 있고 거부당하지 않고 마음을 열 수 있다는 것을 경험하며 이러한 새로운 경험을 통해 변화를 촉진할 수 있다.

또한 치료자는 내담자가 수치심에서 단호한 분노나 슬픔과 같은 더 유익한 상태로 전환하는 경험을 촉진하는 과도기적 안내자의 기능을 수행한다고 생각할 수 있다. 그러면 분노가 수치심을 해소할 수 있다. 좋은 양육자(caregiver)는 고통에 빠진 영아에게 이렇게 한다. 양육자는 먼저 괴로운 감정을 진정시키고 그 감정을 받아들이고 타당화한다. "저기, 저기, 그건 무서웠어" 유아가 달래기를 통해 진정되면 양육자는 딸랑이 또는 곰 인형과 같은 새로운 자극을 도입하여 본질적으로 새로운 정서를 불러일으킨다. "이것 좀 봐. 귀여운 코 좀 봐" 아이는 정서 상태를 바꾸고 삶은 계속 진행된다. 유아는 정서적 고통을 진정시킬 수 있고, 더 중요한 것은 부정적인 정서 상태에서 더 긍정적인 정서 상태로 전환할 수 있다는 두 가지를 경험한다.

수치심에 취약한 많은 내담자는 아마도 이러한 감정을 진정시키고 더 나은 상태로 전환하는 경험을 한 번도 해 본 적이 없을 것이다. 대신, 그들은 수치심 상태에 들어가면 수치심이 자신을 빨아들이고 빠져나오는 방법을 모른다는 것을 경험적으로 배웠다. 치료자가 내담자의 수치심과 수치심의 고통에 공감하고 "당신의 선생님으로부터 정말 필요했던 것은 이해해 주는 표정, 지지하는 손길, 다른 아이들에게서 받은 이 잔인한 굴욕으로부터의 지지와 보호였는데 너무 상처받고 위축되었군요"와 같은 말로 내담자의 수치심에 대해 공감하고 타당화하면 내담자는 새로운 경험을 하고 지지와 타당화의 감각을 내면화하기 시작한다. 이 시점에서 수치심에서 벗어나는 전환이 가능하다. 따라서 치료는 두 가지 새로운 경험을 제공한다. 수치심이라는 고통스러운 정서 상태를 진정시킬 수 있고, 더 긍정적인 정서 상태로 전환하여 수치심을 변화시킬 수 있다.

수치심에 대한 인정 촉진

수치심을 인정하는 것과 허용하는 것 또는 수치심에 접근하는 것에는 차이가 있다는 점에 유의하는 것이 중요하다. 첫 번째 단계이자 여기서 언급되는 것은 수치심을 인정하는 것으로, 수치심을 알거나 명명하는 형태이다. 접근과 허용은 나중에 이루어진다. 접근하기는 수치심을 실제로 경험하고 이를 정서적으로 표현하는 행동의 한 형태이다. 인정은 아는 것보다는 실연(enactment)하는 형태에 가깝다. 치료자는 먼저 수치심을 인정하는 작업을 해야 하고, 나중에 수치심에 접근하여 수치심을 변화시키는 작업을 할 수 있다.

내담자가 수치심에 대한 접근 방식을 통제할 수 있도록 돕는 것은 결국 수치심을 인정하고 경험하는 데 도움이 되는 경우가 많다. 내담자가 수치심을 치료실로 가져와서 해결할 수 있도록 도울 때, 치료자는 내담자가 수치심에 대해 반영할 수 있도록 수치심과 거리를 두도록 요청할 수 있다. 이는 수치심을 전체가 아닌 일부로 바라봄으로써 촉진될 수 있으며, '수치심이 내담자를 갖는 것'이 아니라 '내담자가 수치심을 느끼는 것'으로 내담자를 이동시키는 데 도움이 된다. 그러면 내담자는 느낌에 매몰되는 것을 멈추고 거리를 두고 그 느낌을 바라볼 수 있다. 내담자는 자신의 몸을 통해 흐르는 정서를 관찰하여 그 경험을 말로 상징화해야 한다. 예를 들어, 관찰자의 자세를 취함으로써 압도적인 수치심으로부터 안전한 거리를 확보한 다음 두려움을 뱃속에 꽉 조이는 스프링 같은 코일로 묘사할 수 있다. 이렇게 하면 강도를 줄이는 데 도움이 된다. 수치심을 드러내고 묘사함으로써 수치심을 외부화하면 내담자가 수치심과 동일시하지 않고 객관화하여 수치심을 상징화하고 변화시킬 수 있다. 또한 치료자는 내담자가 앉거나 치료자를 바라보면서 자세를 바꾸도록 하는 등 움직임을 통해 수치심으로 인해 발생할 수 있는 차단을 풀도록 도울 수 있다. 내담자가 자기 자신보다 세상으로 주의를 돌리고, 시선을 받는 것이 아니라 밖을 바라보도록 격려할 수 있다.

교정적 정서 체험을 제공할 때 수치심은 애착 또는 정체성에 관한 것일 수 있으므로 교정적 경험은 내담자의 수치심 경험에 맞아야 한다는 점을 이해하는 것이 도움이 된다. 〈표 4.1〉은 배제/거부 및 연결/소속감에 관한 '애착 수치심(attachment shame)'과 실패/무가치감을 포함하며 연결보다는 지위/가치 평가에 관한 수치심인 '정체성 수치심(identity shame)'을 보여 준다. 또한 상황을 더욱 복잡하게 만드는 것은 수치심과 구별되어야 하는 나쁜 행동과 관련된 죄책감의 경험 및 상처의 원인/회복에 관한 것이다(Tangney, Miller, et al., 1996).

또한 수치심에 대한 강조점은 외적인 것일 수도 있고 내적인 것일 수도 있다는 점을 이해하는 것이 중요하다. 외적 수치심은 다른 사람이 나를 어떻게 보는지에 대한 염려이고, 내적 수치심은 나 자신이 나를 어떻게 보는지에 대한 염려이다.

표 4.1 애착 수치심과 정체성 수치심 및 죄책감 비교하기

애착 수치심	정체성 수치심	죄책감 연결(수치심과는 별개)
연결에 대한 손상	자기 및 평판에 대한 손상(내부)	상대방에게 입힌 상처(외부)
소외감, 거절감, 슬픔, 외로움	마비된 느낌, 불안, 공허함	미안함, 후회
'자신이 누구인지', 즉 전체 자기 대한 타인의 판단	'자신이 누구인지', 즉 전체 자기에 대한 부정적인 자기 판단	'자신이 한' 자신의 행동에 대한 판단
행위 경향성은 철수, 숨기	행위 경향성은 자해를 사과하듯 부정하거나 피하기	행위 경향성은 진정으로 사과하고, 배상하고, 고치기

치료자는 내담자가 애착 또는 정체성 문제를 다루고 있는지, 다른 사람이 자신을 어떻게 보는지 또는 자신을 어떻게 보는지에 초점을 맞추는 것이 교정적 경험을 제공하는 데 도움이 된다.

수치심에 접근하고 드러내도록 촉진

관계적 안전이 확립되면 수치심은 개방을 통해 인정된다. 수치심에 대한 혐오가 극복되고, 수치심이 상징화되며, 고통스러운 감정에 이름이 붙여지고 경험하기 시작한다. 수치심을 경험하는 것이 이 단계의 핵심이다. 치료자는 내담자가 수치심에 주목하고 인정하며, 수치심을 드러내고, 치료실에서 수치심을 경험하고, 수치심에 대한 호기심을 기꺼이 증진하려는 자세를 만들고, 마침내 어느 정도 수치심을 경험하도록 안내한다.

수치심은 매우 고통스럽기 때문에 내담자는 처음에는 수치심을 경험하는 것을 자동적으로 회피한다. 수치심으로부터 보호하면 내담자가 수치심에 대한 내면의 경험에 집중하지 못하게 된다. 내담자는 수치심 경험에 대해 '이야기'할 수는 있지만 실제로 신체적으로 느껴지는 불편함을 피할 수 있다. 치료자는 수치심에 대한 보호 문제를 줄이고 수치심에 대한 경험, 인식 및 수용을 촉진하는 것이 중요하다. 이름을 붙여야 길들일 수 있다. 문제 해결의 첫 번째 단계는 수치심과 그 수치심이 무엇인지 명명하는 것이다. 우리가 저항하는 것은 무엇이든 지속되므로 수용하는 것이 중요하며, 수용의 첫 단계는 명명하는 것이다. 또한 앞서 언급했듯이 치료자는 실제로 사람들을 기분 나쁘게 만드는 것이 아니다. 그들은 이미 나쁜 감정을 느끼고 있으며, 치료자는 그들이 나쁜 감정을 직면하고 극복하도록 돕는 것이다.

수치심과 관련 정서에 이름을 붙이고 신체적 경험에 단어를 붙이면 내담자가 수치심을 허용하고 견디는 데 도움이 될 수 있다. 단어를 사용하여 자신의 내적 상태를 설명하는 사람들은 더 유연하고 적응적인 방식으로 정서를 조절할 수 있다(Kircanski et al., 2012; Ochsner et al., 2002). 치료자는 내담자가 자신이 느끼는 감정에 이름을 붙일 수 있도록 말하지 않은 것을 말해 주는 것이 도움이 된다. 강렬한 수치심에 이름을 붙이는 것은 이름을 붙이지 않고 강렬한 정서적 경험을 관찰하는 것보다 변연계의 균형을 유지하는 데 도움(편도체 활동 감소)이 된다(Hariri et al., 2000; Lieberman et al., 2007).

공감적 추측

기저의 정서에 쉽게 접근하는 데 도움이 되는 주요 방법은 공감적 추측이다. 이 방법은 치료자가 내담자의 즉각적이고 암묵적인 경험에 대해 잠정적인 추측을 제시하는 것이다. 이 초기 추측 후에는 종종 그 추측이 맞는지에 대한 질문이 이어진다. 이러한 추측은 내담자와 그 상황에서의 인간 본성에 대한 지식을 바탕으로 한다. 내담자의 비언어적 행동을 이용한다. 치료자는 내담자가 아직 말로 표현하지 못하는 것을 말로 표현하도록 도와주려고 한다. 치료자는 "바로 이거죠!"라고 해석하거나 선언하지 않는다. 오히려 맞지 않을 수도 있다는 것을 인정하면서 추측을 잠정적으로 말한 다음 맞는지 아닌지를 질문한다. 예를 들어, 한 내담자가 마약에 중독되어 법에 문제가 있고 가족에게 불명예를 안겨준 동생에 대한 분노에 대해 이야기하고 있었다. 치료자는 내담자가 화를 내는 것이 아니라 오히려 부끄러워하는 것처럼 보인다는 것을 알게 되었다. 치료자는 분노가 일차 수치심으로부터 보호하려는 이차적인 것으로 보고 내담자의 일차 수치심을 향해 "화를 내시는 것같이 들리지만 얼굴에 수치심에 가까운 표정도 보이네요. 그게 맞나요?"라고 안내하며 물었다. 내담자는 고개를 끄덕이며 눈물을 흘렸다.

치료자는 고통스러운 경험에 대해 웃거나 나쁜 감정에 대해 허세를 부리는 등 수치심을 은폐하는 행동을 인식하면 그 기저에 깔린 경험에 대해 공감적으로 추측할 수 있다. 거절에 따른 허세에 대한 반응으로는 "당신의 목소리에서 용감한 척하는 결연한 의지가 들리지만, 다른 한편으로는 자신이 하찮게 느껴지는 것 같아요"와 같은 말이 있을 수 있다. 내담자의 사회불안의 기저에 깔린 수치심에 대한 공감적 추측은 다음과 같을 수 있다. "상대방이 당신의 진짜 모습을 본다면 거절당할 것 같고 자신이 위축될 것 같다는 느낌이네요"(Dearing & Tangney, 2011).

그러나 수치스러운 경험의 측면에 너무 빨리 주의를 기울이면 내담자가 후퇴하거나 정서적으로 차단하려는 경향이 커지는 경우가 많다. 따라서 치료자는 내담자가 신체적으로 느낀 경험에 주의를 기울이고 수치심을 조금씩 인정하도록 부드럽게 안내하여 수치심을 직면할 수 있도록 도와야 한다. 다음과 같은 반응이 가능하다. "당신에게 일어난 일에 대해 이야기할 때 당신이 한눈을 팔고 있는 것을 보았는데, 얼마나 기분이 상했을지 상상해 봤어요"와 같은 반응은 내담자의 주의를 내면의 경험에 집중하게 한다. 다른 사람 앞에서 자신이 작아지고, 무가치하고, 굴욕감을 느꼈을 때의 불편함에 대해 "상처를 받았거나 굴욕감을 느꼈겠군요"라고 추측하는 것도 도움이 될 수 있다. 자신이 작고 무가치하며 굴욕감을 느끼는 것이 얼마나 고통스러운지 공감적으로 반영하고 정상화하는 것도 도움이 된다. 치료자는 다음과 같은 말을 통해 자신의 존엄성을 지키고 싶은 내담자의 욕구와 치료자를 외면하려는 성향을 정상화하는 것이 중요하다. "상사가 동료들 앞에서 누군가를 비난하는 것은 너무 수치스럽지요" 치료자는 내담자가 수치심에 주의를 기울이고 인정하도록 안내해야 한다. 다음과 같은 개입을 할 수 있다. "이런 사적인 이야기를 하는 것은 부끄럽지만 중요한 일이에요" 또는 "도움을 요청하는 것이 어렵고 어린아이처럼 느껴질 수 있지만 우리 모두는 때때로 도움이 필요해요" 같은 개입은 내담자의 내적 어려움을 타당화하고 도움을 제공한다.

내담자가 느끼는 수치심을 표현하는 데 도움이 되는 반응은 다음과 같다. "네, 어렸을 때 우리 모두는 인정받고 소속되기를 간절히 원하는데, 그렇게 배제되는 것은 정말 수치스러운 일이에요" 또는 "화장실에서 사람들이 비웃고 손가락질하는 가운데 그렇게 노출되는 것은 얼마나 수치스러운 일이겠어요?" 등이 있다. 그런 다음 내담자는 어렸을 때 얼마나 외롭고 거부당했다고 느꼈는지, 자신의 결점에도 불구하고 얼마나 간절히 좋아하거나 사랑받기를 바랐는지를 밝힐 수 있다. 신뢰할 수 있는 상대와 함께 수치스러운 감정에 이름을 붙이고, 느꼈던 감정을 말로 표현하는 것은 내담자가 정서적 경험 바깥의 안전한 거리에서 관찰자의 관점을 취하여 수치심이 더 이상 자신의 존재 전체를 차지하지 않도록 도와준다

(Dearing & Tangney, 2011). 안전한 거리에서 자신의 수치심을 바라보는 것은 자기 연민(self-compassion)을 불러일으키는 데 도움이 된다.

수치심을 경험하는 내담자를 위한 단계 촉진하기

치료자는 수치심에 초점을 맞출 뿐만 아니라 수치심을 느끼는 것이 얼마나 고통스러운 일인지도 다루어야 한다. 상처나 고통을 인정하면 내담자가 수치심이라는 고통의 원인을 쉽게 이야기할 수 있다. 내담자가 핵심 수치심을 인정하는 것은 치료자가 내담자의 내적 고통 경험에 부드럽고 일관되게 초점을 맞추고 자기존중감에 대한 상처의 기저의 고통과 소속되지 않은 고통에 공감적으로 초점을 맞추면 도움이 된다. 수치심은 관심이 필요하며 수치심으로 인한 고통도 마찬가지이다.

내담자가 이차 반응을 표현하는 경우, 치료자는 타당화를 통해 이러한 정서를 지지할 수 있다. 예를 들어, 내담자가 수치심을 감추기 위해 반응적 분노를 표현하는 경우, 분노는 내담자의 경험의 일부이므로 이를 타당화하여 지지할 수 있다. 그러나 이러한 타당화 후에는 수치심이라는 기저의 핵심 경험에 공감해야 하며, 분노를 일차 정서로 간주해서는 안 된다. 기저의 수치심에 대한 추측을 포함하는 이러한 초점을 다시 맞추는 개입의 예는 다음과 같다. "그래요, 그 사람한테 그런 식으로 이용당해서 화가 나셨군요. 그런 식으로 대하는 것에 화가 나는 것은 당연하지요. 그런 식으로 이용당하니 상처를 많이 받았겠군요, 그래서 뭐랄까… 가치가 없다거나 중요하지 않다고 느꼈겠지요?"라고 질문하는 것이 좋다.

수치심에 내담자의 주의를 집중시키는 것은 특히 자기존중감이 약한 내담자에게는 매우 위협적일 수 있다. 수치심을 활성화하기 전에 치료자는 내담자의 자아강도(ego strength)를 평가하여 내담자가 두려운 수치심에 집중하는 것에 압도당하지 않도록 해야 한다. 치료자는 내담자의 취약성에 민감하게 반응해야 하며, 내담자의 철수 경향성을 눈에 띄지 않게 받아들이고 존중해야 한다. 연약한 내담자의 경우 수치심 경험을 견뎌내기 전에 먼저 자존감을 높여주는 것이 필요할 수 있다. 치료자는 수치심을 느끼기 전에 내담자가 가치 있고 안전하다고 느낄 수 있는 안전한 장소를 내부에 설정하도록 제안할 수 있다. 또한 내담자는 수치심 경험의 재경험에서 벗어나 현재로 돌아와 치료자의 도움을 받거나 안전한 장소로 가서 조절할 수 있는 시기를 스스로 결정할 수 있다는 확신을 가져야 한다. 힘을 공유하고, 비전문가적인 입장을 취하고, 치료자가 내담자를 병자로 보지 않고 인간으로서 겪는 어려움에 관여하고 있다는 사실을 전달하는 것은 모두 내담자가 자신을 인정받는다고 느끼도록 도와준다.

내담자가 회기에서 수치심을 경험하는 경우, 수치심을 생산적으로 다루기에는 조절 곤란이 너무 심할 수 있다. 예를 들어, "지난주에 당신은 수치심이 너무 커서 회복 집단에서 거짓말을 했어요"라고 말함으로써 내담자의 수치심을 자극하는 것이 도움이 되는 경우가 많다. "오늘 회기에서는 그 부분에 대해 자세히 살펴봅시다"라고 말한다. 이러한 유형의 진술은 내담자가 좀 더 조절할 수 있고 강해질 때 유용하며, 그래야 무슨 일이 있었는지 더 쉽게 이야기할 수 있다.

수치심은 종종 너무 견디기 힘들어서 치료자뿐만 아니라 자기 자신도 그 경험과 행위 경향성을 부인하거나 주제를 바꾸거나 이차 경멸, 질투 또는 격노를 통해 숨길 수 있다. 수치심에 도달하기 위해 치료자는 먼저 분노와 실망과 같이 표현되는 감정을 탐색하고 기저의 수치심 경험에 대한 진입점을 찾도록 장려해야 한다. 이러한 기저의 감정은 관심과 수용을 전달하는 방식으로 부드럽게 따라가야 한다. 다시 말하지만, 내담자는 치료자가 자신을 수용하고 관심을 보인다는 것을 경험하면서 수치심을 더욱 개방적으로 받아들이게 된다. 그러면 수치심은 점차 견딜 수 있게 되고 내담자는 수치심을 인내하기 시작할 수 있다. 수치심을 점점 더 인식하게 되면 수치심을 탐색하고 논의할 수 있다.

내담자에게 필요한 것은 수치심을 받아들이되 그 수치심에 과도하게 동일시하지 않고, 무슨 일이 일어나고 있는지에 주목하되 그것에 의해 정의되지 않으며, 수치심에 대한 정서적 호기심을 갖는 것이다. 수치심에서 도망치지 않고 고통을 받아들이는 것은 수치심을 극복하는 데 큰 도움이 된다. 수치심을 인정하고 수용하는 것은 수치심을 관찰하고, 그 존재를 인정하고, 환영하며, 수용하는 것을 포함한다. 사람들은 수치심에서 물러나 자신을 덮치는 파도처럼 수치심을 경험한 다음 이를 극복하고 앞으로 나아갈 필요가 있다. 신체의 특정 감각과 같이 정서를 구성하는 다양한 요소에 집중하거나 이미지를 만들어 정서를 포착하는 것도 도움이 된다.

내담자가 이러한 유형의 탐색을 가능하게 하려면 치료자의 수용과 조율이 필요하다. 표현되지 않은 수치심을 활성화하여 재처리를 위해 접근하는 데 중점을 두는 것만큼이나 치료자는 내담자의 인내의 창(window of tolerance) 내에서 작업해야 한다. 따라서 내담자의 인내의 영역(zone of tolerance) 내에서 작업한다는 것은 각성을 촉진하되 너무 과하지도, 너무 적지도 않게 하는 것을 포함한다. 치료자는 수치심과 관련된 작은 또는 중간 강도의 주제에 대해 이야기하는 것으로 시작하여 무엇이 수치스러웠는지 또는 무엇이 지금 수치스러운 것인지에 대해 더 자세히 알아보고자 하는 관심을 보여야 한다. 목표는 내담자가 수치심 경험에 대해 이야기하도록 돕는 것이다.

대부분의 경우 수치심을 경험하고 개방하는 것의 가치를 설명할 수 있는 근거를 제시하는 것이 좋다. 내담자는 일반적으로 자신의 감정이 너무 고통스럽고 자기손상(self-damaging)을 주기 때문에 수치심을 상자에 넣고 뚜껑을 닫는 것이 최선이라고 믿고 치료를 받으러 온다. 따라서 수치심을 정면으로 마주하라는 치료자의 제안은 직관에 반하는 것이다. 그러나 내담자가 수치심이 사회적 정서라는 것을 이해하면 수치심에서 벗어나는 유일한 방법은 다른 사람들과 소통하고 수치심을 공유하는 것임을 이해하기 시작한다. 수치심은 자신에 대해 나쁘게 느끼는 것 이상으로 실제로 사람들이 다른 사람들과 다시 연결될 수 있는 무언가를 하도록 동기를 부여한다. 이것이 바로 수치심이 진화적으로 설계된 목적, 즉 사람들이 부족과 다시 연결될 수 있도록 하는 것이다. 그렇다면 정말 필요한 것은 연결일까? 수치심을 경험하는 근거에 대한 명확한 논의와 수치심 속으로 들어가기 위한 동맹을 형성하지 않으면 내담자는 치료자를 비판적(critical)이거나 강압적(coercive)인 사람으로 인식할 수 있다. 내담자가 수치스러운 과거 경험에 대해 이야기하기를 꺼려할 때 치료자는 다음과 같은 반응으로 내담자를 격려해야 한다. “고통스럽다는 것을 알지만, 그것에 대해 이야기하는 것이 매우 중요하며, 그렇지 않으면 그것이 어둠 속에 머물러 당신을 갉아먹고 고립시킬 수 있어요" 또는 "수치심은 다른 사람들에게 보이지 않는 것이지만, 그것은 당신을 갇히게 합니다. 부끄러움을 극복하는 데 도움이 될 수 있도록 당신이 느끼는 수치심을 공유해 주시기 바랍니다"라고 말한다.

성적 학대를 당한 피해자에게 수치심은 매우 중요한 요소이다. 가해자는 아동에게 자신이 성추행을 정말 원했고 좋아했다고 말하며, 피해자의 신체가 반응했을 수도 있고, 다시 성추행하기 위해 돌아왔을 수도 있다. 유혹자는 피해자가 수치심을 느끼도록 유도한다. 지배/복종 관계와 비하 · 굴욕감 · 무력감을 수반하는 학대 사례에서는 수치심이 중심이 된다. 부모가 수치심을 자녀의 행동을 통제하는 수단으로 사용한 경우 수치심 경험은 더욱 악화된다. 따라서 치료적 관계(therapeutic relationship)에서 치료자는 수용 · 배려 · 연민의 분위기를 조성하고 내담자가 수치심을 다시 느끼지 않도록 민감하게 반응하는 것이 필수적이다.

수치심에 대응하는 추가적인 측면

수치심과 관련된 내담자의 충족되지 못한 욕구(unmet needs)에 초점을 맞추는 것도 매우 중요하다. 치료자는 내담자가 어떻게 비하와 소속에 대한 충족되지 못한 열망으로 인해 자신이 가치가 없다고 느끼게 되었는지 타당화해야 할 뿐만 아니라 내담자가 '자신의 욕구를 충족할 자격이 있음(deserved to have their needs met)'을 타당화해야 한다. 수치심은 타당화와 가치에 대한 욕구가 충족되지 못했거나 위반되었다는 평가에서 비롯된다. 수치심에는 타당화에 대한 욕구가 내재되어 있다. 수치심에 공감하고 그것이 얼마나 고통스러운지 언급하는 것만으로는 충분하지 않다. 치료자는 또한 충족되지 못한 타당화 · 수용 · 소속감에 대한 욕구에도 초점을 맞춰야 한다. 이러한 욕구가 충족될 자격이 있다는 느낌은 수치심을 극복할 수 있는 잠재적 자원이다. 내담자가 수치심보다는 존중받을 자격이 있다고 느끼기 시작하면 자기가 강화되고 수치심이 변화하기 시작한다.

치료자가 그 이상 아는 입장을 취하는 것은 수치심을 유발할 수 있다. 상호작용 패턴이나 저항 · 인지 재구성 · 오류 수정에 대한 해석이 비판과 비타당화(invalidation)로 경험되는 경우 수치심을 유발할 수 있다. 매우 연약하고 수치심을 느끼기 쉬운 내담자는 살아오면서 수치심을 느끼는 시기에 통찰력이나 제안을 제공한 다른 사람들로부터 자신을 더 부적절하게 만드는 침입적인 수치심이나 조언을 경험한 경우가 많다. 이는 사람들의 내면을 침범하여 수치심을 느끼게 한다. 따라서 내담자는 모든 유형의 비타당화에 매우 민감할 수 있다. 약속을 다시 잡기 위한 짧은 전화 통화나 짧은 이메일 등 치료자의 태도나 행동의 작은 자동 요소도 불필요하게 수치심을 줄 수 있다. 특히 이전에 따뜻하고 관심 있는 치료자로부터 회기에서 경험한 적이 있는 경우 내담자는 이를 거부감으로 경험할 수 있다. 수치심에 매우 취약한 내담자는 관계를 발전시키는 데 더 중점을 두고 지금 여기(here-and-now)에서 발생하는 수치심에 대처하는 데 더 명확하게 집중할 필요가 있다. 또한 수치심을 유발하는 요인을 인식하고 증상을 안정시키며 강한 정서에 대처할 수 있는 자원에 접근하는 데 더 중점을 두어야 한다. 수치심에 대한 심리교육도 도움이 될 수 있으며, 누구나 수치심을 느낄 수 있다고 설명하여 수치심을 정상화하고 명명하는 것만으로도 숨겨져 있던 수치심을 끌어내는 데 도움이 될 수 있다. 또한 수치심과 분노의 관계, 수치심과 철수의 부정적인 영향에 대해 논의하고 수치심과 자해 · 폭식 · 약물 남용과 같은 증상 사이의 연관성을 강조하는 것도 도움이 될 수 있다.

치료자의 수치심에 대한 내면의 경험도 중요하다. 치료자는 자신의 능력에 대한 우려 · 자기의심(self-doubt) · 친밀감 등 자신의 수치심 유발 요인을 인식할 필요가 있다. 내적 경험에 대한 인식과 활용은 치료자가 자신의 수치심을 인식하는 데 중요하며, 때로는 치료자의 반응이 내담자의 기저의 감정을 감지하는 유일한 방법이기 때문이다. 내담자는 또한 치료자가 이해하지 못한다고, 잘 훈련되지 않았다고, 무능하거나 무관심하다고, 이전 치료자와 같지 않다고, 충분히 똑똑하지 않다고, 너무 똑똑하다고 치료자를 비난하거나 공격할 수 있으며, 그 가능성은 무궁무진하다. 치료자는 보복하지 않고 이러한 공격을 견디고 보유(contain)하여 내담자와의 관계를 유지할 수 있어야 한다. 안전의 제공은 내담자가 수치심이나 경멸의 경험을 직면하고 탐색하는 데 도움이 된다. 내담자와 치료자 사이에 수치심을 유발하는 상호작용 패턴이 발생하면 치료자는 내담자와 함께 이를 조절하고, 치료자가 내담자에게 수치심을 준 방법과 수치심을 느끼는 감정을 이해함으로써 문제를 회복하기 위해 노력해야 한다. 비언어적 · 정동적 수준에서 내담자의 수치심에 대한 긴밀한 조율 · 손상 회복 · 순간순간(moment-by-moment) 과정에 대한 집중은 수치심에 매우 민감한 내담자를 다루는 데 모두 도움이 된다.

수치심은 회피에 기여하기 때문에 내담자의 수치심도 치료를 어렵게 만들 수 있다. 내담자가 침묵을 지키면 관련 정보에 접근하기 어렵기 때문에 수치심이 치료를 방해할 수 있다. 수치심을 인정하지 않으면 외상 · 우울 · 불안과 같은 문제에 직접적으로 집중하지 못하게 된다. 수치심을 부끄러워하는 외상 내담자는 수치심으로 인해 외상을 다루지 못하기 때문에 외상을 극복할 수 없다. "나는 나약할 거야" 또는 "나는 이겨내야 해"라는 감정은 종종 사람들이 치료를 받거나 취약점을 개방하는 것을 막고 정신건강 치료를 받는 데 큰 장벽이 될 수 있다. 수치심 때문에 내담자는 종종 치료에 참석하지 않거나 회기를 놓치고 도움을 거부한다. 또한 수치심은 어려움을 탐색하는 데 방해가 되고 방어적이고 문제를 최소화하는 방향으로 이어질 수 있다. 이러한 어려움에도 불구하고 치료는 수치심에 명시적으로 초점을 맞추면서 안전하고, 자비롭고, 수용적인 관계를 제공해야 한다.

사례 예시

다음 사례는 치료자가 안전 · 현존 · 수용을 제공함으로써 내담자가 효과적으로 정서에 도달하고, 드러내며, 궁극적으로 정서를 변화시키는 데 어떻게 도움이 되는지 보여 준다.[2]

2 이 책에 사용된 임상 자료는 내담자의 비밀을 보호하기 위해 적절히 각색되어 있다. 내담자의 신원은 유지되었다.

사례 1: 설명

45세의 백인 변호사인 앤서니(Anthony)는 명망 있는 로펌에서 고위직으로 근무하고 있었다. 그는 어떤 종류의 실수로 인해 회사에서 불명예를 얻게 될지도 모르는 망신을 당할까 봐 계속 걱정했다. 그는 나쁜 평가나 피드백, 비판을 받은 적도 없고 큰 실수를 저지른 적도 없었지만 동료와 직원들 앞에서 자신의 부족함을 발견하고 망신을 당할까 봐 끊임없이 걱정했다. 그는 성인이 된 후에도 다양한 사회적 · 직업적 상황에서 수치심을 자주 경험했다고 이야기했다. 그는 어린 시절부터 다소 과체중이었다. 그는 학교에서 놀림을 받았고 운동에 관심이 많은 가족 내에서 기대에 미치지 못한다고 손가락질을 받았다. 그의 부모는 매우 통제적이었고 그의 의견은 중요하지 않으며 그가 하는 일은 어리석은 일이라는 말을 반복적으로 전달했다. 특히 바깥 세계에서는 완벽해야 한다는 메시지를 전달했다. 운동 능력을 중시하는 가족 내에서 운동을 못하는 것으로 여겨지고 또래 친구들로부터 느리고 뚱뚱하다는 놀림을 받았던 경험은 그의 핵심 부적절감(core feeling of inadequacy)으로 발전했다. 충분하지 않다는 수치스러운 정서는 직장에서의 업무 능력과 관련하여 계속 떠올랐다.

내담자를 돕기 위한 첫 번째 단계는 공감하는 스타일의 관계 맺기였다. 나는 그가 다루기 어려운 정서인 수치심을 느낀다는 것을 이해한다는 점을 전달했다. 이 반응은 치료 초기에 그가 수치심을 경험하도록 격려하기 위한 것이 아니라 한 걸음 물러서서 어려움을 파악하도록 돕기 위한 것이었다. 나는 다음과 같이 말했다. "이런 이야기를 하는 게 힘들겠군요" 그리고 나중에는 "이런 식으로 비춰질 수 있다는 생각에 너무 고통스럽군요"라고 말했다.

잠시 후 나는 수치심을 회피하려는 그의 성향을 자비로운 시선으로 바라보았다. "당신이 이 주제를 다루기 쉽지 않다는 것을 알고 있어요" 비언어적으로, 음성적으로, 표정으로 안전을 전달하고 그의 수치심을 단계적으로 조금 더 깊이 파고들기 위한 협력을 발전시킴으로써 신뢰가 구축되고 있었다. 우리는 함께 실수하고 무능한 것으로 드러나는 것에 대해 경계하는 그의 경험에 접근했다. 이를 통해 우리는 그가 대중에게 노출되는 것에 대한 두려움에 도달할 수 있었고, 그는 어릴 적부터 열등하고 충분하지 않다는 한 번도 처리되지 않은 느낌에 대해 이야기하기 시작했다. 수치심과 열등감에 대한 기억이라는 기저의 도식적 정서를 내가 그에게 공감하기 시작하도록 독려했다. 이것은 과정이었다. 지금 일어나고 있는 일과 어렸을 때 일어난 일을 연결하는 단 하나의 통찰의 문제도 아니었고, 그의 사고 오류를 바로잡는 것도 아니었다. 오히려 한 걸음 물러서서 그의 어려움을 파악하는 것이 첫 번째 단계였다.

다음으로, 우리는 그의 일반적인 정서와 수치심에 대한 위협에 더 구체적으로 직면하기로 했다. 처음에 그는 자신의 고통을 견디기 어려웠다. 수치심을 느끼면 붕괴될지도 모른다는 두려움에 집중하고 용(수치심)을 경험하고 용과 마주할 수 있도록 지지와 격려를 제공함으로써 이 장애물을 극복할 수 있었다. 그런 다음 그의 정서를 말로 상징화하여 더 명확하게 표현하는 것이 중요했다. 이러한 정서처리(emotional processing) 작업에는 정서에 주목하고, 상징화하고, 일치하는 표현을 하며, 정서를 받아들이는 과정이 포함된다. 앤서니는 수치심 속으로 들어갈 수 있었지만 너무 강렬할 때는 치료 상황의 안전한 곳으로 돌아올 수 있었기 때문에 통제감을 키우고 정서를 조절할 수 있게 되어 감정에 인지를 가져와 이해할 수 있게 되었다.

또한 앤서니는 자신이 정서의 수동적 피해자가 아니라 능동적 주체라는 것을 느끼도록 도움을 받았다. 그는 "나에게 부끄러운 일이 일어났다"가 아니라 "부끄러움을 느꼈다"를 경험하기 시작했다. 그는 자신이 부모의 비타당화를 내면화했고, 머릿속에서 부모의 목소리가 수치심을 유발한다는 사실을 깨달았다. 마침내 이 수치심은 그의 경험의 다양한 측면으로 분화되면서 변화하기 시작했다. 수치심에 갇히지 않고 다른 감정과 생각이 떠오르면서 그는 더욱 유연해졌다. 수치심을 수용하고, 경험하며, 변화하는 과정을 통해 정서적 변화가 일어났다.

요약하자면, 함께 작업하는 동안 우리는 수치심, 그에게 뭔가 잘못되었거나 결함이 있다는 느낌을 인식하고 그 수치심이 어디에서 오는지 탐색했다. 우리는 그의 정서를 표현하는 것뿐만 아니라 인식하고 상징화하는 작업을 함께 했다. 그는 정서적으로 더 유연해졌다. 자신의 능력에 맞는 상황에 항상 똑같이 반응하지 않고, 수치심에 대한 두려움을 느끼며 숨지 않게 되었다. 또한 혼자서 작업하면서 그는 회기에서 연습했던 스스로를 진정시킬 수 있게 되었다. 그는 자신감과 자제력을 키웠고, 안정감을 얻었으며, 마침내 기쁨이 다시 그의 삶으로 돌아오는 것을 경험했다. 우리는 부끄러움을 가지고 어려운 것을 직면하고 그것을 빛으로 끌어내어 내면의 힘과 안정감, 자기연민을 키우기 위해 노력했다. 이 모든 것이 수치심을 다룰 때 얻을 수 있는 놀라운 강점이다.

앤서니의 사례에서 우리는 그의 핵심 부적응적 수치심이 분노에 접근하는 것보다 치료자와의 타당화 관계의 누적된 경험과 수치심에 대한 인정 및 궁극적인 접근과 처리에 의해 더 많이 변화되었음을 알 수 있다. 분노로 수치심을 변화시키기보다는 자비로운 치료자와의 교정적 정서 체험이 수치심을 변화시키는 다른 경로를 보여 주었다.

사례 2: 축어록

다음 축어록은 외모와 태도로 보아 17세로 착각할 수 있는 32세의 이탈리아 내담자인 마르시아(Marcia)와의 네 번째 회기의 마지막 15분에서 발췌한 것이다. 마르시아는 수치심에 가득 찬 이야기를 털어놓기를 꺼려하는 수치심 일화를 가지고 치료받고 있었다. 그녀는 최근에 이혼했고 7세 아이가 있었으며 어렸을 때 정서적 · 육체적으로 심각한 학대와 방임을 당한 경험이 있었다. 그녀는 매우 수줍어하고 에너지가 매우 부족한 목소리로 말했고, 고통스러운 경험에 대해 이야기할 때는 치료자를 쳐다보지 않고 오히려 아래를 내려다보았다. 그녀가 거의 말을 하지 않아서 어른이라기보다는 다섯 살짜리 아이처럼 들렸다. 이 축어록은 내담자의 강렬한 고통에 대한 치료자의 현존과 수용이 어떻게 내담자가 거부감을 극복하고 숨어 있던 것을 드러내고 부끄러워하는 것을 개방하는 데 도움이 되었는지를 보여 준다.

내담자: 으흠.

치료자: 네, 그리고 지난번 동생과의 일이 어떤 의미에서는 마지막 지푸라기 같은 일이었죠. 왜냐하면 나를 배신하지 않을 믿을 수 있는 사람이 아무도 없다는 느낌이 들었으니까요. 그게 다인 것 같아요. (1분간 침묵)

내담자: (자세를 약간 조정하며) 세상에 사람이 이렇게 많은데 이렇게 외로울 수 있다는 게 믿기지 않아요.

치료자: (고개 끄덕임, 한숨) 네, 그리고 매우 고립될 수도 있죠. (37초 동안 긴 침묵)

내담자: 제 감정은 별로 신경 쓰지 않아요. 그냥 좀 궁금해서요…. (30초 동안 길게 침묵)

치료자: 어떤 점이 궁금한가요?

내담자: 진짜 문제가 무엇인지 누구에게도 말할 수 없다는 것이요.

치료자: (고개 끄덕임) 그러니까 정말 문제가 무엇인지 알지만 말하지 못한다는 말씀이신가요?

내담자: 네, 네, 제 생각에는 (잠시 멈춤) 제가 말한 것 같은데요.

치료자: 음, 제가 못 들었나요?

내담자: (아래쪽과 옆쪽을 살피며 눈을 피하고 몸을 접고 조용히 울음)

치료자: 그래서, 정말 아픔이 느껴지네요. 말해 줄래요?

내담자: (팔로 얼굴을 가리고, 침을 삼키며 조용히 흐느낀다)

치료자: 눈물이 흐르도록 놔두실래요? – 거기에는 너무 많은 상처와 고통이 있기 때문이에요. 뭐라고 하셨죠? 으흠, 너무 외로워서, 너무… 아프다는 걸 알기 때문이에요. (고개를 저으며) 그런 게 아니에요. 왜 그래요?

내담자: (울면서 팔 뒤로 얼굴을 숨긴 채) (31초간 침묵)

치료자: (15초 동안 잠시 침묵) 뭐가 그렇게 말하기 어려운 건가요? (1분간 침묵) (**치료자는 현존하면서 계속 주의를 기울이며 숨을 쉰다**) (1분간 긴 침묵) 당신이 요청할 수 없다고 말했고, [어렸을 때] 물만 요청할 수 있다고 들었고 그게 전부라고 말했던 걸 알아요. (긴 침묵) 그게 일부인

지 아닌지 모르겠어요. (39초간 침묵) 위험을 무릅쓰고 꺼내어 말할 수 있는지 모르겠어요.

내담자: (얼굴을 가리고 휴지를 찾음)

치료자: 그래 주시겠어요?—아니, 말하기 싫으신가요? (12초간 침묵) 말하지 못하는 이유가 뭐예요?

내담자: (크게 숨을 들이쉬며) (13초간 침묵) (속삭임) 굴욕감이요. (아래를 내려다보며)

치료자: 으흠, 왠지 너무 위축되거나 수치심을 느껴서 내가… 뭐랄까, 내가 당신을 무시할 것 같아서요? 내가 단지 당신이 상처받는 모습을 볼까 봐요? (6초간 침묵) 당신이 강하게 요청하는 방법을 모른다고 했을 때, 수치심을 느꼈나요? **(치료자가 추측)** 어떻게 해야 할지 모른다는 게 왠지 모르게 굴욕적이지 않나요? (8초간 침묵) 그게 문제의 일부라고요? 이 모든 것이 당신에게 무슨 의미인지 제가 잘 모르겠네요. (24초간 침묵) (내담자가 의자에 몸을 옮기며 여전히 아래를 내려다보면서) 하지만 그 부분에 대해 이야기할 수 있었으면 좋겠어요. 이게 정확히 무슨 뜻인지 모르겠어요.—(내담자가 고개를 들어 카메라를 옆으로 쳐다보며) (잠시 침묵) (내담자가 아래를 내려다보며) 제가 판단하는 게 아니라는 걸 알기 위해서는 (31초간 침묵) 당신이 어떻게 느꼈는지 직접 들여다봐야 할 것 같아요, 왜냐하면 당신은 어떤 일을 어떻게 하는지 알고 있다고 생각하니까요…. 뭐라고요?

내담자: (알아들을 수 없는 매우 낮은 어린아이 같은 목소리로) … 쓸 수 있어요.

치료자: 쓸 수 있다고 말씀하셨나요?

내담자: 아마 쓸 수 있을 것 같아요.

치료자: 으흠. 좋아요. 그렇게 시작하면 좋겠네요. 그렇게 해 주시겠어요?

내담자: (살짝 고개 끄덕임) (39초간 잠시 침묵)

치료자: 지금 그렇게 하실 건지, 아니면 작성해서 저에게 가져다주실 건지 잘 모르겠네요.

내담자: 아마도요.

치료자: 그럼 지금 쓰고 싶다는 건가요, 아니면 나중에 쓰고 나서 남기고 싶다는 건가요? (22초간 침묵) 써서 저와 공유해 주시면 서로에게 정말 도움이 될 것 같아요. (32초간 침묵) 저 좀 봐주시겠어요?—당신이 숨는 게 싫어요.—저를 믿고 기꺼이 말씀해 주시는 것이 도움이 될 거라고 믿으라고 어딘가에서 말씀하셨는데, 믿기가 정말 어렵다는 거 알아요. (25초간 침묵) 제가 여러모로 당신의 신뢰를 받을 만한 일을 많이 한 것은 아니에요. 사람들로부터 많은 상처를 받았다는 것도 알고 있어요. 그래서 큰 일이죠. (20초간 침묵) 그렇게 해 주시길 바라요. (36초 동안 침묵) 현재 상황에 대해 말씀해 주시겠어요?—곧 끝내야 하거든요.

내담자: (매우 부드러운 목소리로) 언제든 가도 돼요.

치료자: 네, 알아요. (9초 동안 침묵) 뭐라도 써 주시겠어요? 약속하기를 원치 않나요? (30초 동안 침묵) 이 양식[회기 후 설문지]을 작성하고 싶으신지 모르겠어요. 그렇게 하는 것조차도 꽤나 힘든 일이라고 생각해요. (21초간 침묵) 이제 끝내야 할 것 같아요.—따님도 기다리고 있을 것 같네요.

내담자: (속삭이며) 안녕히 계세요.

치료자: 그럼 다음 주에 만나는 건가요?

내담자: (속삭이며) 아마도요.

치료자: (고개 끄덕임) 알았어요, 또 봡죠.

이 회기에서 치료자는 인내심 있고 따뜻하며 공감하는 태도로 임했으며, 그녀의 연약한 상태와 어울리는 온화하고 부드러운 목소리였지만 목소리에 조금 더 에너지가 있었다. 치료자는 나중에야 그녀가 카메라를 바라보는 표정이 카메라에 공개하고 싶지 않다는 뜻일 수도 있다는 것을 깨달았다. 이 회기가 끝날 때 카메라가 꺼진 후, 그녀는 자해를 했고 이것이 너무 부끄러웠다고 말했다. 그녀는 일을 할 수 없고 화가 나고 좌절감을 느낄 때 팔에 핀을 꽂고 머리를 바닥에 부딪쳤다고 밝혔다. 부끄러웠던 일을 털어놓은 후, 그녀는 다음 회기에서 더 쉽게 마음을 열었고, 자신을 무가치하고 원치 않는 존재로 느끼게 했던 외상적 과거를 해결하기 위한 작업 동맹(working alliance)이 형성되었다. 그녀는 치료에서 수용되고 안전하다고 느꼈으며 수치심을 드러내고 이야기할 수 있었던 것이 큰 도움이 되었다고 말했다.

이 치료는 시간제한이 있는 단기 연구 기반 치료였다. 이 치료는 16회기 후에 끝났고, 그 당시 그녀의 우울증은 사라졌다. 그녀는 여전히 수줍음이 많았고 지속적인 치료의 혜택을 받을 수 있었지만, 자신을 대변하지 못하고 자기주장을 하지 못하는 데서 출발했다. 공감적으로 조율하고 타당화하는 치료자와의 교정적 정서 체험을 통해 내담자는 수치심을 드러냈고, 이는 치료로 이어졌다. 안전한 치료 상황에서 내담자가 학대 때문에 부모에게 화를 내는 것이 마땅하다는 감각에 접근할 수 있도록 도와주면 내담자는 주장적 화(assertive anger)에 힘을 얻었을 것이고, 그 주장적 화는 극도로 만연한 수치심과 강한 철수 경향성에 해독제로 작용하여 행복한 어린 시절을 잃은 슬픔을 처리하는 데 도움이 되었을 것이다. 그러나 이러한 변화의 가능성은 더 많은 정서처리와 훨씬 더 긴 치료가 필요했을 것이다.

결론

이 장에서는 치료적 관계가 정서에 도달하는 데 도움이 되는 세 가지 중요한 수단을 다루었다. 첫 번째는 정동에 공감적으로 조율하는 치료자와의 안전한 관계를 제공하는 것이었다. 두 번째는 내담자가 수치심에서 벗어나는 데 필수적인 판단이나 경멸이 아닌 위로와 수용을 받는 교정적 정서 체험이다. 세 번째 측면은 치료자와의 회기에서 수치심을 경험하고 이를 인정하고 접근하여 변화할 수 있도록 하는 것이다.

5장에서는 의식적 수준과 보다 근본적인 자동적 수준에서 수치심을 조절하는 데 중점을 둔다. 좌반구적 행동 수단으로 의도적으로 조절해야 할 때를 검토한다.

또한 신경 수준에서 발생하는 보다 우반구적인 암묵적 과정의 발달을 통해 언제 조절해야 하는지에 대해서도 논의한다. 마지막으로 5장에서는 조절하지 않고 수치심과 그 표현의 활성화를 촉진해야 할 때를 다룬다.

5장

수치심 조절하기

세상에서 가장 큰 고통은 수치심이다.

—피오나 애플(Fiona Apple)

이 장에서는 수치심의 의도적 조절과 자동적 조절에 대한 설명과 그 차이점에 대해 설명한다. 의도적인 수치심 조절은 내담자에게 유용한 대처 기술을 제공할 수 있지만 수치심이 활성화된 후 이를 관리하는 두 번째 단계의 과정이라고 할 수 있다. 반면에 수치심에 대한 자동적 조절은 내담자가 더 이상 수치심을 느끼지 않게 하는 변형적 과정이다. 수치심이 발생하는 시점에 수치심을 변화시키는 정동조절(affect regulation)의 한 형태이다.

수치심에 접근하여 변화할 수 있도록 하는 것이 중요하지만, 수치심은 때때로 너무 압도적일 수 있으므로 어떤 형태의 조절이 필요할 수 있다. 너무 압도적이어서 인식으로 상징화할 수 없는 수치심은 조절이 필요하다. 강렬한 핵심 수치심은 수치심과 거리를 두기 위해 낮추어서 조절해야 한다. 수치심을 조절하지 못하면 교감신경계 각성이 증가하여 고통스러운 정서에 압도당하는 느낌을 받을 수 있다. 또는 부교감신경의 각성이 증가하여 수치심과 멀어지거나 심지어 무감각해지는 느낌으로 이어질 수도 있다. 4장의 두 번째 사례 예시에 나온 내담자 마르시아(Marcia)는 매우 위축되었지만 무감각해지거나 해리되지 않았기 때문에 여전히 인내의 영역(zone of tolerance)에 있었다. 수치심이 과도하게 활성화되었거나 내담자의 인내의 영역을 벗어나 더 이상 인지와 연결될 수 없는 경우에는 조절이 필요하다. 내담자가 회기 내 조절뿐만 아니라 회기 밖에서 수치심을 조절하는 데 도움이 되는 기술을 개발하도록 돕는 것이 중요하다. 적응적 정서조절(emotion regulation)에는 적절한 정서를 적절한 시기에 적절한 방식으로 경험하는 것이 포함된다.

그러나 정서조절에 대해 이야기하다 보면 그 과정과 언급되는 정서에 대한 모호함이 생긴다. 심리학 및 심리치료에서 정서조절은 주로 정서를 의도적으로 통제하거나 관리하는 것을 의미하게 되었다(Gross, 2001). 그런 다음 조절은 정서가 이미 활성화된 후에 발생하는 두 번째 수준(second-level)의 과정이다. 일단 수치심을 느낀 사람은 이를 인식하고 이름을 붙인 다음 숨을 쉬거나 주의를 돌리거나 재평가할 수 있다. 수치심을 불러일으킬 수 있는 상황을 피함으로써 수치심이 활성화되는 것을 방지하는 것을 목표로 하는 사전 예방적 조절도 가능하다. 이 과정에는 기본적으로 정서를 줄이고 통제하는 것이 포함된다. 정서조절은 정서를 다루는 방법으로 수정 지향적 치료(modification-oriented therapies)의 중심이 되었다. 내담자가 정서조절에 참여하도록 돕는 데에는 상황 변화 · 주의 분산 · 인지 재평가 또는 자기진정(self-calming)과 같은 인지 및 행동 기술을 가르치는 것이 포함된다. 이러한 방법은 수치심을 관리하고 조절하는 데 사용된다.

반면에 '정동조절(affect regulation)'은 문헌에서 주로 심리 내적 치료자들(intrapsychically oriented therapists)이 사용하는 또 다른 용어이다. 이는 전혀 다른 개념으로, 정서의 발생 시점에 정서가 암묵적으로 조절되는 것을 의미한다(Fonagy et al., 2002; Schore, 2003). 이는 수치심을 관리하는 것이 아니라 수치심이 더 이상 조절장애로 느껴지지 않도록 수치심을 변화시키는 것을 의미한다. 이러한 조절은 치료적 관계[1]에서 정동의 공동조절(co-regulation)이나 원래의 취약성에 대한 자기연민(self-compassion)과 같은 과정을 통해 이루어진다. 이러한 형태의 정동조절에서는 수치심에 접근하고 수치심을 변화시키는 데 중점을 두며, 수치심을 유발하거나 사후 정서 관리가 필요한 수준에서 수치심을 경험하지 않는다. 이러한 정동조절의 관점은 수치심 발생과 관련된 자동적이고 기저의 정서 과정을 변화시킴으로써 수치심이 발생하는 시점에 수치심을 조절하는 데 중점을 둔다. 수치심을 관리하기 위해서는 의도적인 정서조절 기술과 자동적인 정동조절 과정이 모두 필요하다. 정동신경과학적(affective neuroscience) 관점에서 정서조절은 정서 생성과 자동적으로 통합되는 것으로 간주되며(Cozolino, 2002), 정동이 생성될 때 조절되는 단일 요인 조절 관점(one-factor view)에 기반한다. 이러한 관점은

1 역자 주) 치료적 관계(therapeutic relationship) 형성은 인간중심치료의 기본 정신을 이어 정서중심치료에서도 모든 개입의 근간이 되어야 하는 핵심 원리이다. 이에 대한 상세한 개입 과정은 『정서중심상담의 실제』, Robert Elliott, Leslie Greenberg 공저, 김영근 외 공역(2024), 학지사 4장 참조.

수치심이 처음에 생성된 후 나중에야 조절되는 의식적이고 의도적인 관리에 대한 2요인 관점(two-factor view)과는 다르다.

따라서 정서/정동조절에는 암묵적(잠재적으로 더 우반구적인) 형태와 명시적(더 좌반구적인) 형태가 모두 존재한다(Fonagy et al., 2002; Schore, 2003). 암묵적 조절은 정동이 구성될 때 조절되는 것을 포함한다. 이 형태에서 사람은 사회적으로 유능한 반응을 촉진하기 위해 적절한 시기에 적절한 양의 수치심을 적절한 이유로 갖게 된다. 즉, 수치심이 활성화되면서 조절되거나 더 이상 활성화되지 않는 것이다. "적절한 사람에게, 적절한 정도에, 적절한 시기에, 적절한 목적을 위해, 적절한 방식으로 화를 내는 것"은 쉽지 않다는 아리스토텔레스(Aristotle, 기원전 350년경/1926)의 말처럼 정서적으로 균형을 잡는 데는 많은 기술이 필요하다. 정서는 의도적으로, 의식적으로 통제할 수 있는 것이 아니며, 필요한 기술은 의도적인 학습을 통해 개발되는 것이 아니기 때문에 정서적으로 균형을 잡는 것은 어려운 일이다. 따라서 수치심을 암묵적으로 조절한다는 것은 수치심의 원천을 변화시켜 개인이 적절한 시기에 적절한 이유로 적절한 정도의 수치심, 당혹감 또는 겸손함을 자동으로 느끼고 올바른 방식으로 표현하거나 더 이상 수치심을 전혀 느끼지 않도록 하는 것을 의미한다. 반면에 명시적 조절은 보다 의도적인 것으로, 이미 유발되어 적응적 대처를 압도하거나 압도할 가능성이 있는 정서를 의식적으로 관리하거나 통제하는 방법을 배우는 사후적 형태의 조절이다. 이러한 형태의 통제는 분노 관리와 같은 개입으로 이어지거나 수치심의 경우 이미 활성화된 지나치게 강렬한 수치심을 줄이기 위해 호흡 및 주의 분산과 같은 조절 기술을 가르치는 것으로 이어진다.

수치심이 강하면서 연약한 내담자에게는 암묵적인 형태의 수치심 조절이 결여되어 있는 경우가 많다. 의도적인 행동 및 인지적 형태의 조절은 수치심을 조절하기 위해 의도적으로 자신을 진정시키고 달래는 기술을 사용할 수 있는 덜 연약한 사람들과 압도적인 상태에 있는 사람들에게 유용하다. 그러나 시간이 지남에 따라 암묵적 정서조절 능력을 키우면 수치심을 자동으로 느끼지 않거나 현저히 감소된 수준으로 느낄 수 있도록 정동을 가장 잘 조절할 수 있다. 부교감 신경계는 수치심을 느낄 때 심박수, 호흡 및 기타 교감 기능을 자동으로 조절하여 수치심을 느낄 때 속도를 높여 자신이 무가치한 존재가 아니라 가치 있는 존재로 느껴지도록 한다. 따라서 이러한 유형의 암묵적 변화를 구축하는 더 좋은 방법 중 하나는 관계적으로 진정되는 수치심을 직접 경험하는 것이다. 또 다른 방법은 촉발 상황과 관련하여 스스로 생성된 정서를 느끼는 것이다. 예를 들어, 학대하는 부모에 대한 분노를 느끼고 존경받을 자격이 있다고 느끼게 되면 상사로부터 비판을 받았을 때 더 이상 수치심을 느끼지 않게 된다. 내담자는 수치심의 근원을 바꾸기 위해 새로운 느낌을 가져야 하며, 이 새로운 느낌은 오래된 수치심을 바꾸기 위해 필요하다.

따라서 수치심은 수치심에 대한 인내를 키우거나 다양한 수준의 정서처리(emotion processing)로 수치심을 진정시키거나 수치심을 관리하는 등 다양한 방식으로 조절할 수 있다. 수치심을 느낀 후에는 의식적으로, 의도적으로 진정시킬 수도 있고, 이전에 수치심을 유발했던 상황에서 더 이상 수치심을 느끼지 않도록 변화시킬 수도 있다.

의도적 정서조절

치료자는 매우 괴롭고 잘 대처하지 못하는 내담자와 함께 일할 때, 수치심을 의식적으로 또는 의도적으로 관리할 수 있는 방법을 찾도록 돕는 것이 첫 번째 치료 단계인 경우가 많다. 정서조절장애(emotion dysregulation)에 대한 다양한 유형의 치료법은 조절장애 증상을 대상으로 한다. 효과적인 심리치료와 함께 약물을 복용하면 수면 및 스트레스 관리가 개선되어 정서조절장애를 줄이는 데 도움이 된다. 심리교육은 정서조절장애를 가진 사람들의 삶의 질을 향상시킬 수 있다. 조절 기술을 배우는 것은 수치심을 관리하고 더 유능하게 행동하는 데에도 유용하다.

보다 의도적인 수준의 조절에서는 내담자가 새롭게 떠오르는 고통스러운 정서적 경험을 받아들이고 공감할 수 있는 능력을 키우면 수치심을 견디고 스스로를 진정시키는 데 도움이 된다. 통제 불능이라고 느끼는 내담자는 수치심을 느낄 때

주의를 돌리고(주의조절), 의미를 바꾸기 위해 의식적으로 재평가하고(인지조절), 따뜻한 목욕을 통해 진정하고(감각조절), 반대되는 행동에 참여하거나(행동조절), 환경을 바꾸는(상황조절) 방법을 배움으로써 대처 능력을 향상시키고 고통을 제한할 수 있다.

주의 분산과 고통 인내 기술은 수치심을 조절하는 주요 기술이다(Linehan, 1993). 이러한 기술에는 유발 요인 파악하기 · 유발 요인 피하기 · 수치심과의 거리 두기 · 수치심 견디기 · 긍정적 정서 증가에 집중하기 · 자기진정(self-soothing) · 이완, 마음챙김 호흡 등이 포함된다. 수치심을 견디는 방법에는 수치심을 인식하고, 수치심에 이름을 붙이며, 횡격막 호흡을 하는 것이 포함된다. 호흡 조절과 자신의 수치심을 관찰하고 수치심이 왔다가 사라지도록 하는 능력은 수치심에 사로잡히는 것과는 다르며 수치심과 정서적 고통을 조절하는 데 도움이 되는 중요한 과정이다.

수치심은 진정을 통해 의도적으로 조절할 수 있으며 다양한 처리 수준에서 작용할 수 있다. 생리적으로 자신을 진정시키는 것은 부교감 신경계의 활성화를 포함하며, 이는 스트레스 상황에서 가속화되는 심박수, 호흡 및 기타 교감 기능을 조절하는 데 도움이 된다. 심리적 수준에서는 수치심이라는 고통스러운 경험을 받아들이고 수용하는 내담자의 능력을 증진하는 것이 수치심을 견디고 진정시키는 데 중요한 단계이다. 일부 연구자들은 사람들이 바꾸고 싶은 행동에 대해 수치심과 같은 정서를 느낄 때 뇌에서 어떤 일이 일어나는지 살펴본 결과(Compas et al., 2017; Goldin et al., 2014) 수치심과 같은 정서가 전전두엽 피질에 영향을 주어 중뇌의 활동을 조절하는 능력에 영향을 미칠 수 있다는 사실을 발견했다. 수치심이 전전두피질을 손상시키지 않도록 수치심을 조절하면 사람들이 자신의 행동을 조절하는 데 도움이 된다. 수치심이 지나치게 강해지면 수치심을 느끼지 않고 고통을 견디는 데 어려움을 겪거나(즉, 등쪽 미주신경 차단), 너무 고통스러워 말하지 못할 수 있다. 치료자는 내담자가 먼저 자신의 몸과 자기(self)가 안전하다고 느끼도록 도와야 한다. 긴 호흡 · 요가 스트레칭 · 안정화 시각화 · 걷기 등이 도움이 될 수 있다.

일부 내담자는 특정 행동이 수치심을 조절하고 정서적 균형을 유지하는 데 도움이 된다고 생각할 수 있지만, 이러한 행동은 실제로 도움이 되지 않고 건강에 해로울 수 있다. 알코올 또는 기타 약물 사용 · 강박적인 성관계 · 자해 · 어려운 상황 회피 또는 철수 · 신체적 또는 언어적 공격 · 과도한 소셜 미디어 사용과 같은 행동은 당장은 도움이 될 수 있지만 장기적으로는 더 큰 피해를 입힐 수 있다. 이러한 방법은 당장은 긍정적인 기분을 느끼도록 도와줄 수 있지만 궁극적으로 수치심에 직면하는 것을 미루고 수치심을 조절하는 데 유용한 방법이 아니다.

멈추고 숨을 쉬는 것은 수치심을 관찰하는 관점을 취하고, 주의의 초점이 어디로 향하는지 알아차리고, 자신이 무엇에 반응하고 있는지 파악하며, 무엇보다도 수치심과 관련된 감각 · 감정 · 생각을 관찰하는 데 도움이 되기 때문에 가장 중요한 기술 중 하나이다. 이 기술은 수치심에 압도되지 않고 수치심과 거리를 두는 데 도움이 된다. 수치심 반응과 그에 따른 행동 사이에서 잠시 멈추는 법을 배우는 것은 매우 귀중한 기술이다.

수치심을 조절하는 능력은 마음챙김 수련을 통해 도움을 받을 수 있다. 요가와 태극권 등 다양한 형태의 명상 수련은 관찰자의 관점을 확립하고 압도적인 부적응적 핵심 수치심으로부터 거리를 두는 데 도움이 되는 경우가 많다. 호흡을 조절하고, 정서를 관찰하며, 정서가 왔다가 사라지도록 내버려두는 것, 일반적으로 내면의 경험에 주의를 기울이는 것과 함께, 외부 환경으로 주의를 돌림으로써 즉각적인 내면의 정서적 경험 외부에서 무슨 일이 일어나고 있는지 인식하는 것도 내담자에게 도움이 된다.

극도의 위축 · 경멸 · 격렬한 울음과 파괴적인 행동이 결합된 수치심 조절장애가 있는 내담자는 수치심 고통을 효과적으로 관리하는 기술을 개발하는 것이 도움이 되지만, 자기조절(self-regulation) 기술을 의도적으로 사용하는 것은 쉽지 않다. 자기조절 기술 개발의 중요한 측면은 내담자가 상황에 어떻게 반응할지 선택할 수 있고, 자신의 감정을 다루기 위해 배운 기술을 의도적으로 적용할 수 있다는 것을 깨닫게 하는 것이다. 따라서 선택은 사람들이 자신의 도전과 혼란에 대처할 수 있도록 힘을 실어주는 중요한 자기조절 기술이다. 그러나 내담자는 자신이 느끼는 감정을 완전히 통제할 수 없으므로 항상 성공하지 못할 수도 있음을 인정해야 한다.

치료자는 내담자가 자신의 수치심을 환영하고, 수용하고, 타당화하며, 이러한 기술을 연습하여 이를 내재화할 수 있도록 도와야 한다. 이러한 능력은 사람들이 개발하기 어려울 수 있다. 치료자는 내담자가 나이 · 키 · 알레르기 등 바꿀 수 없는 자신의 다른 측면을 수용하는 것과 같은 방식으로 자신의 정서를 수용하도록 지지하고 안내해야 한다. 바꿀 수 없는 것을 수용하는 것은 무언가를 괜찮다고 생각하거나 좋아하는 것과는 다르다. 사람들은 자신의 여드름이나 알레르기를 좋아할 필요는 없지만, 여드름이 있다는 사실을 수용하고 이를 관리하는 방법을 배울 수 있다. 어떤 것들은 바꾸기 쉽지 않으므로, 이를 바꾸기 위해 끊임없이 싸우기보다는 이러한 것들을 수용하고 심지어 감사하게 되면 기분이 훨씬 나아질 수 있다.

수치심을 수용하고 도망치지 않고 직면하는 것은 수치심을 조절하는 데 큰 도움이 될 수 있지만, 수치심을 허용하는 데는 힘과 용기가 필요하다. 수치심을 수용하는 것은 어떤 면에서 기술이라기보다는 태도에 가깝다. 수치심을 수용하는 것은 수치심을 인정하고, 허용하고, 관찰하며, 환영하는 것을 포함한다. 수치심을 경험하는 것에서 한발 물러나 몸통과 얼굴을 휩쓸고 지나가는 감각의 물결을 경험하고, 그 물결이 자신을 씻어내게 한 다음, 그다음 경험의 순간으로 넘어가야 한다. 정서의 전체가 아닌 특정 측면에 집중하는 것이 도움이 된다. 예를 들어, 몸의 모양 · 크기 · 위치 · 색 등 감각의 질에 집중하거나 감각의 일부 요소를 포착하는 이미지에 집중할 수 있다. 수치심 · 얼굴에 피가 솟구치는 것 · 아래를 내려다보는 것 · 사라지고 싶은 경향성을 관찰하고 그 경험을 말로 상징화할 필요가 있다. 관찰자의 자세를 취하고 수치심을 어깨와 몸통이 움츠러들고(작아지려는 시도) 배가 가라앉는 것처럼 묘사함으로써 수치심으로부터 안전한 거리를 만들 수 있다.

수치심은 자신이 아니며, 이는 자신이 누구이며 느끼는 감정의 일부일 뿐 전부는 아니라는 사실을 인식하는 것이 도움이 된다. 사람은 수치심 그 이상이다. 수치심이 자신의 모든 세계와 자기감(sense of self)을 지배할 필요는 없으며, 오히려 그 정서와 함께 앉아 그 정서를 관찰할 수 있어야 한다. 하지만 사람들은 수치심을 환영하고, 수용하며, 타당화하는 연습이 필요하다.

앞서 언급했듯이, 수치심이 너무 압도적이거나 강렬할 때는 마음을 침착하게 하고 자기진정시키는 방법을 찾는 것이 중요하다. 치료자가 자기진정을 촉진하는 구체적인 방법 중 하나는 괴로워하는 내담자가 마음속으로 안전한 장소에 가는 상상을 하도록 안내하는 것이다. 치료자는 내담자에게 안전하다고 느끼는 상상 속 장소에 가보라고 요청하고, 안전한 장소에 대한 이미지가 떠오르면 그곳이 어떤 곳인지 느껴보라고 요청할 수 있다. 예를 들어, 치료자는 "안전한 곳, 당신이 안전하다고 느끼고 안심이 되며 위로를 받는다고 느껴지는 곳에 있는 자신을 상상해 보세요. 당신은 어디로 가나요? 그곳이 어떤 곳인지 설명할 수 있나요? 그곳에서 어떤 느낌이 드시나요?"라고 질문할 수 있다. 이와 같은 심상화 연습은 내담자에게 심상 속에서 스스로 안전한 장소를 제공할 수 있다는 것을 가르친다. 내담자에게 안전한 장소에 접근하는 방법을 가르치면 괴로울 때 더 차분한 장소로 가서 더 평온한 상태를 유지할 수 있는 기술을 쌓는 데 도움이 된다. 이 과정은 내담자가 회기에서 수치심을 진정시키는 데 사용할 수 있으며, 회기 밖에서 수치심 경험에 대처하는 데 도움이 되는 숙제로도 주어질 수 있다. 수치심을 의도적으로 다루기 위해 이 기술을 배우고 의식적으로 훈련할 수 있다.

정서조절의 가장 강력한 도구 중 하나는 관찰자의 관점을 취하고 자신의 정서에 이름을 붙임으로써 정서조절에 성공할 수 있는 능력을 갖추는 것이다. 그러나 일차 수치심과 이차 수치심의 차이를 알고 가장 효과적인 방법으로 각각을 다루는 방법을 아는 것이 중요하다.

정서와 정서를 다루는 과정에 대한 심리교육은 이러한 지식을 개발하는 데 가장 도움이 될 수 있다. 심리교육은 1장에서 수치심에 대해 논의한 모든 내용을 바탕으로 한다. 치료자는 내담자에게 수치심은 인간의 정상적인 부분이며 수치심을 느낄 때 사람들에게 어떤 일이 일어나는지 설명할 수 있다. 내담자는 혼란스럽고, 열등하고, 무력하고, 작고, 무기력하며, 노출된 것처럼 느껴질 수 있다. 내담자는 메스꺼움이나 배탈, 통증이나 긴장, 도망치고 싶고, 숨고 싶고, 시야에서 사라지고 싶은 등 수치심과 함께 동반되는 신체적 감각을 설명하는 방법을 배울 수 있다. 시선 회피 · 고개 숙이기 · 얼굴 붉히기 · 어깨 움츠리기 · 가슴 움츠리기 등의 표정 및 신체 감각은 수치심의 정상적인 징후로 설명될 수 있다. 내담자에게 수치심에 대한 기억이 한꺼번에 밀려오거나 원래의 경험을 다시 되풀이한다고 느낄 수 있다고 설명할 수 있다. 또한 수치심에는 소속감을 높이고 타인에게 거부당할 수 있는 행동을 하지 않도록 하는 등 적응적인 목적이 있다는 점을 강조하는 것도 도움이 된다. 반면에 수치심은 종종 적응적이지 않다는 점을 언급해야 한다. 오히려 수치심은 평가절하 · 굴욕감 · 학대 등의 과거 경험이 내면화된 데서 비롯될 수 있다. 이러한 경우 수치심은 다음과 같은 생각으로 이어진다. "나는 뭔가 잘못되었다" "아무도 나를 사랑하지 않을 것이다" "다른 사람들이 나를 부정적으로 보거나 무시한다"와 같은 생각으로 이어진다.

마지막으로, 수치심이 관계에 미치는 영향은 수치심이 사람들을 위축시키고 숨기고 싶어하게 만든다는 점을 강조함으로써 논의할 수 있다. 위축되고 숨는 것은 수치심으로부터 사람들을 보호할 수 있지만, 위축되고 숨는 경향성은 사람들과 관계를 맺는 능력에 해로울 수 있다. 사람들이 수치심을 느끼는 것을 숨기면 결국 단절감 · 고립감 · 외로움을 느끼게 된다. 또한 수치심을 드러내는 것은 종종 신뢰할 수 있는 타인에게 취약성을 드러낼 수 있는 기회를 제공하며, 이는 친밀감을 형성하고 만족스러운 관계를 맺을 수 있는 방법 중 하나이다.

수치심을 하향조절해야 할 때

수치심이 너무 압도적이어서 적응적 인지와 연결될 수 없다면 조절이 필요하다. 수치심의 강도가 너무 높으면 오히려 치료에 역효과가 날 수 있다. 앞서 언급했듯이, 치료자는 내담자가 압도적인 수치심으로부터 적절한 거리를 확보할 수 있도록 도와야 한다. 사람들이 수치심과 효과적으로 거리를 둘 수 있을 때, 그 거리는 사람들이 학습하는 데 도움이 될 수 있다. 그러나 단순히 수치심을 억누르는 것은 반동 효과로 이어질 수 있으므로 많은 상황에서 수치심과 완전히 거리를 두는 것은 도움이 되지 않는다. 따라서 중요한 임상 기술은 내담자의 수치심 조절·주의 분산·조절을 도와야 할 때와 접근 및 강화를 촉진해야 할 때를 이해하는 것이다.

의도적으로 하향조절(downregulation)해야 할 때는 내담자의 수치심이 인내의 영역을 벗어났을 때다. 이러한 심한 조절장애를 가진 내담자와 작업할 때는 2단계 조절 관점이 유용할 수 있다. 첫 번째 단계는 호흡·명명·인내·주의 분산과 같은 의도적인 하향 조절 기술을 가르치는 것이다. 두 번째 단계는 기저의 일차 수치심을 목표로 삼아 자동 조절(automatic regulation)을 개발하는 것이다. 따라서 내담자가 수치심 때문에 통제 불능 상태로 당황하거나 절망, 자해 또는 타인에게 해를 끼치는 경우 주의 분산 기술·진정·수치심과의 거리두기가 필요하다. 이러한 상황에서는 하향조절이 선택되는 개입이다. 이 과정은 이미 각성된 정서를 조절하고 억제하여 사람들이 더 잘 대처할 수 있도록 돕는 두 번째 수준의 관리 과정이다. 일차 수치심은 발생되는 그대로 조절하는 것이 아니라, 이미 경험한 수치심을 관리하여 그 강도를 낮추는 것이다. 예를 들어, 수치심이 감당할 수 없는 수준에 이르렀을 때는 자기진정을 통해 감정의 강도를 조절하는 것이 도움이 된다. 수치심의 강도를 조절하는 경험을 통해 다른 상황에서도 같은 행동을 하지 않는 방법을 배우게 되기를 바란다. 내담자에게 과제를 주고 회기 사이에 실제 상황에서 이러한 기술을 연습하도록 권장할 수 있다.

수치심을 낮추기 위해 의도적으로 개입해야 하는 시기를 나타내는 여러 가지 지표가 있다. 예를 들어, 치료자와의 관계가 아직 수치심을 활성화하는 데 필요한 안전을 제공할 만큼 충분히 강하지 않을 때 조절이 필요하다. 수치심 조절은 내담자가 수치심에 압도당하고 수치심이 적응 행동을 알려주거나 촉진하지 못할 때도 필요하다. 내담자가 위기에 처했거나 압도당하고 있는데 수치심이 적응 행동을 촉진하지 않는다면 위기관리에는 하향조절이 포함된다. 수치심의 하향조절을 촉진하는 다른 강력한 지표로는 수치심에 반응하여 통제되지 않은 분노나 폭력을 행사한 과거력·붕괴되거나 대처할 수 없었던 경험·자살 성향이 있는 경우 등이 있다. 이러한 상황에서 통제되지 않는 분노는 기저의 수치심으로부터 보호하는 이차 정서로, 수치심이 너무 고통스러워 이를 조절해야만 해결할 수 있다는 신호이다. 수치심을 다루기 위해 파괴적인 대처 · 자해 · 폭식 또는 폭음을 하거나 자가치료(self-medicate)를 위해 물질을 사용하는 경우 내담자는 대처 기술이 필요하다(Linehan, 1993). 문제가 기술 결핍이라면 수치심 조절 및 문제 해결 기술이 필요하다. 그러나 내담자가 수치심과 그 유발 요인에 대해 보다 조절된 방식으로 이야기할 수 있고 수치심에 압도되지 않는다면 6장에서 설명한 대로 기저의 수치심과 자기경멸(self-contempt)을 활성화하여 변화할 수 있도록 만들어야 한다.

암묵적 정동조절

연구에 따르면, 치료자와의 안전 애착 관계 형성, 내담자의 정신화(mentalization) 기술 개발(Fonagy et al., 2002), 자신과 타인의 정신 과정의 내용을 성찰하는 능력이 도움이 되는 것으로 나타났다(Jurist, 2018). 연약한 사람들에게서 발생하는 수치심 문제, 즉 그들의 성격에 퍼져 있는 수치심은 암묵적인 형태의 조절이 부족하기 때문에 발생한다. 이러한 우반구적 과정은 직접적인 시도로는 수정할 수 없다. 성격장애가 있는 매우 취약한 내담자는 시간이 지남에 따라 암묵적이고 자동적인 정동조절 능력을 키워야 한다. 암묵적인 형태의 조절은 명시적으로 훈련하거나 의도적인 하향조절 기술과 같은 의지적 기술로 사용할 수 없다. 이러한 능력의 발달은 다른 수단을 통해 촉진되어야 하며, 수치심이 나타날 때 압도당하지 않도록 수치심이 시작되는 시점에 변화되어야 한다. 수치심이라는 고통스러운 감정에서 벗어나기 위해 자해를 하는 경계선 과정의 사람은 변화된 후에는 더 이상 지각된 거절에 대한 수치심을 느끼지 않고 더 이상 자해를 원하지 않게 된다.

수치심 조절을 발달시키는 데 도움이 되는 첫 번째 과정은 수치심을 인식에서 상징화하는 지속적인 능력과 경험이다. 이전에 분화되지 않았던 정서적 경험의 매듭이 정서에 인지를 가져옴으로써 분화되고 상징화된다. 내담자 중심(Rogers, 1959)과 포커싱 치료[2](Gendlin, 1981)와 같은 경험적 치료는 깊은 경험이 긍정적인 치료 성과를 예측한다는 것을 경험적으로 입증하기 위해 경험하기 척도(Experiencing Scale; Klein et al., 1986)를 개발했다. 심층 경험의 본질은 신체적으로 느낀 감정을 언어로 상징화하여 문제를 해결하기 위해 성찰할 수 있도록 하는 과정이다. 최근에는 정신분석적 접근법의 핵심 변화 과정인 자신과 타인의 정신 상태를 이해하는 능력을 정신화함으로써 자기와 타자의 의도와 정동을 이해할 수 있다고 주장한 Fonagy 등(2002)이 있다. Fonagy와 Target(2005)은 이 개념을 마음속에 자기(또는 타자)의 마음을 가지는 것(having one's mind in mind)이라고 불렀다. 나는 이 개념을 정서에 인지를 가져와 이해한다고 말한다. 뭐라고 부르든, 이 과정은 사람들이 암묵적인 수준에서 정동조절을 발달시키는 데 도움이 된다. 자신의 경험을 이해할 수 있게 되면 수동적인 피해자가 아니라 경험의 주인이 될 수 있다.

암묵적 정동조절은 우반구·비언어적·관계적·자동적 내부 과정으로서 수치심을 자극하는 직접적인 경험을 통해 가장 중추적으로 발달한다. 암묵적 조절은 정서 생성 과정에서 발생하기 때문에 정서는 적응적인 방식으로 나타나며 관리할 필요가 없다. 정동을 조절하기 위한 자기진정 능력은 일생 동안 발달하고, 처음에는 보호 대상의 진정 기능을 내면화함으로써 발달하며(Stern, 1985), 이는 핵심적인 발달 과정이다. 수치심 조절이 치료에서 발달하는 한 가지 주요 방법은 치료적 관계의 안정감과 치료자의 공감적 조율 및 반응(empathic attunement and responsiveness)의 내면화를 통해 이루어진다. 또 다른 주요 방법은 내담자가 자신의 수치심에 대해 연민을 느끼는 것이다. 치료자 또는 자기의 일부로부터 연민·공감·타당화를 경험하면 암묵적인 수치심 조절이 발달하게 된다. 이 과정은 의식적인 학습이 아닌 발달 과정으로, 정서를 정서로 변화시키는 것, 즉 수치심을 더 타당하고 가치 있는 느낌으로 바꾸는 경험을 통해 발생한다. 이는 앞서 말했듯이,

2 역자 주) 불분명한 감정의 신체적 측면에 주의, 인내, 호기심을 가지고 접근해서 더 온전히 경험할 수 있도록 하기 위해 Gendlin(1981)의 포커싱 이론을 활용한다. 이에 대한 상세한 개입 과정은 『정서중심상담의 실제』, Robert Elliott, Leslie Greenberg 공저, 김영근 외 공역(2024), 학지사 5장 참조.

치료자의 수용과 타당화를 내면화하거나 취약한 수치심 기반 부분에 연민과 보살핌을 제공하는 자기의 더 강한 부분을 경험함으로써 이루어진다. 이러한 방식으로 암묵적 자기진정을 위한 내적 역량이 구축된다. 시간이 지남에 따라 암묵적 또는 자동적 수치심 조절 능력을 개발하는 것은 수치심을 느끼는 내담자가 자신의 기저의 무가치감이나 결함을 수치심 없는 느낌으로 전환하도록 돕는 데 중요하다.

정동조절 능력의 발달은 유아기부터 노년기에 이르기까지 항상 존재하는 과정이다. 치료는 치료자와의 관계를 통해 안정감을 내면화하는 능력을 촉진하고 부적응적 핵심 수치심을 수용되고 가치 있는 느낌으로 바꾸는 타당화를 제공할 수 있는 기회를 제공한다. 예를 들어, 내담자들은 일주일 동안 머릿속에서 나의 배려하는 목소리가 들리는 것 같아서 힘이 난다고 말하곤 한다. 다른 사람으로부터 일관된 공감을 경험하는 것은 변화를 가져온다. 시간이 지남에 따라 치료자의 공감이 자기에 대한 공감으로 내면화되고(Bohart & Greenberg, 1997), 치료자와의 안전한 애착(Bowlby, 1988)이 기본적인 안전감으로 내면화된다(Mallinckrodt, 2010). 자기는 더 강해지고 사람은 덜 연약해진다.

예를 들어, 나는 자신이 역겹고 결함이 있으며 사랑할 수 없는 존재라고 말하는 매우 파괴적인 내면의 목소리를 가진 자해 내담자와 함께 작업한 적이 있다. 이 수치심을 유발하는 목소리가 얼마나 파괴적인지 확인한 후, 나는 이렇게 연약한 내담자와의 치료에는 너무 빠른 15회기 무렵 그녀에게 수치심에 기반한 경험에 대해 연민을 가질 수 있는지 물어보았다. 그녀는 기민하게 저를 향해 "아니요, 그건 당신이 할 일입니다"라고 말했다. 1년 후, 어린 시절의 고통에 대한 나의 공감과 연민, 그리고 나에 대한 안전감 있는 애착을 내면화한 그녀는 강렬한 자기경멸의 목소리를 보다 자비로운 목소리로 바꾸고 수치심에 기반한 취약한 자기를 진정시킬 수 있게 되었다. 그러나 그녀는 나로부터 충분한 타당화 · 안전 · 연민 · 공감을 내면화하여 자기연민을 위한 내적 역량을 구축한 후에야 비로소 자신에게 연민을 가질 수 있었다. 내면화 과정이 점진적으로 발전하는 또 다른 예로, 치료 과정 초기에 그녀는 비현실화 경험과 고립감으로 인한 '멍하니 앉아 있는(spacing out)' 경험으로 인해 집에 혼자 앉아 책을 읽지 못한다고 이야기했다. 치료에서 이 증상을 해결하지 않고도 약 16개월 정도 지나자 그녀는 집에서 혼자 편안하게 앉아 책을 읽을 수 있다고 보고했다. 그러나 내가 잠시라도 여행을 떠나면 그녀는 혼자 앉아 책을 읽을 수 없었다. 약 2년 후, 그녀는 내가 도시에 있든 없든 혼자서 책을 읽을 수 있게 되었다.

내적 자원이 더 큰, 덜 취약한 내담자의 경우, 오랜 기간의 관계적 진정(relational soothing)을 제공하지 않고도 내면의 진정과 연민에 접근함으로써 수치심 조절을 가속화할 수 있다. 수치심을 견딜 수 있는 능력이 더 큰 내담자는 초기 관계적 안전이 확립된 후 수치심, 굴욕감 또는 학대에 대한 어린 시절의 정서 기억을 불러일으키는 데 도움을 받을 수 있다. 성인 자기(adult self)는 상처 입은 자기(wounded self)의 수치심과 고통에 대해 현재에 연민으로 반응하도록 도움을 받을 수 있다. 또는 회기에서 상처받은 아동에게 부족한 것을 제공했던 과거의 심상 속 인물로부터 연민을 불러일으킬 수 있으며, 이 인물이 과거의 위협과 굴욕으로부터 취약한 자기(vulnerable self)를 보호하는 것으로 심상화할 수 있다.

심리 내적 과정을 통해 암묵적 자기연민을 개발하는 이 과정에서 내담자의 자기연민은 지시되는 것이 아니라 유발되며, 적절한 시기에 이루어져야 한다는 점에 유의하는 것이 중요하다. 자기연민 대화에 참여할 시기를 나타내는 표식(marker)은 내담자가 핵심 수치심에 도달하고 회기에서 과거의 굴욕과 관련된 수치심으로 인한 고통을 경험하고 있다는 것이다. 이 과정은 증상적이거나 압도적인 수치심을 의도적으로 조절하기 위한 개입이 아니라 내담자의 우울, 자해 또는 파괴적인 행동의 근본적인 결정 요인으로 이제야 접근하고 있는 이전에 인정하지 않았던 수치심을 변화시키는 과정이다.

수치심을 자기연민으로 변화시키기

예를 들어, 영적 전통에서 부처는 온 우주에 있는 그 누구와 마찬가지로 당신 자신도 사랑과 애정을 받을 자격이 있다고 말했다. Dalai Lama(1995)에 따르면,

연민은 고통을 덜어주고자 하는 마음과 함께 고통에 대한 열린 마음이다. 심리학 문헌에서 고통스러운 경험과 관련된 자기연민은 자기판단(self-judgement)보다는 자기친절(self-kindness), 고립보다는 공통의 인간성, 과잉 동일시보다는 마음챙김(mindfulness)을 포함한다(Germer & Neff, 2013). Neff(2011)에 따르면, 자기연민은 고통을 무시하거나 자기비판(self-criticism)으로 자기책망(self-flagellating)하기보다는 고통, 실패 또는 부적절하다고 느낄 때 자신을 따뜻하게 이해해 주는 것을 수반한다.

내담자에게 제공하는 좋은 연습은 자기연민 휴식을 취하는 것이다. 이러한 휴식에서는 스트레스나 정서적 불편함을 느끼는 신체 부위를 스스로 발견하도록 유도한 다음 천천히 자신에게 말을 건네는 것이다.

- 지금은 고통의 순간이다. (마음챙김)
- 고통은 삶의 일부이다. (공통의 인간성)
- 나에게 필요한 것을 자신에게 주라. (자기친절)

자기연민을 활성화하는 것은 복잡할 수 있으며, 그 순간에 내담자에게 안전과 매우 좋은 조율이 필요하다. 치료자는 지금 이 순간 내담자에게 무엇이 옳은지 읽어내고(몰입), 내담자의 문제와 일상생활의 더 큰 맥락을 고려해야 한다(확장). 또한 치료자는 감수성이 예민하고 인내할 수 있는 것에 대해 조율해야 한다. 예를 들어, 수치심 각성이 낮은 내담자에게는 자기연민이 바로 가능할 수 있지만, 각성이 높은 내담자에게는 처음에는 마음챙김 인식이 더 효과적일 수 있으며, 나중에 자기연민으로 전환할 수 있다.

자기진정

변형적 자기진정(transformational self-soothing)의 발달은 대처적 자기진정

(coping self-soothing)의 발달과는 다르다. 변형적 자기진정은 암묵적으로 발생하며 먼저 증상의 기저에 있는 정서적 고통의 활성화가 필요하다. 수치심은 회기에서 활성화되어 그 근원이 되는 수치심을 보다 조절된 상태로 변화시킨다. 이 과정은 수치심이 발생한 후 수치심을 조절하는 대처 기술을 통한 변화와는 다르다. 과거나 현재에 필요한 위로를 받지 못했던 고통스러운 정서는 자기 자신에 대한 연민을 느끼면서 변화될 수 있다. 이전에 거부되었던 정서를 경험함으로써 내담자는 상실을 슬퍼하고 자기의 괴로움을 진정시킬 수 있다. 고통스럽게 유발된 정서를 진정시키는 것은 개인과 치료자 모두에 의해 제공될 수 있다. 대처적 자기진정은 극복해야 할 증상 조절장애를 다루는 데 사용되는 의도적인 기술인 반면, 전자는 과거의 해결되지 않은 고통스러운 정서에 현재의 진정시키는 정서를 가지고 오는 것이다. 해결되지 않은 고통에 대한 이러한 진정은 과거의 위협을 변화시키고 자기를 강화하여 정서를 조절되거나 변화된 방식으로 경험하도록 자동적 진정(automatic soothing)을 개발하는 데 도움이 된다.

나는 이 시점에서 내담자에게 현재 수치심을 느끼는 취약한 자기에 대해 어른으로서 어떻게 느끼는지 묻는 의자 대화를 통해 자기연민이 크게 촉진된다는 사실을 발견했다. 목표는 자기에 대한 연민을 활성화하는 것을 촉진하는 것이지 지시하는 것이 아니다. 이 개입은 내담자의 감정을 직접적으로 촉진하여 고통받는 자기에 대한 연민을 경험하도록 하는 구체적인 방법이다. 이 과정에서 내담자는 스스로를 돌보고 위로하도록 지지하고 격려받는다. 치료자는 내담자가 연민을 느끼도록 안내하지만, 내담자의 경험보다 너무 앞서거나 뒤처지지 않도록 내담자의 근접 발달 영역(zone of proximal development)에 있는 장소로만 안내해야 한다. 치료자는 기술을 가르치는 것이 아니라 아직 공식화되지 않은 내면에 있는 것에 접근하여 발달을 촉진하는 것이다. 예를 들어, 수치심에 반응하는 자기의 입장에서 내담자가 "네가 힘들어해서 유감이야" 또는 "힘든 것으로 들려"라고 말하는 경우, 내담자는 자기연민에 가까워졌지만 아직 경험하지 못한 상태이다. 이 시점에서 치료자는 "지금 이렇게 말하면서 수치심을 느끼는 부분에 대해 이야기해 볼 수 있나요?"라고 안내할 수 있다. 이 말은 내담자가 자신의 생생한 경험에 주의를 기울이고 수치심에 대한 연민을 표현하도록 안내하는 것으로, 연민을 지시하는 것과는 다르다. 예를 들어, 내담자가 자신의 수치심에 대해 "너는 항상 너무 약해서 전혀 도움이 안 돼"라고 경멸적으로 말하는 경우 치료자는 "수치심에 대해 연민을 갖는 것이 중요해요. 그 부분에 대해 연민을 가질 수 있나요?"라고 말하지 않는다. 그런 말은 치료적 근접 발달 영역(therapeutic zone of proximal development)을 벗어난 것이며, 역동적인 자기조직화(self-organizing) 과정은 어떤 진정한 방식으로도 연민의 상태로 빠르게 전환될 수 없다. 내담자는 이러한 유형의 교육에 따라 연민을 표출할 수 있고, 종종 그럴 수도 있지만, 연민을 느끼지는 못한다. 수치심을 변화시키는 것은 자기에 대한 진정한 연민의 경험이지, 연민을 말하거나 실행하는 행동이 아니다. 수치심을 해소하기 위해서는 과거의 고통스러운 자기에 대한 연민의 경험을 불러일으키는 것이 필요하다(Greenberg, 2011; Tugade & Frederickson, 2004).

치료자는 내담자에게 부모에게 학대를 받거나 다른 사람에게 괴롭힘을 당하고 굴욕을 당하는 장면에서 어린 시절의 자신을 심상화하도록 초대하여 자기연민 대화를 시작할 수 있다. 그런 다음 치료자는 내담자에게 성인인 자신 또는 보호하는 다른 사람이 그 장면에 등장하여 어린 시절의 자신을 지지/보호하기 위해 개입하는 모습을 심상화하도록 요청한다. 예를 들어, 치료자는 "그 장면을 묘사해 보세요. 저 아이를 위해 무엇을 해 주고 싶나요? 아이를 대신해 엄마 아빠에게 뭐라고 말하겠어요?"라고 질문할 수 있다. 그런 다음 치료자는 내담자에게 다시 한번 어린 시절의 자신을 심상화하고 지금 치료를 받는 것이 어떤 느낌인지 느껴보라고 요청한다. 어린아이가 된 내담자는 기분이 나아지기 위해 어른에게 필요한 것이 있으면 무엇이든 요청하도록 안내받는다. 마지막으로 내담자에게 보호와 지지에 참여할 수 있는지, 그리고 그것이 어떤 느낌인지 물어본다.

치료자는 다양한 수준의 경험을 포괄하는 질문을 하는 것이 도움이 된다.

- 감각적: "무엇을 보고, 듣고, 냄새 맡고, 느끼나요?"
- 정서적: "어떤 감정이 드세요? 내면은 어떤가요?"

- 인지적: “무슨 생각을 하고 있나요?”
- 행동적: “무엇을 하나요? 무슨 일이 일어나고 있나요?”

이 시점에서 내담자가 저기 있는 아이를 상상할 수 있도록 도와주는 것이 중요하다. “몇 살이었나요? 어떤 상황이었나요? 무슨 일이 있었나요? 그때 그 아이는 어땠나요? 그때 그 아이의 관점에서 지금 당신은 정말 다른 사람이라는 것을 알 수 있기를 원해요. 그 아이가 겪었던 일과 지금 당신이 겪고 있는 일을 구분하여 당시의 장면을 생생하게 떠올리고 ‘지금 당신이 50세가 되어 훨씬 더 큰 사람이 된 지금 그 장면을 마주친다면 어떻게 하겠어요?’라고 말하세요” 내담자는 “저라면 그 아이를 붙잡고 도망갈 거예요” 또는 “저런 짓을 하는 사람을 한 대 때릴 거예요”라고 대답할 수 있다. 내면의 차별화는 매우 중요하다. 만성 외상에서 자기혐오(self-loathing)와 수치심은 사건이 아니라 사람들이 자신의 내면과 맺는 관계에서 중심적인 문제가 된다. 치료자는 사람들이 지금의 자신과 그때의 그 아이를 명확하게 구분할 수 있도록 도와야 한다.

이 과정에서 치료자는 지지하는 성인에게 “엄마가 아이를 무시하는 것을 볼 때 그 아이를 위해 어떤 말이나 행동을 하고 싶으세요?”라고 물어볼 수도 있다. 또한 치료자는 성인에게 “당신이 아이를 돌보고 보호할 수 있는 안전한 곳으로 데려가는 상상을 해 볼 수 있나요? 어디로 데려가시겠어요? 주변에 무엇이 보이는지 설명할 수 있나요? 아이가 안전하다고 느끼도록 어떤 말을 해 주고 싶나요?”라고 말하며 아이를 안전한 곳으로 데려가는 심상화를 해 보도록 요청할 수 있다.

성인 자기(adult self)로 하여금 아동 자기(child self)에게 말하도록 요청하기 전에, 성인 자기가 취약한 아동 자기에 대해 연민과 비슷한 감정을 느끼는지 확인하는 것이 중요하다. 치료자는 “어른인 당신은 그 아홉 살 아이에 대해 어떻게 느끼나요?”라고 질문할 수 있다. 내담자가 “그 아이가 너무 슬프고 외로워 보여요”라며 공감, 연민 또는 지지를 표현하면, 치료자는 내담자에게 그 장면에 들어가서 아이처럼 말하거나 아이에게 말하도록 요청한다. 내담자가 연민이나 지지를 느끼지 않는 것처럼 보이면(예: “그녀는 쓸모없어”), 치료자는 내담자에게 비슷한 상황을 겪고 있는 자신과 다른 아이(즉, 보편적인 아이)에게 어떻게 반응할지 물어봄으로써 연민에 접근하기 위해 개입한다. 내담자가 여전히 연민을 느끼지 못하면, 치료자는 아이를 지지하는 다른 사람이 그 아이에게 어떻게 느낄지 묻는다. "만약 당신의 가장 친한 친구가 이 아이를 만나거나 당신이 얼마나 고통받고 있는지 안다면 어떻게 느낄까요?" 이러한 방법으로 연민에 접근할 수 없는 경우, 치료자는 아동에 대한 자신의 연민을 표현하고 내담자가 취약한 아동 자신에 대한 연민을 갖는 것이 정말 어렵다는 것을 확인한 다음 내담자가 연민을 갖기 어려운 이유에 대해 논의한다. 치료자는 이러한 어려움은 함께 계속 노력해야 할 부분이라고 말하며 마무리한다.

아동 자기의 수치심을 다룰 때, 내담자는 뚱뚱하거나, 어색하거나, 약하거나, 너무 요구적이라는 이유로 아동 자기를 경멸하거나, 예를 들어 성적 학대를 허용했거나 신체적으로 반응한 것에 대해 자신을 비난하거나 책임을 지게 될 수 있다. 치료자가 성추행이나 학대를 당한 아동 자신에 대해 성인이 어떻게 느끼는지 물어보면 내담자는 종종 다음과 같은 말을 한다. "그 아이는 역겨워요. 나는 그 아이가 싫어요. 나는 그 아이를 참을 수 없어요. 그녀는 약했어요. 저항했어야 했어요" 또는 "그는 의존적이고 나약했어요. 그는 아버지에게 맞서지 않았고 저항하지도 않았어요"라고 말한다. 수치심과 자기혐오는 종종 만성 외상에서 중심적인 문제가 된다. 손상을 일으키는 것은 실제 사건이 아니라 자신과의 관계가 문제가 되는 경우가 많다.

심상적 재진입을 촉진하려면 어떤 식으로든 "어른인 당신으로 그 장면으로 돌아갈 수 있나요? 아이에게 어떤 느낌이 드시나요?"라고 질문하는 것이다. 그런 다음 치료자는 취약한 자기를 지지하고 보호하기 위해 치료적 근접 발달 영역에서 내담자의 경험을 안내한다. 치료자는 항상 내담자의 경험과 접촉을 유지해야 하며, 내담자에게 현재 자신에게 무슨 일이 일어나고 있는지 또는 그 장면에서 무슨 일이 일어나고 있는지 치료자에게 말하도록 요청하거나 외상을 다시 이야기하도록 도와야 한다. 치료자는 "그녀가 정말 무서워하고 있다고 들었는데 말은 없지만 이런 일이 일어나고 있네요…"라고 말할 수 있다. 자비로운 어른이 말을 못하는 아동이 보고 경험하는 것을 말로 표현해 주는 것은 매우 치료적일 수 있다. 치료자는 아동 자기가 어른 자기의 지지를 통해 안전하고 보호받고 있다고 느끼도록 한 다음, 놓친 모든 것에 대해 애도하고 슬퍼하는 것을 촉진해야 한다. 이 과정에서 아동 자기는 돌보는 타인의 지지와 연민을 받아들일 뿐만 아니라 굴욕적이고 학대적인 타인에게 건강하고 적응적인 분노를 표현하거나, 아동의 욕구를 주장하거나, 그 상황에서 괜찮지 않은 것을 명확하게 표현하는 경우가 종종 있다.

마지막으로, 새로운 의미 만들기를 촉진하고 새로운 내러티브(예: 그녀는 나쁘지 않았다. 그녀는 그냥 어린 소녀였고 항상 무서워서 학교에서 잘하지 못했다)를 촉진함으로써 정서도식적 기억(emotion-schematic memory)의 변화를 통합하는 것이 중요하다. 새롭게 나타난 적응적 정서(예: 적응적 분노)와 욕구(예: 긍정적인 관심과 안전에 대한 욕구)를 타당화하고, 치료자는 새로운 정서적 경험과 내러티브를 더욱 강화하기 위한 과제를 제안할 수 있다. 이러한 통합은 내담자가 스스로 안전한 장소를 제공할 수 있다는 것을 배우는 데 도움이 된다.

자기진정 과정에 대한 예비 연구

과제 분석(task analysis)을 사용한 두 건의 질적 관찰 연구에서 연구자들은 자기연민 대화에 참여한 해결자(resolver) 표본과 비해결자(nonresolver) 표본을 비교했다(Goldman & Fox-Zurawic, 2012; Greenberg & Iwakabe, 2011). 이 연구들에 따르면 해결자는 자기연민을 말로 표현해서가 아니라 자기연민 대화에서 충족되지 못한 욕구(unmet need)를 되찾고 욕구를 충족하지 못한 상실을 슬퍼했기 때문에 비해결자와 다른 것으로 나타났다. 많은 사람이 스스로에게 연민을 표현할 수 있었지만, 중요한 변화가 일어나기 위해서는 충족되지 못한 욕구와 과거의 고통에 대한 슬픔이 중요해 보였다. 마땅히 받아야 했지만 받지 못한 것을 애도하는 것은 행동으로 연민을 실천하는 것보다 진심 어린 연민을 불러일으키고 더 오래 지속되는 회복탄력성을 이끌어 내는 것 같았다.

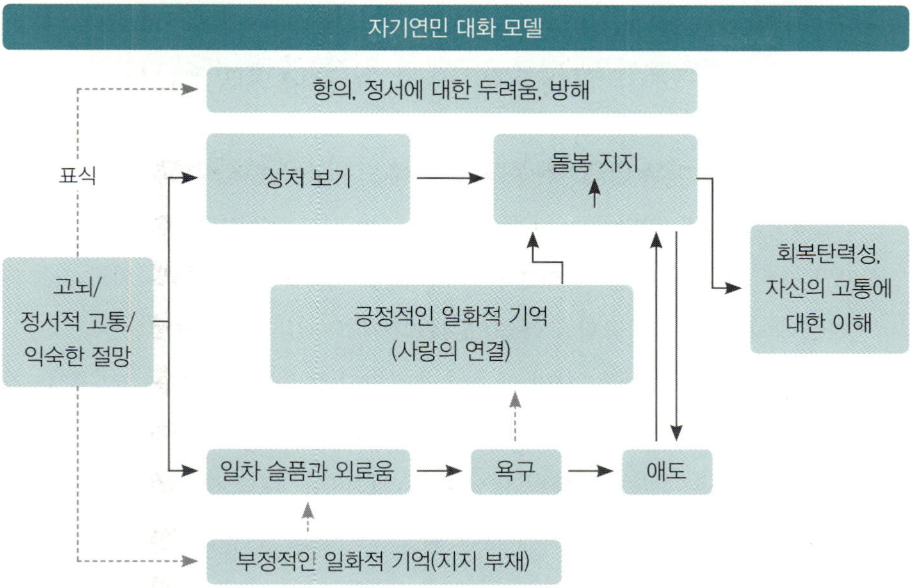

[그림 5.1] 자기연민 대화 모델

내담자 해결 과정의 단계는 [그림 5.1]에 나와 있다.

1. 첫 번째 단계는 내담자가 정서적 고통의 괴로움을 경험하고 있거나 최근에 도달했음을 나타내는 표식으로 시작한다. 여기에는 익숙한 절망이 동반되며, 내담자는 이 느낌에 갇혀 있고 결코 변하지 않을 것이라는 생각이 든다.
2. 일부 내담자는 수치심에 대한 두려움이나 부당함에 대한 항의로 비진행적인 과정을 거치며 다음과 같은 말을 한다. "왜 이런 일이 일어났지요?" 또는 "내가 받지도 못한 것을 어떻게 나 자신에게 주어야 하나요?" 다음 단계로 넘어가려면 이러한 감정을 극복해야 한다.

3a. 다음 단계는 외롭게 버림받았다는 일차 슬픔과 과거에 충족되지 못한 욕구를 충족시키지 못한 것에 대한 분노를 표현하는 것이다.

3b. 일부 내담자는 부정적인 일화적 기억에 접근한다.

4. 성인의 입장에서 내담자의 상처를 보고 공감하고 배려하는 방식으로 반응

한다.

5a. 내담자는 이전에 거부되었던 욕구와 그 욕구를 충족시켜야 마땅하다는 느낌에 접근한다.

5b. 이 시점에서 일부 내담자는 어떤 경우에는 욕구가 충족되었던 긍정적인 기억에 접근할 수 있다.

6. 모든 해결된 내담자는 이제 놓친 것에 대한 슬픔과 상처 입은 자기의 고통과 상실에 대한 연민과 공감을 불러일으킨다.
7. 부분적인 해결이 이루어지면 마음이 진정되고 몸으로 느껴지는 안도감을 경험한다.
8. 완전한 해결은 회복탄력성의 느낌으로 나타난다. 내담자는 더 이상 익숙한 절망을 경험하지 않고 미래에 대한 희망과 자신의 수치심에 대한 자비로운 이해를 갖게 된다.

일부 내담자는 다음과 같은 제안에 응할 때 자신의 아동 자기에 연민을 느끼는 데 어려움을 겪는다. "이제 어른이 되어 현장에 들어와서 어린 시절의 자기 자신에게 반응할 수 있나요? 그에게 무슨 말을 하고 싶나요?"와 같은 질문을 던진다. 그런 다음 치료자는 다른 다양한 안내 진술을 사용할 수 있다. 예를 들어, 성인 또는 자기의 지지적인 부분을 장면에 들어오도록 제안하고 나서 치료자는 다음과 같이 말할 수 있다.

> 어디에 서고 싶으세요? 그녀 옆. 아니면 그녀 앞에서 손을 잡을까요? 그 장면에서 무슨 일이 일어나고 있는지 말해 주시겠어요? 그녀에게 하고 싶은 말이나 그녀를 대신해 다른 사람에게 하고 싶은 말이 있나요? 예를 들어. 그녀에게 잘못한 것은 아무것도 없고. 그녀를 대하는 방식에 있어서 잘못한 것은 바로 당신(다른 사람)이라는 것을 말이에요. 그녀에게 필요했지만 받지 못한 것은 무엇인가요? 무엇이 좋지 않았나요? 그녀를 현장에서 데리고 안전한 곳으로 데리고 가서 돌봐주고 보호해 주고 싶나요? 아이가 두려움에 떨거나 사랑받지 못하는 상황에서 치유될 수 있도록 어떤 말을 해 주고 싶나요?

내담자가 현실 세계 또는 3차원 가상 현실 공간에 사물을 배치하도록 안내하면 처리 방식이 달라진다. 비언어적 · 공간적 · 시간적 처리를 포함할 수 있는 기회가 더 많아진다. 인물이 공간에 배치되고 경험이 재현되면 내담자는 현재의 모습을 바탕으로 과거의 장면을 재생할 수 있다. 갑자기 "우리 엄마는 그냥 거기 서서 아무것도 하지 않았어요"라고 말할 수 있게 된다. 실연(enacting)은 방에 없는 과거의 사람들에 대해 앉아서 이야기하는 것과는 다르다. 이 사람들이 실제로 방에 들어오면 전체 역동(whole dynamic)이 바뀌고 수치심 이상의 가능성이 나타난다. 내담자는 아동 자기를 실현하는 동안 동시에 아동이 아닌 아동으로서의 자신으로 느끼게 된다. 내담자는 자신이 아동이었을 때 상대방은 큰 어른이었다는 것을 알게 된다. 생존을 위해, 상황에 대처하기 위해, 필요한 것을 얻기 위해 무엇을 했는지 알게 되고, 아이를 보호하고 지지하는 마음을 갖기 시작한다.

그런 다음 보편적인 아이(universal child)에게 말을 걸도록 제안하여 거리를 두고 작업하는 것이 도움이 될 수 있다. 치료자는 "경험 세계(universe)에 연약한 아이가 있다고 상상해 보세요. 그 아이에게 뭐라고 말하겠어요?"라고 말할 수 있다. 보편적인 아이와 대화하는 것은 내담자 자신의 자동적으로 떠오르는 아동 자기에 대한 경멸로부터 더 큰 거리를 둘 수 있게 해 준다.

또 다른 방법은 아는 아동으로 실연해서 "당신이 조카(또는 아들/딸)를 위해 정말 노력하는 것을 알고 있어요. 조카/아들/딸이 이런 일을 겪고 있다면 어떤 말을 해 주시겠어요? 그들을 만나서 말해 줄 수 있나요?"라고 말하는 것이다. 이 질문은 실제 아는 아동이 처한 심상 속 상황에서 연민을 불러일으키기 위한 것이다.

또 다른 선택 사항은 성인 자기가 아닌 돌보는 사람을 불러내어 "부모님이나 중요한 상대방이 다른 의자에 앉아 있는 모습을 상상해 보세요. 그들에게 필요한 것이 무엇인지 말한 다음 요청하세요. 그런 다음 상대방이 당신에게 말하게 하세요"라고 말한다. 치료자는 다음과 같이 다양한 방식으로 말할 수 있다. "만약 당신의 아버지나 어머니가 지금 당신이 어떻게 고통받고 있는지 알았다면 뭐라고 말했을지 상상할 수 있나요? 만약 그들이 더 나은 감정 상태에 있었다면요?" 또는 "당신이 꿈꾸던 아버지/어머니가 될 수 있을까요? 당신이 듣고 싶었던 말은 무엇이었나요?" 또는 "과거에 당신에게 배려와 연민을 베풀었던 사람이 있다면, 그들은 당신에게 어떤 말을 해 줄까요?"라고 질문할 수 있다(예: 하나님, 삼촌, 선생님).

결론

이 장에서는 정서조절과 정동조절을 모두 인식하고 이를 서로 다른 두 가지 과정으로 보는 것이 중요하다는 것을 보여 준다. 좌반구 과정에 의한 의도적인 형태의 수치심에 대한 인지 및 행동 조절은 사람들이 통제 불능이라고 느낄 때 대처 기술로 유용하다. 의도적인 정서조절은 사람들이 이미 조절장애에 빠진 정서를 의도적으로 관리하거나 통제하는 데 도움이 된다. 기술은 가르치고 연습할 수 있다. 그러나 암묵적 조절은 정서가 발생하는 시점에 발생한다. 수치심이 떠오를 때 자동으로 조절된다. 이러한 형태의 조절은 정서적 경험을 자각으로 상징화하고 치료자와의 공감적 진정(empathic soothing)과 안전 애착을 내면화함으로써 발달한다. 정동조절은 보다 만연한 성격 변화에 도움이 되며, 이전에 조절장애를 일으켰던 수치심을 유발하는 단서에 의해 유발될 가능성을 줄이는 데 도움이 될 수 있다.

내담자가 수치심에 도달하고 수치심을 조절하는 방법을 논의한 후, 6장에서는 수치심을 다른 정서인 분노와 통합하여 수치심에서 벗어나는 단계, 즉 수치심과 같이 땅속으로 들어가 사라지는 행위 경향성과 반대로 분노와 같이 앞으로 밀고 나가 경계를 설정하는 행위 경향성을 갖는 변화를 다루는 단계로 이동한다. 6장에서는 변화란 수치심을 분노로 대체하는 것이 아니라 자신감이나 평온과 같은 진정으로 새로운 무언가를 만들어내는 통합임을 보여 준다.

6장

수치심 변화시키기

눈물은 눈부신 대지의 먼지 위에 내리는 비이며, 우리의 굳은 마음을 덮어주는 것이므로 우리는 눈물을 부끄러워할 필요가 없다.

–찰스 디킨스(Charles Dickens)

안전한 관계가 형성되고 수치심을 다루기 위한 동맹이 형성되고, 수치심이 치료자에게 드러나며, 수치심이 명명되고 조절되면, 치료의 초점은 내담자의 수치심을 내담자의 인내의 영역(zone of tolerance)에서, 회기의 즉시성에서, 처리하고 변화시킬 수 있도록 돕는 데로 이동한다. 안전과 공감적 이해(empathic understanding)에 대한 초점은 탐색적이고 환기적인(evocative) 강조로 이동한다. 목표는 내담자가 수치심 경험의 무언의 측면을 경험하고, 상징화하며, 차별화할 수 있도록 돕는 것이다. 내담자가 수치심에 대해 느낀 감각과 신체적 경험에 집중하도록 안내하고, 의자 대화나 심상과 같은 자극적인 방법을 통해 수치심을 불러일으킨다. 수치심을 치료하지 않고 방치하면 수치심이 더욱 강해져 내담자가 더 큰 수치심을 유발하는 행동으로 이어질 수 있다. 수치심을 수용하는 것뿐만 아니라 수치심을 변화시키는 것은 내담자의 고통을 완화하는 데 필수적이다.

핵심 수치심을 다루는 작업에는 수치심에 접근하고 새로운 내면의 건강한 자원과 적응적 정서를 찾아 수치심을 변화시킴으로써 수치심에 기반한 정서도식(emotion schemes)을 변화시키는 것이 포함된다. 4장에서 설명한 수치심을 다루는 작업의 도달 단계에서는 수치심에 직접 집중하고, 이름을 붙이고, 수용함으로써 수치심을 회기에서 인정하는 것이 포함된다. 이 과정이 완료되면 내담자는 회기에서 수치심을 더 생생하게 경험해야 수치심을 처리할 수 있다. 이렇게 신체적 수준에서 수치심을 완전히 되찾으면 수치심을 새롭게 접근한 적응적 정서와 통합하여 변화시킬 수 있다.

내담자가 수치심에 도달한 후, 떠나는 단계(leaving stage)가 시작된다. 수치심과 수치심의 고통이 느껴지고, 생존과 고통에서 벗어나려는 유기체적 욕구인 정서적 자기보존(self-preservation) 본능이 작동하여 자기조직화(self-organizing) 과정을 안내한다. 사람은 생존을 위해 싸우기 시작하고, 수치심을 본능적으로 느끼기 때문에 수치심의 고통 없이 살고 싶은 욕구가 생긴다. 생존 의지와 더불어 자신의 욕구를 충족시킬 권리를 되찾으면 새로운 주체 의식(sense of agency)을 갖게 된다. 내담자는 자신이 더 합당하다고 느끼고 불공정한 일에 대해 분노를 느끼며, 자신이 인정받고 가치를 인정받을 권리를 주장하기 시작한다. 이 새롭고 주체적인 분노의 정서적 경험은 부적응적 수치심과 통합되어 내담자의 무가치감은 새롭게 발견한 더 가치 있는 자기감(sense of self)으로 발전한다.

이 장에서는 떠나는 단계(leaving stage)의 변화와 관련된 단계(steps)를 소개한다. 수치심을 변화시키기 위해 새로운 적응적 정서에 접근하고 사용하는 방법과 새롭게 통합된 자기조직화가 자기를 강화하고 새로운 내러티브의 형성으로 이어지는 방법을 보여 준다. 첫 번째이자 중요한 단계는 이미 느낀 수치심에 접근하여 수치심과 그에 수반되는 고통스러운 감정을 회기에서 느끼는 것이다. 그런 다음 내담자는 수치심에 내재된 욕구를 되찾고, 수치심과 통합되어 신경적 및 도식적 수준에서 수치심을 변화시키는 새로운 정서를 생성한다. 다음 단계는 수치심을 새로운 경험으로 되돌리고 난 후 더욱 탄력적인 정서 반응과 새롭고 자신감 있는 자기조직화를 타당화하는 것이다. 이 마지막 단계는 새로운 내러티브의 공동 구성이다.

이 장에서는 23명의 내담자의 수치심 변화 과정을 분석한 연구 결과를 소개한다(S. Miller, 2021). 이 연구에서는 심리치료 회기에서 수치심을 극복하는 소수의 사례를 먼저 관찰하고, 수치심 극복과 관련된 구성 요소를 분리하여, 변화 과정에 대한 경험적 기반의 합리적인 경험적 모델을 개발하여 수치심 해결 과정의 모델을 개발했다(Greenberg, 2007). 이 모델은 더 큰 표본을 대상으로 테스트하여 해결을 예측하는 구성 요소를 확인했다. 이 모델은 수치심에 기반한 자기조직화를 보다 자신감 있는 조직으로 전환하는 데 도움이 되는 몇 가지 중요한 과정 단계를 조명하고 치료자의 개입을 위한 가이드 역할을 한다.

이 장은 수치심에 접근하고 변화시키는 데 유용한 환기적 이미지와 심리극적 실연(psychodramatic enactments)과 같은 개입에 대한 논의로 끝난다(Elliott et al., 2004; Greenberg et al., 1993). 내담자가 수치심을 유발하는 가혹하게 부정적이고 경멸적이며 자기평가적(self-evaluative)인 과정을 실연하는 두 의자 대화와 정서중심치료(emotion-focused therapy: EFT)의 주요 개입인 빈 의자 대화 및 수치심 장면으로의 심상적 재진입(imaginal re-entry)이 설명된다(Greenberg et al., 1993). 이러한 개입에서 내담자는 빈 의자나 심상 속에서 자신의 내면, 경멸적이고 비판적인 부분 또는 수치심을 느끼는 타자와 마주한다. 그런 다음 경멸하는 자기 또는 수치스러운 타자에게 수치심과 고통을 표현하고 수치심을 변화시키는 데 도움이 되는 새로운 자원을 가져올 수 있다.

수치심의 변화

앞서 설명한 바와 같이 수치심 변화에는 새로운 적응적 정서 반응을 활성화하고 새로운 적응적 감정과 보다 자신감 있는 자기조직화를 타당화하는 것이 포함된다(Greenberg, 2002, 2021). 수치심을 변화시키는 가장 좋은 방법 중 하나는 수치심을 변화시키는 작용을 하는 반대되는 더 강한 정서를 사용하는 것이다(Greenberg, 2021). 새로운 정서는 종종 단호하고 힘을 실어주는 분노이지만, 애도의 슬픔이나 고통의 수치심에 대한 연민일 수도 있다. 가장 특징적인 것은 분노에 이어 슬픔이 뒤따른다는 점이다. 분노에 힘을 얻은 사람들은 더 많은 자격이 있다고 느끼며, 잃어버린 것 또는 결코 없었던 것을 슬퍼하고 상처를 준 상대방으로부터 욕구를 충족시키려는 노력을 포기할 수 있다. 일단 내담자가 자신의 핵심 수치심에 접근하면, 내담자의 정서적 반응 레퍼토리를 확장하는 데 도움이 되는 적응적 욕구와 목표에 접근하여 대체 정서적 반응을 동원함으로써 수치심 기반 조직을 변화시킬 가능성이 나타난다. 사기가 저하된 수치심 기반 자기조직화의 일부인 철수 반응이 힘 있는 분노로 자신을 옹호하거나 슬픔에 위로를 구하거나 자부심과 기타 긍정적인 정서를 확장하는 새로운 접근 방식 반응과 결합될 때, 마비된 수치심의 영향은 풀릴 수 있다.

변화를 촉진하기 위해 치료자는 자발적으로 발생하는 적응적 정서의 출현을 타당화해야 한다(Greenberg, 2002, 2021). 또한 치료자는 어느 정도 느껴지지만 주의를 기울이지 않는 배경적이거나 덜 초점적인 적응적 감정에 내담자의 주의를 유도하는 것도 도움이 된다. 복잡하고 역동적인 자기조직화 시스템은 항상 현재 집중하고 있는 것보다 더 많은 것을 인식할 수 있다. 경험은 주의력 배분의 변화에 따라 형성되고 변화될 수 있다(James, 1890; J. Pascual-Leone & Johnson, 2021). 따라서 아직 완전히 형성되지 않은 신체적 감각과 감정에 집중하면 새로운 감정이 떠오르는 데 도움이 될 수 있다.

수치심 회복을 촉진하기 위해 새로운 정서에 접근하는 가장 유용한 방법은 수치심에 내재된 충족되지 못한 욕구와 목표(unmet needs and goals)에 접근하고 이를 타당화하는 것이다. 치료자는 내담자와 고통스러운 수치심에 대해 기분이 나아지기 위해서 무엇이 필요한지 물어보아야 한다. 충족되지 못한 타당화에 대한 욕구와 인정받고자 하는 목표를 의식으로 끌어올리면 자동적으로 자기조직화되는 정서체계(emotion system)에서 주체 의식을 불러일으키고 강화할 수 있다. 내담자는 수치심의 수동적인 피해자가 아니라 무언가를 필요로 하는 주체가 된다. 수치심 상태에 있는 내담자가 치료자로부터 자신의 타당화와 수용에 대한 욕구가 확인되는 것을 경험하면, 이전에는 충족되지 못한 욕구가 충족될 자격이 있다는 것을 느끼기 시작한다. 강탈당하고 필요한 것을 잃었다는 느낌은 마땅히 받아야 할 것을 얻지 못한 것에 대한 주장적 화(assertive anger)와 놓친 것에 대한 슬픔을 자연스럽게 불러일으킨다. 자기 자신에 대한 연민과 자신이 가치 있다고 느끼는 자부심이 나타난다.

앞서 설명한 것처럼 정서적 뇌(emotional brain)는 욕구와 관련하여 상황을 평가하여 정서를 생성한다. 수치심에 대한 욕구의 합당성(deservingness)을 인식할 때, 정서적 뇌는 자동으로 욕구가 충족되지 않았다고 평가한다. 욕구 좌절이나 상실에 대한 정서적 반응을 일으키고, 분노나 슬픔을 유발하도록 스스로 조직화한다. 이 과정에서 진심 어린 욕구와 촉진적 욕구를 구별하는 것이 중요하다. 진심 어린 욕구(heartfelt need)는 격한 정서의 고통에서 비롯되는 유기체적 생존 욕구이다. 이는 깊은 자격 의식을 가지고 있으며, 경험한 고통을 극복하기 위한 유기적 반응으로 발생한다. 촉진적 욕구(facilitative need)는 지적인 이해에서 더 많이 나오며, 진심 어린 욕구에서 느껴지는 긴박감과 합당성만큼 동기를 부여하지는 않는다. 촉진적 욕구는 인지적 수준에서 의자 대화를 윤활하게 하지만 생존을 촉진하기 위해 고안된 적응적 정서를 유발할 수 있는 진심 어린 욕구만큼 강력하지는 않다.

몸으로 정서를 실연하는 등의 표현 방법은 내담자가 새로운 정서를 경험하는 데 도움이 될 수 있다. 예를 들어, 내담자에게 똑바로 앉아 발을 바닥에 대고 큰 소리로 말하여 분노를 불러일으키도록 요청할 수 있다. 편안함이나 기쁨과 같은 다른 정서를 느꼈던 때를 기억하도록 하면 내담자가 상태를 바꾸고 보다 적응적 정서를 경험하는 데 도움이 될 수 있다. 앞서 언급했듯이, 수치심을 변화시키는 데 도움이 되는 주요 적응적 정서 중 하나는 적응적 분노이다. 8장에서 자세히 설명한 적응적 분노는 강화된 분노이다. 적응적 분노는 종종 어린 시절의 욕구를 충족시키지 못한 것에 대한 슬픔과 함께 자신의 고통에 대한 연민으로 이어진다. 적응적 분노는 자신의 권리를 주장하고 경계를 설정하도록 촉진하는 반면, 슬픔은 연결하기 위해 손을 뻗는 행위 경향성을 제공한다. 이러한 새로운 정서는 부끄러움 없이 살아가는 데 도움이 된다(Greenberg, 2002; Greenberg et al., 1993).

핵심 수치심을 가진 사람들은 긍정적인 정서를 거의 느끼지 못하며, 특히 온전히 느끼지 못한다. 수치심은 자부심 · 기쁨 · 흥미와 같은 긍정적인 정서를 차단하는 경우가 많다(Nathanson, 1994; Tompkins, 1987). 수치심이 있는 사람은 긍정적인 감정을 느끼기에는 너무 취약하다고 느낄 수 있으며, 긍정적인 감정을 느끼기 시작하자마자 자신의 정체가 드러나 배척당하고 긍정적인 감정을 잃게 될까 봐 두려워할 수 있다. 또한 긍정적인 정서를 경험할 자격이 없다고 생각하여 자신의 강점과 기쁨을 숨길 수도 있다. 치료는 수치심에 기반한 내담자가 기쁨과 자부심을 느끼고 이를 치료자와 공유할 수 있도록 도와야 한다. 치료는 수치심에 기반한 내담자가 자신의 강점을 되찾고 즐길 수 있도록 도울 수 있다. 긍정적인 감정에 대한 치료적 초점은 그 감정을 타당화하는 데 도움이 되며, 그 감정과 관련된 다른 감정을 불러일으킬 수 있다.

또한 치료자는 내담자에게 "나는 사랑받을 자격이 있다" 또는 "나는 가치 있다"와 같이 자기인정적(self-affirming)이고 자기표현적(self-expressive)인 진술을 반복하거나 과장해서 말하도록 요청하고 이러한 긍정의 의미를 자세히 설명하도록 할 수 있다. 이 과정은 내담자가 표현의 위축과 이러한 감정을 표현하는 것에 대한 부끄러움을 극복하는 데 도움이 된다. 예를 들어, 내담자에게 자신의 성취에 대해 자부심을 갖고 자랑하도록 제안하면 자부심을 표현하는 데 도움이 되고 이를 느낄 수 있게 된다. 이러한 상황에서는 먼저 내담자에게 긍정적인 감정을 몸으로 느끼고, 흥분을 느끼며, 흥분이 쌓이게 한 다음, 얼굴과 목소리로 표현하고 몸으로 표현하도록 요청하는 것이 도움이 된다(Greenberg & Watson, 2006).

때때로 인지적 변화는 새로운 감정을 불러일으킬 수도 있다. 예를 들어, 치료자는 내담자가 부모가 한 행동 중 마음에 들지 않는 부분에 집중하도록 안내하여 새롭고 적응력 있는 정서를 불러일으킬 수 있다. "나는 나쁜 아이였다"에 초점을 맞추는 대신, 치료자는 내담자에게 무엇이 원망스러웠는지 또는 무엇이 필요했는지 물어볼 수 있다. 내담자가 상황을 보는 방식을 바꾸도록 돕거나 정서적 경험의 의미를 논의하기 위해 내담자와 대화하면 새로운 감정을 경험하는 데 도움이 될 수 있다(Gross, 2001). 또한 치료자는 내담자가 자발적으로 느끼기 어려운 새로운 정서를 표현할 수도 있다. 치료자는 수치심을 느낀 내담자가 겪어야 했지만 표현할 수 없었던 상실에 대한 도덕적 분노나 슬픔을 진정으로 느낄 수 있으며, 치료자는 내담자를 대신하여 이를 표현할 수 있다. 치료자와의 새로운 상호작용에 대한 반응으로 새로운 내담자의 정서를 불러일으킬 수도 있다. 예를 들어, 치료자는 내담자가 수치스러운 경험이나 수용을 전달하는 공통점을 드러낸 것에 대해 친밀감과 우려를 자기개방(self-disclose)할 수 있다. 이러한 개방은 예상되는 수치심과 거부감에 대한 해독제 역할을 하는 평온함과 친밀감을 불러일으킬 수 있다.

적응적 일차 분노를 경험함으로써 수치심을 변화시키기

종종 수치심은 치료에서 적응적 일차 분노를 경험함으로써 변화된다. 이를 통해 내담자는 자신을 주장하고 심상적 직면(imaginal confrontations)[1]에서 학대자에

1 역자 주) 심상적 직면(imaginal confrontation)은 빈 의자 작업과 유사한 작업으로 주로 외상을 경험한 내담자에게 적용한다. 이에 대한 상세한 개입 과정은『복합외상에 대한 정서중심치료: 통합

게 맞설 수 있는 힘을 얻고, 자기비난(self-blame)과 자기경멸(self-contempt)에 도전할 수 있는 힘을 얻게 된다(Harmon-Jones et al., 2008; Paivio, 1999). 수치심과 부적응적 자기비난은 내담자에게 해를 끼친 사람들에 대한 건강한 적응적 분노의 감정에 접근함으로써 변화될 수 있다. 예를 들어, 다음 축어록은 한 우울증 남성 내담자와의 회기에서 나온 내용이다.[2] 그는 아버지와의 관계를 설명하면서 "아버지는 어렸을 때 어머니가 돌아가신 후 정서적으로 나를 버렸어요"라고 말한다. 내담자는 자신이 잘못했고, 거절당해도 마땅하며, 자신에게 뭔가 문제가 있다고 느꼈다고 말하기 시작한다. 이러한 느낌을 탐색하면 분노감이 생겨나고, 이를 알아차린 치료자는 내담자의 주의를 새롭게 떠오르는 분노 경험의 신체적 감각 측면으로 안내한다. 이 과정을 통해 내담자의 무가치감은 보다 강력한 자기주장(self-assertion)의 감각으로 바뀐다.

내담자: 아버지는 차갑고 거리감을 두며 제게 관심을 기울이지 않았어요. 저는 고통스러웠고 제 잘못이라고 생각하며 지옥 같은 시간을 보냈어요. 아마도 나 자신만 탓할 수 있을 것 같아요.

치료자: 그래서 당신은 왠지 그의 관심과 사랑을 받을 자격이 없다는 생각이 들었군요…. (**공감적 이해**)

내담자: (눈물을 흘리며) 저는 평생 너무 많은 상실을 겪었어요. 너무 불공평했어요. 모든 것을 혼자서 감당해야 했어요. 아버지가 한 것에 대해 정말 화가 나요.

치료자: 기분이 어떤지 말씀해 주세요. (빈 의자를 가리키며) (**표현 촉진**)

내담자: (심상 속의 아버지에게) 아버지 때문에 모든 게 너무 힘들었다는 걸 모

적 접근법, 제2판』, Sandra C. Pavio, Antonio Pascual-Leone 공저, 김영근 역(2025), 학지사 6장 참조.

2 이 책에 사용된 임상 자료는 내담자의 비밀을 보호하기 위해 적절히 각색되어 있다. 내담자의 신원은 유지되었다.

르시는 것 같아요. 아버지가 저를 대하는 방식 때문에 제 모든 인간관계가 힘들었어요. 매일, 매주, 매년 아버지가 저에게 느끼게 한 것들과 싸워야만 했어요.

치료자: 그래요. 원망한다고 말해 주세요….

내담자: 자기밖에 모르고, 이기적이고, 배려심이 없고, 무시하고, (길게 침묵) 나를 한 번도 보지 않고, 내 필요를 우선시하지 않은 것에 대해 아버지가 원망스러워요. (잠시 침묵) 단 한 번도요. 제가 항상 관심이 필요했던 것은 아니었어요. 단지 아버지가 절대로 이해하지 못할 것 같다는 생각이 들었을 뿐이죠.

치료자: 알았어요. 하지만 그 분노에 조금만 더 머물러 있어 보세요. 힘들다는 건 알지만 분노에 대해 더 자세히 이야기해 보세요.

내담자: (다시 심상 속의 아버지에게) 직접 말하기는 어렵지만, 사실대로 말하자면 아버지는 저에게 나쁜 아버지였어요. 아버지는 저를 버리고 방치했고, 그래서 화가 나요.

치료자: 그래서 "저는 아버지가 저에게 사랑을 주었으면 했어요. 그리고 저는 어렸을 때 적어도 가끔은 제 욕구가 우선시되는 배려가 필요했어요" **(충족되지 못한 욕구에 접근하기)**

내담자: 네. 바로 그거예요.

이 예에서 내담자의 부적응적 수치심은 치료자가 분노의 일차 감정과 건강한 자격감(healthy entitlement)에 접근하고 지지하면서 변화한다. 시간이 지남에 따라 치료 중에 이러한 주장적 화에 반복적으로 초점을 맞추면 내담자는 자신의 욕구를 충족시킬 수 있는 자격감(sense of entitlement)을 갖게 되고, 이러한 감각은 내담자의 자기감의 새로운 일부가 된다. 이러한 자격감은 또한 마땅히 받아야 했지만 받지 못한 것에 대한 상실의 슬픔으로 이어진다. 상실에 대한 슬픔은 내담자가 내적 또는 외적으로 충족되지 못한 욕구(unmet need)를 상대방이 충족시켜 주었으면 하는 바람을 놓아버리고(let go) 이미 충족된 것을 받아들이도록 유도한다.

그러나 적응적 분노는 자기애적 모욕(narcissistic slights)이나 굴욕감(feeling humiliated)을 동반하는 부적응적 격노(rage)와 구별해야 한다. 부적응적 격노는 너무 강렬하거나 만성적이거나 파괴적이고 부적절하다. 사소한 모욕이나 실패 경험에 대한 반응으로 나타나는 격노는 적응적 분노가 아니며 일차 욕구(primary needs)를 충족하는 데 도움이 되지 않는다. 또는 정서중심치료를 사용하는 치료자는 내담자가 적응적 분노에 주의를 기울이고, 이를 경험하고, 강화할 수 있도록 도와주며, 이는 힘을 실어준다. 이러한 작업의 초점은 상대방을 파괴하는 것이 아니라 자기를 주장하는 것, 즉 "나는 당신이 우리 엄마를 때려서 화가 나요" "나는 당신이 거기에 없었던 것이 화가 나요"와 같은 "나"의 진술을 촉진하는 데 있다. 초점은 "당신은 총에 맞아야 해" "어떤 부모가 자식에게 그런 짓을 해? 당신은 쓸모없는 부모였어"와 같은 것이 아니다. 상대방을 파괴하기 위한 부적응적 격노는 강화되거나 조장되지 않고 오히려 우회된다. 적응적 분노가 타당화되면 내담자는 상처받은 내면의 경험으로 초점을 옮기는 경향이 있다.

"넌 너무 이기적이야" 또는 "동성애는 일탈이야"와 같이 내담자의 핵심 부적응적 수치심과 관련된 수치심 메시지에 접근한다. 치료자의 역할은 자기비난을 강화하는 것이 아니라 이러한 메시지의 대인관계적 기원을 명확히 하는 것이다. 이러한 메시지는 일반적으로 부모와 같은 주요 타자(significant others)나 사회에서 권위 있는 위치에 있는 사람들로부터 시작된다. 내담자가 스스로 일어설 수 있고 치료자로부터 지지를 받고 있다고 느끼면, 더 이상 이러한 메시지에 지배당할 필요가 없다는 것을 스스로 인정하도록 권장한다. 내담자는 이러한 수치심 메시지를 내면화함으로써 자신의 고통을 지속시키는 요인이 되었다는 것을 이해하도록 격려받는다. 내담자가 자신의 수치심이 내면에서 생성된 것임을 깨닫기 시작하면, 이제 초점은 자기수용(self-acceptance)을 위한 개인 내적 투쟁으로 바뀐다.

수치심의 변화에 대한 과제 분석 연구

수치심 해결 사건에 대한 조사는 Sara Miller(2021)가 요크대학교 심리치료 연구소(York University Psychotherapy Research Lab)의 박사 학위 논문에서 완료했다. 심리치료에서 부적응적 수치심을 변화시키는 모델을 개발하고 치료 성과와의 관계를 테스트했다. 이 모델은 여러 가지 해결 사건을 해결에 실패한 사건과 비교하고 이 두 그룹을 구별하는 구성 요소를 추출하는 과제 분석 방법(task-analytic method; Greenberg, 2007)을 사용하여 구축되었다.

이론이 없는 관찰은 없다는 점을 감안하여(Kuhn, 1962; Nagel et al., 1973), 먼저 합리적인 모델을 제시했다. 치료 회기에서 수치심이 어떻게 해결되는지에 대한 이 모델은 EFT 이론 · 연구 · EFT에서 수치심을 다룬 임상 경험 · 수치심에 관한 이론적 문헌을 기반으로 한다. 그런 다음 소수의 좋은 해결 사례와 몇 가지 해결되지 않은 사례를 비교하여 수치심 해결 과제에서 해결과 미해결 수행을 구별하는 구성 요소를 추출했다. 그런 다음 경험적으로 도출된 단계를 합리적으로 도출된 모델과 통합했다.

내담자의 수치심 해결 성과에 대한 합리적/경험적 모델을 종합하면 [그림 6.1]에 나와 있다. 이 내담자 과정 모델에는 수치심 해결에 필요하다고 생각되는 상태뿐만 아니라 흔히 발생하지만 필요하지 않거나 심지어 해결에 해로울 수 있어 치료의 막다른 골목으로 이어질 수 있는 상태도 포함된다. 필수 구성 요소와 비필수 구성 요소는 다음과 같으며 필수 구성 요소는 굵은 글씨로 표시되어 있다.

1a. **자기비판과 자기경멸 표현하기** 및/또는
1b. **학대의 기억에 접근하고 서술하기**
2. **부적응적 일차 핵심 수치심에 접근하기**
3. 수치심 불안 경험 및 표현하기
4. 수치심의 심리적 고통에 접근하기

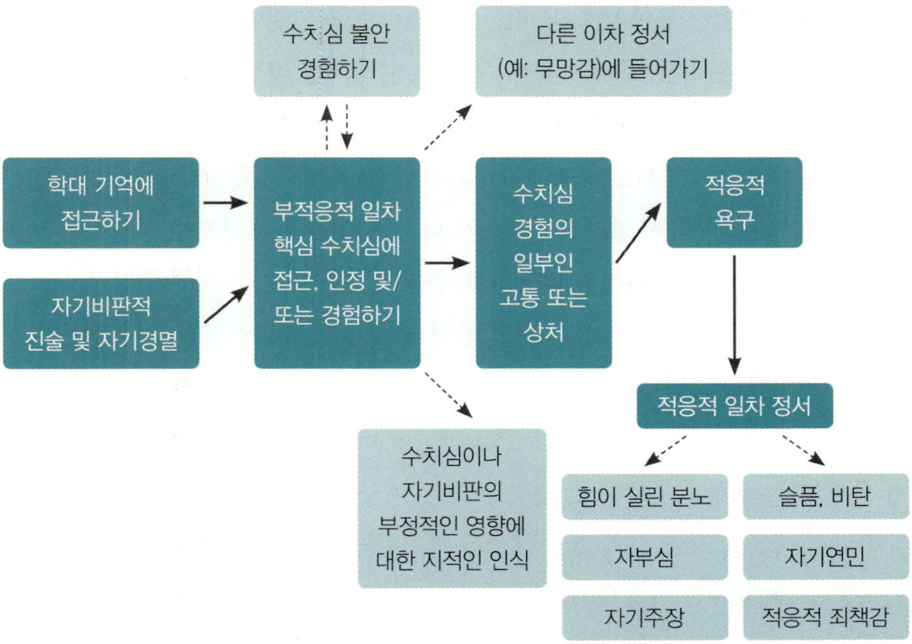

[그림 6.1] 수치심 해결 모델 – 내담자 과정

5. 수치심 불안 이상의 전반적 고통 · 무망감 · 무력감 및 기타 형태의 불안과 같은 이차 정서를 표현하기
6. 수치심 또는 자기비판/자기경멸의 영향을 지적 수준에서 정교하게 이해하기
7. **적응 욕구 표현하기**
8. **적응적 일차 정서 및 자기조직화에 도달하기**

회기 내 수치심 사건은 수치심 경험의 표식으로 시작된다. 내담자는 심각한 외상 · 학대 · 방임 또는 기타 대인관계 경험과 관련된 핵심 부적응적 수치심에 대한 자기경멸 및/또는 서술된 기억과 함께 자기비판을 표현한다. 다음으로, 가장 중요한 것은 부적응적 일차 수치심에 접근하고, 경험하고, 인정하며, 어떤 형태로든 인식에서 상징화하는 것이다. 이것이 바로 변화되어야 할 핵심 수치심이다. 그런 다음 내담자는 수치심 불안을 경험하거나 표현할 수 있다. 그 과정에

서 내담자는 수치심 불안 이외의 다른 형태의 전반적 고통(global distress), 무망감(hopelessness), 무력감(helplessness) 등의 이차 정서를 경험할 수 있다. 내담자는 수치심의 부정적인 영향이나 자기비판/자기경멸에 대해 지적인 수준에서는 어느 정도 이해하지만 정서적으로 크게 각성되지 않을 수 있다.

부적응적 수치심의 활성화된 경험에서 나오는 다음 필수 단계는 수치심의 고통을 경험하고 수치심에 내재된 타당화와 수용에 대한 적응적 욕구에 접근하는 것이다. 마지막으로, 해결한 내담자는 적응적 일차 정서에 접근하고 보다 자신감 있는 자기조직화를 개발하게 된다. 해결을 나타내는 이러한 보다 회복력 있는 상태에는 적응적 분노 · 자부심 · 자기연민(self-compassion)과 같은 보다 복잡한 정서가 포함된다.

따라서 해결로 가는 길의 초기 상태는 자기비판/자기경멸과 학대 기억이다. 자기비판은 자기 자신 전체에 대한 비판이며 경멸을 동반하는 경우가 많다. 반면, 학대 기억은 외상 · 학대 · 방임 또는 기타 관계적 경험으로, 내담자의 핵심 부적응적 수치심 도식의 발달에 중요한 역할을 했을 수 있는 기억이다. 이들은 회기에서 수치심에 접근하고 활성화하여 새로운 입력에 적응할 수 있도록 하는 수단이기 때문에 부적응적 수치심을 생산적으로 다루는 과정에 필수적이다. 두 가지 상태 중 하나 또는 두 가지 모두 진입점으로 사용할 수 있으며, 일부 내담자는 회기 중에 하나 또는 다른 상태를 경험할 수 있고 다른 내담자는 두 가지 모두를 경험할 수 있다. 이러한 구성 요소는 수치심 일화의 시작을 표식한다(mark).

다음으로 가장 중요한 단계는 부적응적 일차 수치심에 접근하고, 경험하며, 어떤 형태로든 인식에서 상징화하는 것이다. 이는 수치심과 관련이 있지만 수치심 자체를 느끼는 것과는 구별되는 수치심의 고통으로 이어진다. 내담자는 그 경험이 얼마나 고통스러웠는지 인정했고, 이러한 인정은 수치심을 더 깊게 받아들일 수 있게 했다. 수치심을 생생하게 경험한 내담자들은 수치심에 내재된 타당화와 수용에 대한 적응적 유기체적 욕구에 접근할 수 있게 되었다.

촉진적 욕구가 아닌 진심 어린 욕구가 적응적 정서의 출현을 촉발할 수 있다는 가설이 세워졌다. 앞서 설명한 바와 같이 진심 어린 욕구는 충족되지 못한 것에 대한 깊은 감각과 그 욕구가 충족되었어야 마땅하다는 느낌의 성격을 가지고 있다. 이 감정은 고통을 극복하기 위한 유기적인 반응으로 발생한다. 마지막으로, 내담자는 적응적 일차 정서에 도달하고 보다 탄력적인 자기조직화를 개발하게 된다. 따라서 과제 분석 방법으로 개발된 내담자 과정 모델에는 자기비판 또는 학대 기억의 초기 상태 · 핵심 부적응적 수치심의 활성화 · 수치심의 고통 · 진심 어린 욕구 · 해결 상태의 순서로 발생할 것으로 예상되는 다섯 가지 가설화된 필수 경험 상태가 포함되었다.

그런 다음 정서처리(emotional processing) 단계의 모델이 치료 종결 시 우울증 감소를 예측할 수 있는지 테스트했다. 이 표본에는 초기 회기에서 핵심 부적응적 수치심 도식을 보인 주요 우울 장애를 가진 23명의 심리치료 내담자가 포함되었다. 23개의 심리치료 비디오 녹화 회기는 이 연구를 위해 개발된 부적응적 수치심의 정서처리를 위한 코딩 시스템(Coding System for Emotional Processing of Maladaptive Shame: CEMS; S. Miller, 2021)을 사용하여 이전에 타당화된 심리치료 과정 연구 척도의 요소를 통합하고 확장한 심리치료 과정 측정법을 활용하여 코딩되었다. 부적응적 수치심에서 적응적 정서로의 경로를 테스트할 회기는 의자 작업(chair work)이 포함되어 있고(의자 작업에서 수치심은 높은 수준의 각성 상태에서 접근할 가능성이 가장 높기 때문에) 수치심의 해결 정도 측정에서 회기 내 수치심 해결 정도(degree of resolution of shame: DRS) 점수가 가장 높은 세 회기를 선정하여 선택했다. 치료 성과 지표로 사용된 것은 우울 증상의 변화를 나타내는 Beck 우울 척도(Beck Depression Inventory: BDI; A. T. Beck et al., 1961)의 사전 사후 차이 점수였다.

다변량 회귀 분석(multivariate regression analyses) 결과, 부적응적 수치심과 적응적 정서에 대한 발언 횟수가 BDI 변화 점수 차이의 30%를 설명하는 것으로 나타났으며, 분석에 적응적 욕구를 추가하면 설명 분산이 36%로 증가했다. 최소 3번 이상 두 가지 정서 상태를 모두 경험한 모든 내담자는 치료 성과가 좋았다. 또한 회기가 진행되는 동안 모델을 통해 더 크고 일관된 진전을 보인 내담자는 사전 사후 변화 점수가 더 높았으며 모델의 상태 순서도 성과를 예측할 수 있는 것으로 나타났다.

욕구의 역할은 덜 명확했다. 분석 결과, 충분한 수의 내담자가 진심 어린 욕구(CEMS에서 3 수준 이상으로 평가)를 표현하지 않고도 부적응적 일차 수치심에서 적응적 일차 정서로 자연스럽게 전환하는 것으로 나타났으며, 이 요소는 필요한 과도기적 다리로서 통계적으로 유의하지 않았다. 따라서 적응적 욕구를 표현하는 것은 핵심 부적응적 수치심에서 적응적 정서의 표현으로 전환하는 데 필요한 단계는 아니지만, 진심 어린 욕구보다는 낮은 수준의 촉진적 욕구(CEMS에서 3 수준 이하)를 표현하는 것이 부적응적 정서와 적응적 정서 사이의 다리 역할을 하는 것으로 밝혀졌다. 부적응적 정서에서 촉진적 욕구, 적응적 정서로 이어지는 순서는 매우 자주 발생하는 반면, 3 수준의 진심 어린 욕구와 관련된 순서는 거의 발생하지 않았다.

이 연구에 따르면, 부적응적 정서에서 적응적 정서로의 전환은 종종 자연스럽게 일어나며, 적응적 정서를 유발하기 위해 완전히 표현하거나 접근해야 할 필요는 없으며, 합당하다는 느낌을 동반한 진심 어린 욕구가 필요하다는 것을 시사한다. (1) 내담자의 적응적 욕구에 대해 묻고 표현하도록 요청하는 것은 치료자가 사용하는 데 도움이 되지만 항상 필요한 치료적 도구(therapeutic tool)는 아니며, (2) 내담자가 더 높은 수준의 각성에서 욕구를 표현하는 것이 적응적 정서의 출현을 촉진하는 데 필수적인 것은 아닌 것으로 나타났다. 그러나 적응적 정서 표현에 도달한 대부분의 내담자는 결국 3 수준으로 평가되는 진심 어린 욕구에 도달하지만, 종종 적응적 정서 이후에 도달하는 경우가 많아 두 상태 사이의 관계가 순차적이라기보다는 순환적인 관계임을 시사하는 결과이다.

또한 이러한 순서를 분석한 결과, 적응적 정서에 접근하기 위해서는 내담자가 자기경멸을 경험한 후 부적응적 수치심을 경험하는 것이 선행될 가능성이 큰 것으로 나타났다. 회기에서 치료 성과의 유의한 예측 인자로 밝혀진 적응적 일차 정서는 자부심 · 자기연민 · 분노 · 자부심/분노[자기결정(self-determination)]였다. 자기주장과 자기돌봄(self-care)을 나타내는 발화 횟수는 치료 성과의 51%를 차지했다. 주목할 점은 이러한 적응적 정서 중 하나를 경험한 내담자는 다른 정서도 경험하는 경향이 있다는 것이다. 또한 3 수준 욕구에 대한 내담자의 발화 횟수는 치료 성과와 유의한 상관관계가 있는 것으로 나타나, 진심 어린 욕구 표현의 필요성은 아니더라도 치료적 가치를 뒷받침하는 것으로 나타났다.

또한 치료 회기 전반에 걸쳐 초기 모델 상태(예: 자기경멸)의 비율이 높은 내담자는 변화 점수가 더 낮은 반면, 회기가 진행될수록 후기 모델 상태(예: 적응적 일차 정서)의 경험이 증가하는 내담자는 변화 점수가 더 높았다. 연구 결과, 하위 모델 상태에서 상위 모델 상태로 발전하는 것이 BDI 점수의 감소와 유의한 관련이 있는 것으로 나타났다. 부적응적 이차 정서에서 부적응적 일차 정서, 적응적 정서로 이어지는 정서 상태의 순서는 우연보다 훨씬 더 가능성이 높았으며, 이러한 순서가 성과를 예측하는 것으로 나타났다.

따라서 가장 기본적이고 임상적으로 가장 관련성이 높은 발견은 내담자가 부적응적 일차 수치심과 적응적 수치심이라는 두 가지 주요 정서 상태를 깊이 경험하도록 돕는 것이 좋은 성과를 경험하는 데 도움이 된다는 것이었다. 이 두 가지 상태를 경험하지 못한 내담자는 좋은 성과를 얻을 가능성이 낮다. 요컨대, 부적응적 수치심에 대한 내담자의 깊은 접근과 적응적 일차 정서는 치료 종결 시 우울 증상의 완화와 유의한 관련이 있었다. 반대로 성과가 좋지 않은 것은 주요 최고의 회기 동안 수치심에 접근하지 못하고 깊이 경험하지 못한 것과 관련이 있었다.

연구에 참여한 내담자들은 이혼 · 학대 또는 사별 경험 · 실직 · 결혼 생활의 어려움 등 다양한 고민을 제시했으며 모두 우울증 진단을 받았다는 점이 흥미롭다. 제시된 고민의 내용과 관계없이 모델의 단계에 따라 부적응적 수치심을 극복하면 좋은 성과를 유의하게 예측할 수 있었다. 이 과정을 거치지 않는 것은 좋지 않은 성과와 유의한 관련이 있었다.

또한 수치심과 적응적 정서를 더 깊고 더 자주 경험한 내담자가 치료 종결 시 가장 큰 이득을 얻었다는 연구 결과를 고려할 때, 수치심을 해결하기 위해 고통스러운 수치심 경험에 머물도록 돕는 것이 치료적이며, 부적응적 수치심을 극복하기 위해서는 자부심 · 주장적 화 · 자기연민과 같은 적응적 정서에 접근하는 것이 중요하다는 것을 시사한다. 이러한 연구 결과는 치료 초기에 내담자의 핵심 부적응적 정서도식(emotion scheme)을 파악하는 것이 임상적으로 유용하다는 것을 시사한다. 또한 이 연구는 기저의 핵심 부적응적 수치심 도식을 가진 내담자가 보다 회복력 있는 상태로 변화하도록 돕기 위해 치료자가 촉진해야 할 구성 요소에 대한 경험적 근거를 제공한다.

과정

이 모델에서 관심 있는 주요 구성 요소는 다음 회기에서 자세히 설명한다. 이 논의에 이어서 다양한 과정 단계를 촉진하는 데 필요한 치료자의 개입에 대한 설명이 이어진다.

수치심 표식

수치심은 스스로를 감추기 때문에 명백히 수치심이 아닌 진술에 묻혀 있는 경우가 많다. 어떤 경우에는 특정 진술 자체에 수치심이 포함되어 있지 않을 수도 있지만, 그 내용은 치료자가 후속 진술에서 기저의 수치심에 주의를 기울일 수 있도록 경고하는 신호로 작용한다. 예를 들어, 한 내담자는 "아버지는 우리 자녀에 대한 기대치가 매우 높았어요. 그는 완벽주의자였어요" 이 진술은 수치스러운 자기비판의 출현을 예고한다. 다음 진술에서 내담자는 계속해서 "아버지에게 충분한 것은 아무것도 없었어요. 저는 항상 부족하다고 느꼈고 충분하지 않다고 느꼈어요"라고 말한다. 수치심을 간접적으로 언급한 또 다른 예는 자신의 가치감과 존엄성에 영향을 준 어머니의 발언에 대한 설명과 묘사였다. "어머니는 공공장소에서 저와 함께 있는 모습이 창피할까 봐 집에 오셔서 제가 입을 옷을 가져오시곤 하셨어요" 또한 무시당하거나 무시당하는 경험은 "내가 당신을 알아볼 만큼 당신은 중요하지 않다"는 생각을 담고 있기 때문에 수치심이 될 수 있다. "나는 항상 너무 통제되고, 너무 규제되고, 무력하고 쓸모없다고 느꼈어요"라는 한 내담자의 진술에서 볼 수 있듯이 무력감을 느끼거나 무력한 상태는 수치심을 유발한다.

수치심을 유발하는 무력감은 상황이 절망적이거나 어렵거나 힘든 것이 아니라 자신이 무력하거나 무능하거나 아무것도 할 수 없다는 것을 암시하는 자기경멸의 색조를 띨 수 있다. 상황이 아닌 자기 자신에 대한 무력감과 완벽주의는 모두 수치심과 관련이 있을 수 있다. 사람은 자신이 부적절하거나 결함이 있거나 충분하지 않다는 기저의 느낌을 방어하기 위해 완벽주의와 매우 높은 기준을 사용할 수 있다.

수치심을 직접적으로 드러내지는 않지만 기저에 깔린 수치심을 담고 있는 진술의 예로는 "또 다른 실패인 것 같아요"가 있다. 또 다른 예로, 한 내담자가 경험하기 의자(experiencing chair)에서 어머니에게 말하면서 "엄마는 제가 말하는 것에 대해 정말, 정말 관심이 없으시네요. 나는 엄마가 내가 하는 말에 관심을 가질 만큼 중요하지도 않아요"라고 말했다. 또 다른 예로, 내담자는 "제가 하는 말에 관심을 가져주셔서 제가 들을 만한 가치가 있다는 것을 이해해 주셨으면 좋겠어요"라고 말했다. 내담자는 수치심을 수반하는 거절을 경험하고 있었다. 이러한 모든 경우, 수치심을 향해 부드럽게 다가가 몸과 마음 모두에 집중하는 것이 중요하다.

부적응적 일차 수치심에 접근하기

수치심 과정의 표식(marker)이 확인되면 회기에서 내담자의 적응적 일차 수치심과 관련 자기조직화에 접근해야 한다. 수치심을 바꾸려면 내담자가 수치심을 느껴야 한다. 수치심은 회기에서 순간순간 다양한 방식으로 경험할 수 있다. 과거 사건의 기억에 대한 반응으로 회기에서 일어난 일로 인해 수치심이 유발되거나 회기 외부의 상황에서 수치심을 되새기면서 수치심을 경험하기 때문에 발생할 수 있다.

수치심의 표현과 경험을 촉진하기 위해 치료자는 내담자의 경험, 특히 아직 공식화되지 않았거나 상징화하기 어렵거나 이전에 부인했던 경험의 측면에 주의를 기울여야 한다. 내담자는 수치심을 느끼는 것을 알면서도 수치심을 느끼면 자신이 무너질까 봐 수치심 경험을 부인하는 경우가 많다. 치료의 초점은 수치심을 수용하고, 허용하며, 탐색하는 등 수치심을 되찾고 수치심 경험을 설명할 수 있는 언어를 개발하는 능력을 키우는 데 있다. 이는 핵심 수치심을 생산적으로 정서처리할 수 있는 토대를 마련한다(Auszra et al., 2013). 목표는 수치심에 주의를 기울이고, 소유하고, 상징화하고, 일치하는 방식으로 표현하고, 수용하며, 자신을 수치심의 피해자가 아닌 주체로서 경험하고, 조절하며, 마지막으로 차별화할 수 있도록 하는 것이다.

3장에서 설명한 것처럼 부적응적 수치심의 핵심은 자신이 결함이 있거나 굴욕을 당했거나 지나치게 노출된 느낌에 관한 것이다. 시선 회피 · 고개 숙이기 · 얼굴 붉히기 등의 신체 언어와 표정이 이에 해당한다. 이러한 행위 경향성은 사라지거나 존재하지 않기를 원하는 것이다.

수치심 불안 및 기타 이차 정서

수치심을 치료하는 과정에서 내담자는 수치심을 느끼는 것에 대한 불안이나 두려움을 경험할 수 있다. 내담자는 수치심을 느끼는 것, 다른 사람에게 수치스럽게 인식되는 것, 수치스럽게 행동하는 것에 대해 불안을 표현한다. 회기에서 불안이 활성화되고 불안의 초점이 수치심에 맞춰진다. 일반적으로 수치심 불안 진술은 "수치심을 느낄까 봐 두렵다" "나는 …가 걱정된다" "나는 …가 불안하다"와 같다. 내담자는 불안감이나 노출, 당혹감 또는 부적절한 것으로 여겨지는 것에 대해 이야기할 수 있다. 한 내담자는 "또 실패자가 될까 봐 두려워요"라고 말했다. 또 다른 내담자는 사교 행사에 참석하는 것에 대한 불안감을 이야기하면서 "아무도 저에게 말을 걸지 않았으면 좋겠어요. 그러면 제가 여기에 어울리지 않는다는 것을 알게 될 테니까요"라고 말했다. 두 내담자 모두 부끄러움이나 수치심에 대한 불안감을 느끼고 있었다.

내담자는 회기 중에 수치심이나 수치심 불안 이외의 이차 또는 부적응적 정서를 경험할 수도 있다. 이차 정서는 종종 전반적 고통 · 거부적 화(rejecting anger) ·

무망감 · 무력감 또는 불만(즉, 상처와 분노의 융합)의 형태로 나타난다. 일반적으로 부적응적 정서는 버려짐에 대한 두려움이나 슬픔이다. 예를 들어, 우울증에 걸린 내담자는 우울감이나 피로감 · 수면 장애 · 하루 종일 침대에 누워 있고 싶다는 생각 · 목적의식 결여 · 삶의 의미 상실 등의 증상을 보일 수 있다. 내담자가 수치심 일화에서 이차 정서를 경험할 때 치료자는 이러한 감정에 공감하되 수치심 작업의 주요 과정 구성 요소에 다시 집중해야 한다.

수치심에서 비롯된 고통

내담자가 수치심에 접근하거나 자기경멸을 표현할 때 깊은 고통을 경험하는 것은 드문 일이 아니다. 일반적으로 이러한 고통을 따라가는 것이 치료적으로 생산적인데, 이는 내담자의 핵심 관심사로 과정을 안내하는 나침반 역할을 한다. 정서적 고통에 갇히지 않고 처리하면 핵심 상처에 도달하는 데 도움이 된다. 고통이 신선하고 새로운 경험일 때(예: 과거 학대에 대한 고통을 이전에 차단했던 스스로가 느낄 수 있도록 허용하는 것) 고통은 적응력이 있다.

수치심과 수치심의 고통을 구분하는 경계가 항상 명확한 것은 아니다. 하지만 부적응적 수치심을 다루는 데 있어 수치심이 중요하기 때문에 수치심을 개별적인 요소로 정의하는 것이 모델에 도움이 된다는 것을 알게 되었다. 내담자는 이러한 고통의 경험을 설명하기 위해 '상처(hurt)' '슬픔(sad)' '고통(pain)' '부서진 느낌(feeling broken)' '산산조각난 느낌(shattered)'과 같은 단어를 사용하거나 '찢어진(torn apart)' 또는 '피를 흘린(left bleeding)'과 같은 신체적 고통에 대한 은유를 사용할 수 있다. 적응적 고통은 또한 적응적 슬픔/애도(sadness/grief)과 유사하지만 애도처럼 상실에 대한 것이 아니라 수치심에 대한 상처라는 점에서 다르다.

영향에 대한 지적 인정

또한 내담자는 정서적 각성 없이 지적인 수준에서만 수치심의 영향을 인정하거나 깨닫거나 탐구할 수도 있다. 이들은 행동적 영향(예: "나 자신을 비판하면 하루 종일 집에 머물게 된다"), 신체적 증상(예: "자기비판 때문에 너무 긴장해서 두통이 생긴다") 또는 인지적 과정(예: "이제 나 자신에 대해 기분이 나빠지는 패턴이 보이지만 아무것도 변하지 않을 것이라고 스스로에게 말한다")에 초점을 맞출 수 있다. 내담자는 통찰의 느낌을 "이제야…" 또는 "이제야 깨달았습니다…"와 같이 표현한다. 이러한 감정은 인정하되 우회하여 거부된 욕구에 접근하고 되찾을 수 있도록 도와야 한다.

해결을 향한 진전: 적응적 욕구와 정서

앞서 언급했듯이 욕구 진술은 요구나 불만이 아니라 내담자가 필요로 하는 것에 대한 자기주장(self-assertions)이다. 일반적으로 욕구 진술은 "나는 …가 필요했다" 또는 "어렸을 때, 나는 …할 자격이 있었다"라는 구절로 시작된다. 보다 잠정적이고 단호한 어조로 욕구를 표현하는 진술이 치료적으로 유용할 수 있다. 이상적인 욕구 진술은 각성된 정서에서 비롯된 진심 어린 욕구를 표현하며, 내담자가 이러한 욕구를 충족시킬 자격이 있다고 느끼는 것을 반영한다. 강력한 욕구 진술의 예로는 "나는 받아들여질 자격이 있다" "나는 경청 될 자격이 있다" 등이 있다. 또 다른 예는 내담자가 빈 의자에 앉은 어머니에게 다음과 같이 표현한 것이다. "제가 아플 때 안아주고, 제가 도움을 청할 때 이해해 주셨으면 좋겠어요"

마지막 단계는 적응적 일차 정서에 도달하는 것이다. 이 단계에는 일차 정서에 기반한 복잡한 상태에 도달하는 것이 포함되며, 자기진정(self-soothing), 자신감, 힘 또는 가치에 대한 감각이 포함된다. 부적응적 수치심을 변화시키는 데 가장 중요하다고 생각되는 적응적 일차 정서는 다음과 같다.

- 자부심: 자부심(pride)에는 자기존중(self-respect)과 자신감(self-confidence) 같은 상태가 포함될 수 있다.
- 자기연민: 자기연민에는 자기 자신에 대한 연민, 이해 및/또는 용서가 포함된다. "네가 최선을 다하고 있다는 것을 알 수 있어"

- 분노: 적응적 분노는 사람들이 분노를 이차적이고 부적응적인 형태로 생각하거나 정의하는 경우가 많아서 일차 분노와 혼동하기 쉽기 때문에 식별하기 어려운 복잡한 정서이다. 적응적 분노는 경계 설정과 관련이 있으며 파괴적이지 않다. "나는 당신에게 …때문에 화가 나요" "나는 …때문에 분개해요"와 같은 표현은 불평이나 본질적인 징징거림이 아니라면 적응적 분노를 반영한다. 적응적 분노는 "나는 그것에 대해 당신을 비난한다"가 아니라 "나는 그것에 대해 화가 났다"라고 표현해야 한다. 다시 말하지만, 수치심을 변화시키기 위해 내담자는 심상적 직면에서 학대자에 맞서 자신을 주장하고 자기비난과 경멸에 도전함으로써 안전한 치료 상황(현실 세계가 아닌)에서 힘을 주는 적응적 일차 분노에 접근해야 한다.
- 자부심/분노: 자부심과 분노의 혼합에는 결단력이나 주체성의 표현 또는 자신의 주체성을 주장하는 표현이 포함된다.
- 적응적 일차 죄책감: 적응적 일차 죄책감은 인지된 잘못에 비례하며, 다른 사람에게 보상하거나 피해를 복구하기 위한 행동을 취하도록 동기를 부여한다. 일부 내담자는 수치심에서 적응적 일차 죄책감으로 넘어갈 수 있기 때문에 적응적 일차 죄책감은 부적응적 수치심을 다루는 맥락에서 볼 수 있다. 예를 들어, 일부 내담자는 과거 행동에 대해 실제로 책임을 지거나 수정하지 않고 자신을 폄하할 수 있다. 잘못에 대한 책임을 인정하고 피해를 복구하기 위한 조치를 취하는 적응적 죄책감으로의 이동은 적응적인 것이다.
- 슬픔/애도: 적응적 일차 슬픔/애도에는 충족되지 못한 욕구가 충족되지 않을 것이라는 사실을 (슬프지만) 진정으로 받아들이고 놓아버리는 것(letting go)이 포함된다. 고통(이 장의 뒷부분에서 설명)과 마찬가지로 슬픔/애도는 종종 다른 감정이나 경험에 관한 또는 그것과 관련된 성격을 갖는다. 예를 들어, 충족되지 못한 욕구에 대해 슬픔을 경험할 수 있다.

치료적 개입

우리가 개발한 변화 모델은 다른 모든 모델과 마찬가지로 진실이라고 주장하지 않으며 진실에 대한 근사치일 뿐이다. 치료 성과가 좋았던 내담자 중 일부는 이 모델에 따라 정서를 처리하지 않았으며, 이는 이 모델이 하나의 모델일 뿐이며 치료자가 각 개인의 독특하고 의미 있는 인간적인 이야기와 경험을 무시해서는 안 된다는 것을 시사한다. 오히려 이 모델은 치료자가 더 큰 구조와 관련하여 내담자의 과정을 찾고 적응적 일차 정서에 접근하여 부적응적 수치심을 변화시키기 위한 경험적 기반 경로를 제안하는 데 도움이 될 수 있는 지도를 제공한다. 이 모델의 범주는 치료자가 내담자의 다양한 유형의 정서적 과정을 이해하는 데 도움이 될 수 있으며, 특정 순간에 가장 유용한 정서적 상태에 대한 지침을 제공할 수 있다.

회기의 매 순간마다 치료자의 기본 질문은 "이제 제가 무엇을 할까요?"이다. 이 모델은 내담자의 과정을 이해하는 방법을 제공하고 다음 단계를 촉진하는 방법을 제안한다. 치료자는 개입 기술을 배우고 싶어 하지만 가장 중요한 것은 언제 무엇을 해야 하는지 인식할 수 있는 지각 기술이다. 지각 기술은 개입의 타이밍을 향상시킨다. 이 모델은 선택 지점을 파악하는 데 도움이 되며, 무엇을 언제 해야 하는지 알려준다.

[그림 6.2]는 경험적으로 도출된 수치심 해결 모델에 따른 치료자 행동의 설명적 모델을 보여 준다. 첫째, 치료자는 자기비판의 표식을 확인하거나 학대 기억이 떠오르는 것을 발견하면 자기와 자기 또는 자기와 타자 사이에 적절한 의자 대화를 통해 개입할 기회를 갖는다. 수치심이 암묵적으로 또는 명백하게 드러나면 치료자는 수치심을 중등도에서 고도로 각성하고 수치심을 상징화 및 차별화하기 위해 노력해야 한다. 또한 치료자는 내담자가 수치심의 원래 원인이었던 과거 상황과 감정에 대한 기억을 처리하도록 안내해야 한다. 그 과정에서 치료자는 수치심을 재처리하는 주된 초점에서 벗어나는 접점을 인식해야 한다. 내담자는 수치심에 대해 불안감을 느꼈던 경험을 이야기할 수 있다. 이는 내담자가 수치심을 두려워하도록

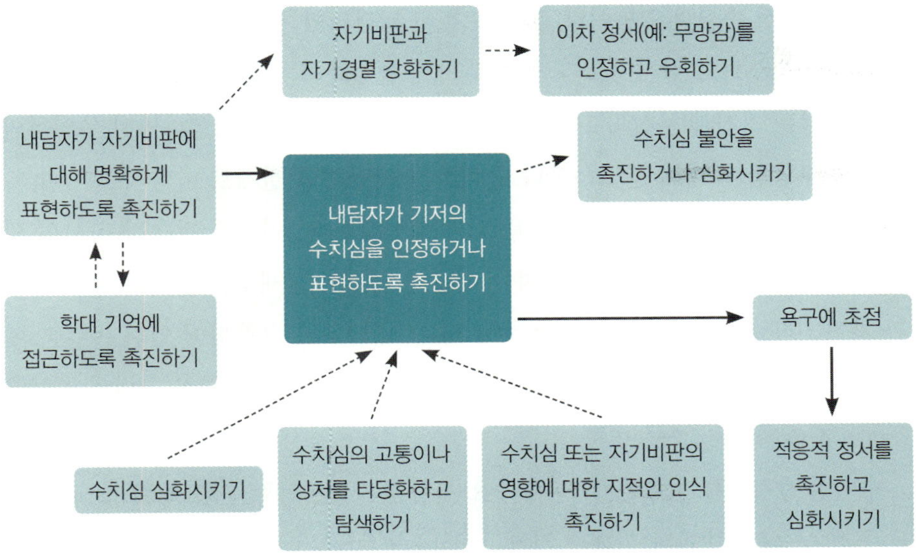

[그림 6.2] **치료자 작업 모델**

요청받는 두 개의 의자 불안 분할을 사용하여 불안이 어떻게 생성되는지 작업할 수 있는 기회이다. 그러나 치료자는 이것이 수치심을 해결하는 길의 중간 기착지임을 인식하고, 궁극적으로는 이차적으로 불안을 일으키는 파국화 과정에 머무르지 않고 수치심을 일으키는 비판으로 의자 대화의 방향을 전환해야 한다.

접점을 나타내는 또 다른 신호는 내담자가 무망감이나 무력감과 같은 증상을 보이는 이차 정서에 빠지는 것이다. 이러한 정서는 인정하고 타당화하되 기저의 경험에 도달하기 위해 우회해야 한다. 또한 치료자는 수치심이 자신과 삶에 미치는 부정적인 영향에 대한 내담자의 지적 토론을 인정하되, 문제를 해결하거나 '새해 결심(new year's resolutions)'을 하기 위해 자기비판을 그만두거나 수치스러운 기억을 반추하고 놓아버리겠다는 등의 노력을 하는 데 집중하지 않아야 한다. 치료자는 설명과 좋은 의도에 매몰되기보다는 내담자의 기저의 감정과 욕구에 집중해야 한다. 저절로 떠오르거나 아직 말하지 못한 상처에 주의를 집중해야 한다.

이 시점에서 치료자는 모든 고통을 포착하고 내담자가 수치심이 신체에서 어떤 것인지 상징화하여 그 고통을 견디도록 도와야 한다. 이것이 수치심의 진정한 감각적 · 생리적 손실과 고통이다. 일단 고통이 느껴지면 치료자는 내담자가 고통을 극복하고 생존하고 살아가고자 하는 의지가 활성화되는 데 집중해야 한다. 살아남고 싶다는 의지와 자신의 고통과 욕구가 타당하다는 것을 경험하면서 무의식의 거인은 부당함에 대해 분노하거나 슬퍼하기 시작하고 실제로 마땅히 받아야 할 것을 받지 못한 것에 대한 상실감을 느끼기 시작한다. 이것은 적응적 정서의 의식적인 출현으로 이어진다. 치료자는 새롭게 떠오르는 새로운 정서와 새로 발달된 자기조직화를 타당화하고 지지해야 하며, 내담자가 고착되어 있던 똑같은 옛날이야기(same old story)를 보다 긍정적인 결과 이야기로 바꾸도록 안내해야 한다(Angus & Greenberg, 2011).

수치심에 접근하기 위한 두 가지 주요 개입은 자기비판적 분열(self-critical splits)을 위한 두 의자 대화와 미해결 과제(unfinished business)를 위한 빈 의자 대화다. 두 의자 대화에서 치료자는 내담자에게 자기 자신에 대해 경멸적인 말을 하는 비판자(critic)나 판단자(judge), 경멸과 혐오를 받는 사람이 되어 보도록 요청한다. 빈 의자 대화에서 내담자는 빈 의자에서 심상 속의 타자에게 해결되지 않은 감정을 표현한다. 이를 통해 수치심을 활성화하고 충족되지 못한 욕구(unmet needs)와 새로운 정서에 접근할 수 있다.

두 의자 대화[3]

치료자는 두 의자 대화(two-chair dialogues)를 사용하여 수치심을 유발하는 자기비판(self-criticism; Greenberg et al., 1993)을 유익하게 다룰 수 있다. 자기비판적 분열의 해결은 좋은 치료 성과와 관련이 있다(Greenberg, 1979, 2015; Greenberg & Webster, 1982). 이 개입을 사용하여 수치심을 해결하는 과정은 내담자가 '다른' 의

3 역자 주) 두 의자 작업(two chair work)은 내담자의 자기비판과 같은 갈등 분열(conflict splits)에 대해 적용하는 정서중심치료의 주요 기법이다. 이에 대한 상세한 개입 과정은 『정서중심상담의 실제』, Robert Elliott, Leslie Greenberg 공저, 김영근 외 공역(2024), 학지사 6장 참조.

자에 앉아 '비판자(critic)'가 되도록 초대하는 것으로 시작된다. 내담자는 자신의 능력과 가치를 비판하면서 자기 자신을 비판하거나 경멸을 표현한다. 자기비판과 자기경멸은 강도의 연속선상에 놓여 있으며, 자기경멸은 자기비판의 더 강렬한 버전이다. 비판은 이 과정의 평가적 측면을 포함하지만 그 자체가 반드시 높은 정서적 각성을 수반하는 것은 아니다. 정서적 각성이 증가함에 따라 내담자는 더 많은 자기경멸을 경험하고 표현한다(Whelton & Greenberg, 2005). 비판자의 일반적인 대화 태도는 부정적인 평가와 관련된 적대적인 공격이다. 또한 내담자는 '수치심 불안 비판자(shame anxiety critic)', 즉 미래에 수치심을 느끼거나 수치스러운 행동을 할 가능성에 대한 불안을 불러일으키는 목소리를 낼 수도 있다. 예를 들어, 내담자는 "사람들이 널 비웃을 거야" "넌 바보가 될 거야" "넌 멍청이처럼 보일 거야" 등의 발언을 할 수 있다.

내담자가 기대에 부응하지 못한다고 반복해서 자신을 꾸짖을 때 치료자는 "그 목소리가 '나는 나 자신을 별로 좋아하지 않아'라고 말하는 것처럼 들려요. 이것은 분명 수치심을 불러일으킬 거예요. 이런 식으로 대하는 것이 고통스럽겠군요"라고 말할 수 있다. 개입에는 수치심을 유발하는 인식을 구체화하고, 경멸의 표현적 특성을 강조하며, 수치심을 유발하는 과정에서 주체성(agency)에 대한 인식을 높이는 것이 포함된다. 이 개입은 비판자 메시지의 인지적 내용뿐만 아니라 경험하는 자기(experiencing self)를 향한 얼굴 및 음성적 경멸에 초점을 맞추고 부정적인 자기평가(self-evaluation)의 가혹함에 대한 자기의 고통스러운 반응을 불러일으키도록 설계되었다.

이 과정에서 중요한 단계는 수치심을 유발하는 메시지에 대한 내담자의 인식을 높이는 것이다. 내담자는 수치심을 유발하는 메시지가 내부적으로 생성된 것이며, 따라서 이를 바꿀 수 있다는 사실을 깨달아야 한다. 수치심 유발 메시지에 대해 항의하고 반대하는 경향성은 생존의 문제로서 또 다른 의자의 자기에서 자연스럽게 발생한다. 그런 다음 자기의 두 측면 간의 협상은 자기수용적(self-accepting)이고 자기진정적(self-soothing)인 태도로 이어지고 부정적인 평가를 약화시킨다. 이러한 수용은 자기에 대한 자부심과 사랑과 같은 긍정적인 정서의 출현으로 이어진다.

두 의자의 자기비판적 과정은 내면화된 특정 부정적인 메시지, 비판적 목소리의 표현력, 내면화된 경멸의 정서적 영향에 대한 인식을 높인다. 이 과정은 내담자의 자기존중감(self-esteem) 손상뿐만 아니라 자기비하(self-denigration)로 인한 수치심을 활성화하고 내담자가 변화할 수 있도록 한다. 수치심은 자기주장과 자부심으로 자기의 건강한 부분이 드러나도록 지원함으로써 대응할 수 있다.

자기비판과 자기경멸이 순간적으로 발생하면 비판하는 '결함(defect)'과 관련된 기저의 수치심이 활성화된다. 이런 식으로 자기비판과 수치심은 동전의 양면과 같다. 내담자는 자신을 비판하는 동시에 비판받는 존재로 경험한다. 그럼에도 이 두 과정은 별개의 과정이며, 각각 독립적으로 분리하여 작업하는 것이 가장 좋으며 서로의 관계를 고려하여 작업하는 것이 좋다. 의자에 앉은 내담자의 위치[비판자(critic) 또는 경험하는 자기(experiencing-self) 의자]·음성의 질·표정·몸의 자세·내담자가 말하는 정확한 내용은 수치심 경험과 자기비판적/자기경멸적 경험의 측면을 구분하는 데 도움이 되는 요소이다.

비판적 의자(the critical chair)는 '너'를 비난하는 언어를 사용하며, 여기서 자기는 실패에 대한 공격과 비난을 받는다. 전형적으로 이 의자는 비우호적이고 공격적인 상호작용 자세를 취한다. 이 자세에서는 자기에 관하여 또는 자기를 향해 이야기하며, 자기로 느끼지 않는다(예: "넌 쓸모없어, 덩어리, 쓰레기, 못생겼어, 뚱뚱해, 게으른 놈"). 경멸의 말을 하면서 근본적인 수치심을 느끼는 경우가 많지만, '너'라는 언어와 훈계하거나 꾸짖는 어조로 말하고 있으며, 주로 평가하고 공격하는 입장에서 몸과 마음을 동일시하고 있다.

경험하는 의자에서 내담자는 '나'라는 언어를 사용하며, 수치심에 접근하는 것이 이상적이다. 내담자가 경험하는 의자에서 자신의 경험을 탐색할 때 수치심이 나타난다(예: "나는 그저 실패자처럼 느껴져요" 또는 "나는 작아지고, 축소되고, 무가치하다고 느껴져요"). "나는 느낀다" 또는 "나는 느꼈다"로 시작하는 내담자의 진술은 수치심이 생겨났고 그 사람이 자기비판적인 상태에서 벗어났다는 신호이다. 예를 들어, "너는 정말 바보야"[비판자 의자(critic chair)에서 자기 의자(self-chair)를 향해 강하게 잔소리하는 목소리로 말함]는 자기비판이지만 "나는 바보 같아"(자기 의자에서 구부정한 자세로 아래를 내려다보며 조용하고 피곤한 목소리로 말함)는 수치심을 느낀다는 것이다. 치료자는 이 미묘한 차이를 알아차리고 행위자와 피해자의 입장을 분리하여 내담자가 수치심 공격이나 수치심 감소를 위해 어떤 행동을 하든 그 방향으로 유도하는 것이 중요하다.

내담자가 자세히 설명할수록 비판과 자기경멸이 증가하고 기저의 수치심과 고통의 감정이 드러나기 시작한다. 치료자가 능숙하게 작업하고 있다면, 비판자가 자기를 경멸로 찌른 후 적절한 시점에 경험하는 의자로 다시 전환하라는 메시지가 주어지면 내담자의 기저의 취약한 수치심에 접근하게 된다. 그러나 자기는 비판자의 목소리에 동의하고 절망감에 빠져 '무너질' 수 있다. 예를 들어, 비판자에 대한 반응으로 자기는 "나도 동의해" "그가 옳아" "논쟁할 필요가 없어"라고 말할 수 있다. 이러한 반응은 자기가 위축되고 절망에 빠지는 것을 나타낸다. 또한 인지의 영역(domain of cognition)의 진술이기도 하다. '사실인지 아닌지' 치료자는 내담자가 '나에게 좋은가, 나쁜가'(즉, 기분이 어떤가)라는 정동의 영역(domain of affect)에서 활동하도록 이상적으로 안내하여 비판의 사실적 실체에 대한 토론을 촉진하기보다는 내담자가 어떻게 느끼는지에 대해 안내한다.

이러한 대화에 경험이 부족한 치료자들은 종종 비판자와 논쟁하는 인지적 과정을 잘못 유도하거나 비판자에게 화를 내며 "나를 내버려둬"라고 말하도록 부추긴다. 이 전략은 마치 사람들이 자신을 옹호하는 것처럼 들리지만, 대개는 인지적 수준에서 방어적 이차 분노이다. 효과적인 주장적 감정과 욕구는 고통스러운 수치심의 경험에서 비롯되어야 하며, 이를 통해 생존 동기에 의해 촉발된 진심 어린 욕구에 접근할 수 있다.

때때로 두 가지 과정(수치심과 자기경멸)이 혼합되어 나타나는데, 특히 치료자가 내담자가 이를 구별하도록 돕지 않는 경우 더욱 그렇다. EFT 이론에 따르면, 중요한 치료 목표는 내담자가 자기비판과 자기경멸을 기저의 수치심과 구별하고 다르게 경험할 수 있도록 돕는 것이다. 예를 들어, 한 내담자는 비판자 의자에서 악의적인 어조로 "너의 성격은 쓰레기야"라고 말했고, 같은 악의적인 어조로 "너의 모습 때문에 아무도 너를 좋아하지 않아"라고 말했다(Miller, 2021). 이는 수치심이 자기경멸을 낳는 좋은 예이다.

빈 의자 대화[4]

수치심으로 이어지는 두 번째 유형의 정동적 의미 상태(affective-meaning state)는 내담자가 과거의 학대나 혹사에 대한 기억을 이야기하면서 해결되지 않은 나쁜 감정을 받아들이는 새로운 방법을 찾을 때 발생한다. 학대와 관련된 핵심 부적응적 수치심을 다루는 작업에서는 내담자가 상대방과 직면하여 이전에 표현하지 못했던 정서를 표현하는 빈 의자 대화(empty-chair dialogue)가 수치심을 극복하는 데 도움이 된다(Greenberg, Rice, & Elliot, 1993). 여러 연구에 따르면, 빈 의자 대화는 사람들이 해결되지 않은 감정에 접근하고 미해결 과제를 해결하는 데 매우 효과적이다(Greenberg & Malcolm, 2002; Paivio & Greenberg, 1995).

학대에 대한 책임감을 느끼는 수치심에 기반한 혹사 및 학대 생존자와 함께 작업할 때, 개입에는 비난을 외부화하는 것, 즉 비난을 '원래 있어야 할 곳에' 돌리는 것이 포함된다. 또한 학대를 당한 내담자의 경우 학대는 철저히 비밀에 부쳐지고 수치심 불안과 친밀감에 대한 두려움이 커진다. 대화에서 이 문제를 꺼내는 것은 은폐에 대한 해독제 역할을 한다.

이 대화에서 내담자는 마치 빈 의자에 앉아 있는 것처럼 심상 속에서 굴욕을 주거나 학대적인 타자와 직면한다. 미해결 과제를 해결하기 위한 심상적 직면을 포함하는 이러한 형태의 게슈탈트 빈 의자 작업은 부적응적 수치심에 접근하고 해결하는 데 도움이 된다(Greenberg, Rice, & Elliot, 1993). 빈 의자 대화는 주요 타자에 대한 내담자의 내적 관점을 활성화하고 해결되지 않은 감정과 욕구를 경험하

4 역자 주) 빈 의자 작업(empty chair work)은 내담자의 과거 주요 타자와의 미해결 과제(unfinished business)에 대해 적용하는 정서중심치료의 주요 기법이다. 이에 대한 상세한 개입 과정은 『정서중심상담의 실제』, Robert Elliott, Leslie Greenberg 공저, 김영근 외 공역(2024), 학지사 7장 참조.

고 표현하는 것을 촉진한다. 타자와 자기에 대한 관점의 변화가 종종 일어나며, 해결에는 타자에게 책임을 묻거나 타자를 이해하거나 용서하는 것이 포함된다.

일반적으로 작업은 내담자가 항의 · 비난 · 불만 등 많은 반응적 이차 정서(secondary reactive emotions)를 표현하는 것으로 시작된다. 빈 의자 작업에서 내담자는 고통스러운 정서에서 벗어나기 전에 먼저 자신의 고통스러운 정서에 도달해야 한다. 이 과정에서 해결되지 않은 중요한 감정과 충족되지 못한 욕구를 먼저 파악한 다음, 그 정서가 타당한 것으로 경험하고 표출하여 그 정서를 상징화하고 행위 경향성을 되찾는다. 고통스러운 정서와 충족되지 못한 욕구를 심상 속의 타자에게 표현함으로써 자기를 경험하고 타자를 바라보는 새로운 방식이 등장하게 된다.

때로는 내담자가 기저의 수치심이나 상실의 슬픔을 경험할 때 심상 속 인물이 내담자가 필요로 하는 것을 듣고, 내담자의 감정과 욕구의 정당성을 인식하고, 내담자의 상처에 반응하는 것처럼 느껴지기도 한다. 그러면 내담자는 상대방이 되어 연민과 위로를 경험하며 상처와 수치심을 변화시킨다. 그러나 심상 속의 부정적인 타자가 반응하지 않거나 피해에 대한 책임을 받아들이지 않으려는 경우, 이해의 해결은 불가능하다. 그런 다음 내담자는 자신이 충족되지 못한 욕구를 충족시킬 자격이 있다고 주장하고 타자가 충족시키지 못한 것에 대해 책임을 물어야 한다. 일어난 일의 고통을 인정하고 상실을 슬퍼하면 새로운 존재 방식이 만들어진다. 자기는 더 강해지고 타자는 더 약한 존재로 여겨진다. 이 과정에서 기억이 활성화되는 가상 현실이 만들어지고, 기억이 새로운 입력으로 재통합되는 과정을 통해 과거에 대한 내담자의 경험이 변화할 수 있다. 이 과정을 통해 내담자는 자신의 욕구의 정당성을 확립하고 현재와 미래의 관계에서 자신의 욕구를 충족시킬 수 있는 방법을 모색할 수 있다.

학대 · 방임 · 외상(특히 중요한 애착 대상에 의한 어린 시절의 지속적인 외상)과 또래로부터의 거부 및/또는 조롱 경험은 종종 수치심과 무가치감 또는 결함이 있다는 느낌을 갖게 한다(Miller, 2021). 일부 내담자는 먼저 그러한 학대 경험을 이야기하고 탐색한 후 이러한 경험에서 수치심을 느끼고 표현하기 시작할 수 있다. 다른 사람들은 내담자의 자기비판의 역사적 및 대인관계적 뿌리를 탐색하는 동안 학대에 대한 기억에 도달한다. 일반적으로 내담자는 학대, 혹사 또는 방임의 기억(무슨 일이 있었는지)을 서술하고, 그 경험의 의미(어떤 의미가 있었는지)를 설명하며, 드물게는 학대 경험에 대한 느낌(어떤 느낌인지)을 설명한다. 후자의 측면, 즉 느낀 것을 경험하고 상징화하는 것은 치료가 진행됨에 따라 집중해야 하는 부분이다. 당시 느꼈던 감정(예: 갇힌 느낌, 외로움, 사랑받지 못하는 느낌, 취약함, 겁, 혼란, 두려움)을 상징화하고 탐색하는 것을 통해 이전에 거부했던 정서를 처리하기 시작한다. 그 사람은 그 순간, 회기에서 이러한 정서 중 일부를 다시 경험하기 시작할 것이다. 빈 의자 대화는 내담자가 자신이 받은 경멸과 굴욕감에 도전하는 데 도움이 되며(Greenberg, Rice, & Elliott, 1993; Paivio et al., 2001), 수치심을 불러일으키고 궁극적으로 심상적 직면에서 학대자에게 맞설 수 있도록 힘을 실어주기 위한 개입이다.

학대에 대한 기억을 이야기하면 다양한 정서적 신체 언어와 음성의 질이 만들어진다. 예를 들어, 아버지의 폭력적인 폭발에 대해 이야기하는 내담자에게 치료자는 "네, 아버지가 자제력을 잃었을 때 어땠는지 말해 보세요"라고 말하며 아버지에게 자신의 감정을 표현하도록 안내했고, 내담자는 한참을 망설인 후 "그것은 나를 포기하게 만들었고, 관심을 잃게 했고, 닫아 버리게 했어요. 더 이상 신경 쓰지 않게 되었고, 더 이상 기대하기 싫었고, 그냥…"이라고 말하며 말을 이어갔다. 내담자는 아버지의 학대를 경험한 자전적 기억에 접근하여 그에 대한 자신의 반응과 경험을 표현하기 시작했다.

타당화와 내러티브 변화

내담자는 불공평함에 대한 분노 · 애도에 대한 슬픔 · 자기 또는 다른 사람에 대한 연민으로 수치심을 풀고 나면 더 강해지고 차분해지며 더 가치 있는 존재로 느껴진다. 이 시점에서 내담자는 통합에 의한 변화를 통해 새로운 자기 경험을 하게 되며, 더 이상 도망치거나 숨으려는 경향이 없어지고 눈을 마주칠 수 있게 된다.

다음으로 치료자는 새롭게 발견한 자기감을 타당화해야 한다. 치료자는 더 이상 수치심을 불러일으키기 위해 개입하지 않지만, 내담자가 강화된 자기를 공고히 하고 새롭게 발견한 자기감을 표현할 수 있도록 의자 대화를 사용할 수 있다. 뇌는 항상 신체가 하는 일을 부호화하기 때문에 표현은 신경 경로를 강화한다. 비록 가상 현실이지만 다른 부분에게 큰 소리로 말함으로써 사람과 뇌는 새로운 경험을 반복하게 되고, 반복은 새로운 학습을 통합하는 데 도움이 된다. 그러나 이 단계의 주된 상호작용 스타일은 대화이고, 치료자는 내담자가 새롭게 발견한 자기감에 대해 공감하고 타당화하며, 기분이 어떤지 묻고 변화된 부분에 대해 질문하고 피드백을 제공한다.

분노, 애도 또는 연민을 통해 새로운 신체적 반응을 보이고 수치심 경험을 성찰하고 정서에 인지를 동원하여 이해할 수 있도록 하는 것이 목표이다. 내담자는 치료자의 도움을 받아 삶의 여러 요소를 연결하고, 자신의 경험에 대한 대체 설명을 발전시키고, 자신에 대한 견해를 수정하며, 자신의 삶과 정서에 대한 새로운 이야기를 발전시킨다. 치료 목표는 내담자가 자신에 대한 새로운 과거와 미래의 관점을 발전시키도록 돕는 것이다. 따라서 치료자는 내담자가 자신의 회복탄력성(resilience)과 주체성을 강조하는 내러티브를 발전시키고 자신에 대한 관점을 재구성하도록 돕는다. 이전에는 생존을 위협하는 것으로 인식되었던 경험에 직면하더라도 자기는 더 이상 무능한 존재로 판단되지 않고 오히려 대처하고 성장할 수 있는 유능한 존재로 인식된다.

수치심을 변화시키는 작업의 중요한 마지막 단계는 새로운 내러티브를 통합하고 내담자의 정체성을 확인하는 새로운 의미를 구성하는 것이다. 예전의 나쁜 이야기는 좋은 일이 일어날 수 있는 긍정적인 결과를 가진 이야기로 바뀐다. 정서도식 수준에서의 변화와 더불어 새로운 정서를 이야기하는 과정에서 나오는 내러티브 변화의 과정도 성찰의 과정을 통해 발전해 나간다. 치료 과정에서 내담자는 수치심과 거리를 두고, 자신의 핵심 부적응적 감정인 일차 수치심과 무가치함을 상징화하며, 이것이 자신의 핵심 감정임을 인정함으로써 수치심에 대한 성찰적 숙달을 얻게 된다. 핵심 수치심을 상징화함으로써 수치심과 분리하여 수치심을 전체 자기(whole self)가 아닌 자기의 일부로 볼 수 있게 된 것이다. 수치심은 자기의 대상(object)이나 산물(product)이 되어 전체 자기를 집어삼키는 것이 아니라 고통을 유발하는 것이 된다. 따라서 수치심은 더 쉽게 조절할 수 있다. "나는 비참한 사람이다"가 "이것은 나의 비참한 부분이며, 나는 그것을 보고 다룰 수 있다"로 바뀐다. 이러한 부분의 상징화는 내담자가 수치스러운 경험으로부터 거리를 두고 자신을 돌아볼 수 있는 공간을 만들어 준다. 이제 이 부분은 의식적인 수준에서 서술될 수 있으며, 생존과 번영에 대한 의지에서 유기체적인 경험의 궤도에서 나온 새롭게 신체적으로 느껴진 자신감을 더할 수 있다. 변화는 내면의 부정적인 부분을 보고, 그 기원을 이해하며, 더 이상 자기와 타자에 대한 오래된 관점을 받아들이지 않는 것을 포함한다. 그런 다음 내담자는 자신에 대한 관점을 재구성하고 이를 발전시킨다. 이제 자기는 더 이상 실패자로 여겨지지 않고 장애물 앞에서도 성공할 수 있는 유능하고 능력 있는 존재로 여겨진다. 이전에는 수치스럽고 생존을 위협하는 것으로 인식되었을 수 있는 경험에 직면했을 때에도 성공할 수 있다.

7장

수치심 사례 예시

생각하지 않는 것을 수치스럽게 여기는 말을 하는 것을 수치스럽게 여기지 말자.

–미셸 드 몽테뉴(Michel de Montaigne)

이 장에서는 수치심에 대한 작업과 관련된 다섯 명의 내담자[1]의 회기 축어록을 소개한다. 처음 세 건은 좋은 성과를 얻은 사례이다. 하나는 학대로 인한 수치심, 다른 두 개는 비판의 내면화로 인한 수치심에 초점을 맞춘다. 이 세 가지 사례에 이어서 수치심이 회기에서 해결되지 않아 성과가 좋지 않은 사례가 이어진다. 마지막은 내면화된 비판적 타자와 함께 일하기 위한 좀 더 긴 기록이다.

사례 1: 수치심으로 이어지는 학대 기억(좋은 성과)

첫 번째 사례에서 라틴계 출신의 28세 남성 후안(Juan)은 불안과 우울을 호소하며 삶을 살아가는 데 어려움을 호소했다. 그는 예술과 문학에 관심이 많았으며, 리포터나 작가가 되고 싶어 했다. 치료가 진행되면서 아버지와의 관계가 큰 고통의 원인이라는 것이 분명해졌다. 수치심은 아버지의 신체적·정서적 학대 경험에서 비롯된 그의 고통스러운 핵심 정서로 떠올랐다. 그의 어떤 회기에서도 자기비판(self-criticism)이 나타나지 않았고 그의 수치심은 순전히 학대를 내면화하면서 발전했다는 점에 주목할 필요가 있다.

이 축어록에서는 15번째 회기부터 내담자가 자신을 대하는 아버지의 태도가 불러일으킨 무가치감에 대해 자세히 설명한다. 일화는 학대에 대한 기억의 내레이션으로 시작된다. 내담자의 적응적 분노는 벽으로 막았던 깊은 고통에 접근하는 것으로 빠르게 전환된다. 그의 수치심은 자신의 고통을 허용하고, 그 고통을 타당화한 다음, 힘을 얻은 적응적 분노를 활용할 수 있게 되면 안도감과 가치감으로 바뀐다. 자신이 겪은 고통에 대한 애도와 침해당한 것에 대한 힘을 얻은 분노의 감

1 이 책에 사용된 임상 자료는 내담자의 비밀을 보호하기 위해 적절히 각색되어 있다. 내담자의 신원은 유지되었다.

정이 수치심을 해소하고 자기인정감(sense of self-affirmation)으로 바뀐다. 새롭게 접근한 분노와 애도의 슬픔이 이 내담자에게 변화된 정서이다. 이 치료는 성공적이었고 이 남성은 아버지의 잘못을 용서하게 되었다.

내담자: 천천히 쌓여가는 것 같았고, 점점 더 화를 냈어요. 시간이 좀 걸리긴 했지만 저를 식탁에 앉히고는… 주먹으로 식탁을 두드리며 강조하고 소리를 지르곤 했어요. 아버지는 저에게 더 가까이 다가갔어요. 그는 주먹을 더 세게 두드렸어요.

치료자: 으흠.

내담자: 아버지는 제 얼굴에 대고 더 크게 소리를 질렀어요…. (한숨) **(학대 기억 서술)**

치료자: 아버지가 식탁을 두드리고 가까이 다가와서 소리를 지르는 동안 당신이 앉아 있을 때의 기분이 어땠는지 아버지에게 말해 보세요…. 기분이 어땠는지 아버지에게 말해 보세요. 당신은 어땠나요? **(내부 경험에 집중)**

내담자: (한숨) 제가 너무 작아진 것 같았어요. (치료자: 음.) 그냥 사라지고 싶다는 생각이 들었어요. **(두려움과 섞인 핵심 수치심)**

치료자: 으흠. 그냥 사라지고 싶었군요.

내담자: 거기 있고 싶지 않았고, 어디에도 있고 싶지 않았고, 그냥 존재하고 싶지 않았어요. (3분간 침묵)

치료자: 으흠… 당신이 말한 그 느낌처럼요. 항상 모퉁이에 숨어 있는 무언가를 기다리는 느낌. (10초간 침묵) 그러니까 아버지가 나의 신뢰를 깨뜨린 것 같네요. (내담자: [한숨]) 그것보다 더 심하군요.

내담자: 항상 정말… 모르겠어요, 죄책감. (치료자: 음.) 수치스러워요. **(핵심 수치심)**

치료자: 음. 수치스럽군요.

내담자: 이유를 모르겠어요.

치료자: 왜 그렇게 느꼈는지, 왜 그렇게 느껴야 하는지 모르겠군요?

내담자: 왜 그런 기분이 들었는지 모르겠어요. 그냥 기분이 너무 나빴어요. 하고 싶지 않은 것 같고… 노력해도 할 수 있는 게 아무것도 없는 것 같았어요.

치료자: 탈출구가 없는 것 같았군요…. 당신이 할 수 있는 일은 아무것도 없을 것 같았군요. (내담자: 으흠.) (10초간 침묵) 흠 (알아들을 수 없음) … 아니… (알아들을 수 없음) 당신이 할 수 있는 어떤 것도 받아들여지거나 사랑받지 못할 것 같다는 느낌이 얼마나 끔찍했는지… (한숨) **(공감적 탐색) (핵심 수치심에 접근한 다음 적응적 고통에 접근)**

내담자: 그냥 너무 절망적이었어요. 그냥… (목을 가다듬으며) … (한숨) **(이차 무망감)**

치료자: 아버지에 대해 어떻게 느끼세요? **(기저의 정서로 안내)**

내담자: 아, 그 사람이 미워요. **(적응적 분노)**

치료자: 아버지에게 말해 보세요.

내담자: 아버지가 미워요.

치료자: 아버지에게 말해 보세요.

내담자: (한숨) 아버지가 내 인생에 없었으면 좋겠어요.

치료자: 흠… 당신이 아버지를 싫어하는 이유를 말해 주세요. 아버지에게 화가 나는 이유. "나는 아버지에게 …때문에 화가 났어요"

내담자: 나 자신을 미워하게 만들고 끔찍한 기분이 들어요. **(수치심)**

치료자: 으흠… 으흠… 으흠… 그냥 놔둬요. 괜찮아요.

내담자: (내담자가 흐느끼기 시작함) **(내담자가 다음 몇 분 동안 핵심 고통으로 들어감)**

치료자: 너무 고통스럽군요.

내담자: (울음이 심해짐)

치료자: 으흠, 음… 괜찮아요, 그냥 내버려두세요. 내가 여기 당신 곁에 있잖아요. **(연결 및 지지)**

내담자: (울음)

치료자: 으흠.

내담자: (한숨)

치료자: 으흠… 너무 많은 고통, 너무 많은 눈물… 자신을 허용하기 어렵군요.

내담자: (치료자 반대편 벽을 바라보며 계속 울음)

치료자: 저 안에 너무 많아요… 음… 으흠… 으흠….

내담자: (얼굴을 가리고 계속 다른 곳을 바라보며 한숨) (12초간 침묵)

치료자: 속이 너무 아프군요, 찌그러진 느낌이겠어요.

내담자: (킁킁거리며, 깊은 한숨) (잠시 침묵) (깊은 한숨, 울음, 계속 얼굴을 가림)

치료자: 당신은 너무 사랑받지 못한다고 느꼈고, 너무 고통스러웠어요. 당신은 안전이 필요했어요. **(공감적 인정, 욕구 타당화)**

내담자: (얼굴에서 손을 떼고) (10초간 침묵) (한숨, 위를 쳐다봄)

치료자: 견뎌내야 할 것이 너무 많았어요.

내담자: 네, 저는 너무 패배감과 외로움을 느꼈어요. 저는 폭발이 아니라 평화와 안전이 필요했어요.

치료자: 지금은 기분이 어떠세요?

내담자: 모르겠어요. 일종의 안도감과 지친 느낌.

치료자: 그 모든 분노와 고통을 감당하는 게 너무 힘들었던 것 같아요. 특히 어렸을 때는 감당할 수 없는 일이었죠. **(내러티브 재구성)**

내담자: 네, 전 착한 아이였어요. 그냥 아픈 사람이었죠. 인생의 모든 쓰레기 때문에 일종의 괴롭힘을 당했죠. 하지만 저는 아버지의 모든 짐을 짊어지지 않고 존재할 자격이 있었어요.

사례 2: 자기경멸의 예(좋은 성과)

이 예에서는 결혼하여 세 자녀를 둔 38세의 백인 여성인 마사(Martha)가 부모의 지나친 간섭과 덜 사랑받는 자녀에 대한 해결되지 않은 감정을 다루고 있다. 마사는 어머니와의 관계를 예로 들며, 어머니가 공공장소에서 자신과 함께 있는 모습을 창피하지 않게 하기 위해 두 사람이 외출할 때 마사가 입을 옷을 가져다 준다고 말한다.

이 회기는 14회기 치료 중 10번째 회기로 매우 좋은 성과를 얻었다. 마사의 수치심은 그녀에 대한 어머니의 타당화하지 않는(invalidating) 태도와 부모에 의해 부인된 오빠의 성적 학대 경험으로 인해 형성되었다. 학대는 이번 10번째 회기에서야 드러났다. 이때까지 우리는 그녀의 매우 자기경멸적인(self-contemptuous) 내면의 목소리를 치료했다. 수치심에 접근하는 과정의 몇 가지 예를 먼저 보여 주겠다.

내담자는 자기비판적인 두 의자 작업(self-critical two-chair work)[2]의 경험하는 의자(experiencing chair)에서 말하는 것으로 시작한다. 그녀의 비판자(critic)는 경멸적이면서도 불안감을 불러일으킨다. 그녀는 새로운 직업에 대해 이야기하고 있으며 실수할까 봐 불안해하고 있다.

내담자: 그리고 저는 제 실수를 바로잡을 수 없을 거예요. 지점에 가서 장부 균형을 맞추지 못하면 (**치료자**: 그래요.) 여러 번 실수하면 해고될 것 같고, 좋은 아이디어가 있는데도 망칠까 봐 두려운 마음이 계속 들었어요.

치료자: 알았어요, 의자를 바꿔주세요.

2 역자 주) 두 의자 작업(two chair work)은 내담자의 자기비판과 같은 갈등 분열(conflict splits)에 대해 적용하는 정서중심치료의 주요 기법이다. 이에 대한 상세한 개입 과정은 『정서중심상담의 실제』, Robert Elliott, Leslie Greenberg 공저, 김영근 외 공역(2024), 학지사 6장 참조.

내담자: 저쪽으로 가라고요?

치료자: 네. (내담자가 의자를 '비판자' 의자로 바꾼다.) 그러니까 좋은 아이디어가 있으니 망치지 말고 화요일에 했던 그 목소리로 돌아가라고 말해줘요.

내담자: 알았어요, 난 비참해. 네가 망치고 있어. 네가 못 할 줄 알았어.

치료자: 네, 비참하고 못된 목소리네요. (내담자: 네.) 그리고 그 목소리 때문에 자기가 부적절하다고 느끼고. (내담자: 네.) 그래서 어떻게 하나요? 해봐요. **(비판적인 목소리에 접근)**

내담자: 성공할 수 없을 텐데 왜 시도조차 하지 않는지 모르겠어. (치료자: 으흠.) 뭔가 잘못될 거야… 아직은 모르겠지만 뭔가 잘못될 거야.

치료자: 넌 실패할 거야. (내담자: 네.) 넌….

내담자: 그래, 넌 길을 가고 있지. 회사에 취직했다고 모두를 속였고, 모두가 네가 일을 망칠 거라고 생각하지. (치료자: 아.) 애들 먹일 돈도 부족하고 대출금 갚을 돈도 부족할 거야. (치료자: 어허.) 너는 이 치료 과정에서 죽게 될 거야. (치료자: 으흠.) 왜 이 수술을 하려고 해? 대출이 제때 이루어지지 않을 것이고, 의사 약속을 놓칠 것이고, 뭔가 잘못되어 제때 병원에 가지 못할 것이고, 수술이 취소될 것이고, 포기할 것이고, 알다시피….

치료자: 포기해, 그만해.

내담자: 노력하지 말고 방으로 돌아가서 우울해하고 기죽어서 문 닫고 아무 일도 하지 마. 넌 한심해, 패배자야…. **(자기경멸)**

치료자: 어허, 귀찮게 하지마.

내담자: 그래. 완전.

치료자: 안 될 거니까. 좋아요, 바꾸어 보세요, 너는 패배자야….

내담자: (의자를 바꾼다)

치료자: 그녀가 당신에게 방금 방으로 가서 우울해지라고, 당신은 쓸모없다고 말했잖아요.

내담자: (웃음)

치료자: 그 말을 들었을 때 기분이 어때요? **(활성화된 경험에 집중)**

내담자: 기분이 끔찍해요.

치료자: 몸이 끔찍하다는 건 어떤 느낌인가요? **(몸의 느낌에 집중하도록 안내)**

내담자: 글쎄요, 속이 가라앉는 느낌 같은 거요. (아래를 내려다보며)

치료자: 그냥 그 느낌에 머물러 있으면서 숨을 쉴 수 있을까요?

내담자: (몸을 공 모양으로 약간 말아 올리며) **(행위 경향성)**

치료자: 무슨 일이 일어나고 있나요?

내담자: 두근거리는 비난과 비판에서 벗어나고 싶어요.

치료자: 네, 뭐가 필요한 것처럼요? **(욕구에 집중)**

내담자: 더 이상 이런 모욕을 듣고 싶지 않아요. (고개를 들어)

치료자: 네, 그녀에게 말해 보세요.

내담자: 지옥에나 가! (웃음) **(합당한 자격에 기반한 적응적 정서로 이동)**

치료자: 그녀에게 말해 보세요.

내담자: 그런 기분이에요.

치료자: 그녀에게 말해 보는 게 어때요?

내담자: 극복하고 싶어. 정말 화가 나.

치료자: 그래요.

내담자: 내 얼굴에 계속 실패를 던져주고 싶지 않아.

치료자: 그래요.

내담자: 내 인생에서 잘못된 모든 것이 내 잘못은 아니야. (치료자: 으흠.) 일은 일어나고, 시어머니가 말씀하신 대로 앞으로 나아가야 해. (치료자: 으흠.) 그리고 만약 내가 네 말을 듣는다면, 나는 거꾸로 갈 거야.

같은 회기 후반부에 나오는 마사의 두 번째 사례는 수치심에 대한 해독제로서 분노가 어떻게 자기가치감(self-worth)으로 이어지는지 보여 준다. 일반적으로 치료 중에는 여러 차례의 의자 대화가 진행되며, 각 대화마다 조금씩 진전이 이루어지기를 희망한다. 로마는 하루아침에 건설되지 않고, 진정한 변화는 반복이 필요하다. 같은 회기에서 두세 차례의 대화가 진행되는 경우가 많으며, 치료자는 그 과정에서 비판적인 목소리가 나올 때마다 다시 그 목소리로 돌아간다. 이는 수치심을 더 활성화하는 데 도움이 된다.

이 축어록에서 마사는 비판자 의자에 앉아 있는다. 치료자는 비판자의 기능을 강조하기 위해 비판자인 마사에게 "당신이 그녀를 비판하는 것을 그만두면 어떻게 될까요?"라고 질문했다.

내담자: 내가 그만두면 네 스스로가 자랑스러워할까 봐 걱정돼, 그리고 그건 틀렸어. (**치료자**: 으흠.) 그리고 어….

치료자: 자랑스러워하는 게 왜 잘못된 건데요?

내담자: 제가 항상 그렇게 배웠거든요.

치료자: 그럼 그녀에게 말해 보세요. "넌 너 자신을 자랑스러워할 권리가 없어"

내담자: 넌 너 자신을 자랑스러워할 권리가 없어. (**치료자**: 으흠.) 넌 과거에 일을 망쳤고, 그게 네 실적이니까…. (**치료자**: 으흠.) 그렇게 될 거야. (**치료자**: 으흠.) 그리고 나는 그걸 확실히 해야 해.

치료자: 확실히 하는 게 내 일이야.

내담자: 그래…. (**치료자**: 음.) (코를 풀며) 그리고 나는 네가 모든 것을 망쳤으니 (**치료자**: 으흠.) 어떻게 바로 잡을 수 있겠어.

다음 축어록은 앞의 축어록에서 몇 분 후에 비판자 대화 중 경험하는 의자에서 한 말이다.

치료자: 음, 그 말을 들으면 어떤 기분이 드시나요? 무슨 일이 일어나는지 말해 줄 수 있나요, 거의 정말 무너지는 것 같아요.

내담자: 그 말을 들으면 그냥 울고 싶어요. 칠판에 적을 또 다른 나쁜 경험이 될 것 같고, 왜 십대 때 자살하지 않았을까, 그러면 이 모든 고통을 느

낄 필요가 없었을 텐데 하는 생각이 들어요.

치료자: "그래서 나를 지치게 해" "네가 그렇게 하면 나를 지치게 해"라고 그녀에게 말해 볼래요?

내담자: 네가 그럴 때 나를 지워버려.

치료자: 네, 참담하죠.

내담자: 마치 아무것도 아닌 사람처럼 느껴져.

치료자: 네.

내담자: 그것은 나를 무가치하게 만들고….

치료자: 네.

내담자: 그리고 제 기능을 하지 못하고, 나는, 나는… 평범해지고 싶어.

치료자: 네, 그리고 그걸 바꾸기가 정말 힘들군요.

내담자: 그리고 은행의 누군가가 내가 이걸로 싸우는 걸 알게 될까봐 두렵고, (쿵쿵거리며) 내가 네 말을 들으면 그게 드러날 거고, 나는 실패할 거라고. (울음) **(수치심 불안)**

몇 초 후, 마사는 경험하는 의자에 앉아 자신의 핵심 수치심에 접근한다. 그녀는 자신을 비난하는 비판자에게 반응한다.

내담자: 그 느낌이 싫어.

치료자: 그 느낌이 뭔가요? **(감정 명명하기)**

내담자: (울면서) 너는 내가 성적 학대를 당한 것이 내 잘못이라고 말했을 때, 그 느낌이 너무 싫고 죄책감이 들어. 너무 나쁘고 쓸모없는 것처럼 느껴져. 마치 내 잘못인 것처럼.

치료자: 부모님이 그 일을 털어버리고 그건 그냥 형제간의 사랑이라고 말했을 때 어땠는지 그들에게 말해 보세요. **(치료자는 그녀가 내면으로 향했던 분노를 밖으로 돌리도록 안내)**

내담자: 혼란스럽고, 지지받지 못하고, 화가 났지만 무엇보다도 외로웠어요.

치료자: 그래요, 그들에게 말해 보세요.

내담자: 저는 지지받지 못하고, 거절당하고, 단절된 채 세상에 혼자라고 느꼈어요.

치료자: 당신이 필요한 것이 무엇인지 그들에게 말해 주세요.

내담자: 제 말을 들어주고, 이해해 주고, 뭔가 조치를 취해 주었으면 좋겠어요. 저는 지지가 필요했어요.

치료자: 이렇게 말하면서 어떤 기분이 드세요? **(욕구를 표현한 것에 대한 경험하기에 집중)**

내담자: 슬프고 화가 났어요. 어떻게 이럴 수 있죠? 당신들은 도움을 요청하는 어린 저를 추운 곳에 내버려뒀어요. 당신들은 나를 버렸어요.

치료자: 네. 당신은 말할 자격이 있었어요. 그들에게 필요한 게 뭔지 말해 주세요. **(감정과 욕구 사이를 오가며 둘 다 강화)**

내담자: 저는 몹시 화가 났어요. 저는 외면당하는 것이 아니라 당신들의 보호가 필요했어요. 저는….

치료자: 네, 어떻게 하고 싶으세요? **(행위 경향성에 초점—심각한 침해의 경우 격노를 표현하는 것이 시작할 때 도움이 됨)**

내담자: 저는 몹시 화가 났어요. 당신들의 보호가 필요했어요, 눈감아줄 게 아니라 그냥 당신들을 박살 내고 싶어요.

치료자: 계속하세요, 그냥 그들을 박살 내는 걸 상상해 보세요.

내담자: 누가 들어와서 부모님께 어떻게 대처했어야 했는지 말해 줬으면 더 좋겠어요.

치료자: 누가 들어오면 좋을까요?

우리는 이 시점에서, 14세 정도의 소녀가 오빠로부터 당한 일에 대해 보호자이자 심리학자인 내가 부모에게 이야기하는 장면으로 심상적 재진입(imaginal re-entry)을 했다. 나는 부모에게 그녀를 지지하도록 지시하고 오빠의 성적 학대를 부인하는 것의 문제점에 대해 교육했다.

사례 3: 무시당함으로써 내면화된 수치심(좋은 성과)

세 번째 사례는 47세의 백인 남성 내담자가 자신을 매우 무시하고 경멸하는 어머니를 '창꼬치'[3]라고 불렀다는 내용이다. 이 축어록은 '너는 나의 존중이나 관심을 받을 가치가 없고 하찮은 존재'라는 의미를 담고 있기 때문에 묵살 · 무시 · 배척이 어떻게 수치심을 유발할 수 있는지 보여 주는 예시이다. 내담자가 수치심에 가장 강력하게 접근하는 것은 가치 있다고 느끼고 싶은 욕구를 표현하는 맥락에서 비롯되며, 이는 자신이 가치 있다고 느끼지 못함을 나타낸다. 수치심과 욕구가 융합된 형태로 수치심이 겉으로 드러나기보다는 암시되는 경우가 많다는 것을 알 수 있다. 다음 축어록 중 일부는 수치심이 등장하기 전의 것으로, 수치심이 명백히 수치심이 아닌 어려움의 기저에 깔려 있을 수 있음을 보여 주는 예이다. 수치심에 접근한 후 분노로 정서가 변화하는 예를 볼 수 있다.

이 회기는 치료자가 내담자의 어머니와 빈 의자 대화[4]를 시도하고 내담자가 어머니와 대화하는 데 어려움을 겪는 것으로 시작된다.

치료자: "엄마와 이야기하기가 정말 힘들어요…. 엄마와 이렇게 이야기하기가 정말 힘들어요"라고 엄마에게 말할 수 있어요. **(내담자가 있는 곳에서 엄마와 연결하도록 함)**

내담자: 네, 내가 말하는 것에 대해 관심이 없으시니까요. (**치료자**: 네.) 정말, 정말 관심이 없으시니까요.

3 역자 주) 이빨이 날카롭고 공격적인 꼬치고기과의 물고기(출처: 옥스퍼드 영한사전)

4 역자 주) 빈 의자 작업(empty chair work)은 내담자의 과거 주요 타자와의 미해결 과제(unfinished business)에 대해 적용하는 정서중심치료의 주요 기법이다. 이에 대한 상세한 개입 과정은 『정서중심상담의 실제』, Robert Elliott, Leslie Greenberg 공저, 김영근 외 공역(2024), 학지사 7장 참조.

치료자: 그러니까, 이게….

내담자: 음, 내 말은, 만약 내가 정말로 이걸 한다면, 엄마는 방어적인 태도를 취하며 "무슨 소리야, 무슨 소리야? 뭘 말하는 거야? 난 그런 적 없어" 그리고 "아, 나에 대해 그렇게 생각하나 보네"라고 말할 거예요. (숨을 들이쉬며) 듣는 게 아니라 완전히 방어적인 태도를 취하는 거죠. 음 (치료자: 그러니까, 당신은…) 그냥 내가 어떻게 느끼는지 이해하려고 노력하고 (숨을 들이마시고) 모든 것에 대한 책임을 받아들여야 되는 것은 아니지만, 적어도….

치료자: 그냥 들어보세요.

내담자: 네, 적어도 내가 그렇게 느낀다는 것을 듣고 인정하는 것만이라도요.

치료자: 그러니까, "나는…"

내담자: 네, 나는….

치료자: "당신이 내 말을 안 들을 거라는 걸 알기 때문에 말을 하려고 해도…"

내담자: 네, 네, 엄마는, 그러니까….

치료자: "엄마는 내 말을 듣지 않을 거예요"

내담자: 엄마는 내 말을 안 들을 거예요.

치료자: "엄마는 절대…"

내담자: 엄마는 절대….

치료자: "내 말을 안 들을 거예요"

내담자: 엄마는 들어본 적도 없고, 앞으로도 없을 거고, 들을 줄도 모르고, 충분히 배려할 줄도 몰라요.

치료자: "엄마는 신경 안 쓰잖아요…" **(더 깊은 감정에 대한 추측)**

내담자: (숨을 들이쉬며)

치료자: "엄마는 나를 신경 쓰지 않았어요…"

내담자: 글쎄요, 엄마는 엄마가 필요한 만큼만 배려했다고 생각했고, 배려에 대한 엄마만의 규칙이 있었고, 그것이 내 감정에는 반드시 적용되지 않는다고 생각했어요.

치료자: 당신은 엄마에게 정말 원했군요. (잘 들리지 않음) 엄마에게 "내가 원했던 것은…"라고 말해 보세요. **(촉진적 욕구로 안내)**

내담자: 내 말을 들어주고 내 기분이 어떤지 이해해 주길 바랐어요. (치료자: 네.) 음, 내가 그렇게 느낄 이유가 있든 없든, 사소한 일을 큰 일로 만들었든 (한숨) 아….

치료자: "엄마가 내 말을 들어주길 바랐어요, 내 말을 들어주길 바랐어요"

내담자: 글쎄요, 내 기분을 이해해 주셨으면 했어요. (치료자: 음, 으흠.) 그리고 내가 표현할 수 있게 해 주세요. (치료자: 음, 으흠.) 그게 유일한 방법이라면, 나한테 얘기하는 것뿐이라면, 좋아요. 하지만 경청에는 두 사람이 서로에게 하는 말보다 훨씬 더 많은 것을 수반한다는 거예요.

치료자: "엄마가 나를 이해해 주었으면 좋겠고요…"라고 말해 보세요.

내담자: 네, 그리고 나에게 경청할 가치가 있다는 것을 이해해야 할 어떤 이유가 있다는 것에 관심을 가져주세요. **(수치심에 대한 기저의 인정을 포함하는 욕구)**

치료자: "저는 엄마가 나를 가치 있는 사람으로 봐주길 바랐어요" (내담자: 네.) 다시 말씀해 주시겠어요? "엄마가 나를 가치 있는 사람으로 봐주길 바랐어요…" **(증폭을 위해 반복)**

내담자: 나는 엄마가 나를 가치 있는 사람으로 봐주길 바랐어요. **(수치심에 대한 기저의 인정을 포함하는 욕구)**

치료자: 다시 말해 줄래요?

내담자: 난 엄마가 내 모든 삶을 무시하지 않고 가치 있는 사람으로 봐주길 바랐어요. **(암묵적인 수치심)**

치료자: "나는 엄마가 나를 보기를 원했고, 엄마가 나를 보기를 원했고, 엄마가 나를 가치 있는 사람으로 보기를 원했어요"

내담자: 날 사람으로 봐주길 원해요. **(수치심/욕구)** (치료자: 아.) 엄마의 연장선이 아니라, 자녀 중 한 명으로요.

치료자: "엄마가 나를 봐줬으면 좋겠어요"

내담자: 견디거나 무시당하는 문제요.

치료자: "나는 엄마가 나를 있는 그대로 봐주길 원했어요" **(강화 및 욕구)**

내담자: 그래요, 날 보세요.

치료자: "나는 엄마가 … 보기를 원했어요"라고 말해 주세요.

내담자: 엄마가 날 보기를 바랐어요! (눈물을 흘리며 킁킁거리며)

치료자: 이 말을 하면서 무슨 일이 일어나고 있나요? **(욕구가 표현되는 순간에 느껴지는 것에 집중하는 것이 중요)**

내담자: (9초간 침묵) (한숨) 아, 약간의 분노가 치밀어 오르는군요. **(분노로 전환)**

치료자: "지금 이 말을 하려고 하니 화가 치밀어 오르는 게 느껴져요"라고 엄마에게 말해 주세요. **(화가 치밀어 오르는 것을 확실히 잡기 위해)**

내담자: 글쎄요, 사실 화가 많이! 나긴 하지만 아….

치료자: "분노가 많이! 느껴져요"라고 엄마에게 말해 주세요.

내담자: 분노가 많이! 느껴져요.

치료자: "엄마는 나를 본 적이 없잖아요"

내담자: 엄마는 나를 본 적도 없고, 지금도 안 보고, (숨을 들이마시며) 정말 보고 싶지도 않은 것 같아요.

치료자: "그래서, 화가 나요…"

내담자: "그래서… 화가 나요"

치료자: 화가.

내담자: 그래서 과거 때문에 화가 나고, 현재 때문에 화가 나고, 엄마가 변할 기미가 보이지 않는데 미래 때문에 화가 나고, 화가 나는 것에 지쳤어요. (치료자: 음.) 그래서 보복심의 의미도 있고, 어떤 식으로든 이제 엄마를 무시할 거예요. 엄마는 종종 엄마가 원하는 심리 게임, 엄마가 무엇을 원하든 간에 엄마의 마당에서나 하세요.

치료자: "나를 보지 않거나 이해하지 않는 것에 대해 엄마에게 화가 나요. 난 정말 화가 나요" **(분노를 고조시키며)**

내담자: 엄마가 나를 보지 않고 나를 이해하지 못해서 화가 나고 정말 화가 나요.

치료자: "나를 아는 것 말이에요…"

내담자: (한숨) 나를 몰라서, 나를 알기를 원하지 않아서!

이 내담자는 어머니의 노골적인 비판과 비언어적 비하를 통해 내면화된 어머니에 대한 분노와 어머니의 비판적인 목소리에 대한 분노를 극복하기 위해 계속 노력했다. 그의 분노는 수치심에서 벗어나는 해방감이었다. 또한 그는 자신이 갖고 싶었던 어머니를 잃은 것에 슬퍼했고 어머니의 비난을 견뎌야 했던 어린 소년에게 연민을 느꼈다. 이 모든 것이 그가 스스로를 가치 있는 사람이라고 느끼고 부족하다고 느끼거나 무시당할 것이라는 불안감을 줄이는 데 도움이 되었다.

사례 4: 강한 자기경멸에 접근하지 못하거나 수치심에 빠지는 경우(좋지 않은 성과)

이 사례에는 치료자와 함께 37세 여성 내담자가 포함된다. 대부분의 치료에서 내담자는 강한 자기경멸이나 수치심에 빠지지 않고 중간 수준의 자기비판에 참여한다. 동맹 문제도 있다. 이 회기에서 내담자는 치료자에게 "여기 오는 것조차 너무 무의미한 것 같아요"라고 말한다. 이것은 치료의 '최고의' 의자 작업의 시작이며, 치료자는 내담자가 자신의 핵심 비판과 수치심에 기반한 자기감(sense of self)에 접근하도록 도울 수 없는 상황이다.

치료자: 네, 맞아요, 그러니까 일종의 좌절감이 있고, 아주 현실적인 상황이 있고, 자신을 정말 열심히 몰아붙이고 있고, 거의, 알다시피, 충분히 잘하고 있지 못하고, 충분히 노력하지 않고, (**내담자**: 아.) 더 노력해야 하고, 거의, 그게 정확한 것 같나요, 멜린다(Melinda)? 일종의 목소리 같

은 거죠. 그것은… 당신 안에서, 당신 자신을 매우 열심히 몰아붙이고 당신이 하고 있는 일이 어떻게든 충분하지 않다고 말하는 것과 같아요.

내담자: 글쎄요, 아무것도 하지 않는 제 자신을 비판하는 거죠.

치료자: 네, 맞아요.

내담자: 본질적으로….

치료자: 맞아요, 맞아요.

내담자: 시간을 허비하는 거죠. **(여기에는 내가 '코치(coach)' 비판자라고 부르는 것이 그녀에게 문제가 있다고 비판하고 있다. 이것은 그녀의 성격에 대한 핵심적인 비판이 아님)**

치료자: 네, 맞아요. **(앞선 세 번의 치료자 반응은 깊이 들어가지 않는 최소한의 타당화 반응임)**

내담자: 음, 음, 그리고 실제로는 가장 큰 저항에 부딪히지 않고, 저는 이렇게 하고, 지금 가장 쉬운 일을 하기로 선택해요….

치료자: 네, 네, 그래서 저는 당신이 정말로 집중하기 위해 자원을 사용해야 할 때 이 모든 일의 한가운데서 당신이 지금 말씀하신 것처럼 매우 강력하고 중요한 목소리로 들리는군요. 이 목소리가 당신을 정말로 실망시키는 것처럼 들리면 당신이 그 역할을 해 줄 수 있는지 궁금해요. 비판적인 부분요, 알겠죠? … 네가 하는 일이 쓸모없다고, 아무것도 안 하고 있다고, 뭐든 간에, 그게 뭐든 간에, 나는 너의 말에 첨언하고 싶지 않아라고요. **(치료자의 반응은 내담자가 일을 할 수 없다는 핵심 문제로 안내하지 않음. 내담자가 어떻게 일을 하지 못하게 되는지에 집중해야 함. 치료자는 "그래서 결정을 내리기 어렵다는 건데, 내면에서 어떤 일이 일어나서 결정을 내리기 어려운 건가요?"라고 말하여 보다 핵심적인 문제 과정에 접근하려고 노력할 수 있음)**

내담자: 음….

치료자: 그냥 이 의자에 앉아서(빈 의자를 가리키며) 당신이 저기 있다고 상상

해 보세요. 멜린다를 어떻게 괜찮게 만들 수 있을까요? 어떻게 그녀를 기분 나쁘게 만들까요? 그녀에게 뭐라고 말하나요? 지금 그녀에게 전하는 메시지는 무엇인가요? 그녀가 쓸모없다고 느끼게 하려고요? 아니면 그녀는… **[너는 너무 멍청하다, 약하다 등의 인격적인 비판은 이차 수준의 비판(second-level criticism)임. 이보다는 너는 일을 하지 않아서 나빠 등으로 하는 것이 나음]**

내담자: 글쎄요, 본질적으로 그녀는 좋지 않아요.

치료자: "넌 좋지 않아"라고 말할 수 있나요? 무슨 뜻이죠?

내담자: 넌 좋지 않아, 넌 좋지 않아, 넌, 음, 시간을 낭비하고 있고, 에너지를 낭비하고 있고, (**치료자:** 으음.) 숲에서 길을 잃은 아기처럼, (**치료자:** 으음.) 그리고, 음, 어떤 일을 해내는 것이 (**치료자:** 으음.) 얼마나 중요한지 알잖아, 모든 일을 해낸다는 말은 아니야, 난 심지어 모든 일을 해낸다는 말도 아니야.

치료자: 맞아요.

내담자: 하지만 앞서 나가기 위해서는 항상 제 자리에 서 있을 수는 없어.

치료자: 맞아요, 맞아요, 그래서 당신은 지금 아무것도 하지 못하고 있는 거군요. **(치료자는 엉뚱한 방향으로 대화를 안내함)**

내담자: 글쎄, 나는 네가 하고 있는 일이 별로 중요하다고 생각하지 않아. (**치료자:** 으음.) 너는 그냥 떠다니고 있는 거야.

치료자: 맞아요, 당신은 그녀에게 "너는 별로야"라고 말하고 있군요. 무엇이 좋지 않은지 말씀해 주시겠어요? 뭐가 … **(여전히 문제가 있다고 자신을 비판하는 것을 조장함. 문제는 그녀의 우유부단함이지, 자신을 비판하는 것이 아님)**

다음 예에서 치료자는 내담자의 이차 수준의 비판에 계속 집중하지만 더 구체적인 비판으로 이동하려고 시도하는데, 이는 때때로 성격 비판에 도달하는 데 도움이 되기 때문에 좋다. 안타깝게도 여기서는 효과가 없으므로 치료자는 이차 수준의 비난 과정에 머물러 있다.

내담자: 글쎄요, 우유부단함은, (**치료자**: 으음.) 음, 음… 일을 붙잡고 끝까지 해내지 않는 것, (**치료자**: 으음.) 어떤, 어떤, 음, 조금 낙담하는 것….

치료자: 으음, 그래서 당신은 아주 쉽게 좌절한다고 말하는 건가요? 그런가요? 쉽게 좌절한다고요? 무언가가 방해되자마자요?

내담자: 네, 네, 쉽게 좌절하지요. (**치료자**: 으음.) 거의 안 하려고 핑계로 삼기도 하고, (**치료자**: 네.) 만약에 무언가가 조금만….

치료자: 네, 그럼 "너, 너는 그냥, 변명하고 있잖아?"라고 말할 수 있나요? (빈 의자를 가리키며) 그것이 무엇이든, 당신이, 일종의 당신을 몰아가는 비판, 당신이 그녀에게 뭐라고 말하나요? 그녀를 쓸모없게 만들기 위해?

내담자: (15초간 침묵) 말로 표현할 수 있을지 모르겠어요. (**치료자**: 으음.) 그것은….

치료자: 최근에 그녀가 어떻게 쓸모없고 비효율적인지 예를 들어 주시겠어요?

내담자: (6초간 침묵) 어제 넌 뭘 했니? (**치료자**: 으음.) … 정원 가꾸기를 했고 … 아무 데도 연결되지 않을 것 같은 약속을 몇 개 했지만 적어도 약속은 약속이잖아. (**치료자**: 으음.) 음식도 좀 만들었지. … 맛없는 음식….

치료자: 그래요, 그래요. **(이것은 놓친 기회임. 치료자가 "왜 그 일들이 아무데로라도 이끌지 못하는지 그녀에게 말해 보세요"라고 말했다면 "너는 정원을 잘 못 가꾸거나 너무 멍청해서"와 같은 성격적 약점에 대한 진술로 옮겨졌을 수 있음)**

내담자: 그냥 너를 먹이기 위해서, 먹이려고 (**치료자**: 으음.) 그리고, 음….

치료자: 그럼 요리도 못하신다는 말씀이신가요?

내담자: (웃음) 요리는 할 수 있지만, 특별히 먹을 수 있는, 즐길 수 있는 음식은 아니었어요.

치료자: 네, 그렇군요, 그러니까 시간만 낭비하고 먹을 만한 것도 만들지 못했다는 거군요. **(치료자는 이차 수준의 비판에 머물러 있음. 내담자의 문**

제 과정에 집중해야 하는 것은 내담자가 어떤 일을 하지 못하게 하는 내적 과정이며, 불안 과정, 무망감 과정 또는 부적절 과정일 수 있음)

내담자: 맞아요, 제 말은 시간을 들여서 요리했는데 맛도 없잖아요.

치료자: 그래요, 그래요.

내담자: (웃음) 그리고 그 와중에 너는 요리를 해야 한다는 것에 반항하고 있지만, 너는 시키는 대로 해야 해. (**치료자**: 으음.) 무슨 일이 벌어지고 있는 거지?

치료자: 그래요.

내담자: 지금 나한테는 어떤 상황도 옳지 않은 것 같아. (**치료자**: 네.)

치료자: 그래요.

내담자: 마치 몸에 안 맞는 옷 같아요. (**치료자**: 으음.) 옷도 잘 안 맞아요.

치료자: 그래요, 그래요, 그래서….

내담자: 여기도 당기고, 저기도 늘리고, 저기도 늘리고….

치료자: 그래요, 그러니까 지금 당신 인생에서 좋은 일이 아무것도 없다는 건가요?

내담자: 네. (**치료자**: 그래서, 당시 말은…) 마치, 피부를 벗고 새로운 층을 얻어야 하는 것 같아요.

이 과정에서 치료자는 내담자가 핵심적인 성격 비판과 그와 관련된 경멸 또는 불안에 도달하도록 도울 수 없다. 이러한 핵심 정서가 없으면 내담자는 회기에서 핵심 수치심을 활성화하여 변화를 이끌어 낼 수 없다. 내담자는 수치심에서 벗어나기 전에 자신의 수치심에 도달해야 한다.

사례 5: 우울한 남자(좋은 성과)

이 장의 마지막을 장식하는 이 사례는 심한 우울증을 앓고 있는 51세 남성의 25번째 회기에 관한 것이다. 이 남성은 주말을 보낸 후 월요일 아침에 치료를 받으러 왔는데, 술은 조금 마신 것 외에는 거의 먹지 않았고 술에 취한 상태는 아니었다. 그는 비판자 의자에 앉아 자신과 대화를 나누고 있다. 치료자는 내담자의 극도로 가혹한 비판을 촉진함으로써 그의 무망감과 무가치함 및 무능감(수치심)을 활성화시킨다. 치료자는 내담자를 재평가하거나 밝은 면을 보려고 노력하기보다는 그의 무망감과 공허함을 증폭시킨다.

이 예는 '유일한 탈출구는 통과하는 것(the only way out is through)'이라는 정신으로 정동에 대한 공감적 반영(empathic mirroring)의 힘이 어떻게 내담자의 고립감을 깨뜨리는 데 도움이 되는지 보여 준다. 이러한 감정을 느낀 내담자는 자신의 회복탄력성(resilience)을 발견하고 전 여자친구에게 판단을 받은 것에 대해 분노를 느끼기 시작한다. 소중히 여겨야 마땅한 존재라는 느낌에 접근한 그는 그녀에 대한 분노에 접근하여 빈 의자 대화를 통해 그녀에게 분노를 표출한다. 이를 통해 그는 더 강해지고 더 가치 있다고 느끼게 된다.

내담자: 너는 동기부여도 안 되고, 적극적이지 않아. **(그의 활력과 회복탄력성이 높아진 것이 보임)**

치료자: 핵심은 어떻게든 당신은 자신감이 없다는 거예요. 그렇다면 문제는 어떻게 그의 자신감을 빼앗을 수 있을까요? 그가 여기 있어요. 그는 요가 수업을 하고 박수갈채를 받으니 어느 정도 실력이 있는 것 같지만, 왠지 모르게 우리는 오래전에 그랬잖아라고 느끼게 만드는 거죠. 기억은 잘 안 나지만 아프리카 촬영에 대해 이야기할 때처럼 당신은 능력이 없거나 충분하지 않다는 식이었어요. **(치료자는 그가 코치 비판자에서 좀 더 핵심적인 성격 비판으로 전환하게 함)**

내담자: 으흠.

치료자: 어떤 목소리가 들어와서 그의 자신감을 무너뜨리고, 그가 충분하지 않다고 느끼게 만드는 것 같아요. 그래서 당신은 어떻게 스스로에게 그렇게 하나요?

내담자: 네, 잘 안 될 거라는 절망감, 지속되지 않을 거라는 절망감이 있죠.

치료자: 당신이 하는 일이 있나요?

내담자: 네가 어떤 일을 하든 잘 안될 거야.

치료자: 왜요?

내담자: 너는 계속할 힘이나 자신감이 없기 때문이야. 너 스스로 패배를 허용하는 거지.

치료자: 그럼 그가 자신감을 갖지 못하게 만들어요. 봐요, 일종의 과정이 있어요. 그리고 여기 당신은 요가를 하고 있어요. 당신 스스로 자신감을 잃게 만들어요. 어떻게 말하겠어요? 너는 못 하겠다고요? 너는 실력이 부족하다고요? **(이제 과정이 "넌 아무것도 못 해"에서 "넌 충분하지 않아"로 바뀌었고, 이는 그를 불안하게 만듦)**

내담자: 그래, 넌 충분하지 않아. 넌, 어, 넌 자신에 대해 확신이 없어, 넌, 어….

치료자: 자신에 대해 확신하지 못하게 만들어요.

내담자: 너는 분명하지 않고, 반면에 너는 정말 특별하지 않아. 다른 많은 사람들은 너보다 더 낫고 자신감도 있는데, 너는 자신감이 없어. 너는 특별하지 않아.

치료자: 그가 어떻게 특별하지 않다는 거죠? 어떤… 어떤 부분? **(핵심 비판에 도달하기 위한 식별)**

내담자: 모르겠어요.

치료자: 뭐가 특별하지 않다는 거죠?

내담자: 글쎄요, 그냥….

치료자: 그냥 그 사람 말이에요, 완전히.

내담자: 네가 제공할 수 있는 모든 것.

치료자: 네, 네, 그러니까 뭐랄까… 구체적이지도 않아요. 이 자세를 할 줄 모른다거나 호흡이 안 맞는다거나 하는 게 아니라, 전체적으로 특별하지 않고 충분하지 않다는 거죠. **(그가 전체 자기가 나쁘다고 느낀다는 것을 반영)**

내담자: 으흠.

치료자: 이건 어디서 온 거죠? 내 말은, 당신은 평생 이런 고통을 겪었잖아요. **(비판의 기원을 찾음)**

내담자: 모르겠어요.

치료자: 넌 충분하지 않아. 넌 특별하지 않아. 넌 다른 사람들만큼 훌륭하지 않아. 내 말은, 이런 종류의 목소리가…. 그런가요? 내 말은 그게 바로 당신이….

내담자: 저는… 저는… 저는 그렇게 생각해요, 네. 음, 저는 감정… 감정, 어, 말하자면… 브렌다(Brenda), 실망감, 비판이 뭐… 뭐… 그녀에게서 온 게… 그냥 저는… 모르겠어요, 그냥, 제가 지금 어디에 있는지를 보여 주는 예라고 생각해요. 제 말은, 만약 그녀가 저와 함께 있고 싶어 한다면 저는 괜찮을 테지만 그렇지 않다면 제가 걱정하는 이런 것들이 그것을 증명하는 거죠.

치료자: 네, 그럼 그에게 그렇게 말해 보세요. "그녀는 증거야. 네가 가치가 있었다면 그녀는 너와 함께하고 싶었을 거야." **(기원에 대한 선입견이나 추론 없이 공감적으로 내담자를 따라가기)**

내담자: 그래, 네가 함께할 만한 가치가 있었다면 그녀도 너와 함께하고 싶었을 거라는 증거야.

치료자: 네, 그래서 그게 당신을 박살 낸 중요한 부분이고, 관계의 끝에서 당신을 박살 낸 중요한 부분이에요. 그건 마치 "네가, 네가 증거야"라는 것처럼… 어떤 부분일까요?

내담자: 너는, 음, 열등하고, 너는, 너는, 너는 아무것도 아니고, 아무것도 모르고, 남자답지 않고, 특별하지 않다는 거야. **(수치심)**

치료자: "너는 충분히 훌륭하지 않고 특별하지 않기 때문에 아무도 너를 원하지 않아." **(핵심 비판을 강조하며)**

내담자: 그래, 넌 대체될 수 있어.

치료자: "넌 특별할 게 없어"

내담자: 그래, 너는 특별할 게 없어. 너는 쉽게 교체될 수 있어.

치료자: 그리고 그는 성공하지 못해서 특별한 것이 없다는 건가요?

내담자: 성공하지 못했기 때문이죠. 네, 그는 성공하지 못했으니까요. 음, 마치 바람에 날리는 꽃송이 같은 존재지. 누구나 아무 말이나 하고 아무 행동이나 할 수 있고, 그걸 받아들이는 거지. 너는 사람들이 너에 대해 어떻게 생각하는지 너무 중요하게 생각하지. 근성이 없어.

치료자: 네, 그런 말은 안 하셨잖아요. 너는 근성이 없어, 그래요. 바꿉시다. 그래서, 이게 바로 당신이 겪고 있는 문제군요. 어떻게 될까요? 내 말은, 그녀가 당신을 거부했기 때문에 당신은 아무것도 아니네요. 넌 F야. 넌 특별하지 않고 아무것도 없다는 살아 있는 증거야. 넌 근성이 없어. 그게 당신 내면에 어떤 영향을 미치나요? **(이러한 비판과 비언어적으로 표정과 목소리로 표현된 경멸의 영향에 대해 몸으로 느낀 경험에 주의를 환기시킴)**

내담자: 그냥 가슴이 아파요.

치료자: 으흠, 으흠. (의자를 바꿈) 그럼 이제 어떻게 대처할까요? 제 말은, 우선은 고통이 느껴지네요. **(핵심적인 비판과 경멸에 접근한 후, 경험하는 자기에 접근하도록 자세를 전환함)**

내담자: 그만두고 싶어요.

치료자: 네, 맞아요. 그래서 그냥 포기하고 싶군요.

내담자: 네, 그냥 포기하고 싶어요.

치료자: 그건 마치 내가 널 이길 수 없어, 이길 수 없어, 패배한 것 같은 느낌이네요. 그냥 패배감이 드네요. **(식별하는 데 계속 집중해야 한다는 느낌을 반영)**

내담자: 음, 실수할 여지가 없어. 내 생각에는, 알다시피….

치료자: 너무 가혹한 대우를 받는 것 같아서 그냥 웅크리고 싶을 것 같아요, 아마. 그런 기분인가요? **(부적응적 일차 정서의 행위 경향성에 대한 추측)**

내담자: 네, 도망치고 싶다는 거죠.

치료자: 네, 그래요, "도망치고 싶군요"

내담자: 그래서, 그에게 말해 보라는 거군요, 알겠어요. 난 이 일, 너부터 도망치려고 해. 그래, 도망쳐서 새로 시작해야 해. 난 여기 있을 수 없어. 날 죽일 거야.

치료자: "너는 날 죽일 거야." **(이 말을 하는 자기의 비판적 부분임을 강조함)**

내담자: 너는 날 죽일 거야.

치료자: "더는 이 폭행을 견딜 수 없으니까. 이건…" **(자기의 경험에 다시 주의를 집중)**

내담자: 난 못 견디겠어…. 그래, 맞아, 이 구타, 이 끊임없는 비판을 견딜 수 없어. 너를 계속해서 증명해야 한다는 것이.

치료자: 그래서 당신은 이걸 통해 무엇을 원하거나 필요로 하나요? 궁극적으로 이것은 당신의 일부이니까요. **(핵심 수치심에 접근한 후, 이제 비판자의 욕구에 접근)**

내담자: 나를 있는 그대로 봐주는 사람이 필요해.

치료자: 그렇죠.

내담자: 그리고 무슨 일이 일어나고 있든 좋거나 나쁘다고 판단하지 마. 그냥 있는 그대로.

치료자: 당신 자신에게 필요한 것은 무엇인가요? 이 누군가, 이 목소리는 사실 너니까.

내담자: 나는 네가 강해지고, 스스로를 위해 일어서고, 자신의 삶을 책임질 수 있기를 바라. **(내담자는 비판자와 비판받는 자의 두 의자 대화 구조에서 벗어나 비판자에게 강해지라고 말함)**

치료자: 그렇군요. "네가 나를 위해 강해져서 내가 주도권을 잡을 수 있도록

도와줘"라고 말하는 것 같네요. 이 부분은 사실 꽤 강하거든요. 온 힘을 다해 당신을 때려눕히죠. 실제로 내부에서는 어떤 일이 일어나나요? 제 말은 이게 아주… **(내담자가 경험하는 자기로부터 다시 말하도록 안내함)**

내담자: 난 그냥 너무 약해진 것 같아. 그래서 나를 지탱해 줄 어떤 틀이나 뼈대도 없는 것 같아. 그냥 똑바로 서 있으려고 노력하는 것뿐이야.

치료자: 네, 네. 그러니 그런 느낌이라는 것을 알기 때문에 그 약점, 그 약점으로 바로 들어가 봅시다. 그건 마치 내부에서 에너지를 빨아들이는 것 같아요. 말해봐요, 난 그냥 이쪽으로 왔어요. 이 약한 상태에 대해 말해봐요, 그래요. **("느껴야 치유가 된다"는 말에 이어 치료자는 수치심에 기반한 핵심 무망감과 무능력감이라는 고통스러운 감정에 주의를 집중시킴)**

내담자: 샤워하고, 옷을 입는 등 모든 것이 노력인 것 같아.

치료자: 그냥 일어나서 몸을 추스르는 거네요. 거의 납을 끌고 가는 것과 같군요. **(취약성에 대한 공감적 인정)**

내담자: 네, 네. 저는 요가를 할 때는 잘하지만 일관된 것은 아무것도 없어요. 다시 말하지만, 모든 것이 그냥 흘러가는 데 목적도 없고 집중도 없어요.

치료자: 그렇군요, 그래서….

내담자: 무의미해요. 미래가 무의미해 보여요. 왜 그럴까? 왜… 왜 내가 그 모든 일을 하는 거지?

치료자: 맞아요, 맞아요, 이런 일들이 어떤 의미로 다가올 것 같지 않아요. "그냥 허무하거나 모든 것이 아무것도 아닌 것 같군요. 내 인생에 의미가 없고 왜 이 일을 하고 있는지 모르겠군요. 아무 데도 갈 곳이 없는 것 같군요" 네, 제 말은…. **(내담자의 고립감을 깨기 위한 공감적 반영)**

내담자: 아니면 제가 그곳에 도착해서 여러 수업을 가르치거나 뭐든 가르치면, 뭐, 뭐, 그래서 뭐?

치료자: 그래서, "내가 이 일을 하고 있지만 아무 데도 가지 않거나, 그래서 뭐?

그래서 뭐? 진짜 의미는 없군요. 왠지 내 삶이 공허하게 느껴지네요. 목적도 없고 연결고리도 없는 것 같군요"

내담자: 네, 네, 네, 평화는 없어요. 무엇이 저를 움직이는지 모르겠고, 전에는 무엇이 저를 움직였는지 지금은 말로 표현하기 힘들어요. 열정처럼 나타났다가… 또는….

치료자: 지금은 아무것도 없군요. "나는 어떤 일을 할 때 그런 '힘'이나 원동력이 없기 때문에 모든 것이 지루하고, 움직이기 위해 엄청난 에너지가 소모된다. 왜냐하면 무엇을 위해서?" **(공감적 반영 계속)**

내담자: 네.

치료자: 하지만 왠지 모르게 핵심적인 에너지가 없는 것 같군요?

내담자: 네.

치료자: 그리고 무의미함의 핵심은 말씀하신 대로 '나는 목적이 없다'는 일종의 무의미감이에요. "내가 무엇을 목표로 하고 있는지, 무엇을 위해 하고 있는지 모르겠군요. 공허한 기분이 드네요" 그래서 우리는 그 느낌과 씨름해야 해요. 그런 느낌이 있다는 건 이해하지만 끔찍한 느낌이지요.

내담자: 네, 그리고 크리스마스 연휴를 보내면서 자유롭고 책임감 없이 지내다가 다시 돌아와서 지난주에 몸이 좋지 않아서 목요일에 병원에 갔던 것 같아요. 어쨌든 부비동염에 걸렸는데 친구는 스트레스 때문일 거라고 했지만, 강의하러 갈 때처럼 불안해서 "뭐야?"라고 생각했어요. 일주일에 조금이라도 벌기 위해 이런 일을 겪고 약을 먹어야 하는 건가요? 저는 "도대체 뭐지…"라고 말하지요.

치료자: 하지만 나는 당신이 마치 지평선을 바라보는데 아무것도 보이지 않는 것 같은 이미지가 떠올라요. **(계속 공감적 반영과 강화)**

내담자: 네.

치료자: 아무것도 없는 것 같아서 나를 앞으로 끌어당기는 힘이 없군요. 모든 것이 광활한 허공처럼 느껴져서 일어나서 가기가 너무 힘들어요. 나

에게 활력을 주거나 지탱해 주는 것은 아무것도 없군요.

내담자: 네, 그게 두려움의 일부예요. 다시 교사로 돌아간다고 생각하면 마치 내가 해냈고, 이겨냈고, 긍정적인 피드백을 받았지만 이제는 더 이상 하고 싶지 않은 것 같아요. 하지만 아무것도 지속할 수 없는 것 같아요. 제가 인간다울 수 있는 여지를 주지 않거나 실패할 거라고 예상하거나 생각하는 것 같고, 이런 위대한 시작의 관계에서도 마찬가지지라고 생각하지만… 하지만…. **(느낌을 말로 표현)**

치료자: 나는 견딜 수가 없군요.

내담자: 버티는 거죠. 그리고 그것은 브렌다처럼 증명되어야만 해요. 얼마 전에 요가 수업을 가르치고 나서 이 자신감에 대해 생각해 봤는데, 브렌다는 자신감이 부족하고 불안해서 과제를 제시간에 끝내지 못하고 힘들어하고 고군분투하고 있는데, 나는 그래서 뭐? 라고 하는 것처럼요. 그것도 일부분이에요.

치료자: 네, 맞아요.

내담자: 그리고 왜 내가 그렇게 많은 비판을 받았을까 하는 생각도 들었어요. 그리고… 그리고 그 느낌도, 모든 것이 꼬리표가 붙고… 그리고 그 느낌은, 어, 내 친구도 그런 일을 겪은 적이 있어요. **(회복탄력성의 시작)**

치료자: 그리고 브렌다가 나에게 한 말이 아직도 와 닿는군요. 그런 비판에 직면해서, 그런 무시에도 불구하고 가치 있다고 느끼기란 정말 힘들지요. **(반영)**

내담자: 네, 맞아요.

치료자: 그건 마치 내 핵심을 꿰뚫고 나를 완전히 무너뜨리는 것 같군요. **(감정, 핵심 취약성에 머무르기)**

내담자: 네, 모든 시험을 받는다는 것은… 저도 성인(聖人)이 아니라는 것을 알아요. 제가 그녀의 마음을 여러 번 아프게 했어요. 하지만 제 생각에는 그녀의 자매들을 위해 제가 돌아오자마자 이 요가 수업을 하라고 그녀가 저를 밀어붙인 것은 제가 얼마나 많이 배웠는지, 어떻게 배웠

는지, 그리고… 그리고… 제가 준비도 안 된 상태에서 가서 가르쳤는지 알아보기 위한 시험이었어요, 아시죠? **(분노가 자동적 과정에 의해 자연스럽게 발생함)**

치료자: 그녀에게 무슨 말을 하고 싶으세요? "저리 꺼져" **(분노의 표현을 장려함)**

내담자: 네, 그렇게 하는 건 말도 안 되는 짓이라고요. 아니면 나 자신에게 화가 났거나 모든 일에도 불구하고 이렇게 말할 수 있는 센스가 나한테 있어야 한다고 생각해요.

치료자: 그래요, 그래요, 그래요.

내담자: 내가 충분히 읽어내지 못했니? 뭐라고? 저기 문이 있네, 잘 가. 너 정말 미쳤구나.

치료자: 하지만 어쨌든 중요한 일이니까 그녀를 여기로 데려오자고요. 그녀에게 말해 줘요, 그래요. 너 자신에게 화내는 건 좋은 게 아니야, 넌 그녀에게 화났어. 그녀에게 화났다고 말해. **(분노 표현을 촉진하기 위해 전 애인과의 대화로 전환)**

내담자: 그래, 정말 화가 나….

치료자: 실제로 여기서 그녀를 볼 수 있죠? **(정서를 강화하기 위해 그녀의 이미지와 접촉을 일으킴)**

내담자: 그래, 나를 시험하고, 나를 판단하고, 의도를 가지고 있고, 의사소통이 명확하지 않다고. 너는 나에 대해, 항상 나에 대해 계속 물어봤고, 내가 어떻게 지내고 있는지, 무엇을 할 것인지 물어보길 원했기 때문에 내가 어떻게 지내고 있는지, 무엇을 할 것인지를 명확하게 묻는 대신, 네가 알고 있는 것을 묻는 것은 기본적으로 마음을 엿먹이는 것이었지.

치료자: 맞아요, 맞아요, 맞아요, "너는 내 마음을 엿먹였어"라고 말해 보세요.

내담자: 너는 내 마음을 엿먹였어.

치료자: 네, 그리고 왜 화가 났는지 말해 줘요. "네가 날 시험해서 화가 나…" **(표현 촉진)**

내담자: 네가 나를 시험해서 화가 나.

치료자: "네가 나를 판단하는 것에 화가 나…"

내담자: 그리고 나를 판단하고 나를 상황에 처하게 한 것은 정말 불공평했어. 그건 말도 안 되는 일이었고, 내가 무언가가 되기를, 그리고… 그리고… 그리고 슈퍼맨이나 무언가, 누군가, 알다시피, 너에게 부족한 것을 채워 주기를 기대하는 거였어. 모든 게 너무 불분명했어. 나를 거짓말로 꼬드겼지.

치료자: "나는 증명하지 않을 거야, 아니 내 자신을 너에게 증명해야 했어"처럼 그녀에게 말하세요. 안 할 거야. 내 말은 이건 당신이 하는 문제예요. 맞아요, 하지만 "나 자신을 너에게 증명하러 온 게 아니야"라고 말하세요.

내담자: 난 어떤 것에 대해 내 자신을 너에게 증명하려고 온 게 아니야. 있잖아, 난, 음, 와….

치료자: 무슨, 무슨 일이 일어났어요?

내담자: 저는… 저는… 도저히 이해할 수 없는 게 너무 많은 것 같아요.

치료자: 무엇이요?

내담자: 말로 표현할 수가 없어요.

치료자: 몇 가지를 말로 표현해 봅시다. 그게 뭔데요? **(말로 상징화를 촉진함)**

내담자: 그냥 네가 내 인생을 빨아먹는다는 느낌이 들어, 너는 네가 할 수 있는 것을 취하고 네가 할 수 있는 것을 얻었고, 그리고….

치료자: "너는 나를 버렸어"라는 느낌이군요.

내담자: 그리고 그냥, 그래, 그냥 날 버렸어.

치료자: 으흠.

내담자: 하지만 나에게 책임을 물었지. 내가 하지 않은 일, 내가 될 수 없는 일, 내가 무엇을 하든 너는 비난할 이유를 찾거나 변명거리를 찾았어.

치료자: 이제 나는 내가 책임지는 게 아니라 네가 책임지기를 원해. 그녀가 뭘 잘못했는지 말해 줘요. 그녀가 당신에게 어떻게 잘못했는지에 대해 책임을 물으세요. 말해 줘요.

내담자: 너는 나를 이용했어. 그리고… 그리고… 만약 다른 방식이었다면, 알다시피 네가 나를 학대했을 때 내가 너를 학대했다고 말하겠지.

치료자: 그래요, 그래요.

내담자: 너는 내 감정이나 내 선한 본성을 이용했어. 너는… 너는… 너는 나를 거짓말로 꼬드겼고, 너는, 너는, 알다시피, 대화하기를 꺼려 했어. 너는 조용히 나를 판단하고 평가하고 비판하고 나를 시험하고….

치료자: "그러고는 너는 날 버렸어…"

내담자: 그러고는 마치 내가 존재하지 않는 것처럼 너는 나를 버렸지.

치료자: 으흠, 으흠.

내담자: 나에게 무언가가 되라고 강요하고, 요가 수련을 하라고 강요하고, 다른 아파트를 얻으라고 강요하고, 가르치고 직업을 가지라고 강요하고, 그리고… 그리고… 그리고… 그리고… 그런데 너는 나에게 아무런 생각도, 머물 생각도 없었지. 마치 너 자신에게 부족한 무언가를 채우기 위해 해야 하는 시험 같은 것이었지.

치료자: 이제 그녀에게 "나를 판단할 권리를 되찾겠다" 또는 "내가 누구인지 결정할 권한을 당신에게 주지 않겠다"고 말하게 하고 싶어요. 그게 어려운 일이죠. 당신은 이 권한을 포기하지요. 다시 가져가세요. 내 정의는 너에게 달려 있지 않다고 말해 줘요. 이게 바로 당신한테 어려운 점이라고요. **(경계를 설정하고 자신의 힘과 가치를 되찾는 새로운 이야기를 시작하도록 안내함)**

내담자: 그럼, 제가 되찾는다는 건 뭐죠?

치료자: 네, 그녀로부터 당신의 힘을 되찾는 거죠. "내 의미는 너에게 의존하지 않아"라고 말해 보세요.

내담자: 내 의미는 너에게 의존하지 않아.

치료자: 이제 어떤 일이 일어나나요?

내담자: 내 힘, 내 자기가치, 내 자존감을 되찾고 싶어요.

치료자: "난 너에게 권리를 주지 않을 거야"

내담자: 그래. 나를 판단하고 내가 누구인지 결정할 수 있는 권리나 권한을 너에게 주지 않겠어.

치료자: 이 말을 할 때 실제로 어떤 느낌이 드나요?

내담자: 글쎄요, 화가 나고 매우 억울한 기분이 들어요.

치료자: 그래, 좀 더 말해봐요. "나는 네가…"

내담자: 네가 나를 이용해서 화가 나. 네가 나를 판단하고, 이 관계를 거부하기 위해 상상할 수 있는 모든 핑계를 찾아낸 것이 원망스러워. 네가 아는 그 남자들이 나와 네 주변 사람들에게 너무나… 너무나 열려 있고 너무나 사랑스럽고 지지적이라는 것을 넌 알고 있지. 하지만 네가 한 일에 대해 책임을 지지 않는 것은 네 자신의 잘못이야.

치료자: 그래요, 그래요, 당신이 그녀가 책임지길 원하시는 게 뭔지 말씀해 주세요. **(새로운 내러티브의 공동 구성)**

내담자: 나는 네가 나를 거짓말로 꼬드기고, 결정을 내리고, 하고 싶었던 일들을 하도록 강요하는 데 있어서 책임을 지기 원해. 네가 일부인 것처럼 보이게 하고, 정말로 그렇게 한 다음 돌아서서 우리는 그냥 친구일 뿐이라고 말하거나, 우리가 함께 있고 함께 자고 있다는 모든 전화는 그냥 확인 전화였어라고 말했으면 해. 너한테는 아무 의미도 없는 거였어.

치료자: 그래서 "나는 너와 네가 내게 한 짓을 거부해"라고 해 보세요.

내담자: 난 너와 네가 내게 한 짓을 거부해.

치료자: 맞아요. "너의 거절로 인해 내가 상처받거나 무가치한 존재로 규정되지 않도록 할게"라고 해 보세요.

내담자: 나는 너의 거절이 나를 부수거나, 나를 때리거나, 나를 쓸모없는 존재로 규정하도록 내버려두지 않을 거야.

치료자: 그렇게 말할 때 어떤 느낌이 드나요?

내담자: 글쎄요, 힘이 느껴지기도 하지만, 저와 관련된 모든 것이 지금 바로 그 사람이라는 것을 알아요. **(힘과 자부심에 대한 새로운 통합적인 감정의 출현)**

치료자: 네, 맞아요.

내담자: 제가 저항하고 있는 것, 아마도 일부는 요가를 가르치는 것, 그녀와 관련된 모든 것, 저에게 강요하는 것, 저항하고 있는 것일 수도 있어요. 그리고 그것은 어떤 면에서는… 음, 음, 많은 면에서는… 그것은 검증하고 그녀를 바로잡고 있어요.

치료자: 네.

내담자: 어, 하지만… 하지만… 하지만, 네가 이걸 하라고 강요했기 때문에 나는 이걸 하지 않을 거라는 느낌이 들어서… 물러서서… 물러서서… 더 많은 코칭, 가르치는 것, 어….

치료자: 그러니까 "나는 여전히 네가 내게 영향을 주도록 내버려두고 있다"는 거군요.

내담자: 네, 그리고 제가 정말 하고 싶었던 일인지 판단할 수 없어요.

치료자: 네, 맞아요.

내담자: 아니면 너를 기쁘게 해 주고 행복하게 해 주기 위해 한 일인지도.

치료자: 네, 그 말이 중요한 것 같지만, 이제 왜 그녀가 계속 당신에게 영향을 미치는지 판단해야 해요. 그게 나인지, 너인지, 그게 뭔지 모르니까 네가 더럽힌 모든 것에서 벗어나고 싶지. 이제 어떻게 그녀가 당신의 삶을 결정하지 못하게 할 수 있을까요? 어떻게 해야 할까요? (**새로운 의미와 행동 가능성 창출**)

내담자: 모르겠어요, 모르겠어요. 다른 사람을 만나서 성공하는 거죠.

치료자: 당신이 하고 싶은 일을 선택해야 할 것 같아요. 걱정하지 마세요. 왜 그녀를 떨쳐 버리기 어려운지 말해 주세요. "널 떨쳐 버리기가 힘들어…"

내담자: 너를 떨쳐 버리기가 어려운 이유는 내가 너를 믿었기 때문이야.

치료자: 네, 그리고 그건… 정말… 정말….

내담자: 뭐라고요?

치료자: 그거 정말 심오하네요. 바로 그거예요. 내가 너를 믿었으니까. 당신이 그녀를 믿는 정도만큼 당신은 패배하고 절망적인 상태로 남아 있어

요. 그녀에게 맞서 싸우는 만큼 당신은 힘을 내기 시작하고, 강해지기 시작하죠.

내담자: 으흠.

치료자: 다시 해 보세요. "내가 누구인지 결정할 권한을 너에게 주지 않겠어"

내담자: 내가 누구인지 결정할 힘을 너에게 주지 않겠어.

치료자: 하지만 그게 어려운 거잖아요, 그렇죠? 왜냐하면 당신이 그런 힘을 그녀에게 줬으니까요. **(그의 분노를 막을 수 있는 것이 무엇인지 확인하기 위해 다시 돌아옴)**

내담자: 으흠.

치료자: 이게 큰 어려움이에요. 분노가 당신의 가장 큰 지원군이니 다시 한번 화난 이유를 말해 보세요. 그렇게 패배감을 느끼지 않도록 해 주세요. "나는 너에게 화가 났어"라고 말하세요. **(분노를 고조시킴)**

내담자: 네가 나를 거짓말로 꼬드겼기 때문에 화가 나. 너의 의사소통 방식이 불분명했기 때문이야. 너는 항상 어떤 의제를 가지고 있었고, 네가 원하는 것이 무엇인지 명확하지 않았어. 그리고 나를 판단하고 비판하고 다른 사람이나 아버지와 나를 비교하고 나서 마치 나와 관련된 일인 것처럼, 내가 잘못 들은 것처럼 부정하는 것에 화가 났어.

치료자: 그래서 "네가 나를 시험하고 나를 판단한 것에 화가 났어"

내담자: 너는 끊임없이 나를 시험하고 나를 판단하고….

치료자: "그리고 나서 너는 나를 버렸어…"

내담자: 그러고는 그냥… 그냥… 그냥 그렇게 날 버렸어. 나는 네가 내 삶에 너무 많이 관여하고 그런 척하고 오, 그리고 그냥 모든 실제 관계를 부정하고 모든 실제 관계를 무시한 것에 화가 났어.

치료자: "너의 기대에 부응하지 않아도 괜찮아"라고 그녀에게 말해 주세요. **(새로운 내러티브 공동 구성하기)**

내담자: 나는 너의 기대에 부응할 필요도 없고 나는 괜찮아.

치료자: "그리고 나에게 필요한 것은 비판이 아니라 내 안에서 최선을 끌어낼

수 있는 지원이었어"

내담자: 그래, 그리고 내가 너에게 필요했던 것은 비판이 아니라 내 안의 최고를 끌어낼 수 있는 지원이었어. 네가 자신감이 부족해서 과제를 완수하지 못하거나 담배를 끊지 못하거나 술을 끊지 못했을 때 나는 너를 비난하지 않았어. 난 버텼어. 이제 너는 기본적으로 너의 친구에게 의지하고 있고, 알다시피, 너는 내가 본 것처럼 많은 사람에게 이런 짓을 하지. 그들의 삶에 개입해서 그들의 삶에 큰 변화를 가져온 다음, 기대에 부응하지 못했다고 비난하고, 그런 다음 너는 계속 나아가고, 음, 알다시피, 네 뒤에 있는 사람들의 흔적을 그대로 두고, 알다시피, 알다시피, 그에 대한 책임을 지지 않는 거지.

치료자: 그래서 이제 무슨 일이 일어나나요? 곧 끝내야 할 것 같아요. 기분이 어때요?

내담자: 글쎄요, 좀 더 살아 있다는 느낌이 들어요.

치료자: 네, 그렇죠. 문제는 자신의 권리, 자신의 가치에 대한 감각을 어떻게 유지할 수 있느냐는 거죠. 여기는 그렇게 무가치하고 패배한 곳이 아니에요. 제 직감이 맞아요. 엄마를 그곳에 모시고 그때 당신이 엄마로부터 필요했던 것이 무엇인지 말해 보세요. **(앞서 논의한 기원과 연결되며, 어린 나이에 엄마로부터 정서적으로 버림받았다고 느꼈다는 사례 공식화의 일부임)**

내담자: 엄마가 저를 지지해 주고, 저를 안아주고, 저에게 말을 걸어주고, 사랑한다고 말해 주고, 정말 마음을 열고 제 기분을 알려주는 것이 필요했어요.

치료자: 네, "저는 그런 종류의 지지와 연결이 필요했는데, 그런 것이 없을 때는 마치 13세 소년이 된 것처럼 무슨 일이 일어나고 있는지 모르고 공허하고 혼란스러운 기분이 들었어요" 제 말은, 그런 일이 일어나는 것 같아요.

내담자: 네, 네, 엄마하고 그 당시에는 아무런 연결고리가 없었고 어떤 연결도

없었고, 이런 방식으로 여자들하고도 같은 느낌이었어요, 그렇게 멀리 떨어져 있는 것처럼요.

치료자: 네.

내담자: 그리고 지금 제가 화가 나는 것은, 지금 생각해 보면 브렌다와의 관계에서 제가 직감적으로 하고 싶은 대로만 했다면 타협하지 않고 브렌다의 비판을 받아들이고 그녀의 모든 일을 감당하는 대신 여전히 함께 있을 수 있었을지도 모른다는 생각이 들어요.

치료자: 음, 내 감정을 표현하고 무슨 일이 일어나고 있는지 말하는 게 편했을 것 같군요.

내담자: 네, 제가 모든 것을 다 믿고 모든 것을 중요하게 생각했던 것 같아요.

치료자: 하지만 엄마와 가족들 사이에서는 아무도 말을 하지 않았다는 말씀이신 것 같아요. 실제로 무슨 일이 있었는지 말한 적이 없었죠. 어떻게든, 당신은 항상 실제로 일어나는 일에서 실제로 말하지 않았어요. 그리고 당신은 엄마가 한 말과 모든 종류의… 하지만 이제 브렌다와 그녀에 의해 오염된 것들로부터 도망치는 대신 선택하는 것은 당신에게 달려 있는데, 어떻게 선택하실 건가요? **(새로운 자기가치감을 바탕으로 새로운 내러티브를 공동 구성)**

내담자: 그건 모르겠어요.

결론

이 장에서는 실제 회기의 기록을 통해 치료에서 수치심 사건을 다루는 순간순간의 과정을 보여 준다. 성과가 좋았던 네 가지 사례와 성과가 좋지 않았던 한 가지 사례의 과정을 검토했다. 이 기록은 수치심을 타당화하고 인정함으로써 새로운 정서에 접근하여 변화할 수 있도록 수치심을 견디고 충분히 조절하도록 돕는 방식으로 수치심을 다루는 방법을 보여 준다.

이 장에서는 분노가 수치심과 통합되어 진정으로 새로운 정서 상태를 형성함으로써 수치심을 푸는 방법을 설명한다. 통합에 의한 변화에서 분노는 수치심을 대체하지 않는다. 이는 반드시 치료적인 것은 아니며, 수치심 대신 분노를 느끼게 될 것이다. 이는 적응적 해결책이 아니다. 오히려 주장의 행위 경향성은 철수라는 행위 경향성과 혼합되고 분노의 정서도식(emotion schemes)은 수치심의 정서도식과 통합된다. 이러한 변화를 통해 내담자는 더욱 견고하고, 가치 있고, 자기수용적이며, 차분하고, 평화로운 느낌을 갖게 된다. 이러한 자기조직화(self-organization)의 변화는 의식의 변화를 통합하는 데 도움이 되는 보다 기능적이고 적응적인 내러티브로 이어진다.

앞으로 이어질 장에서는 차단된 분노에 접근하는 데 중점을 둔다. 정서중심치료(emotion-focused therapy)에서는 분노를 조절하는 분노 관리 훈련보다는 이전에 표현되지 않았던 적응적 분노에 접근하는 데 중점을 둔다. 내담자가 이전에 인식하지 못했던 적응적 분노에 접근하고 받아들이도록 돕는 방법을 논의한다. 앞서 말했듯이, 내담자들은 분노를 차단하는 무수한 방법 · 자신의 분노에 대한 두려움 · 분노가 자신을 압도하거나 관계를 파괴하는 방식 · 특히 부모에게 분노를 표현하는 것에 대한 죄책감을 극복해야 한다.

8장

분노의 여러 가지 색조

친구에게 화가 났다.
나는 나의 노여움을 말했고, 나의 노여움은 끝났다.
나는 적에게 화가 났다.
내가 말하지 않았더니 노여움이 커졌다.

—윌리엄 블레이크(William Blake)

이 장에서는 다양한 유형의 분노와 심리치료에서 분노를 다루는 것과 관련된 성별 및 문화적 문제에 대해 설명한다. 분노의 본질과 기능, 그리고 분노를 일차 · 이차 · 도구적 · 적응적 또는 부적응적 분노로 평가하는 과정을 포함하여 분노의 다양한 표현에 초점을 맞춘다. 또한 적응적 정서로서 분노의 중요성에 대해 논의하고, 분노의 하향조절(downregulation)을 강조하는 것과 달리 이전에 표현되지 않았던 분노를 활성화(activation)하는 것이 어떻게 중요한 치료적 과정의 변화인지 보여 준다.

분노는 종종 파괴적인 정서로 여겨지지만, 가장 근본적으로 분노는 경계 침입이나 자신의 앞길에 장애물이 있다는 신호를 보내는 적응적인 정서이다. 분노는 자기보호 행동을 촉진하거나 차단을 극복하기 위해 사람을 동원한다. 분노의 행위 경향성은 주장적 행동이나 공격성을 통해 위반에 건설적인 방식으로 대응하는 데 도움이 된다. 분노 조절에 관한 많은 글이 쓰였지만, 분노 억제 또한 중요한 치료 문제이다. 많은 장애가 분노 조절장애와 관련이 있다. 분노와 짜증은 비난하는 우울증의 증상일 수 있지만, 많은 우울증에는 적응적으로 표현되지 않는 분노라는 기저의 일차 감정이 있다. 예를 들어, 억압된 분노는 신체화의 기저에 있는 경우가 많다. 분노 억제, 복종하는 행동, 자기주장 부족은 우울증과 관련이 있으며(Akhavan, 2001; Harmon-Jones et al., 2002), 많은 우울증 내담자는 분노와 분노의 징후를 보인다(Fava et al., 1990; Brody et al., 1999). 분노를 표현하지 않으면 스트레스가 증가하고 우울증 및 기타 여러 장애의 원인이 된다(Gilbert, 2006; Watson & Greenberg, 2017).

페미니스트 작가들은 분노가 힘을 실어줄 수 있다고 주장했다. Chemaly(2018)는 분노는 "모욕감, 신체적 피해, 굴욕감, 불공평의 위협"을 받을 때 "인간으로서 무언가 잘못되었고 변화가 필요하다는 것을 경고"하는 "매우 유용하고 긍정적인 정서"이며, 따라서 "정치적 선(善)을 위한 강력한 힘"이라고 주장했다. 또한 그녀는 여성과 소수자는 백인 남성과 같은 정도로 분노할 수 없다고 말했다. 비슷한 맥락에서 Traister(2019)는 분노를 참는 것이 여성 인권의 진전을 가로막는 장애물이라고 주장했다. 그녀는 모든 성별에 의해 여성에 대해 지속되는 이중 기준이 여성에게 재앙적이고 고통스러운 영향을 미친다는 점을 강조했다. 따라서 표현되지 않은 분노는 심리적 장애에 영향을 미칠 뿐만 아니라 사회정치적 영향을 미친다.

Gilbert와 Gilbert(2003)는 '저지된 분노(arrested anger)'라는 용어를 사용하여 분노가 차단되어 표현되지 않는 분노를 가리켰다. 이들은 분노가 유발된 상황에서 유기체의 생리적 반응은 투쟁(fight) 또는 도피(flight) 중 하나라고 설명하며, 이러한 반응은 일반적으로 편도체에서 비롯되는 자동적 반응이라고 주장했다. 자동 투쟁 반응에서 사람은 촉발되는 자극에 대해 분노를 표출하고, 분노를 통해 경계를 보호하거나 장애물을 극복하려는 욕구가 이상적으로 충족된다. 이러한 반응을 통해 그 사람은 다음으로 가장 긴급한 상황에 대처할 수 있다. 반대로 분노가 차단된 경우, 개인은 계속해서 싸움 반응을 차단하여 결국 욕구 충족을 막게 된다. 무망감과 무력감을 느끼게 되어 포기하고 싶어 결국 우울증에 빠지게 된다. 이러한 맥락에서 차단된 분노는 생리적 수준에서 활성화되지만 반복적으로 표현되지 않거나 경험되지 않는 분노로 이해할 수 있다.

이 장과 다음 장에서는 주로 저지된 분노와 그 치료에 초점을 맞춘다. 나는 차단된 분노를 자동적으로 또는 의도적으로 적극적으로 차단함으로써 정서 경험 및/또는 표현을 차단하는 과정을 포함하는 것으로 본다. 나는 안전한 치료 상황에서 이전에 표현하지 못했던 분노의 표현에 대한 차단을 극복하는 것이 어떻게 가치감과 권한 부여를 촉진하고 굴복하려는 경향에 대응할 수 있는지에 대해 논의한다. 이전 장의 수치심 치료와 마찬가지로 다양한 유형의 분노에 대한 차별적 치료가 제공된다. 차단된 분노(interrupted anger), 거부적 화(rejecting anger), 조절되지 않은 분노(dysregulated anger) 및 격노(rage)를 다루는 다양한 방법에 대해 설명한다.

분노를 경험하고 표현하는 과정은 분노 내면화(anger in), 분노 표출(anger out), 분노 조절(anger control)의 세 가지 주요 범주로 분류할 수 있다(Snell et al., 1995). 분노를 내면화하는 경향을 보이는 사람들은 일반적으로 화난 감정과 생각을 억누른다. 반대로 분노를 외현화하는 분노 표출 성향의 사람들은 도발에 화를 내고 때로는 공격적인 행동으로 반응한다. 마지막으로, 분노를 조절할 수 있는 사람은 자신의 경험을 모니터링하고 상황에 따라 분노를 표현하거나 표현하지 않을 수 있다.

분노에 대한 금지나 분노의 경험과 표현에 대한 불안은 분노를 억압하게 만들 수 있다. 부당한 대우 · 침해 또는 상처 · 충분한 상실감으로 인한 분노의 적응적 일차 반응을 억제하면 건강하지 않은 과잉 통제나 두통 · 고혈압과 같은 생리적 증상 · 체념 · 절망 · 불안과 같은 정서적 증상을 유발할 수 있다. 억압된 분노는 또한 자신을 주장하기 어렵고 경계를 설정하지 못하는 등의 관계 문제와 철수나 절망감으로 이어질 수 있다. 지속적으로 분노를 억누르는 사람은 자신의 필요와 욕구를 충족시키지 못한다. 자신의 욕구를 충족시키는 데 무망감과 무력감을 느끼며 슬픔이나 분노를 느끼게 된다. 이러한 감정은 여러 유형의 장애의 증상이며, 종종 기저의 허용되지 않는 일차 분노 감정으로부터 사람을 보호하는 증상적인 이차 감정이다. 차단된 적응적 분노는 중요한 방향과 정보를 제공하는 일차 감정으로, 때로는 이차 정서(예: 무망감)를 극복하고 때로는 기저의 부적응적 정서(예: 수치심)를 변화시키기 위해 치료에서 접근하고 인정할 필요가 있다.

Bridewell과 Chang(1997)은 우울 증상의 예측 인자로서 분노의 내면화 · 분노 표출 · 분노 조절의 역할을 조사했다. 이들은 분노를 내면화하는 것이 분노 조절 부족이나 분노를 외현화하는 경향보다 우울 증상을 더 잘 예측한다고 보고했다. 분노를 참지 못하는 내담자는 분노를 내면화하여 자신에 대해 비판적이거나 경멸적이 된다. 저자들은 치료에 대한 시사점을 논의하면서, 따라서 분노를 내면화하는 내담자의 경향성을 수정하는 것이 중요하다고 제안했다.

분노: 그 본질과 기능

분노는 생존을 위해 진화에 의해 연마된 기본적인 정서이다. 분노는 자신을 방해하거나 잘못을 저지른 것으로 인식되는 사람이나 사물에 대한 적대감을 특징으로 한다. 한 사람이 다른 사람에게 화를 내기 위해서는 상대방이 자신을 침해한 일에 책임이 있다고 믿어야 하며, 그에 대해 상대방에게 무언가를 하고 싶어해야 한다. 분노의 강도는 다양할 수 있다. 분노의 강도가 약할 때는 비교적 쉽게 무시할 수 있지만, 분노의 강도가 강할 때는 무시하기가 더 어렵다.

좌절감에 대한 선천적인 반응인 분노(anger)는 위험으로부터 자신을 보호해야 할 필요성을 알리는 적응적인 감정이다. 분노는 좌절하거나 어려운 상황에 대한 지극히 정상적인 반응이지만, 파괴적일 수 있으며 거부적인 행동과 격노(rage)로 이어질 수 있다. 분노는 자신의 경계를 지키기 위해 부풀어 오르고, 커지고, 앞으로 밀고 나가는 행위 경향성을 수반하므로 특히 억압된 분노는 폭력을 통해 행동으로 표출하거나 폭발로 이어질 수 있다. 하지만 중요한 것은 분노를 공격성(aggression)과 구별해야 한다는 점이다. 분노는 공격성을 나타내지만 추가적인 인지적 처리와 의사 결정에서 비롯되는 공격적인 행동은 아니다.

분노의 생리적 반응은 심박수 증가 · 근육 긴장 · 혈류에서 당이 방출되어 뜨거워지는 것으로 느낄 수 있다(Izard, 1993). 표현적 요소로는 얼굴을 찡그리거나 얼굴이 빨개지고 목소리가 커지며 고함을 지르게 될 수도 있다. 몸집이 커지거나 주먹을 쥐는 등의 신체 움직임도 나타날 수 있다. 주관적인 분노의 감정에는 특정 사건이나 사건들과 관련하여 짜증이나 침해, 학대 또는 부당함을 느끼는 것이 포함된다.

분노는 뜨거운 분노(hot anger)와 차가운 분노(cold anger), 파괴적인 분노(destructive anger)와 힘을 실어주는 분노(empowering anger), 증오(hate)와 짜증(annoyance) 등 다양한 색조로 나타난다. 그 강도는 짜증(irritation)이나 분개(indignation)에서 격노(rage)나 격분(fury)에 이르기까지 다양하다. 분노는 강도(분노가 얼마나 강한지)뿐만 아니라 빈도(얼마나 자주 화를 내는지), 지속 시간(얼마나 오래 화를 내는지), 잠복기(얼마나 빨리 화를 내는지), 역치(유발에 얼마나 민감한지; Fernandez, 2013; Fernandez & Johnson, 2016; Fernandez et al., 2010) 등에서도 다양하다고 볼 수 있다. 화난 기분(angry mood)은 화난 반응(angry reaction)과도 다르다. 화난 기분은 한동안 지속되는 감정으로 일반적으로 화난 반응보다 덜 강렬하다. 화를 내는 기질(angry temperament)을 가진 사람은 분노로 반응하는 사람이 아니라 분노가 반복적이고 만연한 사람이다.

영어와 다른 언어에는 분노의 다양한 색조를 표현하는 많은 단어가 있다. 영어에서 '원한(resentment)'은 특정 분노 경험에 대해 치료적으로 더 중요한 단어 중 하나일 것이다. 원한은 현재 활성화된 분노(activated anger)와 구별되어야 한다(Spielberger et al., 1995). 분노(anger)는 침해, 불공정 또는 좌절에 대한 직접적인 반응으로 발생하며 자신의 권리를 주장하기 위한 적응적 목적에 부합하는 급성 반응이다. 이와는 대조적으로 원한은 잘못을 인지한 후 오랫동안 지속되는 괴로움을 수반하며 더 미묘하다. 원한은 만성적이고 오래 지속될 수 있으며 내면에 숨겨져 있다. 가까운 사람이나 신뢰하는 사람이 관련된 경우 배신감으로 인해 더 복잡해지는 경우가 많다. 사람들은 분노로 반응하지만 원한을 품고 있다. 인간의 정서로서 원한의 복잡성은 원한을 다른 언어로 번역하는 데 어려움이 많다는 사실에 반영되어 있다. 어떤 언어에는 이를 표현할 수 있는 유사 단어가 없거나 단어가 아닌 구를 사용하는 경우도 있다.

영어에서 '원한(resentment)'은 상대방을 갉아먹고 많은 심리적 고통의 원인이 되는 오래 지속되는 분노라는 개념을 담고 있기 때문에 치료적으로 매우 유용한 용어이다. 사람들은 자극을 받았을 때 분노를 느끼지만, 치료에서 그 경험을 이야기할 때 자극적인 상황으로부터 멀리 떨어진 곳에서 그 경험은 느리게 타오르고 타들어 가는 느낌에 가깝다. '원한(resentment)'이라는 단어는 '분노(anger)'보다 회기에서 느끼는 감정을 더 잘 포착한다.

'짜증(irritability)'은 흥분(agitation)하고 쉽게 화를 내거나(upset) 약이 오르는(annoyed) 경향성을 특징으로 하는 분노의 한 형태를 표현하는 또 다른 단어이다. '불만(frustration)' 또한 분노를 표현하기 위해 치료에서 자주 등장하는 단어이다. 사람들은 "화가 났어요"라고 말하기는 어렵지만 "불만이에요"라고 말하기는 쉽다. 종종 내담자에게 "그 일 때문에 화가 나신 것 같네요"라고 말하면 "화난 게 아니라 불만이에요"라고 대답하는 경우가 많은데, 이는 분노를 가라앉히는 방법일 뿐이다. 예를 들어, 나는 젊은 엔지니어였을 때 분노를 인정하지 못하고 부루

퉁(sulk)했었다. 화가 났다고 말하는 것은 상처받을 수 있다는 취약성을 내포하고 있었기 때문에 무적이 되려고 노력했다. 고인이 된 나의 아내와 나의 치료 수련을 통해 결국 나는 그런 자기보호적 방어 방식을 거부하게 되었다. 분노를 인정하는 것은 어려운 일이며, 사람들은 여러 가지 방식으로 분노를 표현하지 않도록 사회화되어 있다. 인정받지 못한 분노는 종종 대인관계에서 분노의 주요 표현인 비난(blame)으로 표출된다.

분노는 다른 정서와 섞일 수도 있다. 분노는 경멸(contempt), 혐오(disgust)와 함께 적대적인 트리오의 일원이라고 불린다(Harmon-Jones et al., 2008). 3장에서 설명한 것처럼 경멸은 우월한 지위로 올라가 더러운 냄새를 맡는 것(dis-smell)에서 비롯된다. 혐오는 나쁜 것에 대한 불쾌감(distaste)과 거부감에서 비롯된다. 모두 어떤 형태로든 거부를 수반한다. 증오(hatred)는 열정적이거나 격렬한 싫어함이지만 혐염(loathing)과 마찬가지로 혐오도 포함할 수 있다. 분노는 공격성(aggression)이 아니라는 점도 여기서 다시 한번 강조할 필요가 있다.

따라서 모든 분노가 같은 것은 아니다. 어떤 분노는 생존을 돕기 위해 적응하고 진화한 것이며, 억압하는 것은 신체적 · 심리적으로 건강하지 않다. 분노는 협상에서 자신의 입지를 강화하고, 스포츠에서 경쟁력을 강화하며, 보복 행동을 위해 신체적 자원을 동원할 수 있다. 분노는 장기적으로 사람들이 목표를 추구하고 더 행복하고 건강해지도록 도울 수 있다. 분노는 변화를 가져올 수 있다. 힘이 실리거나(empowered) 주장적 화(assertive anger)를 표현하면 사람들은 자신에 대해 더 잘 느끼고, 더 낙관적이고, 더 잘 통제할 수 있으며, 위험을 감수할 가능성이 더 높아질 수 있다. 분노는 동시에 고통스러울 수도 있지만 즐거울 수도 있다. 분노는 선하거나 악하지 않다. 그냥 있을 뿐이다. 중요한 것은 분노로 무엇을 하느냐이다. 다른 모든 것과 마찬가지로 분노는 건설적이거나 파괴적일 수 있다.

Timulak과 Keogh(2022)가 지적한 것처럼, 주장적 화는 보호적 분노로 보는 것이 훨씬 더 좋다. 건강한 분노는 자기인정(self-affirming), 내면의 힘과 자신감을 가져다준다. 건강한 분노는 내면의 취약성에 대한 반응인 이차 분노("내가 상처받아서 화가 났다")와 구별할 수 있다. 보호적 분노는 반응적 분노보다 훨씬 더 침착하다. 생리적 각성도가 높지 않고, 오히려 단호함("더 이상 나를 해치지 못하게 할 거야")이 특징이며 다른 사람을 침범하는 확대된 분노가 아니다. 이는 취약성에 대한 해독제이며 충족되지 못한 욕구(unmet needs; "나는 가치 있다")를 충족시키기 위해 느껴진다.

건강한 분노는 상황에 적절하고 적응력이 있으며 불공정함이나 목표 달성을 방해하는 장벽에 대한 반응이다. 이는 과도하고 파괴적인 부적응적 분노와 대조되고 구별되어야 한다. 부적응적 분노는 정당화되지 않고, 통제되지 않으며, 분화되지 않고, 처리되지 않은 격노로 나타나므로 가장 도움이 되지 않는다. 부적응적 분노는 인간 기능의 많은 문제의 원인이 되며 관계에서 매우 파괴적일 수 있다. 종종 다른 감정을 덮어버리고 고양이에게 발길질을 하는 것처럼 다른 사람이나 사물로 전이될 수 있다.

분노 표현에 대해 작업하는 데 있어 학대에 대한 적응적이고 힘을 실어주는 분노와 열등감이나 굴욕감에 대한 이차 반응과 관련된 부적응적 격노(maladaptive rage)를 명확하게 구분하는 것이 중요하다. 부적응적 격노는 지나치게 강렬하고 만성적이며 파괴적이거나 부적절하며 사소한 모욕이나 실패 경험에 반응하는 경우가 많다. 부적응적 격노는 상대방을 파괴하는 데 목적이 있으므로 이를 인정하되 강화해서는 안 된다. 내담자의 역량을 강화하기 위해 치료자는 내담자가 불공평함에 대한 적응적 분노(adaptive anger) 경험에 주의를 기울이고 강화할 수 있도록 도와야 한다. 상대방을 파괴하는 것이 아니라 자기를 주장하고 경계를 설정하는 데 중점을 둔다.

이차 분노(secondary anger)는 기저의 상처를 가리는 반응적 표현이다. 이 표현은 사람들이 분노를 떠올릴 때 가장 많이 상상하는 것이며, 분노가 주로 나쁜 것으로 특징지어지는 방식이다. 물론 과도한 분노(excessive anger)는 문제를 일으킬 수 있고 실제로 문제를 일으키기도 한다. 고도로 흥분된 분노와 관련된 혈압 상승 및 기타 신체적 변화는 신체적 · 정신적 건강에 해를 끼친다. 분노는 명확한 사고를 어렵게 만들고 관점을 잃고 올바른 판단을 내릴 수 없게 만든다.

따라서 분노는 그 기능에 따라 차별적으로 바라보고 평가해야 한다. 이는 쉬운 일이 아니다. 어떤 분노는 교묘하거나 파괴적이거나 위협적이며, 그 표현은 사람들을 멀어지게 하여 지지를 잃게 하는 해로운 결과를 초래할 수 있다. 다른 형태의 분노는 고통과 위협적인 감정으로부터 주의를 돌리거나 다른 사람에게 두려움을 불러일으키거나 자신을 통제할 수 있게 해 주기도 하며, 어떤 분노는 적응력이 뛰어나 목표를 달성하는 데 도움이 되기도 한다.

예를 들어, 지각이나 잊어버림으로 인해 현재 누군가에게 화를 내는 것이 정당한 적응적 분노 감정이라고 생각하더라도, 그 사람은 이 분노를 건설적인 방식으로 표현하는 방법을 알아내야 한다. 아리스토텔레스는 니코마코스 윤리학(Nicomachean ethics; Aristotle, 기원전 350년경/2009)에서 성품이 좋은 사람도 때때로 화를 낼 수 있지만, 그 표현의 황금률을 찾는 것은 쉬운 일이 아니라고 했다. 그의 명언을 의역하자면, 사람들이 화를 내는 것은 쉬울지 몰라도 적절한 사람에게, 적절한 시기에, 적절한 정도로, 적절한 동기로, 적절한 방법으로 화를 내는 것은 쉽지 않다는 뜻이다.

적응적 분노를 충동적으로 표현하는 것도 현명하지 않을 수 있다. 그러나 분노를 건설적으로 다루지 못하면 무능력감이나 복종심, 무망감으로 이어지는 주요한 어려움의 원인이 될 수 있다. 분노를 다루는 것은 삶과 치료에서 복잡한 문제이다. 정서중심치료(emotion-focused therapy: EFT)에 사용되는 정서 평가 접근법에 따라 분노는 일차, 이차 또는 도구적일 수 있으며 적응적이거나 부적응적일 수도 있다. 따라서 분노를 다루는 작업에는 발생하는 분노의 유형에 대한 감별 과정 평가가 포함된다.

분노 하위 유형

EFT의 정서 개념화에서는 정서를 일차 · 이차 또는 도구적 · 적응적 및 부적응적 정서로 분류한다(Greenberg, 2002). 분노는 이러한 범주 중 어느 하나에만 속하는 것이 아니며, 특정 활성화에 따라 범주 사이를 이동할 수 있다. 분노를 항상 상처에 대한 부차적인 것으로 보는 사람들은 분노의 적응적 측면과 차단된 분노의 부정적인 역할의 중요성을 놓치고 있다.

적응적 일차 분노

분노는 외부 사건에 대한 적응적 또는 부적응적인 즉각적인 반응일 수 있다. '일차 분노(primary anger)'는 이전의 정서나 인지로 환원할 수 없다. 이는 생각을 매개로 하지 않고 유발 상황에 대한 직접적인 반응이다. '적응적 일차 분노(primary adaptive anger)'는 자신이 처한 상황을 관리하는 데 도움이 되는 행위 경향성(action tendency; Frijda, 1986)을 통해 환경에 대한 방향성을 제공한다. 또한 부당한 대우, 경계 위반 및 목표 좌절에 대해 사람들에게 알려준다. 적응적 분노는 상황 변화에 따라 역동적으로 변화한다. 적응적 일차 분노는 적응 기능이 충족되면 변화한다. 잘못을 바로잡거나 장애물을 극복하는 데 필요한 시간보다 오래 머물러 있지 않는다.

적응적 일차 분노는 사람들이 이유 때문에 느끼는 감정이다. 이는 경계 침입에 대해 주장하거나 장애물을 극복하기 위해 동원하는 등 문제를 해결하기 위해 특정 방식으로 행동하도록 만든다. 사람들은 부당한 대우를 받았다는 분노의 메시지에 귀를 기울이고, 분노가 말하는 것을 피하거나 방어하기보다는 분노가 말하는 것을 존중해야 한다. 분노는 자신의 경계가 침해당하고 있고, 부당한 대우를 받고 있으며, 권리가 침해당하고 있고, 원하는 것이나 필요가 충족되지 않고 있거나 목표를 향한 진전이 좌절되고 있다는 메시지를 전달하고 있는 것이다. 분노는 또한 그 사람이 과도하게 확장하고 있다는 신호일 수도 있다. 분노는 사람들이 "그만! 더는 참지 않겠다!"라고 말하도록 도와준다. 분노는 한계를 설정하는 데 도움을 주고 "아니오"라고 말할 수 있도록 힘을 실어준다(Greenberg, 2002).

부적응적 일차 분노

적응적 일차 분노와 마찬가지로 '부적응적 일차 분노(primary maladaptive anger)'는 인지를 매개로 하지 않는 외부 사건에 대한 즉각적인 반응이지만, 과거에 형성되어 현재에 반응하는 반응이라는 점에서 차이가 있다. 부적응적 일차 분노는 종종 외상(trauma) 학습과 과거의 위반으로 인해 현재 상황에 맞지 않는 반응을 일으키는 손상된 학습 이력에서 비롯되는 경우가 많다. 예를 들어, 착취 의도가 없는 진정한 친절에 대해 화를 내는 것은 부적응적인 반응이다. 친절이나 친밀감에 대한 분노는 이전에 경계를 위반한 경험이 있거나 아무도 공짜로 해 주는 사람이 없다고 믿어온 역사에서 비롯될 수 있다. 위반에 대한 분노는 과거에는 적응력이 있었지만 현재는 더 이상 적응력이 없을 수 있는데, 예를 들어 다른 사람의 목소리가 조금 더 커지면 폭발적인 분노 반응을 보이는 경우이다.

핵심 분노(core anger)는 더 이상 위험이나 침해로부터 사람을 보호하지 못하고 파괴적일 때 부적응적인 분노라고 할 수 있다. 격노와 파괴적 분노(destructive anger)는 종종 폭력을 목격하거나 겪은 경험에서 비롯되며, 관계에 문제를 일으킨다. 어떤 사람들은 이유도 모른 채 다른 사람에게 분노를 표출한다. 이들은 여러 상황에서 감정 기복이 심하고 성질이 급하며 통제할 수 없이 쉽게 짜증을 낸다. 이러한 유형의 격렬한 각성은 종종 과거의 사건과 관련이 있으며, 사람들은 종종 그러한 각성을 차단하려고 노력한다. 과거에 폭력으로 고통받은 경험이 있는 사람은 분노가 폭발할 수 있다. 종종 내담자의 부적응적 분노는 분노의 대상이 아니라 이전에 충족되지 못한 욕구 때문인 경우가 많다. 이 사실을 깨닫게 되면 분노를 억제하는 데 도움이 되는 새로운 방식으로 자신의 감정과 욕구를 처리하기 시작할 수 있다.

외상 후 스트레스 장애(posttraumatic stress disorder: PTSD)와 관련된 일부 형태의 분노는 부적응적 일차 분노 반응의 전형적인 예이다. 외상은 종종 부적응적 분노를 유발하는데(Paivio & Pascual-Leone, 2010; A. Pascual-Leone & Paivio, 2013), 그 이유는 외상을 겪는 동안 사람들이 정서의 강도에 압도되기 쉽기 때문이다. 기억은 매우 높은 감각 및 지각 처리와 낮은 언어적 의미 부호화로 저장되기 때문에 (Brewin, 2001), 사람들은 자신의 정서를 표현하고 이해하기 어렵다. 대부분의 외상 상황에서 분노를 느끼지만 무력한 피해자인 경우가 많으며, 위반에 대한 적응적 분노를 표현하지 못한다. 사람들은 원래 상황에서 대처 전략으로 분노를 억누르고 이후 상황에도 이 전략을 일반화한다. 억압이 실패하면 격노가 폭발한다. 따라서 외상 후 스트레스 장애를 가진 사람들은 무감각한 수동성과 폭발적인 격노 사이를 오갈 수 있다. 분노 억제는 외상 당시에는 필요한 보호 역할을 하지만, 이후 만성적으로 분노를 차단하면 분노와 공포를 처리하지 못하고 종종 과잉 또는 과소 조절(over-or underregulation) 문제를 일으킬 수 있다.

자신이 무가치하고 취약하며 안전하지 않다는 핵심 자기감(core sense of self)을 느끼게 하고 두려움과 수치심이라는 부적응적 일차 정서 반응을 일으키는 개인적 역사는 일촉즉발(hair-trigger)의 부적응적 일차 분노를 유발할 수 있다. 일촉즉발의 분노 반응을 보이는 사람들은 어렸을 때 부모에 의해 벽장에 갇히거나 또래로부터 괴롭힘을 당했을 때 분노가 자신을 보호하는 주요 수단이었으며, 다시는 그런 일이 일어나지 않도록 하겠다고 맹세했다. 분노가 자신을 보호한다는 학습이 너무 강력하게 반복되면 과잉 학습되어 사소한 위협에도 분노로 반응하는 것이 제2의 본능이 된다. 이제 분노는 그 사람의 첫 번째 자동 반응, 즉 파괴적인 분노로 이어질 수 있는 부적응적 일차 반응이 된 셈이다. 그러나 이러한 반응이 과도하게 학습되었음에도 불구하고 치료자가 분노를 극복하도록 도울 수 있다면, 내담자는 가장 일차적인 나쁜 감정인 두려움이나 수치심과 같은 기저의 취약한 정서를 발견하게 될 것이다. 따라서 부적응적 일차 분노는 현재에는 일차 반응이지만 더 깊은 수준에서는 과거에 일차 위협에 대한 이차 반응이었다. '명예 문화(honor cultures)'에서는 자신의 정체성이나 가족에 대한 위협에 대해 분노로 대응하고 보복이 필요한 것으로 간주할 수 있으며, 이러한 학습된 부적응적 반응은 문화와 일치한다. 다시 말하지만, 이는 일차 반응이지만 기저의 문제는 위협이므로 처음에는 더 근본적인 수치심이나 두려움을 경험했기 때문에 어떤 면에서는 준일차(semi-primary) 또는 이차 정서라고 할 수 있다. 따라서 이러한 형태의 분노를 다룰 때 치료자는 분노를 현재 내담자의 가장 기본적인 반응으로 보되 과거의 근본적인 수치심이나 두려움에 접근하기 위해 노력해야 한다.

이차 분노

'이차 분노(secondary anger)'는 일차 정서에 대한 반응이다. 이 정서는 종종 사람들이 무너지고 붕괴되어 대처할 수 없게 될까 봐 두려워하는 일차 정서로부터 사람들을 보호한다(Greenberg, 2021). 기저의 정서는 위험하고 견딜 수 없으며 너무 많은 취약성을 초래하는 것으로 간주된다. 이러한 유형의 분노는 욕구 충족이나 목표 달성을 촉진하지 않는다는 점에서 현재 상황과 일치하지 않는다. 따라서 상대방의 무반응에 상처받고 슬퍼서 화가 났을 때 상대방을 비난하거나 거리를 두는 분노 반응은 친밀감에 대한 욕구를 충족하는 데 도움이 되지 않는다.

이차 분노는 비폭력적인 사람들과의 치료에서 훨씬 더 흔한 형태의 분노이다. 이차 분노는 주로 수치심이나 두려움의 취약성 또는 외로운 버려짐의 슬픔으로부터 자신을 보호한다. 따라서 일차 수치심이나 두려움을 유발하는 상황에서는 보호적이고 방어적인 분노라는 이차 반응이 뒤따르는 경우가 많기 때문에 부적응적(nonadaptive) 분노가 사람의 일차 정서가 되는 경우는 많지 않다. 이차 분노는 종종 자기존중감(self-esteem)이 떨어지거나 자기존중감에 타격을 입었을 때 나타나는 반응으로, 대인관계에 많은 어려움을 초래할 수 있다. 이러한 분노는 종종 그 순간에는 정당하다고 느껴진다. 상대방이 자신을 무시하거나 잘못했다고 느끼고, 상대방으로부터 받은 모든 좋은 것들을 잊어버리고 사소한 것만 기억한다. 자기존중감이 약한 사람일수록 관계의 긍정적인 부분과의 접촉을 더 쉽게 잃게 된다. 상대방의 부정적인 면만 느끼고 상대방을 모두 나쁜 사람으로 여긴다. 나중에 자신의 분노에 대해 미안함을 느낄 수 있지만 수치심이나 죄책감이 자기존중감의 변화로 이어지지 않으며, 사소한 일에도 상처받기 쉬운 취약한 상태로 남게 된다.

이차 분노는 이전의 인지 과정에 대한 반응일 수도 있으므로 부정적인 자동적 사고(automatic thoughts)의 결과일 수 있다. 예를 들어, 이차 분노는 적대적인 태도나 잘못된 평가로 인해 발생할 수 있다. 왜 이런 부정적인 생각이 떠오르는가? EFT 이론에 따르면 부정적인 인지는 수치심 · 두려움 · 슬픔과 같은 기저의 일차 정서에 이차적으로 나타나는 현상이다. 따라서 분노를 유발하는 원인이나 자신이 무시당했거나 잘못했다는 잘못된 평가는 상황에 의해 유발된 수치심이라는 자동적 일차 감정에 의해 이차적으로 발생한다.

더 취약한 (일차) 경험을 피하기 위한 이차 분노는 적대감(hostility)과 격노(rage)로 이어질 수 있다. 안타까운 예로, 가정폭력의 일반적인 기저의 과정인 수치심-격노의 순환(shame-rage cycle)이 있다(Scheff & Retzinger, 1991). 그러나 분노는 감정이지만 공격성은 행동이며 분노를 행동으로 전환하려면 단순히 화를 느끼는 것 외에도 처리가 필요하다는 점을 기억하는 것이 중요하다. 또 다른 유형의 이차 분노는 처음에 적응적 분노였던 것이 악화되어 발생한다. 시간이 지남에 따라 분노의 각성이 스스로를 먹여 살리고, 가벼운 분노로 시작했던 것이 통제할 수 없는 각성으로 인해 격노로 치닫게 된다.

도구적 분노

마지막으로 '도구적 분노(instrumental anger)'는 타인으로부터 원하는 반응을 얻기 위해 표현하는 분노이다. 이러한 유형의 분노는 의식적으로 또는 자동적으로 다른 사람이 특정 방식으로 느끼고, 생각하고, 행동하도록 만들며, 다른 사람을 위협하기 위해 분노를 표현하는 등 다른 사람을 어느 정도 통제하기 위해 사용된다. 사람들은 화를 내지만 화를 내는 방식은 일치하지 않는다. 도구적 분노는 전략적이거나 조종하는(manipulative) 기능을 하며, 진정한 감정이나 욕구를 표현하지 않고도 원하는 것을 얻는 간접적인 방법이다.

분노 평가

분노는 그 기능에 따라 언제든지 이러한 범주 중 하나로 분류할 수 있다. 분노의 기능을 명확하게 이해하기 위해 치료자는 다양한 언어적 및 비언어적 정보원에 주의를 기울이고 내담자의 정서조절(emotion regulation) 능력에 대한 평가를 포함하는 지속적인 과정인 '정서 평가(emotion assessment)'를 수행해야 한다(Greenberg, 2015, 2021). 정서 평가는 내담자의 정서가 전개되는 순간순간(moment-by-moment)을 이해하는 것으로 구성된다. 치료자는 내담자의 정서적 맥박을 주시하면서 내담자의 독특한 경험을 따라가며 분노의 상승과 하락에 귀를 기울이고, 내담자의 독특한 주관적 경험을 끊임없이 이해하려고 노력한다.

이 과정에는 목소리의 질과 비언어적 의사소통의 다른 측면에 주의를 기울이는 것이 포함된다. 예를 들어, 분노와 슬픔이 융합된 불평(complaints)이나 항의(protests; Greenberg, 2021)는 종종 목소리를 통해 식별되며 순수한 분노와 순수한 슬픔으로 구분할 필요가 있다. 불평의 경우, 마땅히 받아야 할 것을 빼앗겼다는 일차 분노가 상실을 겪었다는 일차 슬픔과 융합되어 두 정서가 모두 처리되지 않는다. 치료자는 내담자가 두 가지 정서를 구별하여 각각의 정서를 융합되고 혼란스러운 경험이 아니라 명확하게 경험하고 표현할 수 있도록 도와야 한다. 적응적 분노가 확인되면 치료자는 내담자의 초점을 상처와 아픔의 내적 경험으로 옮겨 상실의 슬픔과 자신이 나쁘고 결함이 있다는 믿음의 해체에 대한 문을 열어야 한다.

또한 치료자는 분노에 대한 문화적 지식을 활용하여 내담자가 언제 분노를 느끼는지 이해해야 한다. 여기에는 특정 상황에 대한 인간의 보편적인 정서 반응과 문화적 차이 및 표현 규칙에 대한 치료자의 이론적·개인적 지식이 포함된다. 예를 들어, 치료자는 부당한 대우를 받으면 분노가 유발되고, 무시당하거나 무례하게 대하면 수치심을 동반한 이차 분노가 자주 발생한다는 것을 이해한다. 치료와 사례공식화(case formulation) 과정에서 시간이 지남에 따라 이 사람에 대한 지식은 치료자가 내담자의 고통스러운 핵심 정서와 정서 스타일을 이해하는 데 도움이 된다. 내담자의 학습 이력에 대한 지식은 분노의 유형을 정확하게 평가하는 데도 중요하다. 이 사람이 분노를 표출하여 자신의 뜻을 관철하거나 자신을 보호했던 학습 이력이 있는가, 아니면 분노를 표출하는 것이 이번이 처음인가? 오래되고 신선하지 않은 이차 분노와 새롭고 신선한 적응적 분노를 구별하는 것은 분노를 치료하는 데 매우 도움이 된다.

분노의 유형과 원인에 따라 내담자의 분노에 대응하는 방법도 달라져야 한다. 예를 들어, 사랑에서 거절당하거나 실망했을 때의 분노와 폭력을 당했을 때의 분노 또는 다른 사람의 분노에 대한 분노는 다르다. 각각은 다르게 다루어야 한다. 사랑하는 사람에게 복수하거나 해를 입히려는 복수 분노는 그 사람에게 상처받거나 실망한 것에 대한 부적응적인 반응이다. 이는 필요한 것을 얻는 데 도움이 되지 않는다.

분노 문제

여러 정신 건강 장애와 관련된 진단 기준을 충족하는 내담자는 종종 분노와 짜증 증상을 보인다. 약물 남용 장애 · 조울증 · 적응 장애 · 간헐적 폭발 장애 · 외상 후 스트레스 장애 · 성격 장애 · 조현병 또는 기타 정신병적 장애 진단을 받은 사람들은 종종 분노 문제를 가지고 있다. 분노는 일반적으로 완화되어야 하는 파괴적인 증상으로 간주되거나(Kassinove & Tafrate, 2002) 스트레스에 대처하는 부적응적인 시도로서 갈등과 개인적인 불편함을 초래한다(Cox et al., 1999; Novaco, 1975). 분노 문제에는 자신이 화가 났다는 것을 인식하지 못하는 경우, 분노를 인식하지만 표현하지 못하는 경우, 분노를 너무 강하게 표현하는 경우, 허용 가능한 수준의 분노에서 시작하지만 비난이나 공격에 빠져드는 경우, 만성적으로 화를 내고 과잉 반응하는 경우 등이 있다.

나는 이차 분노를 조절하고 분노를 관리하는 것만큼이나 치료에서 적응적이고 차단된 분노에 대한 접근이 필요하다는 점을 강조한다. 또한 치료 시간 동안 안전하게 분노를 표현하는 것과 생활에서 분노를 표현하는 것은 매우 다르다는 점을 강조하는 것도 중요하다. 치료에서는 분노를 표현하는 것이 자유로울 수 있지만, 생활에서는 모든 종류의 대인관계 및 개인적 문제로 이어질 수 있다. 분노를 느끼는 것은 문제의 유용한 신호가 될 수 있지만, 분노를 표출한다고 해서 해결책이 되는 것은 아니다. 인생에서 정서지능(emotional intelligence)은 적절한 시기에 적절한 방식으로 분노를 표현하는 것을 포함한다. 부적응적 일차 분노는 파괴적이며, 개인의 가치감(sense of worth)에 상처를 입히는 분노의 근원을 변화시켜야 한다.

관계에서의 분노

분노 표현, 특히 상대방을 비난하는 분노 표현은 파트너에게 상처를 주고 오해를 불러일으킬 수 있기 때문에 분노는 부부 간의 상호작용에서 큰 문제가 될 수 있다. 부부가 너무 격렬하게 분노를 표현하면 공격과 방어 또는 반격의 순환이 반복되어 경청과 협력이 이루어지지 않는 경우가 많다. 예를 들어, 한 파트너는 기저의 일차 경험이 실제로 슬프고 지지받지 못하거나 타당화 받지 못했다는 느낌일 때 비난하는 이차 분노(secondary blaming anger)를 표현하고 비판적일 수 있다. 그러면 다른 파트너의 보호적 · 방어적 이차 반응(secondary protective defensive response)은 화를 내거나 음울하게 물러서거나 순응하는 '착한 아이'의 반응일 수 있지만, 그 이면에는 일차적으로 사랑받지 못하고, 원하지 않으며, 가치 없는 존재로 느껴지고 있을 수 있다(Greenberg & Goldman, 2008). 이 경우 이차 분노는 실제로 느끼는 감정을 가린다.

침입에 대한 적응적 일차 분노를 직접 표현하는 것은 그것이 나타내는 문제를 해결하는 데 도움이 될 수 있으므로 중요하다. 원한을 품고 원한의 벽돌로 벽을 쌓는 것보다 화가 났다는 것을 능숙하게 드러내는 것이 더 낫다. 건강한 분노 표현은 화를 내거나 소리를 지르거나 비난하는 것이 아니라 화가 났다는 사실을 개방하는 것을 의미한다. 앞서 설명한 바와 같이 적절한 분노의 표시는 적절한 강도로, 적절한 방법으로, 적절한 이유에 따라 드러내는 것이다. 중용(moderation)은 황금률(golden mean)이다(Aristotle, 기원전 350년경/1926).

분노에 대한 인식 및 표현

분노에 대한 인식(awareness)과 분노의 표현(expression)은 매우 다른 두 가지 현상이며 서로 다른 과정을 수반한다. 인식은 분노를 행동으로 옮기는 것이 아니라 자신의 몸의 느낌에 주의를 기울이고 자신이 경험하는 것을 말로 설명할 수 있는 것을 포함한다. 이것은 앎의 한 형태이다. 인식의 목표는 정보를 얻는 것이다. 이와는 대조적으로 분노를 표현하는 것은 일반적으로 다른 사람에게 알리고 영향을 미치려는 목표를 가지고 있으며, 이는 행동의 한 형태이다. 분노를 효과적으로 표현하려면 뛰어난 대인관계 기술이 필요하다. 아무리 분노를 표현하는 데 능숙하다고 해도 상대방의 반응을 예측할 수는 없다. 이 기술에는 누군가가 분노를 표현하거나 부당함을 느낀 후 어떻게 해야 하는지 아는 것도 포함된다. 정서적 역량(emotional competence)에는 자신의 정서 표현에 대한 다른 사람의 반응을 처리하는 능력이 포함된다. 사람들은 분노를 표현한 후에 오는 반응을 처리할 수 없다면 분노를 표현해서는 안 된다. 다른 사람에게 분노를 표현하는 것은 일반적으로 복잡한 상호작용을 수반한다. 충동적이고 폭발적으로 반응하거나 분노를 과도하게 통제하고 억누르기보다는 일반적으로 정서를 표현할 때 사회적 · 문화적 노하우를 활용하여 정서와 이성을 통합하는 중간노선을 택하는 것이 가장 좋다. 이는 수학 문제를 푸는 것보다 더 복잡한 경우가 많으며 정서지능이 필요하다(Greenberg, 2002).

차단된 분노

분노 조절을 위해서는 분노 관리 기술을 가르쳐야 한다는 주장이 많이 제기되었지만, 분노를 억압하는 것도 똑같이 문제가 되는 현상이다. 분노는 좌절과 위반에 대한 타고난 반응이다. 분노는 옳지도 그르지도 않으며, 선하거나 악하지도 않다. 오히려 정보를 제공한다. 분노는 사람들에게 위반으로부터 보호해야 할 필요성 등 자신의 욕구에 대해 알려준다. 분노는 적응적인 가치를 지니고 있으며 사람들을 행동으로 이끌기도 한다. 하지만 공격성과 폭력으로 이어지거나 표현하지 않고 억누르는 경우처럼 파괴적일 수도 있다.

'차단된 분노(interrupted anger)' 상태에서는 내담자의 표정을 통해 분노가 어느 정도 몸 안에 존재하지만 명시적으로 표현되지는 않음을 알 수 있다. 오히려 불평 · 비난 · 비통함 · 절망감 · 체념 · 말 끊기 · 침묵 또는 기타 비언어적 신호의 형태로 나타난다. 정서적으로는 무너지는 느낌 · 무망감 · 무력감 · 절망 · 패배감 · 소외감 · 체념 · 자격 부족과 관련된 무기력 · 두려움 등을 경험할 수 있다.

이 상태의 해결에는 권한 부여와 자기인정(self-affirmation)이 포함된다. 그러면 내담자는 더 강한 자기감(sense of self)을 경험하고 자신의 감정과 욕구에 대한 자격이 있다고 느낀다. 더 큰 자신감과 더 적극적인 태도를 갖게 되며, 미래를 내다보는 새로운 목표를 정의하게 된다. 주장적 화에 접근할 수 있게 되면 내담자는 자신에 대한 긍정적인 시각을 갖게 되고, 강하고 통제력이 있으며 가치 있고 사랑스럽다고 느끼고, 미래에 대한 희망을 가지며 낙관적인 태도를 갖게 된다.

분노 관리

인지행동치료(cognitive behavior therapy)의 지지자들은 너무 강렬하고, 잘못된 위치에 있으며, 파괴적인 분노를 관리하거나(Kassinove & Tafrate, 2002) 스트레스에 부적응적으로 대처하여 갈등과 개인적인 불편을 초래하는 분노를 관리한다(Consedine et al., 2002; Cox et al., 1999; Novaco, 1975). 치료적 작업에는 내담자가 분노를 억제하도록 격려하는 것이 포함된다(Bushman, 2002; Mayne, 1999). 분노 조절 및 억제를 포함하는 분노 관리는 치료 회기의 핵심 개입 전략이며, 내담자에게 분노 관리 기술을 훈련시키기 위해 개발된 수많은 프로그램이 있다(Toohey, 2021). 분노의 부정적인 영향과 관리의 필요성은 토머스 제퍼슨(Thomas Jefferson)이 말한 것과 같은 아이디어에 반영되어 있다. "화가 나면 말하기 전에 열까지 세어보세요. 매우 화가 나면 100까지 세십시오."

이러한 관점은 분노 관리 및 조절의 이점과 필요성을 강조한다. 이러한 관점은 상상력을 자극하고 많은 사람들에게 의미가 있지만, 이 관점을 포괄적으로 적용하는 데는 어려움이 있다. 건강한 주장이 좌절되면 적응적 분노를 경험하지만, 분노가 좌절되면 적대감을 경험하고 공격적으로 변할 수 있다. 내담자가 분노로 인해 치려는 욕구를 경험할 때, 치료자는 내담자가 자신이 겪었다고 느끼는 잘못을 이해하고 이러한 분노를 억제해야 한다고 보기보다는 보복의 필요성에 공감해야 한다. 내담자는 자신의 기저의 수치심이나 취약성을 느끼기보다는 정의를 실현하거나 힘을 얻기 위해 복수를 원한다. 내담자가 수치심/비난의 복수 사이클(shame/blame revenge cycle)에서 벗어나도록 돕기 위해 치료자는 기저의 취약성을 파악해야 한다. 또한 사람들이 치료에서 분노를 표출함으로써 분노를 행동으로 옮길 때, 그들은 자신의 분노를 느끼지 못한다. 화를 내고 소리를 지르거나 울면 즉시 긴장이 풀리지만, 이런 상황에서 사람들은 자신의 분노나 분노의 질감을 본능적으로 느끼지 못한다. 분노를 이해하려면 사람들이 분노를 즉시 배출하는 것이 아니라 분노를 느낄 수 있도록 도와야 한다. 적대감은 분노의 전부가 아니라 표면적인 이차 반응일 뿐이다. 격노와 적대감의 이면에는 소속감이나 인정받고 싶은 갈망과 욕구가 숨어 있는 경우가 많다. 분노의 밑바닥에서 연약한 취약성과 수치심이 있는 곳을 찾아야 한다.

그러나 치료에서 중요한 어려움은 중요한 애착 관계에서 건강한 자기주장적 화(self-assertive anger)가 차단되어(Greenberg & Woldarsky Meneses, 2019) 그 사람의 인생에서 중요한 사람이었던 사람과의 미해결 과제(unfinished business)로 이어질 때 발생한다. 이러한 형태의 해결되지 않은 분노는 많은 사람에게 많은 심리적 고통의 원인이 된다. 모든 사람은 대인관계에서 받은 상처로 인해 여전히 분노를 느끼는 경험을 떠올릴 수 있을 것이다.

여전히 분노를 느끼게 하는 사건과 단순히 짜증이나 성가심을 유발하는 사건 사이에는 분명한 차이가 있다. 해결되지 않은 분노는 평생 동안 처리되지 않고 남아 있을 수 있는 갉아먹는 원한(corrosive resentment)으로 이어진다. 시간이 지나면서 어떤 분노의 감정은 약해지기도 하고, 결국에는 사라져 더 이상 분노가 아니다. 하지만 어떤 다른 경험은 사라지지 않는다. 이러한 경험은 종종 내면에서 끓어오르고 달아오른다. 이러한 경험은 치료를 통해 해결해야 한다.

시간이 지나도 지속되는 분노는 부모의 학대 · 배우자의 배신이나 유기 · 부모의 이혼 · 아버지가 준 굴욕 · 어머니의 비보호로 인해 발생하는 분노 등 주요 타자(significant others)를 향한 분노인 경우가 많다. 이러한 분노는 현재에도 지속된다. 이는 현재의 관계에 영향을 미치고 사랑의 관계로 발전하는 것을 방해한다. 많은 상황적 세부 사항은 잊혀지지만 정서는 남아 있고, 마치 그 사건이 지금 일어나고 있는 것처럼 반복적으로 느낀다. 이는 중대한 위반이 너무 자극적이고 압도적이어서 당시의 정서를 처리하지 못하고 상처와 분노의 강도에 효과적으로 대처할 수 없었기 때문에 발생한다. 그들은 그 사건을 이해하지 못하고 세상에 대한 이해에 동화되지 못했다. 대신 강렬한 감정으로 정서적 기억에 저장되었다.

앞서 설명한 바와 같이 자기주장적 화는 힘을 주는 정서로, 환경과 타자에게 영향을 미칠 수 있는 능동적인 주체로서의 자기를 경험하도록 촉진한다. 자기주장적 화는 미해결 과제의 두려움 · 슬픔 · 수치심을 해결하는 과정에서 근본적으로 중요한 정서이며, 차단되거나 분리된 분노는 해결에 장애를 일으키는 가장 흔한 어려움 중 하나이다(Greenberg & Woldarsky Meneses, 2019). 사람들이 분노를 차단하면 일반적으로 무망감과 무력감을 느끼고 우울해지며 상황에 맞지 않거나 적절한 타이밍에 맞지 않는 파괴적 분노로 반응할 수 있다. 해결되지 않은 감정은 내면화된 가혹한 주요 타자(harsh significant other)나 나쁜 자기(bad self)를 겨냥할 수 있다.

분노 연구

치료에서 이전에 억눌렸던 분노를 표현하는 것은 유익할 수 있다. 여러 연구에 따르면, 분노가 경계 설정이라는 생물학적 적응 기능을 할 때 분노를 표현하면 긍정적인 효과가 있는 것으로 나타났다(Harmon-Jones et al., 2006; Rubin, 1970; Sicoli, 2005). 분노가 차단되면 스트레스가 증가하고, 차단된 분노가 우울증에 기여한다는 연구 결과도 있다(Akhavan, 2001; Gilbert, 2006; Harmon-Jones et al., 2002). 정서 억제가 부정적인 정서성(emotionality)의 증가 · 신체 건강 문제 증가 · 스트레스 증가와 관련이 있다는 추가 증거도 있다(Dalgleish et al., 2009; Kiecolt-Glaser et al., 2002; Pennebaker, 1995, 1997; Pennebaker & Francis, 1996). 이전에 우울증을 경험한 내담자들은 우울증을 경험한 적이 없는 사람들보다 분노를 더 많이 억제하고 분노를 표현하는 것에 대한 두려움이 더 크다고 보고했다. Jack(1991)은 우울한 여성들이 주로 관계, 특히 친밀한 관계를 유지하고 보호하기 위해 내면의 목소리로 자신을 침묵시킨다는 점에 주목하여 '자기 침묵(silencing the self)'이라는 이론을 개발했다. 많은 우울증 여성은 자신의 감정을 침묵하고 분노를 억누르며 친밀한 관계를 위태롭게 하지 않기 위해 유순한 태도를 취한다(Brody et al., 1999; Jack, 1991).

무망감과 무력감의 증상은 다른 사람(예: '잘못한 사람')이나 자신의 표현되지 않은 분노에 대한 회복 불가능한 반응이다. 이러한 증상적 경험은 마음을 닫거나 포기하는 이차 정서로, 종종 분노에 대한 보호 반응을 나타낸다. 위협에 대한 분노의 표현을 과도하게 통제하거나 차단하면 적극적인 행동의 가능성을 막게 된다. 이는 결국 나약함과 무력감을 증폭시켜 분노를 억누르던 순종적인 배우자가 갑자기 분노나 폭력을 폭발시키는 '억눌렀다가 터뜨리는 증후군(bottle-up-blow-up syndrome)'에서 볼 수 있듯이 더 큰 분노를 불러일으킬 수 있다(Greenberg & Paivio, 1997).

반면에 분노가 정보를 제공하고(Greenberg, 2002), 자기보호적 행동을 취하고 방해되는 목표와 지각된 위협을 극복하는 데 도움이 되는 적응적 정서로 볼 때, 분노는 잠재적으로 활력을 주고 힘의 느낌을 제공한다(Masters, 1999). 따라서 무망감 · 무력감 · 슬픔 · 체념 · 소외감 등의 이차 감정을 동반하는 인정받지 못한 일차 분노에 접근하는 것은 치료에서 중요한 변화 과정이며, 이는 사람들에게 활력을 불어넣는 데 도움이 된다. 이차 감정은 전반적인 분노와 무력감을 나타내는 표식(marker)이다. 치료 과정에서 분노라는 일차 정서를 인정하고, 구분하며, 수용하는 성공적인 내담자는 욕구 표현과 주체성(agency) 개발을 통해 더 적극적으로 표현하는 방향으로 나아간다. 그 결과 우울 · 불안 · 외상 · 대인관계 문제 등 다양한 증상이 해결된다. 분노를 억압하는 것은 분노의 차단 문제이다. 또는 분노가 차단된 상태의 사람이 분노 경험과 표현을 조절하기보다는 분노를 다시 소유하고 심지어 분노를 강화할 수 있을 때 가장 치료적일 수 있다.

그렇다면 왜 성인의 건강한 분노가 자주 차단되는지에 대한 중요한 질문이 생긴다. 수치심과 마찬가지로 한 가지 이유는 "화는 나쁘다" "화를 내면 안 된다"와 같은 사회적 규범과 규칙이 상당히 강하기 때문이다. 아이들은 어릴 때부터 이러한 규칙을 배운다. 부모는 일반적으로 분노에 공감으로 반응하지 않으며, 아이들이 분노를 건설적으로 다룰 수 있도록 도와주는 정서코칭도 잘하지 못한다. 사실, 그들은 자신의 분노를 건강한 방식으로 처리하지 못할 수도 있다. 분노 조절에 대한 교훈은 어릴 때부터 시작하여 청소년기에 잘 배울 수 있다.

또한 어린 시절의 부정적인 학습 경험은 분노에 대한 고통스러운 정서적 기억을 남긴다. 폭력적인 환경에서 자란 아이들은 분노가 파괴적이라는 것을 배우며, 자신의 분노를 이차 두려움으로 방해하는 경우가 많다. 학대를 당하고 외상을 겪은 아이들은 잘못을 당한 것에 대한 건강한 분노를 부모가 아닌 자기 자신에게 향하는 경향이 있다(Abbass, 2015; Greenberg & Woldarsky Meneses, 2019). 이러한 분노의 내적 방향은 부모에 대한 애착을 보호한다. 그러나 어린 시절에 분노의 적응적 반응이 외부로 향하지 못하면, 분노는 자신을 부인하거나 자신에게 향하게 되어, 아이는 자신을 나쁜 존재로 경험하고 죄책감과 수치심을 갖게 된다.

많은 연구에서 치료 중 분노 표현의 가치에 대한 증거를 제시하고 있다. 예를 들어, Van Velsor와 Cox(2001)는 성적 학대 생존자의 경우 분노 표현이 자기효능감(self-efficacy)을 발달시키고 치유 기억의 발달을 촉진하며 비난의 원인을 돌리는 데 도움이 된다는 사실을 발견했다. Brody 등(1999)도 분노의 건설적인 표현이 우울증 치료에 도움이 된다고 제안했다. 변증법적 행동치료(dialectical behavior therapy: DBT)를 기반으로 한 기술 훈련 프로그램에서 치료 완료자의 경우 주장적화의 빈도가 증가하고 치료 종료 시 증상 감소를 통계적으로 매개하는 것으로 밝혀졌다(Kramer et al., 2016). 주장적 행동, 정서 및 태도는 DBT 치료에서 촉진되며 고통에 효율적으로 대처하는 핵심으로 이해된다(Linehan et al., 2007).

여러 연구에서 EFT 및 이와 유사한 접근법에서 적응적 분노 표현의 이점을 뒷받침한다. 우울증 내담자를 대상으로 한 연구에서 Mohr 등(1991)은 분노 표현이 갈등 해결 및 상처 감소와 유의한 관련이 있음을 발견했다. 외상 치료를 받는 내담자의 절반 이상(64%)이 치료 시작 시 도움을 받고 싶은 가장 큰 문제 중 분노 관련 문제를 꼽았다는 연구 결과도 분노 표현의 이점에 대한 추가적인 근거를 제공한다(Ralston, 2006). 이 중 가장 자주 확인된 문제는 학대 가해자에 대한 해결되지 않은 분노와 분노 경험에 대한 제한된 접근으로 인한 어려움(예: 무력감, 비주장성)이었다. Holowaty와 Pavio(2012)는 내담자에게 가장 도움이 되었다고 생각되는 치료의 측면과 이러한 사건이 치료 중에 언제 발생했는지 회고적으로 파악하도록 요청했다. 비디오로 촬영된 치료 회기를 분석한 결과, 내담자가 식별한 도움이 되는 사건은 높은 수준의 각성을 특징으로 하며, 이러한 사건의 절반에서 분노가 주로 표현되는 정서인 것으로 나타났다.

또 다른 연구에서는 분노 표현이 아동학대 외상 해결에 기여하는 바를 직접 조사했다(Paivio, 2013). 심상적 직면(imagined confrontation)[1] 절차 중 내담자의 대화(33명의 내담자로부터 비디오로 촬영한 99개의 일화)를 건강한 분노 표현의 기준을 사

1 심상적 직면(imaginal confrontation)은 빈 의자 작업과 유사한 작업으로 주로 외상을 경험한 내담자에게 적용한다. 이에 대한 상세한 개입 과정은『복합외상에 대한 정서중심치료: 통합적 접근법 제2판』, Sandra C. Pavio, Antonio Pascual-Leone 공저, 김영근 역(2025), 학지사 6장 참조.

용하여 분석했다. 그 결과 건강한 분노 표현과 학대 문제의 해결 및 대인관계 차원의 변화, 특히 치료 12개월 후의 변화 사이에 중간 정도의 큰 관계가 있는 것으로 나타났다. 이러한 결과는 주요 치료 상황에서 건강한 분노 표현이 결과에 유익한 영향을 미칠 수 있다는 주장을 뒷받침한다.

연구에 따르면, 빈 의자 대화[2]에서 자기비판(self-criticism)과 미해결 대인관계 과제(unfinished interpersonal business)에 대한 분노의 경험 및 표현을 촉진하는 것이 생산적인 심리치료 성과로 이어진다(Greenberg & Foerster, 1996; Greenberg & Malcolm, 2002; Sicoli, 2005). 또한 Beutler와 동료들(1988, 1991)은 빈 의자 대화가 분노를 과도하게 통제하는 내담자와 함께 일할 때 특히 효과적이라는 사실을 발견했다. 우울증의 절망감 극복에 관한 Sicoli(2005)의 연구에 따르면, 해결자는 분노를 인식하고 표현하고 허용할 뿐만 아니라 욕구와 필요를 표현할 가능성이 더 높았으며, 이 모든 것이 회복탄력적인 자세를 취하는 데 도움이 되었다. Sicoli는 회기에서 내담자가 적응적으로 분노를 표현하는 능력이 무망감을 상쇄하고 우울증을 변화시키는 것으로 보인다는 사실을 발견했다.

정신역동적 대인관계 치료(psychodynamic interpersonal therapy)에 대한 연구에 따르면, 분노 표현은 변화의 과정에서 중요한 역할을 한다(Mackay et al., 2002). 자신의 감정에 집중하기 위한 개입에 반응하여 분노의 감정을 성공적으로 유지한 내담자는 더 높은 수준의 정서적 각성을 달성했다. 이러한 각성은 내담자의 병리적 증상 및 대인관계 문제의 감소와 유의한 관련이 있었다.

치료 회기에서 분노를 표현하는 것이 긍정적인 치료 성과와 관련이 있는 것으로 밝혀졌지만, 단순히 치료 중에 분노를 각성하고 표출하는 것이 항상 유익한 것은 아니다. 어떤 상황에서는 치료 효과가 없고 심지어 공격성을 유발할 수도 있다(Olatunji et al., 2007). 카타르시스와 분노에 관한 여러 모의 연구(analogue studies)

2 역자 주) 빈 의자 작업(empty chair work)은 내담자의 과거 주요 타자와의 미해결 과제(unfinished business)에 대해 적용하는 정서중심치료의 주요 기법이다. 이에 대한 상세한 개입 과정은 『정서중심상담의 실제』, Robert Elliott, Leslie Greenberg 공저, 김영근 외 공역(2024), 학지사 7장 참조.

에서 Bohart(1980)는 회기 중 높은 수준의 각성 및 분노 분출이 분노 감소로 이어지지 않았으며, 분노에 대한 지적 및 이성적 분석도 분노를 감소시키지 못한다는 사실을 발견했다. 분노를 처리하지 않고 그대로 두면 공격성이 증가하는 반면, 분노를 각성하고 그 의미를 탐색하면서 표현하면 분노가 해소되는 것으로 나타났다. 따라서 인지처리(cognitive processing)와 함께 분노를 표현하는 것이 분노를 해결하는 데 도움이 되는 것으로 나타났다.

이러한 연구 결과를 종합하면, 치료에서 분노를 각성하고 표현하며 변화시키는 것이 치료적 변화를 촉진한다는 가설을 뒷받침한다. 따라서 분노 조절이 치료적 변화에 중요할 뿐만 아니라 분노에 대한 각성 · 표현 · 이해 · 분노의 욕구가 충족될 자격이 있다는 감각(sense of deserving)의 동원은 사람들이 분노를 내려놓고 '미해결 과제'를 해결하는 데 도움이 된다는 것이 분명해졌다(Greenberg, Rice, & Elliott, 1993). 분노가 억제되면 개인은 종종 욕구 충족에 대한 무망감을 느끼며 예상치 못한 순간에 도발에 비례하지 않는 분노로 반응할 수 있다(Siegman & Snow, 1997).

성별과 문화

분노와 그 표현은 상황에 따라 영향을 받으며, 성별(gender)과 문화는 사람들이 분노를 바라보고 대처하는 방식에 영향을 미치는 두 가지 주요 요인이다. 일반적으로 정서에 접근하고 변화시키는 작업, 특히 분노를 다루는 작업에는 개인의 성 정체성과 그 사람이 속한 문화와 관련된 주제를 반영하기 위한 특별한 노력이 필요하다. 경계를 보호하고 장애물을 극복하는 진화적 기능과 같은 일부 핵심적인 측면은 성별과 문화에 관계없이 동일하게 유지되지만 일부는 다르다. 예를 들어, 분노의 역할과 분노를 표현하고 받아들이는 방식은 성별이나 인종/민족에 따라 다르다. 분노 치료는 도움을 구하고 치료를 완료하는 데 있어 성별과 문화적 차이에 민감해야 한다.

분노와 성별

분노와 관련된 공격성 및 폭력 문제는 남성과 여성 모두에게 발생하며, 심리치료를 받는 남성과 여성에게도 분노가 발생한다. 모든 성별의 사람들이 적절한 분노 치료의 대상이 될 수 있다. 성별에 따른 치료는 성별에 따라 분노 경험과 표현 방식이 다르다는 사실을 고려해야 한다(Fernandez & Malley-Morrison, 2013).

Kring(2000)은 기존의 통념에 따르면 분노는 여성보다는 남성의 정서라고 말한다. 남성은 경쟁적이고 전투적인 역할로 사회화되어 분노 표현을 장려하는 반면, 여성은 양육 · 배려 · 지지적인 역할로 사회화될 때 남성의 분노 수준이 더 높을 수 있다. 여성의 경우 분노를 억제당하면 분노를 내면으로 돌리게 되어 우울증이 더 심해질 수 있다(Ross & Van Willigen, 1996). 반면, 남성은 모든 부정적이거나 고통스러운 정서를 분노로 전환하는 경향이 있다. 여성은 분노를 억제하고 남성은 분노를 훨씬 덜 억제한다는 생각에는 어느 정도 진실이 있을 수 있지만, 이러한 고정관념은 사회에서 기능의 극단적인 끝을 반영하는 것일 수 있다.

더 넓은 영역의 경험적 연구를 검토한 Sharkin(1993)은 분노에 있어 성별에 따른 유의한 차이는 거의 없다고 주장했다. Averill(1983)은 대학생과 지역사회 거주자의 분노 빈도나 강도에 있어 성별에 따른 유의한 차이는 없다고 보고했지만, 여성이 남성보다 분노할 때 울 가능성이 4배 더 높았다. 또한 연구에 따르면 남성의 분노는 강렬하지만 비교적 짧고 가끔씩 짧게 폭발하는 경향이 있는 반면, 여성의 분노는 강도는 덜하지만 더 오래 지속되고 빈번하게 발생하는 것으로 나타났다(Fernandez & Scott, 2009). Archer(2004)는 공격성과 분노의 성별 차이에 대한 메타분석에서 직접적인 신체적 공격은 남성이 여성보다 많고 언어적 공격은 여성이 적은 반면, 험담 · 사회적 배척 · 침묵 대우와 같은 간접적 공격은 여성이 남성보다 많다고 밝혔다(Buss & Durkee, 1957).

분노의 간접적 표현에 있어 성별 차이는 연령과 문화에 따라 지속되는 것으로 보인다. 분노의 양이 아니라 분노의 표현 방식이 성별을 가장 크게 구분하는 요소이다. 연구에 따르면, 남성은 여성보다 다른 남성을 상대방으로 삼아 분노를 더 많이 표현하는 반면, 여성은 여성보다 남성에게 분노를 더 많이 표현하는 것으로 나타났다(Archer, 2004). 북미 여성은 분노를 직접적으로 표현하는 것이 관계에 위협이 되고 사회적 거부를 초래할 수 있다고 생각하도록 사회화되어 있기 때문에 분노를 침묵하거나 간접적으로 표현하는 것으로 추정된다(Hatch & Forgays, 2001). 따라서 북미 여성의 이러한 경향은 치료에서 직접적인 관심이 필요하다. 또한 성 정체성에 따라 치료 유형에 대한 선호도도 다르다. 평균적으로 남성은 치료의 행동 및 정보 측면을 더 잘 받아들이는 반면, 여성은 언어 및 정서 중심의 측면을 선호하는 경향이 있다. 정서중심치료(emotion-focused therapies)는 여성이 선호하는 경향이 있고 남성은 여성보다 잠재적으로 치료를 덜 수용한다는 점을 고려할 때, 역기능적 분노를 가진 남성 정체성 내담자를 참여시키고 유지하기 위해서는 특별한 노력이 필요하다.

분노와 문화

성별과 마찬가지로 문화는 치료에서 내담자의 피할 수 없는 측면이며, 전 세계 다문화 사회에서는 다문화 치료(multicultural therapy)가 이상적이다. Matsumoto 등(2010)은 분노의 표현은 문화에 따라 약간의 변형과 가변성이 있기는 하지만 모든 문화권에서 발견할 수 있다고 주장했다. 앞서 언급했듯이, 분노는 지각된 위협에 대한 적응적 반응으로 작용하는 진화적 역할을 하며, 이는 문화 전반에 걸쳐 적용된다. 따라서 문화에 따른 분노 표출 규칙의 중요한 차이에 대한 관찰을 바탕으로 문화적으로 민감한 분노 치료가 중요하다(Ramirez et al., 2002). 한 생생한 예로, 무슬림 환자를 문화적으로 민감하게 치료하려면 무슬림에게 큰 질병은 신의 뜻으로 간주되므로 질병에 대한 분노 표현은 부적절한 것으로 간주된다는 점을 이해해야 했다(Lawrence & Rozmus, 2001).

인종은 특히 인종차별의 맥락에서 정서 표현에 강한 영향을 미친다. 소외된 인종 또는 민족 집단의 구성원에게 정서 표현은 위험하다(Smart Richman & Leary, 2009; Wingfield, 2010). 예를 들어, 많은 흑인 어린이들은 폭력적이라는 평가를 받지 않기 위해 분노를 표현하지 않도록 사회적으로 교육받는다. 최근 미국에서 발생한 비극적인 사건에서 볼 수 있듯이 흑인 남성이 공공장소에서 분노를 표현하거나 자기주장을 하는 것은 위험할 수 있으며, 법 집행관에게 자기주장을 하는 것은 잠재적으로 치명적일 수 있다. 유색인종에게 끔찍한 역설은 불의와 침해에 대한 건강한 반응인 분노가 특히 체계적인 인종차별과 사회적 불의에 대해 분노를 느낄 이유가 가장 많은 흑인에게는 거부된다는 것이다. 분노를 다룰 때 치료자는 인종적 고정관념 때문에 흑인 내담자가 분노를 표현하는 것이 위험할 수 있다는 점을 이해해야 한다. 유색인종은 분노를 표현할 경우 무력을 사용할 위험이 훨씬 더 큰 반면, 백인은 불이익에 대한 두려움 없이 분노를 표현할 수 있는 경우가 더 많다.

또한 많은 흑인 여성은 역사적 · 문화적으로 강인함에 대한 기대 속에서 자랐기 때문에 자신의 고통은 무시한 채 다른 사람을 도와야 한다는 비현실적인 기대와 요구를 갖게 되는 경우가 많다(Beauboeuf-Lafontant, 2007; S. A. Thomas & González-Prendes, 2009; Thompkins, 2004). 이로 인해 여성들은 이중고를 겪게 된다. 자신의 욕구에 대한 관심 부족과 관련된 분노와 억울함을 경험하는 동시에 불만이나 분노를 표출하고 불평하는 것이 나약함의 표시라고 느낄 수 있다. 일부 연구에 따르면, 심각한 인종차별에 대처할 때 흑인 여성은 흑인 남성보다 분노를 덜 표현하고 더 낮은 비율로 분노를 표출한다고 한다(Pittman, 2011).

그러나 거의 모든 흑인이 반흑인(anti-Black) 억압에 시달리고 있기 때문에 분노를 경험하는 것은 거의 불가피한 일이다. 분노는 인종 억압의 고통스러운 굴욕에 대한 정상적이고 심지어 예상되는 반응이다. 흑인은 일상적으로 고통과 굴욕을 침묵 속에서 겪어야 하기 때문에 분노를 키울 수 있는 최적의 환경이 조성되어 있다. Carter와 Forsyth(2010)의 연구에 따르면, 인종차별에 대한 가장 빈번한 반응은 모욕감 · 실망감 · 좌절감 · 분노 · 상처 · 충격 순으로 나타났다.

분노가 억압되고 내면화되면 절망감이나 우울증으로 나타날 수 있다. 내면화된 격노(internalized rage)는 건강 악화 · 약물 남용 · 자살 충동으로 이어질 수 있다. 억압된 격노(suppressed rage)는 또한 폭발적인 변동성으로 외부화될 수 있다.

Pittman(2011)의 연구에 따르면, 흑인이 인종차별에 대처하기 위해 분노를 사용하는 것은 전반적인 안녕감(well-being)에 부정적인 영향을 미치고 심리적 고통을 유발하는 것으로 나타났다. 경험한 분노와 분노 억제는 모두 흑인 성인의 순환기 질환(circulatory disease: CD)의 중요한 예측 인자로 밝혀졌으며, 경험한 분노와 CD의 관계는 분노 억제를 통해 매개되는 것으로 나타났다. 따라서 문화적 요인이 분노 억제 스타일의 발달에 중요한 역할을 하며, 이러한 특성은 CD의 심각한 위험 요인이 될 수 있다.

수치심은 분노 억제로 이어지는 인종차별의 중요한 영향이기도 하다. 인종차별에 대한 직접적인 경험은 더 높은 수준의 수치심과 관련이 있다(Carter & Forsyth, 2010; C. G. DeYoung, 2015; Dickerson & Kemeny, 2004; Kaufman, 1996; R. S. Miller, 1997; Tangney & Dearing, 2002). 수치심은 모든 사회의 사회적 지배와 인종적 위계 장치의 일부이다. 사회적 평가 절하와 타인으로부터의 경멸 경험, 그리고 이러한 외부 인식의 내면화는 수치심을 유발한다. 백인이 주류를 이루는 사회에서 유색인종이 타자화되는 경험은 피할 수 없다. 흑인 남성은 일상적으로 비하에 노출되며, 이러한 비하를 극복하려는 시도는 열등감(즉, 수치심)과 무력감을 내면화할 수 있다. 이들은 종종 비난의 대상이 되어 자신의 행동뿐만 아니라 단순히 흑인이라는 이유만으로 실패자라는 메시지를 끊임없이 받는다. 흑인 남성은 반흑인 인종주의를 초월할 수 없기 때문에 수치심을 경험할 수 있다. 가족을 경제적으로 부양하지 못하면 수치심을 유발할 수 있기 때문에 인종차별의 결과로 나타나는 빈곤도 수치심을 가중시킨다. 또한 경찰의 폭력으로부터 자신을 보호하지 못하면 수치심(예: 나약하고 무력한 느낌)이 생길 수 있으며, 신체 완전성(bodily integrity)에 대한 지속적인 위협에 직면하면 자기보호를 위한 철수로 이어질 수 있다. 경계를 설정하고 장벽을 극복하는 분노의 역할을 고려할 때, 분노는 수치심을 유발하는 경험에 대한 적응적 반응이 될 수 있다. 그러나 안전과 사회적 수용성을 이유로 분노를 억제해야만 했기 때문에 유색인종의 경우 분노를 억제하지 못하는 경우가 많다.

흑인 남성과 함께 일하는 치료자는 분노와 수치심의 근원에 대한 맥락적 측면을 이해하고, 때로는 자신의 가치를 증명하기 위해 과잉 보상적 노력을 기울일 수 있음을 이해해야 한다. 이로 인해 종종 자신의 환경을 통제하거나 관리하기 위해 건강에 해로운 과로 또는 지나치게 많은 노력을 기울이게 된다. 따라서 치료자는 취업 성공 여부와 관계없이 삶의 다른 만족스러운 측면에 집중함으로써 권한 부여에 도움이 되는 더 건강한 대처를 할 수 있도록 도와야 한다. 따라서 흑인 남성과 함께 일하는 치료자에게는 상황에 맞는 정서중심 접근법(emotion-focused approach)이 권장되며, 흑인 남성의 현실적인 경험도 치료에 통합되어야 한다. 물론 흑인 여성과 모든 유색인종도 마찬가지로, 백인의 공간(White spaces)을 탐색하고 비인간적인 대상화에 대처하는 동시에 통합된 가치 있는 인간으로서 활동할 수 있는 능력을 항상 인정받아야 한다.

치료자는 유색인종과 함께 일할 때 맥락적 요인을 지속적으로 인식해야 하며, 내담자의 개성과 특이한 개인적 경험을 부정하지 않으면서도 불공정과 억압에 대한 집단적 경험을 인정할 수 있는 방법을 협상해야 한다. 치료자는 소외감과 다름의 감정(feelings of otherness)을 증가시키지 않으면서도 내담자의 불의에 대한 경험과 분노할 권리에 대해 증언할 수 있어야 한다. 치료자는 변화를 촉진하는 훌륭한 조력자가 될 뿐만 아니라 체계적인 인종차별에 대한 인식을 높이고 그것이 개인에게 어떤 영향을 미치는지 이해함으로써 사회 변화의 주체가 되어야 한다. 치료자는 많은 백인들이 흑인 남성과 여성의 행동을 설명하는 데 도움이 되는 요인으로 피부색을 본다는 사실을 이해하는 것이 중요하다. 인간 상호작용을 해석할 때 피부색이 중요하다는 단순한 현실이 존재한다.

흑인 미국인이 다른 민족 또는 인종 집단보다 인종차별에 더 많이 노출되어 있는 것으로 나타났지만(Chou et al., 2012), 원주민·라틴계·아시아계 미국인도 차별에 시달리고 있다. 치료는 내담자가 인종적 외상으로 인한 정서적 상처를 극복하여 체계적인 인종차별을 인식하고 대처할 수 있도록 돕는 동시에 인종적 외상을 유발하는 외부 세력에 대한 내담자의 저항과 보호를 지원하여 궁극적으로 안정을 찾을 수 있도록 도와야 한다.

아시아의 문화적 규범과 표현 규칙도 개인의 문화적으로 승인된 분노 표현을 형성한다. 예를 들어, Mauss 등(2010)은 아시아계 미국인 여성이 유럽계 미국인 여성에 비해 분노를 덜 경험하고 덜 격렬한 형태의 분노 표현을 보인다고 보고했다. 한 문화 내의 정서 표현은 그 문화가 조화와 상호의존(interdependence)을 지향하는 집단주의적 성향이 있는지, 아니면 독립(independence)과 자기결정(self-determination)을 지향하는 성향이 있는지에 의해 매개된다. 집단주의 사회는 개인주의 사회보다 노골적이고 증폭된 분노의 표현을 승인하지 않을 가능성이 높다. 그러나 실무자는 이러한 차원에 근거한 성급한 일반화를 피해야 하며, 따라서 분노의 정서적 표현에 영향을 미치는 사회경제적 · 종교적 · 교육적 차이에 따른 문화 내적 다양성을 간과해서는 안 된다.

문화에 민감한 분노 조절은 개인의 고유성뿐만 아니라 내담자 문화의 두드러진 측면에 주목하고 문화적 규범과 표현 규칙이 일반적인 정서와 특히 분노의 표현에서 어떤 역할을 하는지를 인식해야 한다. 이를 간과하면 특정 집단에 대한 고정관념을 일반화하여 개인의 고유성을 무시할 위험이 있다.

결론

이 장에서는 분노의 본질과 기능, 심리치료에서의 분노 평가에 대해 설명했다. 최근 분노 관리와 관련하여 많은 관심을 받고 있는 분노 조절장애만큼이나 차단된 분노도 문제라는 점을 강조했다. 분노는 파괴적인 정서가 될 수 있지만, 가장 근본적으로는 자기보호 행동과 위반에 대한 건설적인 반응을 촉진하는 적응적인 내부 신호이다. 또한 이 장에서는 차단된 분노의 부정적인 영향과 삶과 치료에서 분노 표현의 긍정적인 영향에 대한 연구를 검토했다. 마지막으로 분노를 다룰 때 주의해야 할 성별 및 문화적 고려 사항을 살펴보았다.

9장에서는 내담자가 적응적 분노의 경험과 표현을 적극적으로 차단하는 방법을 인식하도록 도와줌으로써 차단된 분노를 활성화하는 방법을 살펴본다. 또한 내담자가 건강한 적응적 분노에 접근할 수 있도록 이러한 자기방해적(self-interruptive) 과정을 푸는 방법을 다룬다.

9장

차단된 분노 활성화하기

화를 내야 한다. 억울해해서는 안 된다. 억울함은 암과 같다. 그것은 숙주를 잡아먹는다. 불쾌감의 대상에게는 아무런 해를 끼치지 않는다. 그러니 그 분노를 사용하라.

—마야 안젤루(Maya Angelou)

이 장에서는 내담자가 더 힘을 갖도록 돕기 위해 차단된 분노에 접근하는 데 초점을 맞추고, 내담자가 차단된 분노를 표현하도록 돕는 방법에 대해 논의한다. 인정받지 못하고 차단된 분노는 우울 · 불안 · 대인관계 문제와 같은 많은 증상의 기저에 깔려 있다(Akhavan, 2001; Gilbert, 2006; Harmon-Jones et al., 2002). 차단된 분노에 대한 우리의 임상 연구는 이전에 거부되고 차단된 적응적 분노에 접근하는 것이 분명한 치료적 이점이 있음을 입증했다. 이 장에서는 이러한 연구를 바탕으로 내담자가 차단된 분노를 회복하도록 돕기 위해 임상적으로 도출된 일련의 치료 단계를 제시하고, 분노의 활성화를 중요한 치료적 변화 과정으로 뒷받침하는 임상적 증거를 제공한다. 그런 다음 10장에서는 연구 프로젝트를 사용하여 치료에서 차단된 분노가 어떻게 극복되는지 설명하고 이 과정의 임상적 효과성(efficacy)을 고려한다.

이 장에서는 분노 표현을 촉진하는 치료에서 차단된 분노에 접근하는 방법과 분노 표현을 조절하는 치료에서 증상의 조절장애가 있는 분노를 관리하는 방법의 차이점을 설명한다. 또한 치료 대상인 분노의 유형을 명시하여 각 접근법을 언제 사용해야 하는지 인식하는 방법에 대해 설명한다. 한 가지 유형의 분노는 적응적 일차 분노가 너무 적은 경우이고, 두 번째 유형은 증상이 심한 이차 분노 또는 부적응적 일차 분노가 너무 많은 경우이다.

많은 내담자는 분노를 관리하기보다는 차단된 기저의 적응적 분노를 허용하고 받아들이는 데 도움이 필요하다. 기저의 적응적 분노를 허용하고 수용하려면 먼저 내담자는 자신이 분노를 차단하고 있다는 사실과 분노 표현을 회피 · 억압 · 방해하는 무수한 방법을 인식해야 한다. 그런 다음 분노에 대한 두려움과 분노 표현에 대한 수치심이나 죄책감을 모두 해결하여 이러한 차단을 극복할 수 있도록 도와야 한다. 마지막으로, 그들은 이전에 거부했던 분노를 경험하고 표현할 수 있게 된다. 차단된 분노를 활성화할 때 내담자는 분노를 말로만 표현하는 것이 아니라 몸으로 느껴야 한다.

적응적 일차 분노에 접근하는 작업에는 핵심 부적응적 수치심을 다루는 작업과는 상당히 다른 마음가짐이 필요하다(6장 참조). 수치심이든 분노든 거부된 정서에 도달하는 것은 비슷하지만, 치료자가 차단된 분노를 다룰 때는 차단된 '적응적 일차 정서(primary adaptive emotion)'에 도달하여 좋은 정보를 얻도록 돕는 반면, 수치심을 다룰 때는 일반적으로 치료자가 정서를 정서로 바꾸어(changing emotion with emotion) 변화를 돕기 위해 '부적응적 일차 정서(primary maladaptive emotion)'에 접근한다. 차단된 분노에 접근할 때 치료자는 분노를 변화시키기 위해 노력하는 것이 아니라 내담자가 분노에 대한 차단을 극복하고 치료 상황의 안전 속에서 분노를 수용하고 표현하도록 돕기 위해 노력한다. 치료자는 내담자가 분노를 느낄 자격이 있다고 느끼도록 돕고 있다. 치료자는 내담자가 이전에 충족되지 못했던 건강한 욕구를 가질 자격이 있다는 것을 확인함으로써 내담자가 새롭게 느낀 분노를 타당화하고, 새롭게 떠오르는 더 강력한 자기조직화(self-organizations)를 통해 내담자가 자신의 내러티브를 다시 이야기할 수 있도록 돕는다.

차단된 분노를 다룰 때는 내담자가 자신의 적응적 분노를 허용하고 수용하도록 도와야 한다. 자기수용(self-acceptance)을 방해하는 장애물을 극복하기 위해 내담자는 인정받지 못한 분노의 경험을 회피하고 억압하는 경향을 없애야 한다. 분노를 표현하는 데 있어 중요한 장애물 중 하나는 수치심이나 수치심에 대한 불안이다. 창피하거나 어리석어 보이거나, 통제력을 잃은 것처럼 보이거나, 상처를 받았다는 사실이 드러날까 봐 주장적 화(assertive anger)를 표현하지 않고 방해하게 된다. 그들은 분노를 표현하면 수치심을 느낄까 봐 불안해한다. 따라서 치료자는 내담자의 분노를 인정하고 그 정당성을 타당화하여 당황하거나 수치심을 느끼는 경향을 극복할 수 있도록 도와야 한다. 개입에는 "분노를 수용하는 것이 중요해요" "화를 내는 것은 어렵지만 이 회기에서는 분노를 허용하는 것이지 현실 세계에서 표현하는 것이 아니에요. 그것은 당신이 느끼는 것을 수용하고 그것이 말하는 것을 이해하는 것이에요"와 같은 발언이 포함될 수 있다. 치료자는 내담자가 힘을 얻은 분노를 표현하도록 격려하고, 내담자의 적응적 분노에 대한 호기심을 표현하기 위해 "몸 안에서 어떤 느낌이 드세요? 몸의 특정 부위에서 느껴지나요? 얼굴? 배에서 느껴지나요?" 또는 "이미지가 있나요? 목소리를 가지고 있나요? 말이 있나요? 무언가를 말하고 있나요?"라고 질문할 수 있다. 치료자는 또한 "잠시 동안 그것과 함께 머물러 있을 의향이 있나요? 조금 더 느끼는 것이 고통스러울 수 있지만 더 잘 알아가는 데 도움이 될 거예요"라고 물어볼 수도 있다. 일차 분노에 도달하면 분노와 그 필요성을 표현하고 강화된 분노와 관련된 새로운 접근 반응을 개발하는 장면이 설정된다.

차단된 분노를 치료하는 단계

관계적 안전을 확립하고, 차단된 분노가 있다는 과정 진단을 내리고, 차단된 분노를 다루기 위한 동맹(alliance)을 발전시킨 후, 차단된 분노를 다루는 치료 단계에는 (1) 분노의 차단을 인식하도록 촉진하고, (2) 분노의 차단을 풀고, (3) 차단된 분노와 충족되지 못한 욕구(unmet needs)에 접근하고, (4) 마땅히 받아야 했지만 받지 못한 것에 대한 슬픔을 촉진하고, 마지막으로 (5) 새로 경험한 분노에 기반한 새로운 이야기를 구성하는 것이 포함될 수 있다. 이러한 단계는 분노에 '도달'하는 것을 촉진하며, 분노를 인정하고, 접근하고, 인내하고, 상징화하며, 조절하는 과정을 포함한다. 이 과정에서 위반에 대한 새롭고 적응적인 분노의 감정을 타당화하고, 회기에서 표현을 촉진하며, 보다 긍정적인 결과에 대한 이야기를 개발하기 위해 내러티브를 재구성하고, 적절한 경우 세상에 단호하게 표현하도록 장려한다. 이 장에서는 또한 표현되는 분노의 유형과 표현 시기를 평가하고 내담자가 분노를 표현할 때 분노가 전부가 아닐 수 있음을 인식하는 것이 얼마나 중요한지 보여 준다.

관계적 맥락

내담자 중심(client-centered; Rogers, 1959)과 게슈탈트 치료(Gestalt therapy; Perls et al., 1951)의 영향을 받은 정서중심치료(emotion-focused thearpy: EFT)는 관

계 및 대인관계에 기반한 경험적 치료(experiential therapy)이다(Greenberg, Rice, & Elliott, 1993). 다시 말해, 치료자의 현존(therapist presence; Geller & Greenberg, 2012)과 정동(affect)에 대한 공감적 조율(empathic attunement; Greenberg, 2021)이 치료 작업의 핵심이다. 또한 치료자가 내담자의 정서적 과정을 안내하여 정서처리(emotional processing)의 어려움을 명확히 하고 이해하도록 하는 강력한 작업 요소가 있다. 내담자 중심의 치료 전통에 따라 EFT는 치료자의 역할이 현존(진정성), 공감(이해), 무조건적인 긍정적 존중(가치 인정)을 통해 생산적인 정서처리에 도움이 되는 치료적 관계 환경(curative relational environment)을 제공하는 것이라고 주장한다. 이러한 전반적인 접근 방식은 분노를 다루는 데에도 적용할 수 있다.

그러나 치료자들은 종종 내담자의 분노에 진정으로 공감하고 이를 받아들이는 데 어려움을 느끼는데, 특히 이차적이거나 부적응적인 분노일 때 더욱 그렇다. 분노 치료에 정서적 과정 작업을 포함시키는 데 가장 큰 장애물은 아마도 이 무섭고 잠재적으로 파괴적인 정서에 대한 치료자 자신의 혐오감일 것이다. 다른 사람의 분노(anger)나 격노(rage)에 노출되기를 원하는 사람은 거의 없다. 분노나 분노와 관련된 행동이 치료자에게 두려운 경우, 내담자가 경험하고 표현하는 것을 바꾸고 싶은 마음이 급해질 수 있다. 치료자는 의도적으로 또는 자각하지 못한 채 내담자의 분노를 차단할 수 있다. 내담자의 분노가 위험했다면 치료자가 회기 중에 내담자가 화를 내지 않기를 바라는 것은 당연한 일이다. 그러나 변화를 일으키기 위해서는 이전에 표현되지 않은 분노를 불러일으켜야 하며 파괴적인 분노와 혼동해서는 안 된다. 조절장애가 있는 파괴적 분노의 경우 분노 관리가 먼저 필요하지만, 치료자는 분노를 조절하도록 돕는 동시에 내담자의 분노를 이해할 수 있는 것으로 확인하고 안전한 관계를 유지하고 자기보호 방어가 활성화되지 않도록 현재 일어나고 있는 일을 받아들이도록 촉진해야 한다.

따라서 차단된 분노에 접근하는 첫 번째 단계는 안전하고, 지지적이고, 타당화하고, 공감하며, 정동적으로 조율된 관계를 발전시키는 것이다. 관계적 안전이 확립되면 차단된 분노를 가진 내담자와의 초점은 이전에 표현하지 못했던 분노에 접근하는 것에 대한 두려움을 극복하는 것으로 전환해야 한다. 내담자와 동맹을 형성하여 내담자가 자신의 분노를 방해하고 있다는 사실을 인식하도록 노력한 다음, 어떻게 방해하고 있는지, 마지막으로 방해된 분노를 표현할 수 있도록 도와야 한다. 일단 분노에 접근한 후에 개입은 내담자가 주장적 화의 경험에 집중하고, 이를 받아들이고, 회기의 즉각성 속에서 이러한 감정을 상징화하도록 돕는 데 중점을 둔다.

목표(goals)와 과업(tasks)에 대한 따뜻한 유대감(bond)과 합의를 통해 강력한 동맹과 안전하고 신뢰할 수 있는 치료적 관계[1]가 형성된다. 유대감은 주로 내담자의 관점에서 내담자의 경험을 이해하는 공감을 통해 형성된다. 이 관계는 개입의 필수적인 맥락이자 변화의 능동적인 요소이다. 정동에 대한 공감적 조율은 정동 상태의 정확한 반영(mirroring) · 정확한 명명 · 적절한 정서 표현을 제공함으로써 교정적 정서 체험(corrective emotional experience)을 제공하며, 일종의 고통 공동 조절(co-regulation) 역할을 한다. 공감은 정동조절(affect regulation)을 촉진하는 것 외에도 생산적인 정서처리를 촉진하는 다른 형태의 과정 안내 개입(process-guiding interventions)을 위한 환경을 제공한다.

편안하고 비판적이지 않은 분위기에서 내담자의 분노에 대한 이해를 전달하고 지지를 제공하면 내담자는 자신이 독특한 경험을 가진 특별한 개인으로 타당화받고 이해받고 있다는 느낌을 받을 수 있다. 이를 통해 치료자에 대한 신뢰가 높아지고, 내담자는 이전에 인식하지 못했던 분노와 이와 관련된 충족되지 못한 욕구를 탐색하고 표현할 수 있는 힘을 얻게 된다. 인간은 인정받고자 하는 깊은 욕구를 가지고 있다(Greenberg & Goldman, 2008). 치료자의 인정은 내담자의 감정 · 의도 · 행동을 의미 있게 만든다. 치료자에게 인정받는다는 것은 성장을 촉진한다. 과거의 관계에서 학습된 '나는 무가치하다, 사랑받을 수 없다'와 같은 부정적인 자기관(views of self)은 인정받는 경험을 통해 변화된다. 관계적으로 인정받고

1 역자 주) 치료적 관계(therapeutic relationship) 형성은 인간중심치료의 기본 정신을 이어 정서중심치료에서도 모든 개입의 근간이 되어야 하는 핵심 원리이다. 이에 대한 상세한 개입 과정은 『정서중심상담의 실제』, Robert Elliott, Leslie Greenberg 공저, 김영근 외 공역(2024), 학지사 4장 참조.

가치를 인정받는다는 것은 이러한 관점에 도전하고 내담자가 스스로 가치 있다고 느끼게 한다. 타당화와 수용, 이해를 받으면 내담자의 분노에 대한 어려움은 이전에는 충족되지 못했던 욕구와 마찬가지로 서서히 초점을 맞추기 시작한다. 이는 궁극적으로 자기재조직화(self-reorganization)로 이어진다.

과정 진단

내담자의 차단된 분노를 치료하기 위한 초점을 개발하기 위해 치료자는 내담자가 현재 분노를 처리하는 방식에 대한 '과정 진단(process diagnosis)'(Greenberg, Rice, & Elliott, 1993)에 참여한다. 예를 들어, 치료자는 내담자가 불공평함에 대한 일차적 분노를 표출하고 있는지 아니면 상처를 가리는 비난하는 이차 분노를 표출하고 있는지를 고려해야 한다. 내담자가 지배적인 도구적 분노를 표현하고 있거나 슬픔과 융합되어 불평으로 표현되는 분노를 표현하고 있을 수도 있다. 내담자의 분노가 어느 정도 분별이 가능하지만 차단된 분노이기 때문에 무망감이나 체념을 표현하고 있는 것은 아닌가? 목소리나 몸동작에는 분노가 있지만 내용에는 분노가 없거나, 주제를 바꾸거나 시선 이동 · 한숨 · 호흡 변화와 같은 차단된 분노의 징후가 있는가? 치료자는 내담자가 현재 경험하고 있는 상황에 대한 이러한 순간순간의 공식화(moment-by-moment formulations)를 바탕으로 차단된 분노와의 접촉을 촉진하기 위해 특정 처리 과제(예: 주의 집중, 경험 탐색, 적극적인 표현 또는 대인관계 접촉)에 집중할 것을 선택한다.

치료자가 하는 일은 먼저 관찰한 것을 기반으로 한다(Greenberg, 2015). 따라서 내담자의 정서적 경험을 파악하고 구별하는 것이 핵심이다. 치료자는 내담자와 협력하여 내담자의 즉각적인 분노가 일차 분노인지 이차 분노인지, 적응적 분노인지 부적응적 분노인지를 파악한다. 이 두 가지 중요한 구분은 내담자의 분노를 이해하는 데 도움이 된다. 그런 다음 치료자는 내담자가 분노를 생산적으로 처리하고 있는지 살펴본다. 내담자의 언어적 내용이 비언어적 행동과 맞아떨어지는가

(즉, 일치하는가)? 분노가 수용되거나 부정적으로 평가되고 있는가? 내담자는 자신이 정서의 주체(agent)라고 느끼는가, 아니면 분노가 자신에게 일어난다고 느끼는가? 내담자의 정서조절(emotional regulation) 수준은 어느 정도인가(예: 과잉조절 또는 과소조절)? 이러한 질문에 답함으로써 치료자와 내담자는 분노를 더 잘 처리할 수 있는 방법을 얻을 수 있다.

분노가 이차적인 경우, 치료자는 먼저 내담자의 경험에 공감하여 잘못을 당했다는 느낌을 인정하고 즉각적인 분노의 경험을 타당화한다. 앞서 언급했듯이, 이는 내담자가 이해받고 있다고 느끼도록 돕고 방어적인 태도를 예방하는 데 도움이 된다. 그런 다음 치료자는 분노의 타당화를 넘어 정서적 경험을 심화하기 위해 공감적 탐색(empathic exploration)을 사용하여 이차 분노의 밑바닥에 있는 내담자의 경험에 공감적 조율을 통해 관련 감정 · 생각 · 욕구의 새로운 가닥을 탐색한다.

내담자가 이차적 이득(secondary gains)을 위해 타인의 행동을 조절하는 학습된 반응인 도구적 분노를 표현하는 경우, 치료자는 이러한 유형의 분노를 불러일으키거나 경험적으로 탐색하려고 해서는 안 된다. 오히려 치료자는 내담자의 기저의 목표에 대해 치료자가 이해하거나 추측한 내용을 나타내는 피드백을 제공함으로써 내담자가 자신의 표현의 기저에 있는 목표를 인식할 수 있도록 도와야 한다. 도구적 분노를 다루는 목표는 내담자가 자신의 필요와 동기를 이해하고 목표를 달성할 수 있는 다른 방법을 찾도록 돕는 것이다.

건강한 분노 표현의 기준

분노 강화의 치료적 가치를 추천할 때는 분노의 건강한 표현에 대한 기준이 필요하다. 일반적인 원칙은 분노 활성화(activation)는 위반 시 차단된 적응적 분노에 접근하는 데에만 적절하다는 것이다. 분노에 압도되어 분노 조절에 문제가 있는 개인에게는 분노 활성화가 적절하지 않다. 분노 활성화의 목적은 건강한 분노와 관련된 적응 정보에 접근하는 것이다. 이는 자기 · 타자 · 충격적인 사건에 대해 보다 적응적인 의미를 구성하는 데 도움이 된다.

치료자가 이전에 인정받지 못했거나 차단된 분노의 표현을 촉진하기 위해서는 다음 지침이 건강하고 힘을 실어주는 표현이 되도록 하는 데 도움이 된다(Paivio & Pascual-Leone, 2010; A. Pascual-Leone et al., 2013). 첫째, 분노는 자기나 제삼자를 향한 것이 아니라 적절한 대상을 향해 외부로 향해야 한다. 다음으로, 분노에 내재된 정보와 행위 경향성(action tendency)을 내담자가 참고할 수 있도록 하기 위해서는 개념적으로 이야기하는 것이 아니라 본능적으로 경험해야 한다. 분노는 다른 정서와 구별되어야 하며, 슬픔 · 두려움 · 죄책감 등의 정서에 오염되지 않은 순수한 형태로 경험되어야 한다. 슬픔과 섞인 분노 표현은 불평을 유발하고, 두려움과 섞인 경우 적응적 일차 분노의 경험이 제공하는 신체적 힘의 감각이나 인지적, 동기 부여 및 행위 경향성의 지원을 제공하지 못한다. 분노와 상처를 구분하는 이 중요한 과정의 예는 다음 축어록에 나와 있으며, 이 축어록에는 아버지와 미해결 과제(unfinished business) 대화를 하는 내담자가 상처를 받은 것에서 상처를 입은 것에 대한 분노로 변화하는 모습을 보여 준다.

치료자: 아빠가 그렇게 말씀하실 때 기분이 어떠세요?

내담자: 마음이 아파요.

치료자: 직접 말씀하세요!

내담자: 아빠가 저에게 그렇게 말씀하시면 상처받아요.

치료자: 그럼 상처를 받으면 기분이 어때요?

내담자: (분노가 치밀어 오르는 목소리로) 상처받는 건 정말 기분 나빠요.

치료자: 상처를 받으면 기분이 나쁘고 화가 치밀어 오르는군요. 직접 말씀하세요! 당신이 분개하는 것을 아빠에게 말하세요. (**치료자가 분노와 상처를 분리하고 분노 쪽으로 안내한다.**)

내담자: (화를 내며) 나는 아빠에게 상처받은 것이 원망스러워요. 아빠가 그렇게 하지 않았으면 좋겠어요. 나는 나쁜 대우를 받을 사람이 아니에요. 아시겠어요?! (**분노에 접근**)

건강한 분노를 위해서는 내담자가 분노의 주체로서 자신을 경험하고 자신의 감정에 대해 책임을 져야 한다. 분노는 반응적 · 공격적 · 수동적 · 간접적으로 표현하는 것이 아니라 경험에 대한 소유권(ownership)을 가지고 주장적으로 표현해야 한다. 이는 "너는 나를 화나게 만들어"의 '너-화(you-anger)'가 아닌 "나는 너에게 화가 났어"라는 '나-화(I-anger)'라고 표현하는 것이 도움이 된다. 따라서 내담자는 자신을 3인칭으로 지칭하거나, 상대방을 비난하고 불평하거나, 공격하거나 모욕하는 대신 '나'라는 표현을 사용하도록 권장된다.

분노를 말로 표현하는 것이 아니라 직접 경험하려면, 예를 들어 욕구(needs)를 요구(demands)와 기대(expectations; 예: "나는 필요하다" 대신 "나는 요구한다" "나는 기대한다" "나는 그걸 원한다")로, 분노를 경계 설정 또는 거절(예: "나는 못 하겠다" 대신 "나는 거절한다" "나는 어떤 상황에서도 하지 않을 것이다" "나는 원하지 않는다")로 표현하는 등 분노를 직접적으로 표현해야 한다. 차이점(differences)을 표현하는 것은 차별화(differentiation)를 촉진하는 데 도움이 될 수 있다(예: "엄마에게 당신이 엄마랑 다르다고 말해 주세요. 당신이 어떤 면에서 엄마와 다른지 설명해 주세요"). 원한(resentment)을 표현하는 것은 분노를 보유하고 강화하는 데 도움이 된다(예: "무엇보다도 나는 …때문에 당신을 원망해요" "나는 …때문에 당신을 탓해요").

또한 건강한 분노가 되려면 분노의 강도가 분노를 유발하는 상황과 경험한 부당함 또는 차단 정도와 일치해야 한다. 표현의 강도는 목소리 톤 · 몸의 자세 · 표정 · 단어 선택에 반영된다. 불균형적인 분노의 강도가 격노로 압도되거나 그 반대의 경우, 즉 신념이나 에너지가 부족하면 회기에서 진행 중인 상황에 적응적으로 대응하는 데 필요한 정보와 행동 방향이 부족하다.

차단된 분노의 치료 단계

관계적 안전이 확립되고 차단된 분노가 확인되고 이를 해결하기 위한 동맹이 형성되면 치료자는 차단된 분노를 다루는 과정을 시작한다. 첫 번째 단계는 앞서 언급했듯이 분노의 차단을 인식하도록 돕는 것이다. 그 다음에는 분노와 충족되지 못한 욕구에 접근하기 위해 분노의 차단을 취소하는 단계가 이어진다. 분노를 허용하고 수용한 내담자는 마땅히 받아야 했지만 받지 못한 것에 대한 슬픔을 촉진하는 과정을 경험하고, 마지막으로 새롭게 경험한 분노를 바탕으로 새로운 내러티브를 구성한다. 차단된 분노를 허용하고, 표현하며, 처리하는 데 도달하기 위한 단계는 다음 절에서 자세히 설명한다.

분노의 차단에 대한 인식 촉진하기

방해받은 분노를 되돌리기 위한 작업의 첫 번째 단계는 내담자가 자신의 분노를 방해하고 있다는 것을 인식하도록 돕는 것이다. 내담자는 자신이 방해하는 것을 볼 수 있어야만 어떻게 방해하는지에 대한 작업을 시작할 수 있다. 따라서 치료자는 내담자가 분노를 차단하고 있음을 나타내는 표식(marker)과 불공평함에 대한 분노를 암시하는 주요 타자(significant other)에 대한 지속적인 미해결 욕구와 감정의 존재에 귀를 기울인다(Greenberg, 2021).

치료자는 "당신이 거기서 침묵을 지켰군요. 방금 무슨 일이 일어났나요?"와 같이 과정 관찰(process observations)을 통해 내담자의 자각에 방해 과정을 가져온다. 방해 과정에는 주제 바꾸기 · 주지화 · 무감각화 · 최소화 · 넋을 놓기 · 이성적으로 분노 조절하기 · 분노 대신 무력감 · 체념 또는 우울감 표현하기 등이 포함된다. 만성적인 비난(기저의 원한에 대한 신호) 또는 불평(슬픔과 분노의 융합)의 형태로 사건이나 사람에 외부적으로 초점을 맞추는 것도 다른 형태의 방해이다. 이러한 모든 형태의 방해는 부드럽게 인식할 필요가 있다.

내담자가 과거의 취약한 경험을 이야기하는 동안 종종 차단이 나타난다. 자기방해(self-interruption)는 본질적으로 스스로에게 "느끼지 마. 요구하지 마"라고 지시하는 것이다. 가슴의 긴장 · 두통 · 목의 통증과 같이 순전히 자동적인 생리적 과정일 수도 있다. 차단의 비언어적 표시는 갑작스러운 변화나 막 떠오르려던 정서의 소멸 · 호흡 리듬 · 표정 · 신체 긴장의 변화와 함께 내용의 변화를 동반하는 것이다. 핵심적인 정서적 욕구가 충족되지 못했을 때 체념과 무망감도 차단을 나타내는 중요한 지표이다. 한숨을 쉬거나 어깨를 으쓱하면서 "무슨 소용이야" 또는 "왜 귀찮게 해"라고 말하는 것은 종종 이러한 느낌을 전달한다. 이러한 모든 징후, 특히 비언어적 측면을 지적하면 회기에서 차단의 경험을 생생하게 전달하는 데 도움이 된다. 예를 들어, 분노가 차단된 경우 치료자는 내담자가 목 근육을 조이는 모습에 주의를 기울이거나 호흡이 어떻게 변했는지 지적할 수 있다. 또한 내담자가 적대적인 자기비판(self-criticism), 자기비난(self-blame) 또는 자기증오(self-hate)를 표현할 때(A. Pascual-Leone et al., 2013), 치료자는 이러한 분노가 일반적으로 내면으로 향하는 분노이며 내담자가 이를 밖으로 표현하고 자신에게 상처를 준 다른 사람을 향하도록 돕는 것이 치료적이라는 것을 인식하는 것이 중요하다.

분노의 차단 풀기: 두 의자[2] 실연

차단된 분노를 성공적으로 해결하는 데 사용되는 주요 치료적 과업(therapeutic task)은 자기방해를 위한 두 의자 실연(two-chair enactment)이다. 이 과업은 자기의 한 부분이 빈 의자와의 대화에서 자기의 다른 부분의 분노를 차단시키는 것을 포함한다(Greenberg, 2021; Greenberg, Rice, & Elliott, 1993).

차단된 분노를 다루는 치료에서 치료의 초기 목표는 내담자가 분노를 차단하는 자신의 역할에 대한 주인의식을 갖도록 돕는 것이며, 이를 통해 회기에서 분노를 표현하는 것에 대한 두려움을 줄이고 변화하려는 바람(desire)을 발전시킬 수 있도록 하는 것이다. 내담자는 자신이 사용하는 금지 명령을 명확하게 표현하고 차단과 관련된 신체 동작과 근육 수축을 실행하도록 초대받는다. 가슴을 조이고 숨을 참는 등 억압하는 행동을 실행하면 결국 억압된 분노의 반응, 즉 억압에 반대하는

2 역자 주) 두 의자 작업(two chair work)은 내담자의 자기비판과 같은 갈등 분열(conflict splits)에 대해 적용하는 정서중심치료의 주요 기법이다. 이에 대한 상세한 개입 과정은 『정서중심상담의 실제』, Robert Elliott, Leslie Greenberg 공저, 김영근 외 공역(2024), 학지사 6장 참조.

반응을 불러일으킨다. 방해로 인한 고통을 경험하면, 분노를 억압당하는 자기의 분노 부분은 방해하는 자(interrupter)의 명령에 대항하여 스스로를 주장하고 방해하는 자의 근육 수축을 풀어서 방해받은 분노가 자발적으로 나타날 수 있도록 한다. 이 개입은 자동적으로 수동적인 방해 과정을 스스로 하는 능동적인 과정으로 바꾸어 내담자가 자신을 방해하는 방식에 대한 인식을 높인다. 목표는 이러한 방해 과정을 풀어 정서에 접근하고 처리할 수 있도록 돕는 것이다.

빈 의자에서 자신과 대화하는 것은 특이한 활동이기 때문에 치료자는 내담자가 자의식(self-consciousness)과 어색함을 극복할 수 있도록 많은 구조를 제공해야 한다. 이 개입을 시작하기 위해 치료자는 내담자가 분노의 표현을 차단하는 자기의 일부를 실연하도록 격려하고 내담자가 의자에서 대화를 시작하도록 초대한다.

두 의자 실연에는 다음의 네 가지 주요 단계가 포함된다(Greenberg, 2021).

1. 방해가 발생했을 때 내담자의 주의를 끈다(예: 내담자가 억울하다고 말할 때 한 눈을 팔거나 미소를 지었다는 점을 지적하는 등).
2. "어떻게 스스로를 멈추거나 방해하나요?"라고 질문하여 자동을 의도적으로(수동에서 능동으로) 전환한다. 이 질문은 의식적인 경험을 정교화하고 방해하는 방법을 구체화하기 위한 인식 작업을 시작한다.
3. 내담자가 차단할 때 하는 행동(예: 손으로 또는 쿠션으로)을 실연하도록 격려하거나 차단의 주체로서 자신을 경험할 수 있는 다른 방법을 찾는다.
4. 마지막으로, 억압되고 있는 것에 접근한다. 새로운 정서는 내담자가 방해 과정의 주체로서 자신을 경험하고 방해로 인한 대가(정서적 고통)가 방해로 인한 이익(자기보호)보다 크다는 것을 경험한 후에야 나타난다.

요약하자면, 치료자는 내담자가 먼저 자신이 '방해한다는 사실(that they interrupt)'을 발견하도록 도와야 하고, 그다음에는 '방해하는 방법(how they interrupt)'을 탐색해야 한다. 차단의 보호 기능을 인식하고, 자기보호적 차단을 유발하는 두려움을 경험하며, 이를 극복하는 것은 궁극적으로 차단된 분노로 이어지게 한다. 내담자가 자신의 분노에 대한 두려움을 확인하고 차단의 보호 기능을 타당화하면 분노에 더 안전하게 접근하는 데 도움이 된다. 분노 차단의 비언어적 · 신체적 요소에 접근하는 것이 중요한 경우가 많다. 치료자는 내담자가 근육의 긴장과 차단 지점을 찾아내어 어떻게 그러한 긴장이 생성되는지 알아낼 수 있도록 도와야 한다. 경험의 언어적 · 인지적 부분을 파악하는 것도 중요하다. 이 과정에는 사람들이 스스로에게 하는 말을 의식적으로 상징화한 다음 실제로 스스로에게 말하도록 돕는 것이 포함된다.

차단된 분노와 충족되지 못한 욕구 표현하기

분노 표현을 촉진하기 전에 치료자는 내담자가 차단된 분노를 허용하고 견딜 수 있는 충분한 내적 지지를 받도록 해야 한다. 내담자는 자신의 분노를 직면하는 것을 두려워할 수 있으며, 그 가능성에 긴장할 수 있다. 치료자는 이러한 두려움에 공감하고 차단이 보호 기능을 제공한다는 점을 이해하면서 지지를 제공해야 한다. 관계적 지원과 더불어 내적 지원은 내담자가 불안을 견디는 데 도움이 되는 정서를 천천히 단계적으로 허용하는 접근 방식을 취함으로써 구축된다. 이러한 유형의 단계적 접근 방식은 내담자가 자신의 분노에 접근하고 견딜 수 있도록 돕는 데 가장 유용하다. 또한 치료자는 내담자가 호흡을 조절하고, 발을 바닥에 대며, 자신이 경험하는 것을 설명하여 감각적 현실과의 접촉을 늘리도록 돕는다. 이러한 모든 전략은 내담자가 더 많은 내적 지원을 동원하는 데 도움이 된다.

분노를 견디고 소유권을 가질 만큼 자기 경험이 견고하지 않아 매우 불안하고 연약한 내담자의 경우, 분노에 대해 좀 더 먼 관점에서 이야기하고 내담자가 분노에 몰입하기보다는 자신의 경험을 관찰하도록 유도하는 것이 도움이 될 수 있다. 치료자는 "몸에 있는 그 분노"라고 말하는 등 3인칭으로 분노에 대해 이야기하고 내담자에게 관찰하도록 초대할 수 있다. 자기주장적 화의 경험을 촉진하는 데 도움이 되는 질문은 에너지의 행위 경향성에 초점을 맞추는 것이다. "몸 안에 있는 이 에너지가 자유롭고 원하는 대로 행동할 수 있다면 어떻게 할까요?" 안전한 거리를 만들기 위해 치료자는 한 걸음 더 나아가 "만약 이 에너지가 당신의 것이 아니라 야생 동물의 분노라면 어떻게 행동할까요?"라는 질문을 통해 에너지를 외부화할 수 있다.

화를 낼 자격이 없다고 느끼는 내담자에게는 점차적으로 더 강한 분노 표현을 접하게 함으로써 도움을 줄 수 있다. 치료자는 내담자에게 상처와 분노의 경험을 촉진하는 점점 더 강한 단어와 문구를 제공할 수 있다. 예를 들어, 치료자는 내담자가 처음에는 "억울한 느낌" "실망한 느낌" 또는 "짜증이 난다"와 같은 가벼운 표현을 사용하다가 "화가 난다" "분노를 느낀다"로 바꾸거나 "불공평해서 상처를 받았다"로 시작해서 "이런 대우를 받는 것이 싫다"로, 마지막으로 "정말 화가 난다" "분노하고 화가 난다"로 보다 날카롭게 표현하도록 장려할 수 있다. 치료자는 내담자에게 치료자가 제공한 동일한 문구를 반복하고 실험의 정신으로 더 강하고 더 센 단어를 사용하여 기분이 어떤지 확인하도록 초대할 수 있다.

내담자가 침해에 대한 분노의 감정을 부인할 때, 치료자는 공감적 탐색과 추측(empathic exploration and conjecture), 경험적 질문을 사용하여 내담자가 그 경험을 인정하도록 도울 수 있다. 예를 들어, 치료자는 "꽤 불공평하다고 느낀 것 같군요"라고 말하거나 "빼앗긴 것 중 무엇이 필요했나요?"라고 말할 수 있다. 또는 치료자는 자연스럽게 나타나는 내담자의 비언어적 행동에 집중한 다음 "그 목소리 톤은 '감히'라는 말인가요?"와 같이 내담자가 이러한 행동에 대해 말로 표현하도록 격려할 수 있다. 이러한 형태의 단계적 강도 증가를 통해 내담자는 일치하는 신체 자세와 표정을 취하도록 권장된다. 정서와 정서적 과정에 대해 명시적으로 가르치는 것도 도움이 될 수 있다. 이는 일반적으로 명시적인 연습으로 제시되기보다는 현재 또는 과거의 문제를 탐색하는 과정에 통합된다.

내담자가 자신의 정서를 방해하는 주체로서 자신을 경험한 후, 치료자는 내담자가 거부된 정서와 접촉하여 정보와 치유력을 회복할 수 있도록 돕는다. 이 과정에는 경험적 자기(experiential self)가 더 많은 힘을 가질 때까지 경험적 자기의 경험을 지지하고 따라가는 것이 포함된다. 예를 들어, 내담자가 자기방해에 대해 작업한 후 "나는 그럴 자격이 있어, 나는 잘못한 게 없어"라고 말하면서 더 합당하다고 느끼면, 치료자는 내담자가 새로 접근한 감정과 욕구를 먼저 방해자에게, 나중에 방해 과정의 원인이었던 주요 타자에게 표현하도록 안내한다.

차단을 푸는 것은 공감적 탐색 · 심상화(imagery) · 경험적 포커싱(experiential focusing)[3] 및 기타 개입을 포함하여 두 의자 실연 이외의 전략을 통해서도 수행될 수 있다(Elliott et al., 2004). 기본적으로 치료자는 내담자의 이야기 내용을 따라가면서 가장 정서적으로 관련된 경험을 경청한 다음 내담자의 고통에 대한 과정을 안내한다. 중요한 것은 사람들은 항상 생존하고 행복해지기 위해 최선을 다하고 있다는 사실을 깨닫는 것이 중요하며, 따라서 그들이 느끼는 감정에 공감하고 분노와 분노를 차단하려는 욕구를 모두 수용하고 이해하려고 노력하는 것이 중요하다. 자기방어는 타당화 받아야 할 자기보호 수단이지 도전받아야 할 방어 수단이 아니다.

치료자는 자신의 경험을 사용하여 내담자의 차단된 분노를 표현하고 내담자가 차단된 분노에 접근하도록 돕기 위해 분노 표현을 모델링할 수 있다(Greenberg, 2015). 예를 들어, 치료자는 부모가 자녀를 대하는 태도가 내담자에게 어떤 감정을 불러일으키는지 설명할 수 있다. "아빠에게 이런 식으로 통제당하면 화가 났을 것 같아요. 그것이 당신을 화나게 만드나요?" 또는 치료자가 자신의 몸에서 느껴지는 감각과 반응을 설명할 수도 있다. "당신의 말을 듣고 있는데 팔과 손에 긴장이 느껴지고 주먹이 거의 쥐어질 것 같은 느낌이 듭니다. 당신은 어떤가요?"

내담자가 분노에 내재된 욕구를 되찾도록 돕는 것도 중요하다. 연구에 따르면, 충족되지 못한 욕구를 동원하는 것이 적응적 정서를 활성화하는 가장 유용한 방법 중 하나다(Greenberg, 2021; A. Pascual-Leone & Greenberg, 2007). 내담자가 타당화가 필요하고 실제로 타당화를 받을 자격이 있다는 것을 인정하면 비타당화

3 역자 주) 불분명한 감정의 신체적 측면에 주의, 인내, 호기심을 가지고 접근해서 더 온전히 경험할 수 있도록 하기 위해 Gendlin(1981)의 포커싱 이론을 활용한다. 이에 대한 상세한 개입 과정은 『정서중심상담의 실제』, Robert Elliott, Leslie Greenberg 공저, 김영근 외 공역(2024), 학지사 5장 참조.

(invalidation)에 대한 분노와 그에 따른 자부심(sense of pride)과 자기가치감(self-worth) 같은 적응적 정서가 활성화된다. 욕구와 행위 경향성이 방향을 제시한다. 주장적 화의 경우, 위반하지 않으려는 욕구와 경계를 설정하는 행위 경향성은 정위(定位; orientation)와 방향을 제시하고 당사자에게 주체 의식(sense of agency)을 불러일으킨다. 따라서 치료자는 내담자가 자신의 욕구를 충족할 수 있도록 도와야 한다.

내담자가 습관적으로 이차 정서(예: 죄책감, 두려움, 슬픔)로 분노를 가리고 방해하는 경우, 방어 불안을 일으키지 않도록 이러한 이차 정서를 타당화한 다음 기저의 분노에 집중하는 것이 중요하다. 이러한 순간에 치료자는 "화를 내고 통제력을 잃는 것이 얼마나 두려운지 알겠어요. 그럴 만도 하죠. 저는 당신의 이야기를 잘 알고 있어요" "당신의 분노는 중요해요. 오늘은 우리가 좀 더 이를 위한 자리를 만들 수 있을 것 같아요" "이 이야기를 하다 보니 여러 가지 정서가 떠오르네요. 슬픔, 죄책감, 그리고 분노까지. 오늘은 분노에 집중해 봅시다. 목소리에서 분노가 잘 느껴지네요" 또는 "정말 아플 것 같아요. 하지만 목소리에서 분노도 느껴지네요"와 같은 말을 통해 과정을 안내하는 것이 중요하다.

분노 표현하기: 빈 의자 대화[4]

미해결 과제에 대한 빈 의자 대화(empty-chair dialogue)는 차단된 분노에 접근하고 표현하는 데 중요한 개입이다(Greenberg & Woldarsky Meneses, 2019). 안전한 치료적 관계가 형성되면 치료자는 내담자가 빈 의자에 앉아 버림받음 · 비타당화 · 거칠게 다루어짐 · 학대를 당한 주요 타자를 심상화하도록 초대한다. 그런 다음 타자에게 자신의 감정을 직접 표현하도록 권장한다. 이는 처음에는 수치

4 역자 주) 빈 의자 작업(empty chair work)은 내담자의 과거 주요 타자와의 미해결 과제(unfinished business)에 대해 적용하는 정서중심치료의 주요 기법이다. 이에 대한 상세한 개입 과정은 『정서중심상담의 실제』, Robert Elliott, Leslie Greenberg 공저, 김영근 외 공역(2024), 학지사 7장 참조.

심과 자기비난(예: "내가 정말 나쁜 아이였어. 엄마가 저렇게 소리를 지르는 게 당연하지")뿐만 아니라 내적 경험에 대한 두려움과 회피를 불러일으킬 수 있다. 그런 다음 기저의 분노에 접근할 때까지 이러한 방해 요소가 개입의 초점이 될 수 있다. 상처 · 두려움 · 수치심이 어느 정도 처리된 후에는 외상성 감정과 기억이 종종 발생한다. 그러면 내담자는 이전에 억눌렸던 감정을 심상 속의 타자에게 직접 자유롭게 표현할 수 있게 된다. 치료자는 내담자가 불공정, 유기, 거칠게 다루어짐 또는 학대에 대한 적응적 분노를 억제되지 않은 방식으로 표현할 수 있도록 지원한다. 분노의 적절한 표현은 대인관계 욕구 · 자기권한부여(self-empowerment) · 경계 설정에 대한 적극적인 표현을 장려한다(Greenberg, Rice, & Elliott, 1993). 내담자가 자각하지 못하는 일차 분노에 접근할 수 있도록 도와주면 분노를 막고 있던 기저의 의미망(network of meaning)에 접근할 수 있게 되고, 결과적으로 다른 기저의 정서를 탐색하고 감정을 표현할 수 있게 된다.

내담자가 화난 감정의 서술적 내용에 머물지 않고 기저의 감정으로 처리하도록 안내하는 것이 중요하다. 내담자의 기저의 감정으로 안내할 때 치료자는 내담자의 기저의 감정이 무엇인지 알려주는 것이 아니라 내담자가 자신의 감정을 느끼는 곳에 주의를 기울이고 지금 느끼는 감정을 확인하도록 안내하는 것이다. 치료자는 호기심을 갖고 "그러니까, 일종의 차갑고 거부하는 화에 사로잡힌 것 같군요"와 같은 말을 통해 감정을 구분하도록 돕거나 "화를 느낄 때 몸에서 느껴지는 것은 무엇인가요?"와 같은 질문으로 분노에 대한 탐색을 촉진할 수 있다. 치료자는 공감적으로 추측할 수도 있다. "엄마가 당신이나 당신의 아이들에 대해 물어보지 않을 때 슬프고 외로움을 느낀다고 들었는데, 그래서 엄마에게 화가 나신 것 같네요?"

치료자는 내담자가 경험하는 분노(experiencing anger)와 행동화하는 분노(acting out anger)를 구분할 필요가 있다(Greenberg, 2015). 자기주장적 화는 순전히 내면의 경험이다. 행동화하는 분노는 특히 관계적으로 파괴적일 수 있는 행동이다. 폭력적인 환경에서 자란 내담자는 종종 분노를 폭력 및 무력감과 연관시킨다. 이러한 내담자에게는 치료자가 감정과 행동의 차이를 지적하는 것이 중요하다. 자신의 내면에서 분노를 느끼고 자신이 부당한 대우를 받거나 상처를 받았다는 것을 이해하는 것은 매우 중요한 기술이다. 이는 대인관계를 보호하거나 경계를 설정하는 방법이다. 이러한 분노를 행동으로 옮기거나 심지어 인간관계에서 표현하는 것은 완전히 다른 문제이다.

심리교육(psychoeducation)도 차단된 분노의 건강한 표현을 촉진하는 데 도움이 될 수 있다. 치료자는 적응적 분노가 생각 · 행동 · 대인관계에 큰 영향을 미치는 중요하고 유용한 정서라는 점을 지적할 수 있다. 또한 치료자는 자신의 목표를 달성하고 자신을 보호하는 데 도움이 되는 분노의 역할과 분노가 자기효능감(sense of self-efficacy)을 준다는 점에 대해 논의할 수 있다.

차단되고 분리된 분노를 촉진하기 위해 내담자에게 경험적 과제(예: 표현적 글쓰기; Pennebaker, 1995)를 주는 것이 도움이 될 수 있다. 차단된 분노에 대한 인식을 강화하기 위해 내담자에게 일주일 동안 폭발하는 분노가 차단된 상황을 관찰하고 설명하도록 초대할 수 있다. 예를 들어, 치료자는 내담자에게 슬픔으로 인해 분노가 어떻게 차단되는지 주의를 기울여 보라고 요청할 수 있다. 과제는 특정 상황에서 자신의 경험을 적고 절친한 친구라면 같은 상황에서 어떻게 느꼈을지 생각해 보는 것으로 구성될 수도 있다. 이러한 유형의 거리두기 연습은 내담자가 자신의 행동 레퍼토리에서 누락된 적응적 정서에 대한 인식을 개발하는 데 도움이 될 수 있다.

상실에 따른 애도 촉진하기

분노에 접근한 후에는 내담자가 분노 외에 어떤 다른 감정을 느끼는지 살펴보는 것이 중요하다. 내담자가 억압되거나 무망한 분노로 고통받는 경우, 핵심 분노에 접근할 뿐만 아니라 슬픔과 연민이라는 보다 적응적인 일차 정서와 많은 질병의 핵심이며 적응적 일차 분노가 건강한 해독제인 부적응적 일차 수치심 · 공포 · 슬픈 외로움도 처리하는 것이 목표가 되어야 한다. 억압된 일차 분노를 다루는 궁극적인 목표는 내담자가 차단된 분노의 핵심인 역기능적 정서도식 네트워크

(emotion schematic network)에 접근하도록 돕는 것이다. 이는 불안정한 '약한 나(weak-me)'라는 자기감(sense of self)일 수도 있고, 발달 초기에 학습된 '나쁜 나(bad-me)'라는 무가치한 자기감일 수도 있다(Greenberg, Rice, & Elliott, 1993). 이 두 가지 자기감 모두 분노를 허용하고 적응적으로 표현하는 데 어려움을 초래할 수 있다.

분노와 슬픔은 일반적으로 차단된 분노를 극복하는 데 있어 밀접한 관련이 있다. 부당한 일을 당한 것에 대한 적응적 분노를 되찾은 후 사람들은 자신의 욕구를 충족시키지 못했다는 사실에 분노를 느끼지만, 동시에 자신의 욕구를 충족시키지 못했다는 사실에 슬픔을 느끼기도 한다. 따라서 치료자는 내담자가 필요했지만 얻지 못한 것에 대한 상실감을 슬퍼할 수 있도록 도와야 한다. 욕구 충족을 놓친 것에 대한 슬픔과 놓친 것의 상실에 대한 애도는 차단된 분노를 해결하는 과정에서 중요한 단계이며, 내담자가 잃어버린 관계 · 잃어버린 어린 시절 · 잃어버린 시간 · 잃어버린 가능성, 심지어 분노를 표현할 수 없었던 것에 대해 슬퍼하도록 유도함으로써 촉진될 필요가 있다. 이 시점에서 내담자의 슬픔은 더 이상 외롭게 버림받음(lonely abandonment)에 대한 슬픔이 아니라 애착 손상(attachment ruptures)과 정체성 침해로 인한 상실을 애도하는 슬픔이다. 애도의 슬픔은 상실에 대한 슬픔과 후회이며 불평이나 항의가 없다는 점에서 외롭게 버림받음의 슬픔과는 다르다. 또한 애도에는 상실의 개인적인 의미를 인정하고 동화되는 과정도 포함된다.

의자 대화에서는 상실을 슬퍼하는 과정에서 타자나 방해자가 변화하고, 수용과 이해, 안도감과 평온함이 뒤따른다. 내담자는 마침내 자신에게 일어난 일의 현실을 받아들일 수 있게 되고, 앞으로 나아갈 길을 찾기 시작한다. 그런 다음 치료자는 내담자가 상실로 인해 자신의 삶이 어떻게 변화했는지 받아들이고 상실이 일어나지 않았으면 좋겠다는 생각을 놓아버릴(letting go) 수 있도록 돕는 데 집중할 수 있다. 내담자는 자신의 삶이 영원히 바뀌었으며 이제 새로운 의미를 찾아야 할 때라는 사실을 받아들이도록 도움을 받는다. 수용은 체념이 아니라 과거를 가져갈 수 있는 공간을 만들고 고통과 상실이 자신을 형성한 방식에 대한 공간을 허용하는 것이다. 슬픔은 사람들이 자신과 더 깊이 연결될 수 있게 해 준다.

새로운 내러티브 구성

마지막으로, 내담자는 자신의 분노와 상실감에서 의미를 만들어 내고 자신의 경험을 다시 이야기할 수 있어야 한다. 분노를 표현하는 과정은 카타르시스를 표출하거나 분노를 행동화하는 것이 아니라, 의미를 정교화하고 탐색하는 생산적인 표현이다.

분노가 억제된 내담자는 종종 잠정적이고 불완전한 방식으로 적응적 분노를 경험하기 때문에 화를 낼 수 있는 권리를 바탕으로 새로운 내러티브를 표현하는 데 도움이 필요하다. 내담자가 이 정서를 자신에게 유리하게 사용할 수 있도록 분노를 통합해야 한다. 치료자는 주장적 화를 나타내는 요소를 식별하고, 이름을 붙이고, 중요성을 부여하는 것이 도움이 된다. "당신의 목소리에서 새로운 에너지가 들리는데, 당신도 그것을 느끼나요? 이 에너지가 중요한 것 같아요. 잠시 그 에너지에 머물러 있으면서 더 알아차리도록 노력해도 괜찮을까요?"라고 말한다. 그런 다음 치료자는 내담자가 존재하지만 아직 정리되지 않은 분노의 요소들을 공동 구성 과정(co-constructive process)을 통해 일관된 형태로 가져와서 사용할 수 있도록 지원한다. 이는 마치 흩어져 있는 퍼즐 조각을 맞추는 것과 같으며, 조각들이 일관된 전체로 정리되어야만 그림이 명확해진다. 이렇게 새로운 내러티브가 형성된다.

의미를 만들고 정서를 경험하는 것은 개인의 변화에 중요한 역할을 하는 복잡하고 서로 얽힌 과정이다(Angus & Greenberg, 2011; Greenberg & Angus, 2004). 정서는 내러티브의 주인공인 내담자에게 발생하며, 내담자의 이야기는 경험한 정서를 이해하기 위한 맥락을 제공한다. 따라서 내담자의 분노를 일관된 내러티브로 표현하고, 정리하며, 순서를 정하는 것은 변화를 공고히 하는 데 중요하다. 새로 경험한 분노의 표현은 새로운 내러티브로 형성되어야 하며, 치료자는 힘을 상실한 오래된 내러티브를 변화시키기 위해 힘을 얻은 내러티브를 함께 구성하도록 도와야 한다.

치료에서 차단된 분노를 해결하는 예: 사례 설명

이 장은 치료에서 분노를 해결하기 위해 노력한 일화를 예로 들어 마무리한다. 이 사례는 『정서중심치료: 내담자가 자신의 감정을 다스리도록 코칭하기』(Greenberg, 2015)에서 각색한 것이다. 이름과 일부 세부 사항이 변경되었다.[5]

40대 유럽 여성인 나탈리아(Natalia)는 이혼한 지 거의 23년이 되었고 성인 자녀가 둘이나 있었다. 그녀는 관계에 어려움을 겪고 있었으며, 친밀한 관계를 맺지 못하고 사람들을 밀어낸다는 느낌으로 치료를 받기 시작했다. 그녀는 "더 나이가 들기 전에" 연애를 하고 싶지만 몇 년 전 첫 번째 남편에게 일어났던 것처럼 상처를 받고 삶이 산산조각 날까 봐 두려웠다고 말했다. 그녀는 어느 날 아침 남편이 아무런 예고 없이 아침 식사 자리에서 작별 인사를 하고 자신과 어린 두 자녀를 두고 집을 나갔다고 이야기했다. 당시 그녀는 큰 충격을 받았고 그 후부터 대처하기 위해 고군분투했다. 그녀는 정서를 조절하며 버텨왔고 그 이후로 어떤 감정도 허용하지 않았다고 말했다. 그녀는 자신이 무너지고 대처할 수 없을까 봐 분노와 버림받은 아픔을 억눌렀던 것이다. 선의의 친구들은 "그 자식 때문에 눈물 한 방울 흘리지 마. 그럴 가치가 없는 놈이야"라고 말하며 그녀의 "강해져야 한다"는 대처 전략을 강화해 주었다. 그녀는 그동안 자신의 감정을 제대로 다루지 못했다고 말했다.

그 후로 그녀는 인생에서 성공했지만 결혼 생활의 상실을 만족스럽게 극복하지 못했고 여전히 해결되지 않은 정서가 많았다. 그녀는 결혼 생활의 상실을 슬퍼하지도 않았고, 버림받은 고통과 어려움에 대해 전남편에 대한 분노를 충분히 경험하고 허용하지도 않았다. 그녀는 버림받은 것에 화가 났을 뿐만 아니라 그가 항상 "이기적인 나쁜 놈"이었고 자신을 진정으로 돌보지 않았다는 사실에도 화가 났다.

5 이 책에 사용된 임상 자료는 내담자의 비밀을 보호하기 위해 적절히 각색되어 있다. 내담자의 신원은 유지되었다.

치료는 이러한 모든 감정을 처리하고 친밀한 관계에 대한 두려움을 극복할 수 있는 안전한 환경을 제공했다.

첫 번째 단계로 나는 내담자로 하여금 전남편에 대해 오랫동안 억눌렀던 분노를 표출하도록 허용하게 했다. 이것은 단순히 "나는 그에게 화가 났어요"라고 말함으로써 분노를 지적으로 인정하는 것이 아니라 경험적인 과정이었다. 그녀는 이 사실을 알고 있었고 이전에도 이런 말을 여러 번 한 적이 있었다. 오히려 치료를 통해 그녀는 자신의 분노를 온몸으로 느꼈고, 뱃속에서 연기가 피어오르는 분노를 경험하며 화산이 폭발하듯 솟구치는 것을 느꼈다. 일단 자신이 느끼는 것을 허용하자 분노 · 슬픔 · 수치심, 심지어 두려움까지 억압되고 과도하게 통제된 감정의 수문이 열렸다. 일곱 번째 회기에서 그녀는 남편이 자신을 떠난 날에 대한 자세한 이야기를 들려주었다. 그녀는 분노에 찬 목소리로 외쳤다. "그리고 그는 그냥 떠났어요. 정말 미워요! 정말 미워요!" 나는 그녀에게 남편이 빈 의자에 앉아 있는 모습을 심상화해 보고 직접 표현해 보라고 권유했다. 그녀는 계속해서 "당신이 한 짓이 정말 싫어요, 정말 싫어요! 정말 미워요!"라고 말했다. 기분이 어떠냐는 질문에 그녀는 "기분이 나아졌어요. 그를 미워하니 기분이 나아졌어요"라고 대답했다.

분노에 힘을 얻은 그녀는 결혼 생활을 되돌아보며 자신과 아이들은 "그가 우리에게 그런 대우를 해서는 안 됐어요. 제가 나쁜 엄마, 나쁜 아내였다면 이해할 수 있었겠지만 그렇지 않았어요. 저는 그를 사랑했어요"라고 말했다. 그녀는 앞에 놓인 빈 의자에 앉아 심상 속의 남편에게 "나는 당신을 사랑했지만 당신은 내가 당신을 사랑하는 것에 대해 그런 대우를 할 자격이 없었고, 내 사랑은 증오로 바뀌었고, 지금은 당신이 미워요, 미워요! 있지도 않은 것을 만들려고 허비한 세월이 너무 싫어요"라고 말했다. 그녀는 남편에게 한 말을 통합한 후 자신이 느낀 감정을 확장하기 시작했다.

나는 그녀의 시간 낭비에 대한 느낌에 응답하고 그녀의 상실감을 확인했다. 그녀는 "네, 큰 손실이었고, 그 손실이 저를 아프게 해요. 상실감과 낭비된 세월이 저를 아프게 하고, 그만한 가치가 없는 사람에 대한 상실감이에요. 그럴 가치도 없는 사람에게 어떻게 그렇게 많은 시간을 낭비할 수 있었겠어요?"라고 말했다. 그녀의 고통은 저절로 일어났고, 그녀는 상실감과 배신감, 그리고 자신을 극도로 취약하게 만든 황폐함에 대해 깊은 울음을 터뜨리기 시작했다. 나는 그녀가 얼마나 고통스러웠을지, 그리고 그 고통이 "거의 견딜 수 없을 정도일 것"이라는 것을 확인했다.

그녀는 자신이 끔찍하게 잘못을 당했다는 것을 타당화 받았고, 그 끔찍한 밤 이후 처음으로 자신이 더 나아질 자격이 있다고 느꼈으며, 자신이 잘못을 당했다는 감정을 충분히 느끼고 표현할 수 있게 되었다. 그녀는 흐느끼며 "어떻게 사람이 다른 사람에게 그렇게 큰 상처를 줄 수 있죠? 어떻게 아무런 감정도 느끼지 않고 그냥 떠날 수 있을까요? 내 양심은 내가 누군가를 해쳤다면 용서할 수 없다고 말할 것이고, 그는 내 눈에는 아무것도 아닌, 그저 아무것도 아닐 뿐이에요"라고 말했다. 그녀는 빈 의자를 바라보며 주먹을 불끈 쥐고 "난 당신이 싫어요. 어떻게 사람이 누군가를 그렇게 미워할 수 있죠? 제 안에 그렇게 미움이 많은 줄은 몰랐어요"라고 소리쳤다.

이 시점에서 나는 그녀에게 때리고 싶은 충동을 느끼는지 물어보고 치료실이라는 안전한 공간에서 분노를 표현하고 싶다면 그렇게 할 수 있도록 쿠션을 제공했다. 그녀는 자신의 분노와 격노를 표현했고 분노가 원하는 만족감을 경험했다. 그녀는 남편이 얼마나 이기적인 사람인지 모든 가족과 친구들에게 폭로하는 상상을 했다. 그녀는 그가 얼마나 형편없는 아버지였는지에 대해 경멸을 표현했다. 이 치료 경험이 끝날 무렵, 내담자는 "마치 모든 일이 다시 일어나는 것처럼 다시 분노가 더 강렬하게 느껴졌어요"라고 말했다. 그녀는 다시 상처받을지도 모른다는 두려움 때문에 새로운 관계를 맺지 못했고, 이제 분노를 통해 더 강해지고 친밀한 관계에서 자신과 자신의 정서를 관리할 수 있는 힘을 얻었다고 말했다. 또한 전남편에게 맞서지 못한 자신에 대한 분노와 자신에게 뭔가 문제가 있었던 게 틀림없다는 수치심에 대해서도 이야기했다. "어떻게 그런 일을 견디고 계속 돌아올 수 있었을까요?" 이어서 그녀는 "이제 나는 더 이상 의존적이고 연약했던 어린 자녀를 둔 젊은 엄마가 아니라는 것을 깨달았어요"라며 자신의 현재 강점을 탐색하고 확인했다.

분노의 정당성에 힘을 얻은 그녀는 현재 자신의 자원을 활용하여 자신이 무력하다는 믿음과 다른 관계에서도 이러한 절망감이나 자기주장 부족을 반복할 수 있다는 두려움에 도전하고 변화시킬 수 있었다. 치료가 끝날 무렵, 그녀는 더 강해졌고 새로운 관계에서도 자율성을 유지할 수 있다는 자신에 대한 새로운 관점을 구축했다. 그녀는 더 이상 두려움이 자신을 지배하지 않을 것이라고 느꼈다.

이 치료는 지나치게 통제된 분노가 매우 문제가 되는 정서적 기억으로 바뀔 수 있음을 보여 준다. 내담자의 폐쇄 전략은 단기적으로는 도움이 될지 모르지만 장기적으로는 건강하지 않았다. 통제는 때때로 효과가 있는 것처럼 보이지만, 이는 상처와 분노가 경미할 때만 가능하다. 정당한 분노를 차단하면 다른 사람으로부터 자신을 단절할 뿐만 아니라 내면의 중요한 정보도 차단하게 된다. 표현되지 않은 분노가 해결되지 않은 채 남아 있으면 내면에서 원한의 벽돌이 되어 친밀감을 가로막는 장벽이 된다. 처음에는 눈에 띄지 않던 원한의 벽돌은 곧 결합하여 거의 뚫을 수 없는 분노와 거리감의 벽을 형성한다.

이 예는 일상생활에서 항상 분노를 표현해야 한다거나 이러한 형태의 치료적 표현이 필요하다는 것을 의미하지는 않는다. 하지만 표현되지 않고 과도하게 통제된 분노의 폐해를 지적하는 것이다. 때때로 자신의 건강과 현재 관계 및 미래의 관계 가능성을 포함한 관계를 보호하기 위해 적절한 분노 표현이 필요하다.

이 내담자가 참여한 치료에서 분노를 표현하는 유형은 카타르시스적인 이유로 과도한 분출을 없애기 위한 것이 아니었다. 그녀의 분노는 그냥 저장 탱크에 앉아 배출되기를 기다리는 것이 아니었다. 분노를 더 배출하기 위해 여러 회기에 걸쳐 반복적으로 분노를 표출하는 것은 도움이 되지 않는다. 많은 학자들은 치료에서 분노를 표현하는 것이 분노를 강화하거나 통찰력을 증진시키지 못한다고 생각하면서 분노 표현의 가치에 대해 비판적이다. 그들은 이러한 형태의 표현의 진정한 치료적 목적이 감정을 타당화하고, 그 감정을 통해 정보를 얻고, 의미를 변화시키는 데 있다는 사실을 깨닫지 못한다(Greenberg & Safran, 1987).

이 내담자는 이 정도의 분노를 경험하도록 허용함으로써 위반의 정도를 인정하고 분노를 먼저 느끼고 표현하지 않았다면 추진하기 어려웠을 다른 많은 중요한 변화의 과정을 시작할 수 있었다. 이러한 분노에 대한 인식과 표현은 정보를 제공하고 동력을 제공한다. 치료에서 건강한 방식으로 분노를 표현하면 힘을 얻게 된다.

결론

이 장에서는 차단된 분노를 극복하는 데 관련된 임상 단계를 논의하고 해결 과정을 살펴보았다. 분노의 차단을 풀기 위한 두 의자 실연과 분노와 관련된 미해결 과제를 해결하기 위한 빈 의자 대화 등 차단된 분노를 다루는 데 관련된 개입이 제시되었다. 이 장은 치료에서 차단된 분노를 해결한 사례 설명으로 마무리되었다.

이전에 인식하지 못했던 분노를 활성화하는 것은 우울과 불안 치료에 중요한 것으로 나타났다. 분노와 수치심은 밀접한 관련이 있기 때문에 분노를 억누르는 사람들은 분노에 대해 엄청난 불편함과 수치심을 경험한다. 이전 장에서 다룬 것처럼 수치심은 분노를 억제할 수 있지만, 이 장에서 논의하고 사례에서 설명한 것처럼 내담자가 욕구를 충족시킬 자격이 있다고 느끼기 때문에 분노에 접근할 수 있을 때 분노는 수치심에 대한 해독제 역할을 하며 수치심을 변화시키는 데 도움이 된다.

그러나 분노를 경험하는 것은 사람들이 자신을 바라보는 방식과 강력하게 일치하지 않을 수 있다. 사소한 분노의 자극도 자기상(self-image)에 대한 강력한 위협으로 경험하여 그러한 감정을 차단, 억압 또는 최소화하여 우울한 증상을 초래할 수 있다. 종종 사람들은 분노가 애착 관계의 거부나 손상으로 이어질까 봐 두려워서 분노를 억누른다. 공황과 불안이 있는 사람들은 자신의 분노를 인식하지 못하는 경우가 많으며, 분노를 인식하게 되면 중요한 관계가 깨질까 봐 극심한 불안이 생길 수 있다. 이러한 모든 이유 때문에 내담자가 치료 상황에서 안전하게 분노에 접근할 수 있도록 돕는 것이 중요하다.

10장에서는 내담자가 치료에서 분노를 해결하는 방법에 대한 모델을 구축하게 된 발견 지향적 연구의 결과와 이 모델을 타당화한 연구를 소개한다. 이 모델에는 역량 구성 요소와 내담자가 분노를 해결하는 과정에서 취하는 단계가 설명되어 있다.

10장

차단된 분노의 해결 모델과 타당화

화를 참는 것은 다른 사람에게 던지려는 의도로 뜨거운 석탄을 움켜쥐는 것과 같으며, 화를 입는 사람은 바로 자신이다.

—붓다(Buddha)

치료적 변화에서 분노의 역할에 대한 경험적 조사는 요크대학교 심리치료 연구소(York University Psychotherapy Research Lab)의 여러 연구에서 수행되었다(Sicoli, 2005; Tarba, 2007; Tregoubov, 2006). 이 프로젝트에서는 치료 중 차단된 분노를 극복한 사례를 분석하고 성공적인 해결로 이어진 내담자의 성과 구성 요소를 추출했다. 이 작업을 통해 차단된 분노를 회복하는 내담자 단계의 모델이 개발되었으며, 이 장에서 자세히 설명한다. 이 장에서는 해결 과정과 효과적인 치료자의 개입을 모두 보여 주는 대화 기록 예시도 제시한다. 이전에 차단된 분노를 표현하는 것이 좋은 성과를 예측한다는 것을 입증하기 위해 이 장에서는 모델의 주요 구성 요소와 치료 성과를 연관시킨 연구 결과를 보고하며, 회기에서 해당 구성 요소를 표현한 내담자가 그렇지 않은 내담자보다 훨씬 더 나은 성과를 보였다는 것을 보여 준다.

이 연구들은 이전 장에서 설명한 임상 기반 모델에 엄격한 관찰을 추가하고 예측력을 검증했다. 수치심 일화의 해결에 대한 연구와 유사하게, 우리는 내담자가 분노를 극복하는 방식에 대한 과제 분석(task analysis)을 사용하여 해결 과정에 대한 합리적/경험적 모델을 구축했다(Greenberg, 2007). 또한 이 모델의 구성 요소는 치료 성과의 우울증 감소와 관련이 있었다(Tarba, 2015). 보다 구체적으로, 차단된 분노의 표현이 내담자가 무망감 · 무력감 · 슬픔 · 체념 · 소외감을 극복하는 데 어떻게 도움이 되는지 조사했다.

과제 분석의 모델 구축 측면(Tarba, 2007)에서는 우울증에 걸린 5명의 내담자(성공 사례 3건과 실패 사례 2건)의 해결 과정을 집중적으로 분석했다. 이 발견 중심 조사는 분노의 표현이 어떻게 내담자가 우울증을 극복하는 데 도움이 되는 회복력 있는 상태에 도달하는 데 도움이 되었는지를 밝혀냈다.

두 번째 연구(Tarba, 2015)에서는 23명의 내담자 표본을 대상으로 이 모델을 검증했다. 모든 내담자는 정서적 방임과 학대의 결과로 부모 및/또는 현재 또는 전 배우자나 파트너에 대한 분노가 차단된 경험이 있었다. 처음 몇 회기에서 무력감을 드러낸 내담자는 집중 분석을 위해 선정되었다. 내담자들은 모두 치료 시작부터 전반적으로 분노가 차단된 징후를 보였지만, 분노의 표현과 경험을 명확하게 차단하는 회기도 있었다.

'차단된 분노의 표식(marker of interrupted anger)'은 다음과 같이 정의되었다. 내담자의 표정은 분노가 어느 정도 존재하지만 명시적으로 표현되지 않고 불만 · 비난 · 비통함 · 무망감 · 체념 · 단호한 말 · 침묵 및 기타 비언어적 신호의 형태로 나타난다. 이 모델의 이 구성 요소에는 다음과 같은 특징이 있다.

1. 내담자가 정서적으로 붕괴감, 무망감, 무력감, 절망, 패배감, 통제불능감, 소외감, 체념, 무기력(자격 부족 또는 공포와 관련)을 보임
2. 언어적으로 수동형 또는 부정형 동사(예: "할 수 없어요"), 고정관념적인 표현(예: "무슨 소용이에요?" "알아요?"), 수동태 및 3인칭을 일반적인 방식으로 사용(예: "이 모든 상황은 아버지가 만든 거예요" "아버지는 이 모든 일을 했고, 그 위에 우리에게 규칙까지 강요했어요")한 경우
3. 행동적 지표는 희미한 목소리, 한숨, 침묵, 상황에 맞지 않는 웃음, 근육의 긴장, 약간의 찡그림, 턱을 괴는 행동 등

'해결의 표식(marker of resolution)'은 다음과 같이 정의되었다. 내담자는 자신의 감정과 욕구에 대한 권한과 자격 · 자신감 · 자기주장을 통해 더 강한 자기감(sense of self)을 경험하고 미래에 대한 목표를 정의한다. 내담자는 희망과 낙관주의로 자신에 대한 긍정적인 시각(예: 강하다, 통제할 수 있다, 가치 있다, 사랑스럽다 등)을 경험할 수 있다. 이 구성 요소의 특징은 다음과 같다.

1. 권한 부여, 자격, 자신감, 자기확신(self-assuredness), 주인의식, 희망, 힘, 유머 감각
2. 능동동사를 능동태로 사용(예: "나는 시작했다" "나는 할 것이다") 및/또는 1인칭을 주체성의 표현으로 사용(예: "그" "그녀" "그들" 대신 "나")
3. 더 강한 목소리, 미세한 목소리 변조, 몸통의 직립 자세, 편안한 표정, 미소

및/또는 웃음, 더 풍부한 모방, 표정 및 몸동작
4. 권한 부여와 희망의 신호를 보내는 미래 지향적 활동에 참여하고 있거나 참여할 계획이 있다는 보고

이론이 없는 관찰은 없다는 점을 감안하여(Kuhn, 1962; Nagel et al., 1973), 먼저 이론과 임상 경험, 그리고 Tregoubov(2006)의 초기 연구에서 이미 관찰된 좋은 사례와 나쁜 사례 1개를 바탕으로 해결이 어떻게 이루어질 수 있다고 생각하는지 합리적인 모델을 제시했다. 그런 다음 세 가지 새로운 해결 사례를 조사하고 해결되지 않은 두 가지 새로운 분노 해결 사례와 비교했다(Tarba, 2007). 모든 사례는 의자 대화였다. 또한 성공적인 사례를 합리적 모델과 비교하여 합리적 모델에서 변경해야 할 사항을 확인했다.

분노의 초기 표식인 차단된 분노와 최종 표식인 권한 부여/자기 긍정 사이에는 다음의 여섯 가지 필수 요소가 해결 과정에 관여한다는 사실을 발견했다.

1. 분노와 슬픔이 불평과 무망감으로 분화되지 않거나 융합됨
2. 분노를 표현하고 일어서기
3. 진심 어린 욕구 표현하기
4. 현실을 보는 다른 방법 고려하기
5. 슬픔과 애도
6. 다른 사람에 대한 공감적 이해 또는 자기에 대한 타당화

모델에 필수적이지 않은 다음의 추가 단계가 포함되어 있다.

1. 자기 방해 과정(두려움, 신념, 폐쇄)
2. 회기에서 심상 속의 타자와의 직면 회피
3. 타자/비판자로부터의 타당화

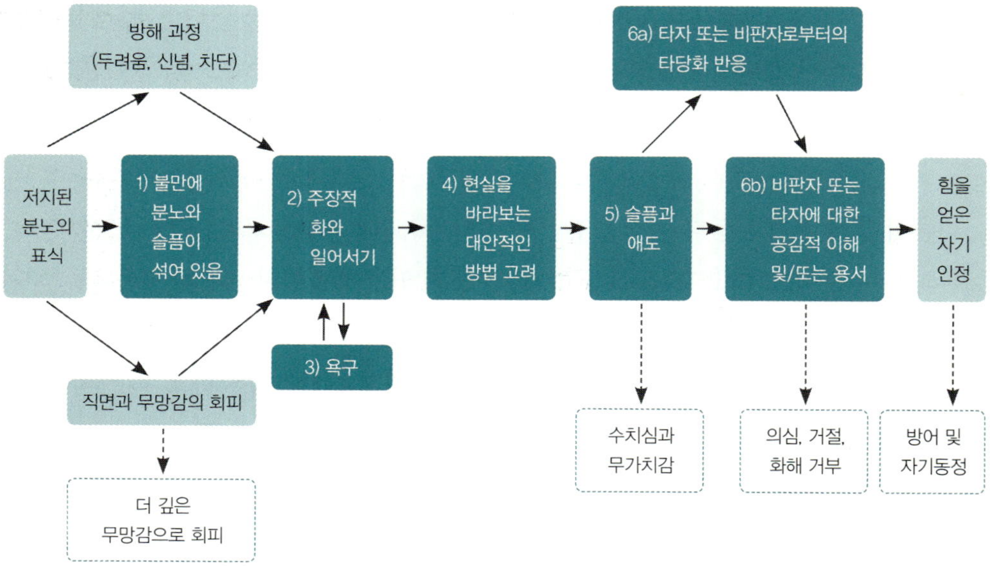

[그림 10.1] 차단된 분노 해결을 위한 합리적-경험적 모델

주. *Relating a Model of Resolution of Arrested Anger to Outcome in Emotion-focused Therapy of Depression* [Unpublished doctoral dissertation, L. R. Tarba, 2015, York University에서 발췌. Copyright 2015, L. R. Tarba. 허가를 받아 수정됨.

[그림 10.1]은 이러한 내담자를 엄격하게 관찰하여 도출한 합리적/경험적 모델을 제시한다. 빈 의자[1]에 대한 내담자의 직접적인 반응과 관련된 주요 해결 과정이 도표의 중앙에 요약되어 있다. 진한 색으로 강조 표시된 상자는 필수 구성 요소(즉, 해결하는 내담자에서만 발견됨)를 나타내고 점선은 해결되지 않은 내담자의 특징적인 구성 요소를 나타낸다. 구성 요소는 발생하는 경향이 있는 순서대로 표시되어 있다.

실제 과정은 비선형적이지만 점진적이라는 점에 유의하는 것이 중요하다. 내담자는 한 구성 요소에서 다른 구성 요소로, 그리고 다시 다른 구성 요소로 순환한

1 역자 주) 빈 의자 작업(empty chair work)은 내담자의 과거 주요 타자와의 미해결 과제(unfinished business)에 대해 적용하는 정서중심치료의 주요 기법이다. 이에 대한 상세한 개입 과정은 『정서중심상담의 실제』, Robert Elliott, Leslie Greenberg 공저, 김영근 외 공역(2024), 학지사 7장 참조.

다. 따라서 내담자는 종종 이전 기능 모드로 돌아가지만 멈춰 있지 않고 이를 극복하고 다음 구성 요소로 이동하며 낮은 단계의 해결에서 높은 단계로 나아간다.

치료 단계는 내담자 과정에 대한 설명이 아닌 임상 개입 및 임상 경험에 초점을 맞추기 때문에 치료 단계와 내담자 해결 과정 모델의 단계 간에 일대일 대응이 없다. 중복되는 부분이 있기는 하지만 개입에는 다른 초점이 필요하다. 예를 들어, 9장에서는 모든 내담자가 이러한 유형의 주요 개입이 필요할 만큼 충분히 강하게 차단하는 것은 아니기 때문에 내담자 해결 과정에서 필수적인 개입은 아니지만 차단을 다루는 방법을 자세히 설명했다. 하지만 치료자의 도구 키트(tool kit)에서 유용한 도구이므로 치료 단계에 자세히 설명했다. 내담자 해결 과정의 필수 구성 요소를 이해하면 치료자가 개입에 대한 정보를 얻고 내담자에게 무슨 일이 일어나고 있는지 방향을 잡는 데 도움이 된다.

모델의 필수 구성 요소

차단된 분노의 표식이 나타난 후 출현한 해결 모델의 각 구성 요소는 다음 절에 설명되어 있으며 심리치료 회기의 축어록에서 발췌한 내용을 예로 들어 설명한다.

1단계: 불만과 함께 분화되지 않은 분노와 슬픔(피해자 입장)

내담자는 치료자 앞에서 마음을 열기 시작하고 일반적으로 불평하는 목소리로 설명하거나 주요 타자(부모, 형제자매 또는 배우자, 때로는 자신의 내부 비판자)가 자신을 학대했거나 자신을 인정하지 않았다고 항의한다. 타자의 상처 주는 행동에 대해 권한을 행사하거나 주장하는 입장이 아니라 수동적이고 피해자의 입장에서 설명한다. 분노와 슬픔의 혼합된 감정이 존재하지만 개념적인 수준에 머물러 있거나 비난이나 불평으로 융합되어 있다. 기저의 핵심 정서는 인식하지 못하거나 더 깊은 경험적 수준에서 접근하지 못한다.

의자 대화에서 내담자의 불만은 타자에게 직접적으로 표현되지 않고 슬픔과 암묵적인 분노가 혼합된 형태로 나타난다. 불만족감이 있으며, 종종 한탄이나 항의와 같이 불만스럽고 징징거리는 방식으로 표현된다. 분노와 슬픔의 감정은 분화되지 않은 채 남아 있으며, 대부분의 경우 타자의 잘못을 암시하거나 불만 사항에 간접적이거나 암묵적인 비난이 포함되어 있다. 표현되는 감정은 본질적으로 반응적이거나 방어적인 경향이 있다. 내담자 치료에서는 두 가지 유형의 비난하는 분노(blaming anger)를 확인할 수 있다. 비난-접근하기 분노(blaming-approaching anger; 예: "왜 더 노력하지 않았어?" "당신은 내 곁에 있어 준 적이 없어")와 비난-거리두기 분노(blaming-distancing anger; 예: "당신 잘못이야, 난 당신을 보기 싫어" "당신은 나를 아프게 해, 날 내버려둬")가 그것이다. 불만은 '왜'를 사용하면 쉽게 알아챌 수 있다. "왜 우리를 떠났어요?" "왜 나를 학대했어요?" 이러한 슬픔과 분노의 융합을 구분할 필요가 있다.

요크 심리치료 연구센터 아카이브(York Psychotherapy research center archives)[2]의 테이프 축어록에서 발췌한 다음 미분화된 슬픔과 분노의 예시를 보면, 내담자는 부모와의 관계에 대해 이야기하면서 지지받지 못했다는 분노와 수용받지 못했다는 슬픔이 후회와 혼합된 감정을 나타내고 있다.

치료자: 마치 내가 당신과 다르지만 여전히 괜찮다는 것을 인정해 달라는 것 같아요. 나는 당신이 기대하는 것과는 다르거나…. (**치료자가 내담자의 의미를 반영하여 말함**)

내담자: …네, 그냥… 저는… 저는 정말… 저는 어떤 것에 대해서도(**일반적 기억**) 인정을 받은 적이 없어요, 저는… 저는 아무것도 제대로 할 수 없었어요, 아니, 어느 순간에 이르렀어요, 좋아요, 음, 이건 그냥… 그냥 당신 일이나 하세요(**암묵적 분노**), 그런데도 계속 그렇게 하기가 너무

2 이 책에 사용된 임상 자료는 내담자의 비밀을 보호하기 위해 적절히 각색되어 있다. 내담자의 신원은 유지되었다.

힘들어요, 받아들이지 못하면서, 그냥 모든 것을 다 받아들이는 것 같고요, 나는(**암묵적 슬픔**), 나는 당신이 하라고 하고, 하지 말라고 하는 것처럼 이랬다저랬다 하는 이 지속적인 싸움을 하고 싶지 않고, 매번, 나는 무언가를 가지고 나와서 이것이 내가 하는 일이라고 말하고 싶은 용기가 있지만, 이것이 당신의 생각이나 당신의 기대에 맞지 않는다는 것을 알고 있지만, 나는 그것을 시도했지만 결코 통하지 않는 것처럼 알다시피, 나는 그것을 시도했지만 결코 통하지 않아요. 그들은 절대 받아들이지 않아요(**불만**).

2단계: 주장적 화 표현하기 및 일어서기

무망감과 분노와 슬픔의 융합된 감정과 함께 불만으로 시작한 내담자는 일반적으로 주요 타자의 학대 또는 내부 비판자의 목소리에 의한 경멸의 영향과 관련된 일차 분노의 표현으로 이동한다. 분노라는 적응적 일차 정서는 슬픔과 분리되어 생생하게 표현된다. 내담자는 좌절감을 특정 대상에게 향하지 않고 징징대며 절망적인 목소리로 불평하는 대신 다른 의자에 앉아 있는 사람과 접촉하기 시작한다. 이전에는 노골적으로 표현할 수 없었던 과거 상황에 대한 분노가 표출된다. 분노는 비판이나 비타당화(invalidation; 예: 묵살, 무례, 굴욕, 경계 위반) 또는 포기(예: 방임 또는 거부된 느낌)와 관련된 주제와 관련이 있다.

일반적으로 차단된 분노 표현을 통해 어려움을 해결하는 내담자는 처음에는 비난하는 목소리로 거부적 화(rejecting anger)의 감정을 표현하는 경향이 있지만(예: "당신은 나쁘다"), 곧 "나는 화가 났다" 등 보다 일관되게 주장적 화(assertive anger)를 표현하는 것으로 바뀌게 된다. 내담자는 주장하고, 경계를 설정하고, 일어서서 말하고, 상황을 있는 그대로 받아들이지 않고, 더 자유롭게 표현한다. 내담자의 목소리에는 자신이 얼마나 잘못을 당했는지에 대한 확신과 함께 사랑과 존중의 욕구를 충족시킬 자격이 있다는 자격감(sense of entitlement)이 분명하게 표현된다.

해결 과정에 성공한 대부분의 우울하거나 불안한 내담자는 이해 · 연결 · 지원 · 가치 있는 존재 또는 사랑받고 싶은 욕구와 함께 비난–접근하기 방식의 분노를 표현한다. 거리두기 · 철수 · 거부 등의 성격을 지닌 비난하는 분노는 때때로 나타나지만 비난–접근하기 분노보다는 훨씬 덜 빈번하게 나타난다. 비난–거리두기 분노는 해결되지 않은 내담자에게 주로 나타나는 감정인 것 같다. 해결하는 내담자의 경우, 비난하는 분노에 이어 주장적 화가 뒤따른다.

앞 장에서 설명한 것처럼 분노에 접근하고 표현하는 것은 내담자가 상처를 인정하고 그로부터 자신을 더 보호할 수 있도록 하기 때문에 문제 해결의 중요한 측면이다. 또한 분노에 이름을 붙이거나 명명함으로써 내담자는 분노를 성찰하고, 이해하고, 필요한 경우 조절할 수 있게 된다. 내담자의 내러티브나 기억은 보편적이고 일반적인 것이 아니라 보다 구체적이고 맥락화되며, 정서적 각성이 높아진다. 소재는 더 깊은 수준에서 경험되고 정서는 단순히 이야기되는 것이 아니라 자극된다. 일차 분노가 명확하게 구분되고 중간 정도부터 높은 수준의 각성에서 생생하게 표현된다. 고조된 분노의 감정은 버림받거나, 무시당하거나, 거절당하거나, 비난받거나, 무례를 당하거나, 굴욕을 당한 것과 관련이 있다. 내담자는 화를 낼 자격이 있다고 느끼고, 자신을 더 잘 통제할 수 있다고 느끼며, 치료자 앞에서 분노를 표현하는 것이 편안하다고 느낀다. 분노를 말로 표현하고 상대방에게 직접 표현한다. 주장적 화를 직접적으로 표현한다. 내담자는 일인칭('나')으로 말한다. 비난하는 분노는 2인칭('당신')으로 목소리를 높이고, 얼굴을 찡그리고, 주먹을 쥐거나 화난 몸짓으로 표현한다.

다음 분노 표현의 예에서 내담자는 심상 속의 아버지와 빈 의자에서 대화를 나누고 있다. 그녀는 비난–거리두기 분노로 시작하여 주장적 화로 넘어간다.

치료자: 네. 그래요. 아빠의 면전에서 무슨 일이 일어나지요? 거기에 머물러 있어 보세요.

내담자: 아, 화가 많이 나요. (**주장적 화**) (**치료자**: 으흠.) 아, 그래요, 지금은 아빠를 많이 안 보지만 예전에는….

치료자: 아빠에게 말해 주세요.

내담자: 제 생각에 당신은 끔찍한 아빠고, 나쁜 놈이라고요…. 그렇게 말할 거예요. 제 여동생들은 이렇게 말하겠죠. (숨을 헐떡이며 웃음) **(비난-거리두기 분노)**

치료자: 매우 화난 것 같네요.

내담자: 아, 아주 화났죠. 네, 그렇게 해서는 안 됐지요. **(주장적 화)**

치료자: 으흠. 지금 기분이 어떠세요? 아빠가 여기 있다고 상상해 봐요. 아빠를 보려고 노력해 봅시다.

내담자: 글쎄요, 전 부모님이 아이를 낳지 말았어야 한다고 생각했어요. 부모님이 아이를 원하지 않으셨다는 걸 알 수 있었기 때문에 항상 궁금했어요. 부모님은 딸을 원하지 않았어요. 아빠가 딸을 원하지 않으셨는데 네 명을 낳으셨으니 그게 신의 벌이셨을지도 모르죠(웃음). 하지만 아시다시피….

치료자: 아빠에게 말해 주세요.

내담자: 네, 저는 아빠가 아이를 낳지 말았어야 했다는 사실에 화가 났어요. 왜냐하면 아빠는 너무… 아빠는 너무… 당신 자신에게 너무 빠져 있었기 때문이죠. **(주장적 화)**

치료자: 그래요.

3단계: 욕구 표현

이 단계에서 내담자는 타자 또는 비판자에게 핵심적이고 진심 어린 욕구를 표현한다(예: "당신의 지지와 이해가 필요해요" "사랑받고 있다고 느끼고 싶어요" "내가 당신에게 중요하다고 느껴야 해요"). 이러한 욕구는 일반적으로 중요한 주제(예: 소중함 또는 사랑받기)와 관련이 있으며 일상적인 욕구의 피상적인 표현과는 다르다. 원함(want), 요청(request) 또는 소망(wish)은 타자/비판자를 비난하지 않는 방식으로, 타자/비판자가 이에 응해 줄 수 있고 기꺼이 응해 줄 것이라는 희망의 마음으로 표현된다. 종종 내담자는 분노가 해결된 직후에 타자나 비판자에게 직접 자신의 욕구를 자연스럽게 표현한다. 때로는 치료자가 욕구 표현을 소개하거나 촉진하기도 한다. 내담자가 타자에게 욕구 충족을 요청하는 것은 자기초점적(self-focused)인 내면의 목소리로 이루어지며, 내담자는 '욕구(need)'라는 단어 또는 동의어를 사용한다.

치료의 초기 단계에서는 욕구를 최소한으로 표현하고 곧바로 무망감, 패배감 또는 욕구를 들어줄지에 대한 의심이 뒤따른다. 치료가 진행됨에 따라 내담자는 점점 더 자신의 욕구를 충족시킬 수 있는 권한과 권리가 있다고 느끼기 시작하고 점점 더 강한 목소리로 자신의 욕구를 주장한다. 절망적인 반응은 점차 주장적 화로 대체되고 현실을 보는 대안적인 방법을 고려하는 것으로 대체되며, 이는 다음으로 중요한 요소이다.

다음 예에서는 내담자가 빈 의자에 앉아 심상 속의 남편과 대화하고 있다. 그녀는 남편에게 자신과 관련된 과거의 실수로부터 배우고 자신을 이해하고 보살펴 달라고 요청한다.

치료자: 지금 당장 피터(Peter)에게 무엇을, 무엇을 원하세요? … 당신이 남편에게 말해 주고, 그럼 우린 남편과 작별 인사를 할 수 있을 거예요. 뭐라고 말하고 싶어요? … 그에게 무엇을 원하나요?

내담자: (코를 훌쩍이며) 저는 남편이 자신의 행동 중 일부가 저에게 어떤 영향을 미쳤는지, 그리고 그 행동이 저에게 어떤 영향을 미쳤는지에 대해 정말로 생각하고 더 이상 그런 행동을 하지 않았으면 좋겠어요.

치료자: 알았어요. 또 원하는 게 있나요?

내담자: (6초간 침묵) 저는 (6초간 침묵) 저를 좀 더 연약한 인간으로 생각해 주었으면 좋겠어요. (**연약하다는 것을 인정받고 싶은 욕구**)

치료자: 알았어요, 그럼 당신은 강인한 사람이 아닌, 항상 의지가 강한 사람이 아니군요.

내담자: 마치 그런 것처럼 해 왔어요. (웃음)

치료자: 네…. 그렇게 남편에게 말씀해 주시겠어요?

내담자: (22초간 침묵) 아… 내… (코를 훌쩍이며) 정서를 좀 더 이해하고… 조금 더 배려해 주었으면 좋겠어요. **(이해와 배려에 대한 욕구)**

4단계: 현실(자기, 타자 또는 상황)을 보는 대안적인 방법 고려하기

분노와 욕구를 표현한 내담자는 보다 성찰적인 평온으로 나아간다. 이 단계에서 내담자는 다른 관점을 갖게 되고 새로운 방식으로 현실을 평가할 수 있다. 정서도식(emotion schemes)을 재구성하고 이제 타자, 자기 또는 상황을 보다 차별화된 방식으로(예: 좋은 점과 나쁜 점 모두) 볼 수 있게 된다. 이 성찰과 이해의 단계는 대인관계 갈등에서 자동적인 투쟁/도피(fight/flight) 반응이 가라앉고 평온이 찾아오는 단계적 축소(de-escalation) 과정과 유사하다. 또한 내담자는 자신의 결점과 어려움에 대한 자신의 역할에 대해 어느 정도 책임을 받아들이기 시작한다.

일반적으로 내담자가 다른 관점을 얻는 데는 세 가지 중요한 방법이 있다. 하나는 타자를 더 긍정적인 방식으로 바라보거나, 더 이해하게 되거나(예: 어머니의 인생관은 다르지만 타당함), 상대방의 상황을 인정하거나(예: 일곱째 아이를 키우는 것이 힘들어서, 부모의 경제적 어려움), 결과가 나쁘더라도 의도는 좋았다고 인정하는 것이다(예: 성공을 돕기 위한 것). 두 번째는 부정적인 관계 상호작용에 대한 개인적인 기여, 말을 하지 않거나 지나치게 승인을 필요로 하거나 자신을 보호하지 않은 것 등을 인식함으로써 부정적인 대우를 상호작용 측면에서 이해하는 것이다. 내담자는 타자가 자신에게 해를 끼쳤지만 자신이 타자와 관계를 맺는 방식이 그런 일이 일어나도록 허용했다는 것을 인식한다. 세 번째 방법은 자신이 입은 피해에 대해 적응적 죄책감을 느끼는 것이다.

따라서 이 과정을 통해 내담자는 타자의 관점을 이해하고 자신의 기여에 대해 어느 정도 책임감을 갖게 된다. 차별화된 내러티브의 출현은 내담자가 문제 해결을 향해 나아가는 데 도움이 된다. 이 과정이 중요한 이유는 내담자가 자기와 타자, 상황을 바라보는 다른 방식을 고려함으로써 순수한 분노의 단계를 넘어설 수 있는 능력과 준비가 되기 때문이다. 공감 및/또는 용서를 통해 내담자는 해결을 향해 나아갈 수 있다. 이 단계에서는 정서의 수준이 높지는 않지만 경험하기 척도(experiencing scale)에서 보통에서 높은 점수가 반영하듯이 새로운 의미가 구성되고 있다. 내담자의 목소리는 내부적으로 집중되어 있으며, 현재 경험에서 의미를 만들어가고 있음을 나타낸다. 불평하는 목소리는 더 이상 들리지 않으며, 내담자는 훨씬 더 차분해지고, 수용과 이해의 느낌을 가지며, 더 이상 정서적으로 괴로워하지 않는다. 이 단계가 끝나면 내담자가 취약성을 표현하기도 한다.

다음 예는 내담자가 어머니와 대화하는 모습을 보여 준다. 그녀는 어머니의 의견에 동의하고 과거의 사려 깊지 못한 행동에 대해 책임을 지고 있다.

내담자: … (코를 훌쩍이며) (9초 동안 침묵) 기분이 나아졌어요. 아… (12초 동안 침묵) 부모님이 하신 일을 반복하고 있는 것 같아요. 아… (10초 동안 침묵) (**자신의 행동을 이해함**) 음…, 그 당시 이용할 수 있었던 지식으로 최선을 다한 것 같아요… 음….

치료자: 으흠.

내담자: 그리고 저도 똑같은 일을 하고 있었어요…. 음… 저에게 큰 의미가 있는 사람들을 위해… 음… 제가 그들을 위해 더 많이 나서야 하고… 음… 저절로 나아질 거라고 생각하지 말고… 음… 일이… 음… 저절로 나아질 거라고 생각하면 안 돼요…. 그렇지 않으니까요. (**행동 변화의 필요성을 인정함**)

치료자: 그러니까, 그 말에 동의하시는군요. (내담자: 네.) 그 말이 맞아요, 그렇죠? 엄마에게 "네, 동의해요"라고 말할 수 있나요?

내담자: 엄마 말이 맞아요, 그냥 넘어가면 안 되고 일어나야 한다는 데 동의해요. (**어머니에게 동의함**)

치료자: 알았어요, 그럼….

내담자: 저에게 중요한 것들과 저에게 중요한 사람들을 위해서요. (코를 훌쩍이며)

5단계: 슬픔과 애도

이 단계에서는 욕구가 충족되지 못한 것에 대한 슬픔과 충족되지 못한 것을 잃은 것에 대한 슬픔이라는 일차 정서가 특징이다. 치료의 초기 단계와 달리 이 단계에서는 슬픔이 분노와 구별되어 개별적으로 경험되고, 상징화되며, 적응적인 방식으로 표현된다. 이전 단계에서 분노를 충분히 표현함으로써 내담자는 힘을 얻고, 주체성을 발휘하며, 사랑의 결핍이나 비타당화에 따른 고통을 인정하면서 앞으로 나아갈 수 있게 된다. 연구에 참여한 많은 내담자가 시간, 가능성, 궁극적으로는 관계의 상실을 슬퍼했다.

이 시점에서 내담자는 정체성 비타당화 또는 애착 상처로 인한 '순수한' 슬픔의 감정에 접근하는 것부터 시작한다. 애도(grief)의 슬픔(sadness)은 외롭게 버림받음(lonely abandonment)의 슬픔과는 다르다는 점에 유의하는 것이 중요하다. 애도에는 깊은 슬픔에 접근하고 표현하는 것이 포함되지만 불평이나 항의가 없으며, 오히려 상실의 의미를 인정하고 성찰하는 것이 포함된다. 애도를 통해 내담자는 깊은 고통과 슬픔을 경험할 뿐만 아니라 상실의 느낌에 머무르며 그 의미를 이해하고 상실된 것의 부재 속에서 자신의 삶을 재구성하기 시작한다. 또한 애도에는 수치심이나 인정이나 사랑의 상실이 아니라 상실에 대한 슬픔이라는 감정이 핵심이라는 점에 유의하는 것이 중요하다. 일부 내담자는 버림받거나 방임되거나 거절당한 것에 대한 극도의 슬픔을 경험할 수 있으며, 이는 자동적으로 타자의 사랑에 대한 욕구를 의미하지만, 이러한 외롭게 버림받음의 슬픔 뒤에는 상대방 또는 관계의 상실에 대한 슬픔이나 애도의 과정이 뒤따라야 한다.

슬픔은 보통 '상처' '고통' 또는 동의어로 구두로 표현된다. 애도는 상실에 대한 후회로 표현되며, 그리움이라는 단어는 종종 중요하고(예: "당신의 사랑이 그리워요…") 상대방에게 직접적으로 언급된다. 다시 말하지만, 애도를 표현할 때는 3인칭(예: "그건 슬펐다")보다는 단수인 '나' 또는 복수인 '우리'(예: "나는 슬펐다")와 같은 일인칭 대명사를 사용하는 것이 중요하다. 슬픔과 애도는 얼굴에 슬픈 표정을 짓거나 울고 우는 것이 특징이다. 경험과 각성 수준은 높아지는 반면 목소리는 낮아지고 내적이며 집중한다.

다음 예의 내담자는 빈 의자에 앉아 언니와 대화하고 있다. 그녀는 언니의 반대와 비타당화가 자신에게 엄청난 상처를 주었으며, 관계의 단절을 슬퍼하고 있다고 표현한다.

내담자: 네, 언니는 저를 밀어내는 것 같아요. 언니는 저를 밀어내는 것 같아요. 예전에는 그랬기 때문에 상처를 많이 받았어요. 저는 그것 때문에 상처를 많이 받았어요.

치료자: 이제 상처받은 곳으로 가봅시다. 그것에 대해 얘기는 하지 마세요. (내담자: 네.) 그 안으로 들어갈 수 있는지 봅시다.

내담자: 아, 아직도 그 일로 상처받았어요. 항상 그 생각만 해요. 아마 매일 언니에 대해 생각할 거예요. (**슬픔을 인정하며**)

치료자: 아, 그렇군요.

내담자: 네, 네, 신경 쓰여서요.

치료자: 그럼 어디가 아프다고 느끼나요?

내담자: 제… 제 생각에는 목이 꽉 조이는 것 같은지?

치료자: 네, 네, 이제 느껴지세요?

내담자: 네, 네, 네.

치료자: 당신이 상처받은 곳에서 언니에게 말을 걸었으면 좋겠어요. 언니에게 말해 보세요.

내담자: 글쎄요, 언니는 정말 내게 상처를 줬어. 언니는 정말…. (**슬픔과 상처를 표현함**)

치료자: "나는 …"이라고 말해 주세요.

내담자: 언니가 한 말 때문에 난 정말 상처받았어. 나는 언니가 나를 인정해 주지 않는 것에 정말 상처를 받았어. 언니가 나보다 낫다고 생각하는 것 때문에. 언니가 다른 사람들에게 나에 대해 한 말 때문에 정말 상처받았어. 몇 년 동안 내가 사람들에게 우리가 얼마나 친했는지 이야기하

는 동안 언니는 사람들에게 내가 얼마나 나쁜 년인지 이야기했기 때문에 정말 상처받았어. (**상처**)

치료자: 말로 표현하려고 하지 말고 거기에 머물러 있어 보세요.

내담자: 알았어, 나는 슬퍼. 우리가 정말 친했고 모든 걸 함께 했던 때가 있었는데…. (**상실의 슬픔**)

치료자: 뭐가 그리운지 언니에게 말해 주세요.

내담자: 우리의 우정이 그리워. 우리가 함께 했던 일들이 그리워. (**애도하며**)

치료자: 당신이 언니를 바라봤으면 좋겠어요.

내담자: 그리워, 알다시피, 힘들어. 그리워, 하지만 안 그리워. 내 생각에는 예전 모습이 그리워. 예전 모습이 그리워, 그리고 사람들은 각자의 삶을 살아간다는 걸 알지만, 알잖아.

치료자: 다시 말해 봐요. "언니와의 시간이 그리워"

내담자: 그래, 언니와의 관계가 그리워. 시간이 지나면 모든 게 변한다는 걸 알지만 이렇게 변할 줄은 몰랐어. (**관계 상실에 대한 애도**) 우리가 서로를 싫어하는 사이가 될 거라고는 생각도 못했어. (**애도의 슬픔**)

6a 및 6b단계: 타자에 의한 타당화 및/또는 공감적 이해 및/또는 용서

이 단계는 두 개의 하위 단계로 나뉜다. 6a 단계에서는 타자가 하는 일을 설명하고, 6b 단계에서는 자기가 하는 일을 설명한다. 그러나 두 단계 모두 갈등을 해결한다는 비슷한 목표를 달성한다.

6a단계: 타자에 의한 타당화

내담자가 슬픔이나 애도의 감정을 표현하는 것을 들으면 타자/비판자(other/critic)는 연민 · 지지 · 피해를 수정하려는 진지한 열망 · 미래에 대한 약속으로 반응한다. 타자/비판자는 내담자의 행동을 비판하거나 타당화하지 않기보다는 대인관계 사건에 대한 내담자의 감정·지각·의미를 이해하고 정동적으로 조율하는 모습을 보인다. 또한 타자/비판자는 단순히 적대적이지 않은 요청과 격려를 넘어 내담자의 경험을 이해하고 받아들이고, 표현을 부드럽게 하며, 자신의 경험에 대한 이해를 '돌려주는' 단계로 나아간다.

다음 축어록에서 내담자는 빈 의자 대화에서 어머니와 대화를 나눈다. 어머니는 딸의 상처에 대한 표현을 타당화하며 응답한다.

치료자: 알았어요, 이리 돌아올 수 있어요? (내담자가 의자를 바꾼다) 알았어요… A가… 말을 많이 한 것 같아요…. A는 상처받은 것 같아요. 그녀에게 무슨 말을 해 주고 싶으세요?

내담자: (18초간 침묵) 네가 이렇게 느껴야 한다는 건 사실이 아니야, A. 왜냐하면 나는 널 사랑하고… 내가 표현하는 방식이 잘못된 것 같아… 그리고 넌… 네가 너무 쉽게 베풀어서 네가 항상 곁에 있는 것을 당연하게 생각한 것뿐이야. **(타당화)**

치료자: 으흠…. 항상 곁에 있으니까 당연하게 여기는 거죠…. 다시 한번 그렇게 말할 수 있나요?

내담자: 내가 너를 당연하게 여겼어…. 그리고 그건 옳지 않아…. (8초간 침묵) **(타당화)** 바꾸려고 노력하겠지만 많은 도움이 필요해…. 시간이 좀 걸릴 것 같네. (코를 훌쩍이며)

치료자: 알았어요, 어떤 도움을 받으면 좋겠어요?

내담자: (7초간 침묵) 지금까지 그랬던 것처럼 계속 이해해 주었으면 좋겠고, 여전히 우리 곁에 있어 주었으면 좋겠어. **(타당화)**

치료자: 그럼, 여전히 그녀가 곁에 있어 주길 바란다는 말씀이시군요. 다시 말씀해 주시겠어요? "난 여전히 네가 우리 곁에 있어 주길 원해…"

내담자: … 여전히 네가 우리 곁에 있어 주길 원해. 네가 항상 곁에 있는 유일한 사람이라는 걸 알아…. (치료자: 그리고…) 그리고 우리는 그것이 우리에게 얼마나 큰 의미인지 보여 주지 않았어. **(타당화)**

6b단계: 타자에 대한 공감적 이해와 용서

내담자는 기저의 고통과 슬픔의 감정에 접근하여 과거의 경험을 열린 방식으로 탐색하고 현재 관계에서 일어나는 일을 받아들이거나 과거의 해결되지 않은 감정을 놓아버린다. 타자를 정서적으로 이해하고 타자에 대한 연민과 공감을 가질 수 있다. 타자의 실체를 보는 것뿐만 아니라 '느낀다는 것'을 통해 내담자는 놓아버리는(letting go) 방향으로 나아가기 시작한다. 용서가 일어날 수도 있다. 타자/비판자에 대한 분노가 수용으로 바뀌고 내담자는 평온함과 안도감을 느낀다.

내담자는 언어적으로 '놓아버리기' '수용하기' '이해하기'와 관련된 동사를 사용한다. 언어적 표현이 더욱 풍부해지고 미묘한 차이가 생긴다. 보다 편안한 몸 자세는 안도감 · 평온함 · 평화로움을 암시한다. 내담자와 내면의 비판자 사이의 다음 대화에서 내담자는 자신의 행동의 타당성을 주장하고 비판자는 공감적으로 반응한다.

치료자: 좋아요, 이리 와보세요. (**내담자:** (코를 훌쩍이며)) … 무슨… 무슨 말을 하고 싶어요?

내담자: (한숨) (7초간 침묵) (**치료자:** 음.) 음… 그 당시에는 그게 최선이라고 생각했는데….

치료자: 으흠.

내담자: 하지만 그게 아니었던 것 같아요. 충분하지는 않았지만 그 당시에는 그게 최선이라고 생각했어요.

치료자: 당신에겐 어땠는지 그녀에게 말해 주세요.

내담자: (6초간 멈춤) 많이 아팠고, 보호하고 싶었고, 내가 더 간섭하거나 더 말을 하면 (코를 훌쩍이며) 더 화를 내고 상황을 더 악화시킬 거라고 생각했어.

치료자: 음… 그래서 그렇게 생각하셨군요.

내담자: 그래서, 나는….

치료자: 네가 간섭하면 상황이 더 나빠질 거라고… (내담자: 으흠.) 그래서 너는….

내담자: 그래서 나는 물러서서… 아… 아들이 진정하기를 바랐고… 아… 진정하기를 바랐고… 때로는 그게 효과가 있었고 때로는 그렇지 않았어.

치료자: 음, 그래서 당신은… 당신은 최선을 다했다고 말할 수 있나요?

내담자: 그 당시에는 내가 할 수 있는 최선을 다했고, 그 상황에서 **(자신을 방어함)**, 음… (코를 훌쩍이며) … 그게 내가 할 수 있는 최선이었어… 최선이었어. (코를 훌쩍이며)

치료자: … 다른 느낌은 없나요?

내담자: (코를 훌쩍이며) 아니요.

치료자: … 알았어요…. 이리 돌아오세요. … 알았어요…. 그녀는 최선을 다했다고 말하네요… 그녀는 노력했어요….

내담자: (20초간 침묵) (한숨) (코를 훌쩍이며) (한숨) 누군가가 최선을 다하고 있다고 생각할 때 더 이상 요구할 수 없는 것 같네요….

치료자: 으흠… 그래서 그녀에게 무슨 말을 하고 싶으세요?

내담자: (한숨) 어쩌면 너는 자신에게 너무 가혹한 것 같아. **(공감)** (치료자: 음.) … 음… 그리고 너도 인간이고 때때로 실수를 할 수 있고… 그리고 자신을 용서할 수 있어야 하고… 그리고 아마도 너도… 아들에게 용서를 구하고 아들이 너에게 용서를 하고 싶어한다면… 그것을 받아들이고 거기에서 계속 나아가서 치유할 수 있을 거야. (코를 훌쩍이며) **(공감)**

치료자: 으흠… 그래서 당신은 그녀가… 왜 그녀가 최선을 다했는지 조금 더 이해하는 것처럼 들리네요.

내담자: (코를 훌쩍이며) (한숨) 제 생각에는, 그녀는 부모님이 그 상황에서 최선을 다했다고 생각했고, 항상 그런 것은 아니었지만 최선을 다한 것에 대해 원한을 품지 않는 것 같아요….

치료자: 그럼, 엄마가 최선을 다했다는 걸 이해하셨나요?

내담자: 그런 것 같아요….

비필수 구성 요소 및 방해 요소

차단된 분노를 해결하는 데는 두 가지 주요 장애물이 있었다. 첫 번째는 자신에게 상처를 준 사람과 마주하는 것을 피하는 것이었고, 두 번째는 체념과 무력감으로 인해 차단되는 것이었다.

직면과 무망감의 회피

이 구성 요소는 내담자가 타자와 대화하고 싶지 않고 감정을 표현하거나 타자와 직면하는 것을 억제하는 것이 특징이다. 보다 구체적으로, 내담자는 의자 대화에서 타자와 대화하거나 심상화하는 것에 대한 두려움을 묘사하며, 때로는 심상 속의 타자가 있을 때 긴장감과 혼란을 느낀다고 설명하기도 한다. 종종 내담자는 상처를 받았을 때 직면하거나 표현하기보다는 물러서려는 경향을 인정하고, 압도감을 느낄 때 문제와 사람들로부터 거리를 두려는 욕구를 표현한다.

직면을 피하는 것은 거부하는 것보다 더 자기보호적인 행동이다. 내담자는 타자가 내담자의 감정을 이해하거나 공감할 수 있는 능력과 관련된 무망감과 의심을 명시적으로 표현하지만, 이것이 이 구성 요소의 주요 특징이라고 할 수는 없다. 인지적으로 내담자는 상처를 받으면 물러서거나 압도당하면 거리를 두는 경향이 있다는 것을 인정한다. 그러나 이 초기 단계는 이후 과정을 촉진하고 문제해결을 예측한다. 내담자는 자신의 회피 성향을 인식하고, 자신의 철수 경향성을 인정하며, 따라서 직면의 가능성에 대해 더 편안해진다. 내담자는 회피에 대처하고, 복잡한 감정을 극복하며, 회피를 극복하고 싶다는 의사를 분명히 밝힌다.

다음 예에서 내담자는 치료자에게 언니와 언니를 피하게 만드는 이유, 더 일반적으로는 직면에 대해 이야기하고 있다.

내담자: (한숨) 아, 크리스마스 연휴가 다가오는데 저도 언니와의 갈등이 어떻게 될지, 그리고 무슨 일이 벌어질지 두렵기도 해요. **(회피, 일반적)** … 언니를 상대해야 한다는 걸 알지만… 언니에게 그것에 대해 이야기해야 한다는 걸 알지만… 접근하기가 두려워요. **(직면에 대한 두려움)**

치료자: 으흠.

내담자: 저는… 항상… 말을 하지 않으려고 조심해요…. 누구와도 직면하지 않으려고… 상대방의 기분을 상하게 하거나… 언젠가… 가끔 화가 나고 짜증 난 사람들이 나와서 정말 해서는 안 될 말을 하는 경우가 있기 때문에… 그것이 사람들에게 많은 고통을 줄 수 있기 때문에… 말하기보다는 아무에게도 아무 말도 하지 않으려고 노력해요, 아시겠죠? **(직면을 피하는 것을 인정함)**

치료자: 매우 조심스럽군요.

내담자: 매우요.

치료자: 다른 사람을 화나게 하지 않도록 조심하네요.

방해 과정(두려움, 신념, 차단 과정)

차단은 분노/상처의 일차 정서가 표현되기 전인 치료 초기 단계에서 더 빈번하고 강렬하게 나타나는 경향이 있다. 방해 과정은 내담자가 분노와 상처를 생산적으로 처리하는 능력을 방해한다. 자기방해(self-interrupting)를 받으면 내담자는 더욱 고립되어 대응할 수 없게 된다. 자신의 감정을 바라보는 것에 대한 두려움 때문에 더 이상 탐색할 수 없게 된다. 자기방해적인 사건이나 과정은 체념 · 무망 · 거절 · 비판 · 낙담 · 불신 또는 통제 불능에 대한 두려움의 형태로 나타날 수 있다. 화를 낼 자격이 없다거나 정서에 굴복하는 것은 나약하다는 등의 자기 관련 신념과 함께 화를 내는 것은 용납되지 않는다는 사회적으로 학습된 태도도 만연해 있다. 신체 수준에서 차단은 폐쇄 · 정서적 무감각 · 부조화로운 웃음 · 침묵으로 나타난다. 차단은 내담자가 일차 감정에 접근하거나 심화하기 직전일 때 또는 핵심 정서를 최소화(예: "중요하지 않다") 또는 지적 정당화(예: "나는 …때문에 …" 또는 "… 때문에 느끼지 않는 것이 낫다")로 인정하고 표현한 후에 발생할 수 있다. 차단은 경험의 깊이가 낮고 비생산적인 처리가 특징이다. 음성의 질이 외부적이고 분리되어 있다.

다음 예에서 내담자는 거절당할까 봐 좋아하는 사람에게 다가가는 데 어려움을 겪고 있다고 치료자에게 이야기하고 있다.

치료자: 네, 거절의 위험이 있기 때문에 묻지 않고, 묻지 않기 때문에 그 외로운 곳이나 혼란스러운 곳에 갇혀 있고, 그곳에서 벗어나기 위해 위험을 감수해야 하는 것처럼, 그런 말인가요?

내담자: 글쎄요, 지금 정말 큰 문제는 제가 여러 번 시도해 봤지만, 아니요, 어려워요. 저는 항상 거절에 대한 두려움을 가지고 있다는 거예요. (**두려움을 인정하며**) 친해지고 싶은 사람은 항상 있는데, 막상 만나고 나면 '커피 한잔 하러 가자'라고 말하기가 어려워요. 예를 들어, 봉사활동을 하면서 정말 친해지고 싶고 친구처럼 지내고 싶은 사람들이 많은데, 밥 한 끼 먹자, 커피 한잔 하자, 맥주 한잔 하자는 말을 하기가 너무 두려워요. (**사람들에게 다가가기 어려움**)

치료자: 그러니까 말하고 싶지만 무언가가 당신을 막고 있는 것 같네요.

내담자: 네, 그냥 거절당하는 게 너무 두렵고(웃음) 그다음에 안 되는 게 두렵고, 아주 간단한 설명이 있을 수 있는데, 전 사람들이 '글쎄요'라고 말하게 하고 싶지 않아요, 그러면 아무도 관심 없다고 말하지 않겠죠(웃음). 하지만 거의 한 번만 할 수 있고 그다음에는 완전히 거절당할 것 같은 느낌이 들고, 두려워서 다시 시도하지 않아요, 두 번째나 세 번째에 거절당할까 봐, 이런 식이에요, 그런 것 같고요. (**거절에 대한 두려움**)

미해결 구성 요소

모델을 구축하는 과정에서 해결에 이르는 데 필요한 단계인 역량 구성 요소에 중점을 두었다. 해결되지 않은 내담자에 대해 관찰한 일부 사항은 모델에서 강조되지 않았지만 다음의 해결되지 않은 구성 요소를 설명하는 절에서 논의된다. 이렇게 내담자가 필요한 역량을 갖추지 못한 이유를 살펴보는 것은 도움이 되며, 이러한 내담자를 해결 과정으로 이동시키기 위해 치료자가 노력해야 할 사항을 제시한다.

상처를 주는 사람과 마주하는 것을 회피하고 더 깊은 무망감을 경험하는 것

해결되지 않은 내담자는 자신의 미래에 대해 절망적이며(예: "도움이 되지 않을 거야" "아무 소용이 없을 거야" "무슨 소용이 있어?"), 주요 타자에 대해 의심과 무망감으로 이야기한다(예: "그 사람이 이해할 능력이 있는지 모르겠다" "내가 왜 치료를 받아야 하는데? 그 사람을 바꾸지도 못하는데"). 이러한 압도적인 무망감으로 인해 해결되지 않은 내담자는 수치심이나 거부당하고 버려질지도 모른다는 불안감으로부터 자신을 보호하는 것을 중단하거나 포기하게 된다.

또한 미해결 내담자는 문제를 해결하고 복잡한 감정을 극복해야 할 필요성을 직접적으로 표현하는 대신 타자가 변하거나 상황이 저절로 좋아지거나 기적이 일어나 문제를 해결하거나 자신을 구해 줄 것이라는 잘못된 희망을 표현한다. 해결하는 내담자에게도 어느 정도의 무망감은 존재하지만, 해결되지 않은 내담자와 같은 위압적인 영향을 미치지는 않는다.

치료자는 내담자의 절망적인 입장을 받아들이고 스스로 무망감을 느끼기보다는 내담자가 자신에게 상처를 준 사람들을 직면하도록 지속적으로 격려해야 한다. 내담자가 어떻게 무망감을 만들어 내는지에 대해 두 의자 자기방해 대화[3](예:

"어떻게 이런 절망감을 만들어 내는 거죠? 이 자리로 와서 절망감을 느끼게 하는 부분의 역할을 해 보세요")가 도움이 될 수 있다.

수치심과 무가치감

해결되지 않은 내담자의 경우, 분노와 욕구 표현이 발생하면 주장보다는 수치심과 무가치감이 뒤따르는 경우가 많다. 해결하는 내담자의 회기에서도 수치심이 나타날 수 있지만, 욕구 표현과 함께 수치심에 접근하고 자신의 실수에 대한 책임을 짐으로써 적응적인 정서로 변화한다. 미해결 내담자의 경우, 수치심이 적응적 정서로 전환되지 않는 이유는 이러한 내담자가 자신의 경험과 수치심의 실제 근원을 탐색하는 데 지나치게 수동적이고 의존적이기 때문이다. 해결되지 않은 내담자는 생산적인 분노를 적극적으로 표현하는 것과 죄책감에 접근하여 자신의 책임을 지는 것의 이점과 결과 사이에서 결정하지 못한 채로 남아 있다.

치료자는 내담자가 수치심에 대한 경험을 되찾고 거부된 감정을 다시 소유할 수 있도록 도와야 한다. 내담자가 수동적인 자세(예: "그건 나로 하여금 부끄러움을 느끼게 만들었어요")가 아닌 '나'라는 언어를 사용하여 주체적인 느낌(예: "나는 부끄러움을 느낍니다")을 갖도록 돕는 것은 올바른 방향으로 나아가는 작은 발걸음이다. 수치심 경험에 대한 두려움을 극복하는 데는 격려와 관계적 지지도 도움이 된다.

의심, 타자/비판자의 거부, 화해 거부

해결되지 않은 내담자는 타자/비판자의 비타당화뿐만 아니라 내담자의 이익을 위한 격려와 비적대적인 요청에도 의심 · 거부 · 부인 · 불신 · 동의하지 않음 · 화

3 역자 주) 두 의자 작업(two chair work)은 내담자의 자기비판과 같은 갈등 분열(conflict splits)에 대해 적용하는 정서중심치료의 주요 기법이다. 이에 대한 상세한 개입 과정은 『정서중심상담의 실제』, Robert Elliott, Leslie Greenberg 공저, 김영근 외 공역(2024), 학지사 6장 참조.

해 거부로 대응한다. "못 믿겠다" "만나고 싶지 않다" "당신 잘못이다"라고 말하는 경우가 많다. 반대로 우울증을 해결한 내담자는 치료 후반부에 표현이 부드러워지고 자신과 타자를 더 수용하고 이해하는 경향이 있다. 해결되지 않은 내담자는 분노를 표현할 수 있는 것처럼 보이지만(예: 생산적인 분노가 아닌 비난하는 분노), 자기와 타자/비판자에 대한 보다 복잡하고 미묘한 시각으로 현실을 재구성하고 받아들이지 않는다.

치료자는 내담자가 다른 사람의 긍정적인 면을 보도록 돕는 것이 아니라 내담자가 현재 있는 그대로의 모습으로 변화하고 타자를 신뢰하지 않으며 절대 화해하지 않을 것임을 표현하도록 돕는 방식으로 내담자를 지원할 수 있다. 이러한 입장을 자세히 설명하면 역설적으로 내담자가 더 화해적인 태도를 취하게 되는 효과가 있을 수 있다.

방어, 무망감 및 자기동정

치료가 끝날 무렵, 문제가 해결되지 않은 내담자의 가장 지배적인 태도는 무망감을 느끼거나 피해자의 관점에서 자신의 입장을 정당하다고 방어하는 것과 관련이 있다. 치료가 거의 끝나가고 우울한 감정이 여전히 남아 있을 때, 내담자는 자신의 감정과 동떨어진 방식으로 문제에 대한 분리된 분석을 시작하고, 주요 타자를 공격하거나 비하하며, 자신이 어떻게 상처받고 학대받았는지 이야기함으로써 자신의 입장을 정당화하기 시작한다. 타자의 현실은 보이지도 않고 '느껴지지도' 않으며, 내담자는 여전히 자신의 관점에 갇혀 있다. 일반적으로 긴장감 · 분노 · 불안감이 느껴진다. 무망감은 자기 · 타자와 미래에 대한 회의 · 무관심 · 비꼬는 말 등 보다 은밀한 형태로 나타난다. 분노의 감정은 수용과 이해로 바뀌는 것이 아니라 비생산적이고 해결되지 않은 여러 가지 형태의 분노(예: 차단된 분노, 이차 분노, 비난-거리두기 분노) 사이에서 흔들린다.

수치심이 대신 접근하게 되므로, 해결되지 않은 단계가 변경되면 이 종착점에 도달할 수 없다. 내담자와 치료자가 이러한 고착화를 느낀다면, 유대감(bond)을 점검하고 검토하며 과업과 목표에 대한 합의를 통해 동맹(alliance) 작업에 참여해야 한다.

요약

차단된 분노의 해결 과정을 집중적으로 연구한 결과, 근본적인 변화는 피해자적 입장(예: "내 문제는 외부 요인(타자나 상황)에 의해 발생하며 내가 통제할 수 없다")에서 주체적 입장(예: "나는 변화의 주체다")으로 전환하는 데 있는 것으로 보인다. 즉, 내담자는 자신이 느끼는 정서와 문제 상황 또는 우울증의 해결에 대한 책임을 외부 요인에 돌리는 대신 변화의 과정에서 전적인 책임을 지고 생산적이고 주체적인 방식으로 정서를 다루기 시작한다. 이러한 태도는 내담자가 분노를 비난하는 대신 자기주장을 하고 주관적인 현실에서 벗어나 자기, 타자 또는 상황을 보는 보다 미묘하고 복잡한 대안적인 방식을 고려하는 과정에서 가장 분명하게 드러난다.

따라서 초점은 개인의 현실을 구성하는 데 있어 자신의 주체성(agency)에 대한 책임을 지는 것이 된다. 그렇다고 해서 내담자가 과거에 행했거나 일어난 모든 일에 대해 책임을 져야 한다는 것은 아니며, 이는 자기비난(self-blame)과 희생(victimization)에 해당할 수 있다. 오히려 내담자는 자신의 과정이 자신의 고통에 어떻게 기여했는지에 대한 탐색에서 비롯된 협력적인 노력에 참여한다. 내담자는 자신의 주체성을 인식하고 개인적인 책임감을 가짐으로써 자신의 경험을 창조하는 주체가 되고, 수동적인 피해자의 위치에서 주장적인 주체의 위치로 이동하여 자신의 경험에 대한 통제권을 갖기 시작한다.

또 다른 필수적인 변화는 내담자가 분노와 슬픔을 구분할 때 일어난다. 분노와 슬픔은 종종 함께 경험되기 때문에 이 두 가지 일차 정서적 상태를 따로 경험하고 상징화하여 표현하도록 하는 것이 도움이 된다. 연구된 사례의 차단된 분노를 해결하는 데는 슬픔과 버림받음의 적응적 일차 감정을 탐색하는 데 내담자가 참여하는 것이 매우 중요했다. 분노는 절망을 해소하고 비난과 무망감을 자기주장으로 바꾸지만, 슬픔은 애도와 수용, 분노의 전환을 촉진한다. 적응적 일차 분노에 접근하는 것과 마찬가지로 위로와 타당화를 구하는 건강한 적응적 슬픔에 접근하면 내담자가 거부와 의심을 더 건강하고 적응적인 경계 설정으로 전환하는 데 도움이 된다. 슬픔의 경험과 애도 과정은 내담자가 상실의 측면을 놓아버리고 통합하여 회복력을 높이는 데 도움이 되었다. 이러한 내담자들은 약하고 박탈된 자기상(self-image)을 강하고 가치 있고 사랑스러운 자신으로 변화시켰다.

하지만 한편으로는 비난하는 분노와 무망감을 자기주장으로 바꾸는 과정에서 피해자의 입장을 극복하고, 다른 한편으로는 강해지고 자기인정(self-affirmed)하는 과정에서 적응적 일차 슬픔에 접근하는 것은 항상 쉽게 달성할 수 있는 것은 아니다. 아마도 해결 과정에 대한 가장 유익한 교훈은 해결되지 않은 내담자들의 과정에서 찾을 수 있을 것이다. 전반적으로 해결되지 않은 내담자들의 반응은 수치심 · 근본적인 신뢰 부족 · 주요 타자를 향한 비난하는 분노가 만연해 있었다. 수치심은 어린 시절에 주입된 깊은 무가치감과 '나쁘다' 또는 '틀렸다'는 핵심적인 감정과 관련이 있기 때문에 이러한 내담자들이 문제를 해결하지 못하도록 막았다. 이 연구에 참여한 해결되지 않은 내담자들은 자신의 핵심 가치감(core feeling of worth)과 연결되지 못했다. 이들은 수치심이 자신의 행동 · 사회적 접촉 · 욕구 표현에 미치는 영향을 인식하지 못하고 분리된 채로 지냈다. 해결되지 않은 내담자들은 방어적이고 자기정당화적인 태도를 보였고, 핵심 감정(core feelings)에 접근하고 수용하지 않았으며, 슬퍼하지 않고 오히려 자기동정(self-pitying)이나 화를 냈다. 치료가 끝날 무렵에는 초기 치료 회기의 특징이었던 타자/비판자를 향한 비난하는 분노로 돌아갔다.

모델의 타당화

차단된 분노의 해결 모델은 23명의 내담자를 대상으로 주장적 화의 표현을 포함한 회기 내 내담자 수행의 모델 구성 요소가 치료 초기 차단된 분노의 징후가 있는 우울한 내담자의 결과를 예측하는지 확인하기 위해 검증되었다(Tarba, 2015). 조사된 다섯 가지 필수 구성 요소는 (1) 차단된 분노의 표식(marker), (2) 주장적 화의 표현, (3) 타자/자기비판자에 대한 공감적 이해, (4) 적응적 일차 슬픔의 표현, (5) 놓아버리기/용서하기였다.

연구 초기에 구성 요소의 측정이 개발되었고, 가설로 설정된 구성 요소의 존재 여부가 성과와 관련이 있었다. 회귀 분석 결과, 해결의 다섯 가지 구성 요소를 종합하면 우울증 점수의 변화를 유의미하게 예측하는 것으로 나타났다(전체 변량 중 64% 설명). 또한 주장적 화의 표현은 우울증 변화의 고유한 독립 예측 인자였으며(변량 설명의 43%), 놓아버리기/용서하기(변량 설명의 22%)와 마찬가지로 우울 변화를 예측하는 것으로 나타났다. 다른 요소는 독립적인 성과 예측 인자가 아니었다. 이 연구를 통해 우울증 극복에 있어 적응적 일차 분노를 표현하고 처리함으로써 차단된 분노를 극복하는 것이 치료적 가치가 있음을 확인했다.

결론

이 장에서는 차단된 분노를 해소하는 과정에 대한 과제 분석 결과를 제시했다. 이전에 차단된 분노를 표현하는 데는 불만과 슬픔이 섞인 분노를 구분하고 힘을 얻은 분노와 그 안에 담긴 진심 어린 욕구를 표현하는 여러 단계의 과정이 포함되었다. 해결에는 단순히 분노를 표현하는 것뿐만 아니라 새로운 방식으로 사물을 보고, 상실한 것을 슬퍼하며, 타자에 대한 공감적 이해를 보이거나 타자 또는 자신의 비판적 목소리를 통해 자신이 타당화 되었다고 느끼는 것이 수반되었다.

11장에서는 분노를 해결하는 다양한 방법을 촉진하는 데 도움이 되는 두 가지 경로에 대한 연구를 소개한다. 하나는 인지행동 치료자가 제공하는 수정 지향적(modification-oriented) 경로이고, 다른 하나는 인본주의 치료자가 제공하는 수용 관련(acceptance-related) 경로이다.

11장

부적응적 분노 다루기

분노는 부어지는 어떤 것보다 분노가 담긴 그릇에 더 큰 해를 끼칠 수 있는 산(酸)이다.

—마크 트웨인(Mark Twain)

이 장에서는 정서중심의 관점(emotion-focused perspective)에서 이차 분노와 부적응적 일차 분노를 모두 다루는 방법에 대해 중점적으로 다룬다. 두 경우 모두 치료자는 분노를 이해하고, 이를 타당화하며, 내담자가 분노에서 벗어나도록 도와야 한다. 이 장에서는 분노를 조절하는 방법에 대해 다루지만 이러한 방법은 분노 관리 문헌(Fernandez, 2013)에서 잘 다루고 있으므로 여기서는 중점적으로 다루지 않는다. 대신 이 장에서는 비생산적인 분노를 다루는 다른 방법에 대해 집중적으로 설명한다. 또한 언제 분노에 접근하는 것이 바람직한지, 언제 분노를 조절해야 하는지에 대해서도 설명한다. 앞서 언급했듯이, 분노의 유형과 타이밍에 대한 평가는 개입을 안내하는 가장 중요한 요소 중 하나이다.

이 장에서는 이차 분노의 기저에 깔린 결정 요인에 도달하기 위해 이차 분노를 다루는 방법과 이를 이해하고 변화시키기 위해 부적응적 일차 분노를 어떻게 작업하는지 방법을 다룬다. 수치심은 대부분의 부적응적 분노(nonadaptive anger)의 주요 결정 요인이지만, 두려움도 기저의 결정 요인이 될 수 있다. 분노는 수치심이라는 고통스러운 정서에 대한 가장 널리 퍼진 보호 수단 중 하나이다. 수치심은 너무 고통스럽기 때문에 사람들은 수치심을 피하기 위해 할 수 있는 모든 일을 하게 되고, 그 결과 분노가 나타나는 경우가 많다. 사람들은 자기존중감(self-esteem)을 지키기 위해 분노를 폭발시키거나 부적절하다고 느끼지 않기 위해 파트너에게 소리를 지르기도 한다. 모욕을 당한 사람들은 모욕의 고통을 처리하기보다는 분노를 표출하는 경우가 많다. 이러한 모든 상황에서 반응적 이차 분노나 심지어 파괴적인 격노(rage)는 부적응적 일차 수치심을 숨기고 있다. 이 장에서는 수치심이나 두려움과 같은 기저의 취약한 정서에 접근하도록 돕는 방법과 더불어, 분노를 연민(compassion)이라는 반대 정서로 바꾸는 방법으로 자신의 분노를 받아들이고 이에 대한 연민을 개발하는 데 중점을 둔다. 이 장은 분노를 조절하는 방법에 대한 논의로 마무리된다.

이 장에서는 치료에서 분노 표현을 다루는 두 가지 방법, 즉 조절과 수용에 초점을 맞춘 두 가지 질적 연구의 임상적 함의를 강조한다. 인지행동치료(cognitive behavior therapy: CBT)를 사용하는 치료자는 내담자가 화가 났을 때 스스로를 진정시키는 방법을 배우도록 도왔다. 분노 관리는 내담자가 언제 분노에 압도되는지 파악하고 분노를 진정시키기 위한 전략을 개발하는 데 도움이 되었다. 정서중심 치료자는 내담자가 분노를 수용하고 기저의 위협과 통제력 상실에 대한 두려움을 탐색하도록 장려했다.

분노의 하향조절

정서 하향조절은 수정 지향(modification-oriented) 치료자가 분노 조절장애를 치료하는 주요 방법이다. 하향조절(downregulation)이란 개인이 자신의 정서적 경험의 성격 · 빈도 · 강도 · 표현에 영향을 미치는 과정을 말한다(Gross & John, 2003). 조절의 어려움은 단서를 이끌어 내는 통제력 부족, 정서적 경험에 대한 접근의 어려움, 경험과 표현의 상향 또는 하향조절이 불충분하기 때문에 발생하는 것으로 간주된다. 무엇이 분노를 유발하는지 알지 못하는 사람은 분노를 유발하는 단서를 통제할 수 없다. 분노는 압도적으로 느껴지거나 억누를 수 없을 정도로 과도하게 통제될 수 있다. 모든 조절장애(dysregulation)의 경우, 적응적 분노의 방향 행위 경향성(orienting action tendency)은 자기주장 및 자기보호 기능을 수행할 수 없다.

내담자의 분노가 압도적이고 통제할 수 없을 때, 내담자는 기저의 결정 요인을 탐색하기 전에 조절 기술을 개발해야 한다. 정서조절(emotion regulation)의 첫 번째 단계는 정서를 정확하게 식별하고 정서가 발생할 때 정서의 기능을 이해하는 방법을 배우는 것이다. 치료자는 정서는 이유가 있어서 발생하는 것이며 잘못된 과잉 반응이 아니라는 것을 내담자가 인식하도록 도와야 한다. 분노 문제가 있는 대부분의 내담자는 자신의 정서를 객관적으로 관찰하는 경우가 거의 없다. 오히려 정서가 격렬해지면 이를 회피하기 위한 행동(예: 약물 사용, 누군가에게 화풀이, 자해 등)을 통해 정서를 변화시키려는 행동을 하는 경우가 많다. 단기적으로 이러한 행동 전략은 정서의 강도를 낮춤으로써 '효과가 있다'고 판단되면, 향후 유사한 상황에서 새로운 행동을 취할 가능성이 높아진다. 단점은 이러한 사람들은 정서에 행동하지 않고 관찰만 하면 행동하지 않아도 정서의 강도가 자연스럽게 낮아진다는 사실을 배우지 못한다는 것이다(Bishop et al., 2004). 그러나 후자의 관찰 기술은 정서가 항상 도망치고 피해야 할 대상이 아니라는 메시지와 함께 가르칠 수도 있다. 단순히 정서를 알아차리는 것만으로도 그 정서와 자신의 관계를 바꿀 수 있다.

하향조절 작업의 핵심 요소는 취약성 요인 · 유발 사건 · 유발 사건과 문제 행동 간의 연관성 · 문제 행동 자체의 특성 및 결과 등을 파악하는 행동 분석에 참여하는 것이다(Linehan, 1993). 행동 분석을 수행하려면 일반적으로 먼저 행동의 빈도와 강도에 대한 자세한 설명을 작성하는 것이 포함된다. 그런 다음 치료자는 내담자가 문제 행동을 유발한 요인과 그날 아침 파트너와의 싸움, 피곤함이나 스트레스 등 특정 날 또는 특정 순간에 문제 행동을 유발하는 사건의 영향에 더 취약하게 만든 요인을 파악하도록 돕는다. 마지막으로, 처음에는 힘이 솟았다가 자제력을 잃은 것에 대해 수치심을 느끼는 등 분노 행동의 결과를 살펴본다. 그런 다음 내담자가 그 과정에서 다르게 행동할 수 있었던 점과 적용할 수 있었던 기술에 대해 논의한다.

반대 행동은 변증법적 행동치료(dialectical behavior therapy: DBT)에서 제안하는 주요 기술로, 개인이 현재 경험하고 있는 정서를 바꾸고 싶을 때 사용된다(Linehan, 1993; Rizvi & Linehan, 2005). 이 기법은 정서나 정서의 강도가 상황에 맞지 않거나 효과적이지 않을 때 가장 효과적으로 작동한다. 본질적으로 이 기술은 현재의 정서적 경험과 관련된 행동 충동을 파악하고 그 충동과 반대되는 방식으로 행동하는 것을 포함한다. 예를 들어, 상사가 자신에게 매력적이지 않은 프로젝트를 배정해 분노를 느낀다면 상사를 언어적으로 공격하고 싶은 충동을 느낄 수 있다. 그러나 상사를 언어적으로 공격하는 것이 내담자에게 비효율적이라면(예: 근무 환경을 악화시키거나 승진 기회를 방해하는 등), 반대 행동을 통해 분노를 바꾸고 싶을 수 있다. 반대 행동에는 상사에게 친절하게 행동하고, 온 마음을 다해 친절을 표현하고, 눈을 마주치며, 언어적 공격을 자제하는 것이 포함될 수 있다. 상사에 대한 부정적인 평가에 집착하는 것은 분노의 감정을 연장시키는 역할을 할 뿐이므로 상사에 대해 친절한 생각을 하는 것도 반대 행동을 사용하는 것이다. 이 기술은 상사의 분노의 강도가 줄어들 때까지 연습해야 한다.

분노와 가장 연관된 행동 충동은 분노를 유발한 사람을 신체적 또는 언어적으로 공격하거나 화를 내는 것이다. 따라서 분노에 대한 표준적인 반대 행동은 그 사람을 부드럽게 피하거나 가능하면 품위와 연민, 친절을 가지고 접근하는 '품위 있는 행동'을 하는 것이다. 예를 들어, 내담자가 자신보다 다른 형제를 편애한다고 생각하는 언니에게 화가 났고 분노와 관련된 행동 충동이 언니를 언어적으로 공격하는 것이기 때문에 가족 행사를 망칠 가능성이 있는 경우, 효과적인 선택은 반대 행동을 연습하는 것이다. 이 경우 내담자는 언니를 부드럽게 피하고 다른 친척들과 어울리거나, 예의 바르게 언니의 질문에 정중하게 대답하고 언니에게 칭찬을 하거나 심지어 안아줄 수도 있다.

다양한 형태의 조절

행동과 인지 모두 의도적인 형태의 조절은 일반적으로 좌반구 프로세스의 지배를 받는다. 이러한 형태의 조절은 분노를 통제할 수 없는 사람들에게 도움이 된다. 개인이 역기능적 분노를 다룰 때는 시간이 지남에 따라 암묵적 수준에서 발생하는 자동적 정서조절 능력(automatic emotion-regulation capacities)을 구축하는 것이 중요하다(Shore, 2003). 분노 관리 기술을 가르치는 것에 대한 많은 글이 쓰였고 많은 프로그램이 존재하지만(Toohey, 2021), 심리교육 및 인지행동적 방법(cognitive behavioral methods)이 모든 개인에게 반드시 효과적인 것은 아니다. 특히 장기간 격렬한 정서적 각성이 지속되는 사람이나 분노를 포기하고 싶지 않은 사람의 입장에서는 분노가 자신을 보호하고 힘을 주는 역할을 해왔기 때문에 더욱 그렇다.

분노 관리의 또 다른 단점은, 치료자가 내담자에게 분노를 조절하도록 하려는 시도가 내담자로 하여금 나쁘고 화를 내는 것은 조절해야 하는 병리적 반응이라는 메시지를 전달할 수 있다는 것이다(Fernandez, 2013; Kassinove & Tafrate, 2002; Toohey, 2021). 이러한 메시지는 내담자에게 수치심과 반감을 불러일으키거나 분노의 근본 원인일 수 있는 수치심을 악화시켜(A. Pascual-Leone et al., 2013) 더욱 화나게 할 수 있다. 또한 분노를 나쁜 것으로 판단하는 것은 치료자와 내담자 모두 감정에 대한 판단을 보류하고 수용하는 것을 정서가 보내는 메시지를 받아들이고 그것이 제공하는 자원을 얻는 데 핵심으로 간주하는 정서중심 접근법(emotion-focused approach)에 반하는 것이다.

분노를 조절하기 위한 심리교육 및 기술 훈련 방법의 가장 큰 문제점은 분노를 포기하려는 순간의 개인의 욕구에 의존한다는 점이다. 의도적 조절의 가장 큰 문제점은 일단 분노가 유발되면 인지가 정서의 지배를 받는 기간이 길어진다는 점이다. 이 기간 동안 분노는 자신의 분노를 정당화하거나 확인하는 생각만 허용하며, 의도적인 조절 기술을 사용할 동기가 없다(Short, 2001). 분노 관리 방법은 분노에 대처하는 데 유용하지만, 그 유용성에 대해 생각해 볼 필요가 있다.

의도적으로 분노를 관리하려는 노력의 어려움은 정서적 각성이 일어나는 동안 마음이 불응기(不應期; refractory time)[1]에 접어들어 경험하는 정서를 유지하거나 정당화하지 않거나 반대되는 정보를 받아들이기 어렵다는 점이다(Frijda, 1988). 임상 경험과 많은 내담자를 관찰한 결과, 역기능적 분노가 활성화된 상태에서는 분노 관리 기술을 실행하기가 매우 어렵기 때문에 내담자가 의도적으로 분노를 억제하도록 돕는 것은 빠르고 강렬한 분노의 각성을 경험하는 사람들에게는 효과가 없다. 분노를 조절하기 위해 의식적인 사고와 이성을 사용해야 하는 모든 방법의 중요한 문제점은 필요한 적용 시간 동안 정서의 각성을 낮춰야 한다는 것이다(Shore, 2003). 잘못된 추론이나 부정적인 사고로 인한 분노는 이성과 신중한 관리

1 역자 주) 신경·근세포가 자극에 반응한 후, 다음 자극에 반응할 수 없는 짧은 기간(출처: 동아출판 프라임 영한사전)

를 통해 조절할 수 있지만, 일반적으로 심각한 기능 장애를 유발하는 분노 유형은 분노를 유발하는 신호에 너무 빨리 반응하여 발생한다.

분노 문제가 있거나 가정폭력으로 치료를 받으러 오는 사람들은 대부분 수치심으로부터 자신을 보호하기 위해 분노나 격노의 폭발을 경험하며, 이는 생각할 시간을 갖기 훨씬 전에 그들을 압도하는 것으로 보인다(A. Pascual-Leone et al., 2013). 편도체에 기반한 분노와 위협 반응은 LeDoux(1996)가 낮은 길(low-road)이라고 부르는데, 처음에는 뇌의 피질 영역을 우회한다. 분노는 기능보다 통제에 우선순위를 두며(Frijda, 1988), 특히 수치심과 같은 취약한 감정으로부터 자신을 보호한다. 이러한 분노는 주의력 · 기억 · 지각 · 학습 · 정서 억제 등 모든 정신 과정에 영향을 미치며, 이 모든 것은 기저의 수치심을 의식적으로 인식하거나 명시적으로 반영하기 전에 발생한다(LeDoux, 2003; Phelps & LeDoux, 2005). 마찬가지로 정서는 귀인 및 설명 과정에 영향을 미친다(Forgas & Locke, 2005). 특히, 심각한 정서 장애를 가진 사람들의 경우 정서가 오랜 시간 동안 생각을 통제할 수 있다. 이는 기억과 사람들의 판단, 의사 결정, 그리고 자신의 행동과 타인의 행동에 대한 인식에 큰 왜곡을 초래할 수 있다(Forgas & Bower, 1987).

내담자가 분노에 압도당하거나, 분노가 삶을 파괴적으로 만들거나, 분노가 인내의 영역(zone of tolerance)을 벗어나 더 이상 정서를 동원하여 그것을 이해할 수 없을 때는 어떤 형태로든 하향조절이 필요하다. 내담자가 비이성적인 격노에 휩싸였다가 나중에 자신이 한 일을 후회한다면 하향조절하는 기술을 개발해야 할 때이다. 내담자의 정서조절 능력이 제한적인 경우, 개입에는 호흡 조절 · 신체적 형태의 이완 · 타임아웃 또는 주의 분산과 같은 정서조절 전략(emotion-regulation strategies)의 명시적인 사용이 포함되어야 하며, 이러한 전략은 모두 CBT 문헌에 명확하게 설명되어 있다(예: Deffenbacher, 2011; Fernandez, 2010). 이러한 전략은 이 장의 마지막 부분에서 설명한다. 그러나 임상 및 연구 증거에 따르면, 심리교육에 기반한 인지행동적 방법은 지속적인 변화를 촉진하거나 재발과 폭력을 예방하는 데 실패하는 경우가 많다(Short, 2001). 따라서 파괴적인 분노를 다룰 때는 분노 관리 외에 다른 방법이 필요한 경우가 많다.

정서중심 접근법

이전 장에서 나는 각성을 높여 차단된 적응적 분노에 쉽게 접근할 수 있도록 하는 것이 치료적이며, 내담자가 인지하지 못할 수 있는 분노에 대한 인식을 높이는 것이 도움이 된다고 주장한 바 있다. 그렇다면 이차적이고 부적응적인 분노는 어떻게 다루어야 할까? 이러한 유형의 분노는 단순히 접근하는 것이 아니라 다르게 다루어야 한다.

이차 분노 다루기

수치심 · 두려움 · 슬픔과 같이 더 고통스러운 일차 정서에 대한 반응인 증상성 이차 분노는 기저의 일차 감정에 도달하기 위해 타당화되어야 하지만 우회해야 한다. 예를 들어, 거절당한 것에 대한 수치심이나 상실감에 대한 슬픔은 거절당한 사람에 대한 분노로 빠르게 이어질 수 있다. 분노라는 정서는 취약함을 느끼는 것보다 덜 고통스럽기 때문에 선호될 수 있다. 분노는 자신이 무가치하고 무력하거나 수치스러울 정도로 잘못했다는 느낌보다는 자신이 더 강력하고 옳다고 느끼게 하기 때문에 선호되는 감정이다. 이차 분노는 위협 · 수치심 · 취약성 · 무가치함 · 절망감 등의 기저의 감정으로부터 자신을 보호한다. 그러나 이러한 분노는 치료자가 자세히 설명하거나 증폭시키고자 하는 감정이 아니다. 오히려 기저의 수치심이나 위협으로 초점을 옮겨 기저의 정동적 과정을 인식하고 다양한 부적응적 측면을 탐색하고 변화시켜야 한다.

문제성 분노를 다루는 첫 번째 단계는 내담자가 자신의 내적 경험에 주의를 기울이고 상징화할 수 있는 능력을 평가하는 것이다. 내담자의 분노가 완전히 압도적이지 않은 경우, 치료자는 먼저 내담자가 자신의 분노를 인식하고 수용하도록 도와서 분노를 유지 및 확대하는 내부 및 외부 요인을 파악하기 시작할 수 있도록 도와야 한다. 내담자가 자신의 분노를 인식하도록 돕는 것은 치료자와의 동맹(alliance)을 형성하고 분노에 대한 작업을 시작할 수 있는 능력을 개발하는 데도 도움이 된다. 내담자가 자신의 분노를 이해하려면 내담자의 내적 경험에 대한 인식이 높아져야 한다(예: **치료자**: "자식들이 당신을 존중하지 않는다고 생각하고 그것에 대해 생각하면 점점 더 화가 나는 것 같네요. 내적으로는 어떤 일이 일어나나요? 몸에서 어떤 느낌이 들고 그것이 생각에 어떤 영향을 미치나요?"). 정서중심치료(emotion-focused therapy: EFT)는 부적응적인 인지에 도전하거나 기술을 가르치기보다는 의미를 탐색하고 창조하는 데 중점을 둔다. 지각된 무례함에 대한 분노가 상처나 수치심에 대한 방어인 경우, 치료자는 내담자의 주의를 주요 경험으로 유도한다(예: "그래서 당신이 나쁜 아버지이고 무능하다는 생각이 드는군요? 많이 아프시겠어요. 그 점에 머물러 있어 봅시다").

정서중심 접근법의 정서에 대한 치료적 작업은 사람들이 자신의 모습을 바꾸기 시작하기 전에 자신이 누구인지 수용해야 한다는 관점에 기초한다. 따라서 분노를 변화시키기 위해서는 먼저 분노를 받아들여야 한다. 수용의 관점에서 분노를 효과적으로 다루기 위해서는 항상 먼저 내담자의 분노를 확인해야 한다. 이것이 치료의 '도착(arrival)' 단계이다. 이후 작업에는 이차 분노와 파괴적 격노의 기저에 있는 비난으로 이어지는 상처와 두려움, 수치심을 궁극적으로 변화시켜 분노를 떠나는 것이 포함된다.

조절장애(dysregulated) 분노에 초점을 맞춘 정서중심치료는 인지나 행동 과정보다는 조절장애 분노를 조절하는 데 관련된 정서적 과정에 대한 일종의 작업이 필요하다. 이 책 전반에 걸쳐 설명된 바와 같이, 정서를 다루는 일반적인 원칙은 정서가 정서를 변화시키는 효과적인 수단이라는 것이다(Davidson, 2000; Fredrickson et al., 2000; Greenberg, 2002). 또한 신체적으로 느낀 경험을 말로 인식하고 상징화하는 것은 정서적 각성을 하향조절하는 것으로 나타났다(Kircanski et al., 2012; Lieberman et al., 2007; Schore, 2003). 정서 인식의 증가는 편도체 기반 분노의 자기조절(self-regulation)을 촉진한다. 정서중심의 관점에서 분노 관리의 핵심 원칙은 다른 정서와 더 넓은 범위의 정서에 접근하면 분노를 조절할 수 있을 뿐만 아니라 분노를 성찰하고, 분노를 이해하며, 이성적인 사고를 통해 책임 있는 행동을 유도

할 수 있는 능력이 향상된다는 것이다.

따라서 분노가 일차 정서인지 이차 정서인지 구분하는 것이 중요한데, 이러한 구분은 치료에 중요한 영향을 미치기 때문이다. 궁극적으로 기저의 정서를 변화시키기 위한 노력이 필요하다. 이차 분노를 치료할 때는 분노 증상만 치료하는 것이 아니라 분노의 근본 원인(root cause)에 접근해야 한다. 그런 다음 분노의 관리가 아닌 분노의 근본 원인을 변화시키는 것이 필요하다. 이렇게 하면 분노를 통제하려고 노력함으로써 과도한 분노 문제가 해결되는 것이 아니라 이차 분노가 더 이상 느껴지지 않도록 변화될 수 있다.

부적응적 일차 분노 다루기

부적응적 일차 분노는 이차 분노와 달리 이해하기 위해 자세히 살펴봐야 한다. 치료자는 내담자가 분노하는 이유를 이해하고 자기보호라는 분노의 목적에 대해 연민을 보여야 한다. 이는 내담자가 자기연민(self-compassion)을 개발하는 데 도움이 된다. 또한 내담자는 분노를 자기보호의 주요 수단으로 삼게 된 자신의 고통에 대해 슬퍼할 필요가 있을 수 있다. 적대적인 비난과 거부에 관여하는 만성 부적응적 분노 문제가 있는 사람은 분노에 집중하는 대신 수치심이나 상실감, 애도의 슬픔에 집중하는 방법을 배워야 한다. 이것이 종종 아동학대로부터 비롯되어 분노를 유발하는 애착과 정체성의 상처를 치유하는 길이다. 그러나 이 과정에서 학대에 대한 정당한 반응으로서 분노를 타당화하고, 분노를 통제하거나 회피해서는 안 되며 처음에는 인정해야 한다는 점을 설명하는 것이 중요하다. 따라서 치료는 부적응적 분노에 대한 내담자의 경험을 타당화한다. 그리고 이를 적절하게 상징화하고 표현할 수 있는 방법을 찾고 다른 감정으로 나아갈 수 있도록 돕는다.

분노는 실패와 더 밀접하게 연관되어 있고 자부심(pride)은 성공 경험과 더 밀접하게 연관되어 있다는 점에서 분노와 자부심은 상반된 정서라는 증거가 있다(Tausch & Becker, 2013). 따라서 내담자가 강점과 성공에 대한 자부심에 접근할 수 있도록 돕는 것도 효과적인 전략이다. 정서를 더 깊이 탐색하면 분노가 사람들에게 보편적인 반응으로 작용하며 수치심 · 두려움 · 슬픔 등 개인이 피하고 싶어 하는 다른 정서를 대체한다는 사실이 드러나기도 한다. 많은 경우 남성은 정서 표현의 범위가 매우 제한되어 있으며, 정서의 범위를 넓히면 유일한 반응 형태인 분노를 줄이는 데 도움이 된다(Thomas, 1989).

이전의 학대로 인해 발생하는 부적응적 일차 분노를 다루는 작업은 내담자가 자신의 몸에서 일어나는 일을 면밀히 관찰하도록 안내하는 것으로 시작하여 궁극적으로 새로운 정서가 활성화되고 새로운 사고와 행동 방식을 개발하도록 유도하는 것으로 이어진다. 이 과정 초기에 치료자는 내담자가 위반 · 배신 · 학대에 대한 분노와 충족되지 못한 욕구(unmet needs) 및 행위 경향성(action tendency)에 주의를 기울이도록 안내해야 한다. 기억 환기 전략(memory evocation strategies)을 사용하여 내담자가 문제의 분노 유발 요인을 인식하도록 도울 수 있다. 치료자는 "지금 화를 내는 것을 보면 아빠의 지속적인 비판이 아니라 아빠의 지지가 정말 필요했던 것 같네요" 또는 "아빠가 엄마를 때리는 모습을 보면서 아무것도 할 수 없는 어린아이였던 당신이 너무 무력감을 느꼈을 것 같네요"라고 말할 수 있다. 이러한 경우, 내담자가 단순히 반응하기보다는 자신의 감정을 상징화할 수 있도록 돕기 위해 긴장감이나 불안의 떨림 · 슬픔의 무거움 · 수치심에 숨는 등 분노와 관련된 신체적 경험에 주의를 기울이는 것이 도움이 될 수 있다.

치료에서 분노 표현을 다루는 두 가지 방법에 대한 분석

매사추세츠대학교(University of Massachusetts)의 한 연구팀(Kannan et al., 2011)은 다양한 성향의 치료자들이 치료에서 분노 표현을 다루는 과정을 조사했다. 이 연구는 분노 수정(modification)과 탐색(exploration)이라는 두 가지 다른 작업 방식에 대한 통찰력을 제공한다. 백인 7명, 흑인 1명 등 8명의 여성 내담자가 6명의 치료자에게 치료를 받았다. 3명의 치료자는 주로 CBT 및 수정 지향적(modification oriented)이었고, 3명의 치료사는 정서중심, 인본주의(humanistic), 페미니스트

(feminist) 성향의 치료자였다. 행동 지향적(behaviorally oriented) CBT 치료자는 대처 능력을 증진하는 데 중점을 두었고, 내면 지향적(internally oriented) 치료자는 내면 탐색과 경험에 중점을 두었다. 각 치료자마다 하나씩 6개의 사건에서 회기가 끝날 때까지 분노의 존재와 분노가 해결되었음을 나타내는 명확한 표식(markers)이 있는 것으로 확인되었다. 분노의 표식은 명백한 분노 표현, 치료자가 분노를 명명하는 것에 대한 내담자의 명시적인 동의, 크고 화난 목소리 톤이었다. 분노의 해결은 치료가 끝날 때까지 분노가 감소하고 분노의 의미가 변화하는 것으로 확인되었다. 또한 분노의 경험과 관련된 새로운 의미나 정서 상태, 분노에 대처하는 방식의 변화 또는 분노의 감소도 해결에 포함되었다. 이러한 판단은 5명의 심사위원들이 집단 합의를 통해 이루어졌다.

해결로 이어지는 두 가지 과정이 확인되었는데, 하나는 인지 및 행동 중심의 CBT 치료자가, 다른 하나는 정서중심의 치료자가 그 뒤를 따랐다. 일부 겹치는 부분도 있었지만 어떻게 다른지 살펴보는 것이 더 유익했다. 가장 큰 차이점은 인지행동 치료자는 대처 전략 접근법을 장려하는 경향이 있는 반면, 정서 지향(emotionally oriented) 치료자는 분노를 깊이 있게 탐색한다는 점이다.

CBT에서 내담자들은 분노 관리 방법을 안내받고 화가 났을 때 스스로를 진정시킬 수 있는 방법을 모색하는 데 도움을 받았다. 이러한 내담자들은 분노에 압도되는 순간을 파악하는 데 도움을 받았고, 분노를 진정시키기 위한 전략에 중점을 두었다. 정서중심의 치료자들은 내담자가 분노를 수용하고 기저의 위협 · 수치심 · 통제력 상실에 대한 두려움을 탐색하도록 장려했다. 이러한 EFT 치료자들은 또한 내담자에게 높은 각성 상태에 대처하는 방법을 코칭했다. 그러나 EFT 치료자의 주된 목표는 기술 훈련 자체보다는 거부된 분노 경험의 개인적 의미를 탐색하고 발전시키는 것이었다. 정서 지향 치료자들은 주로 "천천히 해봅시다" 또는 "그게 무슨 뜻이죠?"와 같은 과정 안내(process-guiding) 문장을 통해 내담자의 분노에 대한 이해를 탐색했다. 분노의 경험에 머무르며(staying with) 그 의미를 상징화하면 분노가 신호하는 위협에 대해 명확하게 이해할 수 있었다. 따라서 분노를 수용하고 기저의 위협으로 초점을 옮기는 데 초점을 맞추게 되었다.

두 접근법 모두 분노를 변화시키는 과정은 6단계로 구성된다: (1) 분노 표식 탐색, (2) 위협을 명확히 하고 정서를 소유하기, (3) 분노를 과거와 연결하기, (4) 문제 재구성하기(reframing), (5) 대안(options) 탐색하기, 마지막으로 (6) 변화 통합하기. 두 치료자 집단은 대부분의 단계에서 공통점이 많았지만, 주로 2단계와 5단계에서 두 치료자 집단 간의 차이점이 나타났다. 이 단계에서는 정서중심 치료자들이 내면에 더 집중했다. 6단계에 대한 자세한 내용은 다음과 같다.

1단계인 분노 표식 탐색에서는 분노 사건에 대한 언어적 설명을 포함한다. 일반적으로 분노라는 정서는 내담자 및/또는 치료자에 의해 그렇게 명명되었다. 분노 사건에 대한 탐색은 잘못되었다는 느낌을 강화했다.

위협을 명확히 하고 정서를 소유하는(owning) 2단계는 치료 유형에 따라 두 가지 주요 방향이 있었지만, 두 접근 방식 모두 두려움이나 걱정과 관련된 분노를 탐색하는 것을 포함했다(Kannan et al., 2011). CBT에 참여한 내담자는 압도당하고 통제력을 잃는 것에 대한 두려움을 탐색하고 분노를 유발하는 위협의 근원을 파악하고 평가하는 작업을 했다. 탐색의 초점은 분노의 원인에 맞춰져 있었고, CBT 치료자는 내담자가 자신의 분노가 비이성적인 위협에 대한 반응이라는 것을 알 수 있도록 안내했다. 이와 대조적으로 정서중심치료의 내담자들은 상처받는 것에 대한 두려움을 탐색하는 데 집중했다. 인본주의 치료자는 내담자의 주의를 외부의 위협이 아닌 자기(self)에 집중시키고 내담자의 감정 · 욕구 · 의미에 주의를 기울이도록 유도했다. 예를 들어, 한 인본주의 치료자는 "이 기간 동안 어떻게 자신을 돌봐야 하는지에 대한 이야기를 많이 들었어요…. 하지만 필요한 것이 무엇인지에 대해서는 아무 말도 하지 않으셨어요"라고 말했다. 이러한 탐색의 근간이 되는 주요 초점은 어떤 내적 감정이나 욕구가 이러한 분노를 유발하는지에 있는 것으로 보인다.

분노를 과거와 연결시키는 3단계에서는 두 접근법 모두 현재와 과거의 위협 사이의 관계에 초점을 맞추고 위협에 대처할 수 있는 방법을 살펴본다. 이 과정을 통해 CBT 치료자는 내담자가 자신의 분노가 종종 외부 위협에 대한 반응이라는 것을 알아차리도록 이끌었고, 인본주의자들은 내담자가 이차 반응으로 여겨지는 분노의 기저에 있는 보다 내적인 일차 감정을 인식하도록 도왔다.

4단계는 문제를 재구성하는 단계이다. 내담자가 분노의 원인을 더 잘 이해하는 것처럼 보이면 두 치료자 모두 분노에 더 잘 대처하는 방법이라는 측면에서 문제를 재구성한다. 일반적으로 EFT 치료자는 이 시점에서 기저의 상처를 다루는 방법을 고려하기 위해 넘어갔고, CBT 치료자는 분노를 유발하는 상황에서 분노에 압도되는 경험을 다루는 방법에 집중했다.

5단계와 6단계는 대안을 탐색하고 변화를 통합하는 단계이다. 탐색은 일반적으로 접근 방식에 따라 두 가지 방향 중 하나를 택했다. 5단계에서는 CBT 치료자와 함께 분노 반응을 조절하는 방법을 살펴본 반면, 정서중심 치료자와 함께한 내담자는 자신의 감정과 욕구를 더 적극적으로 표현할 수 있는 방법을 모색했다. CBT에서 내담자는 자신의 각성 증가에 대응할 수 있는 방법을 평가했다. 대안에는 휴식 · 상황에서 벗어나는 시간 · 각성 상태를 스스로 모니터링하는 방법 등이 포함되었다. 이와 대조적으로 정서중심치료(emotion-focused treatments)의 내담자들은 대인관계 상황에서 발생한 상처를 다루도록 안내를 받았다. 이들은 상대방에게 공감하기 · 자기진정(self-soothing) · 경계 설정하기 등의 대응 방법을 모색했다. 분노의 기저에 있는 상처를 인식하면 내담자는 힘을 얻게 되고 자신의 욕구를 주장할 수 있는 방법을 고려하게 되는 경우가 많았다(Kannan et al., 2011). 5단계에서 CBT 내담자들은 분노 반응을 조절하는 방법을 모색했다. 이와 대조적으로, 정서적으로 초점을 맞춘 치료의 내담자들은 자신의 상처에 접근하고 이에 대응했다. 종종 분노의 기저에 있는 상처를 인식함으로써 내담자는 힘을 얻고 자신의 욕구에 대해 더 적극적으로 주장할 수 있게 되었다. 6단계에서는 두 집단의 일부 내담자가 분노와 상호작용하는 방식을 살펴보면서 다른 정서를 탐색했고, 다른 내담자는 분노가 어떻게 자신을 보호하는 힘이 되는지 이야기하거나 앞으로 분노가 일어났을 때 어떻게 해야 할지 계획했다.

이 연구에 참여한 치료자들은 내담자의 분노를 (1) 압도당하고 분노를 조절할 수 없다는 느낌 또는 (2) 다른 사람으로부터 상처를 받거나 잘못을 당하는 관계적 위협에 대한 반응으로 해석했다. 인지행동치료에서는 분노에 대처하고, 하향조절하고, 이를 위한 기술을 가르치는 데 중점을 두었다. 반면, 정서중심치료에서는 분노를 건강하지 않거나 병적인 정서가 아니라 기저의 정서적 경험을 이해하는 데 유용한 관문(portal)으로 해석하는 것으로 나타났다. 이 치료자들은 어려운 정서를 억압하거나 거리를 두기보다는 자기발견(self-discovery) · 수용 · 정서 표현을 장려하기 위해 노력했다. 목표는 내담자가 분노를 통해 유익을 얻는 치료적 화(therapeutic anger) 경험을 할 수 있도록 돕는 것이었다.

앞서 언급했듯이, 두 가지 치료 접근법에는 공통점이 있다. 두 접근 방식은 초기에 분노 표식을 식별하는 데 있어 매우 유사했으며, 해결에 가까워질수록 비슷한 양상을 보였다. 모든 치료자는 일반적으로 내담자를 지지하고 정서가 격앙되어 있음에도 불구하고 강력한 동맹을 유지했다. 두 경로의 치료자 모두 자기돌봄(self-care)과 자기보호(self-protection)의 필요성에 대한 정당성에 초점을 맞춰 내담자에게 집중했다. 두 접근법의 치료자들은 내담자가 자신의 문제를 압도당하는 것에 대한 두려움이나 상처에 대한 두려움 등 자신이 통제할 수 있는 심리적인 반응으로 재정의하도록 안내했다. 내담자들은 분노 경험에 대한 새로운 이해와 함께 두 치료를 모두 마치고 편안함을 느끼기 시작했다(Kannan et al., 2011).

분노 수용하기

앞서 분노를 다루는 작업에서 살펴본 것처럼, 정서중심 치료자는 내담자가 분노를 부정하기보다는 수용하고, 견디며, 경험할 수 있는 능력을 개발하도록 도와야 치료 효과를 높일 수 있다. 그러나 때로는 분노가 너무 고통스러워 행동화(act out)하거나 닫아버리고 싶은 경우도 있으므로 고통을 견디고 참아내는 것이 중요하다.

사람들은 분노를 행동으로 옮기지 않고 자신의 몸에서 느껴지는 불편함을 견디는 법을 배워야 한다. 예를 들어, 화가 나면 물건을 부수고 가족과 친구에게 화를 내는 것이 부끄럽다고 느낀 한 내담자는 자신의 분노를 통제할 수 없다고 느꼈다.

집단 폭행을 당하기 전 괴롭힘을 당하고 조롱을 당했던 기억을 떠올린 그는 치료를 통해 이 경험에서 비롯된 분노와 반격의 충동을 인식하게 되었다. 치료자는 치료 회기에서 그가 앞 의자의 쿠션을 밀면서 이 충동을 따르도록 격려하고, 그렇게 하는 동안 자신의 신체적 경험과 신체적 감각을 묘사하도록 했다. 공격적인 행동을 반복하고 조금씩 인식을 높여가면서 그는 서서히 분노의 보호 기능을 인식하게 되었고, 기저의 두려움과 수치심을 처리하고 이를 변화시키기 위해 노력하기 시작했다. 이러한 방식으로 분노의 불완전한 보호 행동을 자각하고 작은 표현 실험을 통해 완성하면 정동조절(affect regulation)을 발달시키고 기저의 정서에 대한 길을 여는 데 도움이 된다.

따라서 치료자는 내담자가 자신의 분노를 수용하고 스스로 연민을 경험할 수 있도록 도와야 한다. 이는 "분노의 고통을 경험하는 것이 얼마나 힘드시겠어요? 잠시만 견뎌 주실 수 있나요?"와 같은 말을 통해 촉진될 수 있다. 내담자가 화를 내는 습관을 바꾸도록 돕는다는 것은 먼저 내담자가 화를 내는 일반적인 반응 방식을 자제할 때 발생하는 불편함을 받아들이고 견뎌내야 한다는 것을 의미한다. 내담자와 치료자는 내담자의 분노 경험을 인식하고 본인 또는 다른 사람이 이런 감정을 느낄 수 있다는 사실을 타당화해야 한다. 내담자가 자신의 감정을 살펴보고 그 감정을 받아들이고 호기심을 가질 수 있도록 도와야 진정으로 이해하고 의미를 만들 수 있다. 내담자가 자신의 감정을 공감적으로 이해하는 것은 매우 도움이 된다. 많은 사람들이 자신의 분노나 다른 정서를 인식하고, 이름을 붙이고, 이야기하는 법을 배운 적이 없다.

또한 내담자는 자신의 분노를 비난하거나 판단하지 않는 법을 배우도록 도와야 한다. 자신의 감정을 좋거나 나쁘다고, 자신의 생각을 옳거나 그르다고 분류하는 것을 피하는 법을 배워야 한다. 오히려 자신의 경험과 다른 사람의 경험을 편견 없이 관찰해야 한다. 내담자는 원치 않는 분노가 위협에 대한 진화적으로 발달된 반응에서 비롯된 것이며 자신을 보호하기 위한 것임을 알아야 한다. 그러나 위협이 내부적인 취약성일 때는 이를 인식하기가 더 복잡하다. 분노를 유발한 원인보다는 기저의 감정을 해결해야 한다. 내담자는 자신의 감정을 이해하고, 자신의 감정을 타당화 받으며, 자신의 분노가 자신의 기저의 취약한 감정에 대한 반응이라는 사실을 인식하는 데 도움이 필요하다.

앞서 언급했듯이, 분노 조절장애 문제를 다루는 데 있어 중요한 접근 방식은 분노를 받아들이는 것뿐만 아니라 자신을 비난하기보다는 연민을 느끼는 것이다(Kolts et al., 2018). 내담자는 종종 자신이 불합리하게 화를 내는 것이 자신의 잘못이라고 생각하며, 따라서 자신이 나쁘다고 느낀다. 그런 다음 수치심을 경험하거나 자기비난(self-blame)에 빠지기도 한다. 또는 내담자는 자신의 분노와 관련 행동을 정당화할 방법을 찾거나 무시할 수도 있다. 이러한 분노 처리 방식은 내담자가 자신의 분노에 대한 책임을 지지 못하게 한다. 내담자가 분노가 자신의 잘못이 아니라 진화가 두뇌를 형성하는 방식에 의해 발생하는 것임을 이해하도록 돕는 것은 자기비난을 줄이는 데 도움이 된다. 내담자가 분노에 대응하는 패턴이 한 번 형성되면 뇌에 뿌리를 내리고 거의 자동으로 활성화될 수 있다는 사실을 이해하도록 돕는 것이 도움이 된다. 따라서 화를 내는 자신을 탓하기보다는 수용하는 것이 중요한 태도 변화이다.

분노와 그에 수반되는 부정적인 생각이 떠오르는 순간을 관찰하고 분노를 받아들이는 것이 중요하다. 치료자는 내담자가 자신의 호흡에 주의를 집중하고 공기가 횡격막으로 들어가도록 심호흡을 하도록 안내해야 한다. 그런 다음 내담자가 숨을 들이쉬고 내쉴 때 복부가 오르내리는 것을 인식하고 어떤 일이 일어나는지 알아차리도록 안내해야 한다. 단순히 자신의 호흡을 관찰하고 주의가 다른 곳으로 이동하는 것을 알아차리는 것이다. 주의가 호흡에서 떠났을 때는 그저 부드럽게 몇 번이고 다시 호흡으로 돌아오는 것이 중요하다. 떠오르는 생각과 정서를 판단하지 않고 그냥 정신적 사건으로 알아차리는 것도 중요하다.

정서 · 신체 감각 · 생각이 떠오를 때 알아차리는 법을 배우면 분노로부터 거리를 두는 데 도움이 된다. 내적 또는 외적 감각에 주의가 산만해지거나 정서에 휩싸이거나 생각에 사로잡혀 호흡을 멈추고 관찰하는 것은 균형을 유지하는 데 도움이 된다. 분노가 일어났을 때 이를 알아차리면 화를 내거나 분노를 삭이는 대신 한 발 물러나서 어떻게 해야 할지 결정할 수 있다. 이렇게 하면 분노에 지배당하지 않고 자신의 행동에 영향을 미칠 수 있다. 마음속에서 일어나는 분노의 신호를 인식하는 방법을 배움으로써 분노를 차단하는 방법을 배울 수 있지만, 이는 매우 어려운 일이다. 첫 번째 단계는 알아차림(awareness; 흔히 마음챙김(mindfulness)이라고도 함)으로, 사람들이 자신의 통제하에 주의를 원하는 곳에 집중하고 그 상태를 유지하도록 안내하는 데 도움이 된다. 알아차림은 선택의 가능성으로 이어진다. 사람들은 주의를 덜 자극적이고 더 차분한 곳으로 유도함으로써 주의의 '스포트라이트(spotlight)'를 조절할 수 있다.

다음으로 중요한 것은 자신과 타자에 대한 연민을 키우는 것이다. 분노는 위협과 관련이 있지만 연민은 배려와 관련이 있다. 사람들은 연민을 느낄 때 방어적이고 화를 내기보다는 배려하고 친절하다고 느낀다. 자신에 대한 연민은 내담자가 스스로를 진정시키고 더 안전하다고 느끼도록 도와주며, 분노를 불러일으키는 기저의 고통스러운 감정을 다루는 데 도움이 된다. 타자에 대한 연민을 느끼면 다른 사람의 행동을 이해하고 자신의 분노 경험을 줄이는 데 도움이 된다. 연민은 정서적 고통(pain)과 아픔(suffering)을 다루는 새롭고 다른 방법일 수 있다. 연민적 접근 방식은 삶에는 다양한 어려움이 존재하며 모든 사람들이 삶에서 두려움 · 수치심 · 슬픔 · 분노 · 애도와 같은 고통스러운 정서를 겪는다는 것을 인정한다. 이러한 정서를 약점이 아닌 정상적이고 보편적인 인간 경험으로 간주한다.

연습을 통해 내담자는 자신의 분노 일화를 관찰하는 새로운 습관을 기를 수 있다. 주의 깊게 관찰하면 분노가 떠오를 때, 그리고 통제 불능 상태가 되기 전에 분노를 알아차릴 수 있다. 이를 통해 내담자는 분노를 유발하는 위협과 상황을 이해하는 데 도움이 된다. 일단 분노가 일어나는 것을 인식하고 분노를 인내하고 연민할 수 있게 되면, 분노를 다른 상태로 변화시킴으로써 분노에서 벗어날 준비가 된 것이다. 여기에서는 분노를 다룰 때 사용할 수 있도록 변화를 위한 작업 연습(Greenberg, 2015)을 소개한다.

1단계

촉발 요인: 통제할 수 없을 정도로 화가 났던 때를 선택하라. 분노나 짜증을 유발

한 상황을 간략하게 설명하라. 어떤 위협이 있었는가?

2단계

정서: 그 상황에서 어떤 기분이 들었는가? 몸에서 느껴지는 부적응적 분노 감각에 주의를 기울이라. 이를 환영하고 받아들이라.

- 분노가 얼마나 강렬했는가(1~10점)?
- 지금은 얼마나 격렬한가(1~10점)?
- 분노를 조절하거나 분노로부터 거리를 두어야 하는가? 필요하다면 어떻게?

생각: 스스로에게 어떤 말을 했는가?

- 스스로에게 어떤 부정적인 말을 하고 있는가? 어떤 생각들이 머릿속을 맴돌고 있는가?
- 머릿속 목소리의 어조는 무엇이며 어떤 감정(보통 경멸이나 적대감)을 표현하는가?
- 이러한 목소리의 출처는 어디인가?

행동: 무엇을 했는가? 어떤 행동을 취했는가?

3단계

- 기본적인 위협은 무엇이며 분노로 인해 충족되지 못한 욕구, 목표 또는 우려는 무엇인가?
- 위협을 해소하기 위해 나 자신이나 다른 사람에게 필요한 것은 무엇인가?
- 이를 받아들이고 충족되지 못한 욕구를 충족시킬 자격이 있는지 타당화하라.

4단계

- 욕구를 충족시킬 자격이 있다고 느낀 지금 몸에서 어떤 다른 감정이 느껴지는지 알아보라.
- 슬픔이나 연민 등 분노에 대한 보다 적응력 있는 새로운 정서적 반응이 떠오르는지 확인하라. 이 감정에 목소리를 내보라. 그 도움이 되는 정서가 느껴지

는 상황을 상상해 보라. 이 감정이나 상황을 입력하라. 스스로에게 연민을 느낄 수 있는가?

5단계

- 새로운 적응적 감정과 욕구를 부적응적 분노 상태와 접촉하게 하라.
- 건강한 욕구가 머릿속의 부정적인 생각에 직면하도록 허용하라.
- 새로운 감정과 강점, 새로 발견한 자원을 당신의 자기감에 통합하라.

분노를 극복하기 위해 동맹이 형성된 내담자에게는 연습과 실무가 도움이 되지만, 일부 내담자는 분노와의 관계를 쉽게 바꾸고 싶어하지 않을 수 있다. 분노 치료의 중요한 측면은 내담자가 분노를 놓아버릴(let go) 수 있는 능력과 관련이 있다. 분노는 신경화학 작용을 수반하기 때문에 내담자에게 힘을 느끼게 할 수 있으며, 힘을 포기하면 취약해지거나 성취동기를 잃게 될까 봐 걱정할 수 있다. 어떤 사람들은 분노가 오랫동안 그들의 동반자 역할을 해왔기 때문에 분노를 포기하기를 꺼려 할 수도 있다. 그렇다면 변화에 대한 내담자의 두려움에 초점을 맞추는 것이 필요한 단계이다.

기억 재통합

분노는 이전의 정서적 경험에서 형성된 암묵적 기억을 유발하는 사건에 의해 활성화될 수 있다. 기억은 과거에 어떤 일이 일어났는지 기억하지 않아도 그 경험을 활성화하는 경험을 만들어 낼 수 있다. 예를 들어, 자전거 타는 법을 기억하고 특정 노래를 들으면 정서가 떠오르는 것처럼 우리의 행동과 감정의 대부분은 자동적이다. 기억이 암묵적인 경우, 사람들은 현재 느끼는 분노가 과거에 형성된 패턴의 반영이라는 사실을 인식하지 못하는 경우가 많다. 그러면 사람들은 잘 이해되지 않고 현재 상황에 비례하지 않는 강한 분노의 정서적 반응을 보일 수 있다.

정서 기억 구조는 정서의 각성에 자동으로 영향을 미치기 때문에 과거의 기억 흔적이 현재에 변화하면 미래의 반응도 변화한다(Högberg et al., 2011; Moscovitch & Nadel, 1999). 정서적 기억이 재활성화되면 일시적으로 정서적 기억이 변화하기 쉬운 불안정한 상태가 된다. 이 과정을 기억 재통합(memory reconsolidation)이라고 한다. 내담자가 과거의 분노 일화를 회상하도록 유도하는 것은 치료적으로 도움이 된다(Short, 2001). 기억에 내재된 분노의 경험이 처리되고 반대되는 정서(예: 연민이나 슬픔)가 동시에 활성화되면 기억의 측면이 변화하여 다음에 그 사건을 경험할 때 내담자의 경험도 변화하게 된다.

따라서 분노에 대한 정서적 기억을 변화시키려면 치료 중에 이를 활성화해야 한다. 특정 정서는 분노의 행위 경향성과 신체적 경험에 반대하기 때문에 분노를 변화시킨다. 아마도 가장 강력한 반대 정서는 연민 · 기쁨 · 자부심일 것이다. 언급되었듯이, 연민은 아픔(suffering)과 정서적 고통(emotional pain)에 대해 내담자가 전통적으로 고통(distress)에 대응하는 방식과는 완전히 다른 반응을 보인다.

자신을 수용하고 연민하는 법을 배우는 것은 시간이 걸리는 연습이다. 사람이 어떤 행동을 할 때마다 뇌의 세포는 함께 활성화되고 서로 연결되어 패턴과 네트워크를 형성한다. 같은 길을 계속 걷다 보면 길이 닳아 없어지는 것처럼 정서적 고통(emotional distress)이 반복되면 뇌에 경로가 형성된다. 새로운 경험을 하고 새로운 대응 방식을 개발하면 새로운 경로가 만들어진다. 연습은 이러한 새로운 경로를 강화하며, 시간이 지남에 따라 오래된 경로가 사용하지 않음으로써 붕괴된다. 마치 오래된 길을 걷다가 멈추고 새로운 길을 걷는 것처럼, 새로운 길은 서서히 형성되고 오래된 길은 서서히 무너지게 된다. 이 과정은 시간이 걸리지만 사람들이 새로운 길을 계속 걷다 보면 새로운 길이 형성되고 낡은 길은 서서히 침식된다. 결국에는 주의력이 훈련되고 능동적으로 선택한 새로운 습관이 형성될 것이다.

진정시키는 공간(soothing space)을 만드는 것은 위협에 대한 반응을 진정시키는 방법을 개발하는 데 도움이 될 수 있으며, 분노와 새로운 경로를 마련하는 데 좋은 대안이 될 수 있다. 심상 기반 과정(imagery-based process)에서 치료자는 내담자가 안전함과 평온함을 느낄 수 있는 마음속 안전한 공간을 만들도록 안내할 수 있다. 내담자가 화가 났을 때는 이러한 감정을 느끼기 어려울 수 있지만, 안전한 장소에 대한 감각을 열고 시도하는 행동, 즉 시도가 중요하다. 치료자는 다음과 같이 말하며 시작할 수 있다.

> 완전히 편안하고 안전하며 안심할 수 있는 장소를 상상해 보세요. 아름다운 숲, 호수 옆, 푸른 바다가 있는 아름다운 해변, 장작불 옆의 편안하고 아늑한 방일 수도 있어요. 이러한 장소는 예시이거나 가능한 장소이지만, 중요한 것은 당신이 안전하다는 느낌을 받는 것이에요. 안전한 장소를 찾았다면 그 장소가 주는 안전함, 편안함, 가치 있는 존재라는 느낌에 집중하세요. 안전한 장소를 떠올리면 몸이 이완되도록 하세요. 얼굴에 이곳에 있다는 기쁨의 부드러운 미소를 지으세요. 내가 얼마나 안전하다고 느끼는지, 이 장소가 나를 얼마나 편안하게 해 주는지 느껴보세요. 이 장소가 내가 그곳에 있어서 행복하다고 상상할 때 느끼는 감정을 탐색하세요.

이러한 유형의 경험을 여러 회기에 걸쳐 과제처럼 반복하면 분노를 유발하는 상황에 처했을 때 스스로를 진정시킬 수 있는 능력을 키우는 데 도움이 된다. 내면화되면 분노가 활성화되는 것을 예방하는 데도 도움이 될 수 있다.

결론

분노의 활성화와 수용을 촉진하는 경험적 기법은 분노를 관리하고 조절하는 인지 및 행동 개입과 함께 사용해야 한다. 또한 분노에는 뚜렷하게 다른 유형이 있기 때문에 차별적인 치료가 필요하다. 압도적인 분노에 대처하려면 하향조절하고, 차단된 분노는 분노에 접근하고, 증상성 이차 분노는 기저의 취약한 일차 정서에 접근해야 하며, 부적응적 분노는 부적응적 분노의 기저에 있는 본래의 결정 요인을 이해하고 변화시켜야 한다.

분노 치료는 다양한 치료 학파가 일부분만 다루는 것이 아니라 보다 포괄적인 치료가 되어야 한다. 치료자는 내담자와 내담자가 처한 정서 상태 또는 분노 단계에 맞는 방법을 선택하고 상황에 맞는 개입의 순서를 정해야 한다. 분노 치료에 대한 보다 차별화된 접근 방식의 결과는 분노 조절에 대한 보다 포괄적이지만 프로그램적인 접근 방식을 제공할 것이다.

12장

분노 사례 예시

자기주장을 하고, 자신의 생각을 말하고, 자신의 의견을 피력하는 것을 나쁘게 생각하지 마라. 자신이 분노라고 생각하는 것을 다른 사람들은 자기존중감의 표현으로 받아들일 수 있다.

–앨리슨 제임스(Alison James)

이 장에서는 두 자녀를 둔 37세의 이탈리아계 기혼 여성인 지젤라(Gisella)의 치료 사례를 통해 시간이 지남에 따라 치료가 어떻게 진행되는지 살펴본다.[1] 지젤라는 임상적인 우울증과 불안 증상을 보였고 남편과 부모와의 관계에 문제가 있었다. 치료는 5개월에 걸쳐 15회기로 진행되었다. 치료자는 34세의 여성 심리학자였다.

이 장에서는 과정이 어떻게 진행되는지 실제로 맛볼 수 있도록 일부 초기 회기의 한 부분을 소개한다. 이러한 기록에는 이후 회기에 대한 서술적 설명이 이어진다. 축어록을 분석하면 치료자가 순간순간(moment-by-moment)의 정서처리(emotional-processing)를 촉진하는 촉진자임을 알 수 있으며, 치료자의 모든 반응이 다음 순간에 내담자의 정서 및 내러티브 처리 방식에 어떤 영향을 미치는지 알 수 있다.

기록에는 치료자의 반응에 대한 실행 설명이 포함되며, 내담자 과정을 설명하기 위해 내러티브 과정 코딩 연구 도구인 내러티브 과정 코딩 시스템(narrative process coding system: NPCS; Angus & Greenberg, 2011)의 코드가 때때로 사용된다. 이 시스템의 세 가지 코드는 '외현적(external)' '반영적(reflexive)' '내재적(internal)'이다. 기본적으로 외현적 모드에서 내담자는 '무슨 일이 일어났는지(what happened)', 반영적 모드에서 내담자는 '그것이 무엇을 의미하는지(what it means)', 내재적 모드에서는 '그것이 어떤 느낌인지(what it feels like)'에 대해 이야기한다. 정서중심치료(emotion-focused therapy)에서 강조하는 것은 내담자를 내재적 처리 모드로 안내하는 것이다.

1 이 책에 사용된 임상 자료는 내담자의 비밀을 보호하기 위해 적절히 각색되어 있다. 내담자의 신원은 유지되었다.

침묵의 목소리

치료 당시 지젤라는 도박 문제가 있는 남편(V)과 함께 살고 있었다. 치료가 진행되면서 그녀의 아버지에게도 도박 문제가 있다는 것이 분명해졌다. 첫 번째 회기에서 그녀는 남편과 가족에 대한 분노와 수치심으로 인해 어려움을 겪고 있음이 분명했다. 그 결과 치료 과정에서 내담자가 남편과의 경계를 설정하는 데 어려움을 겪고 있는 점과 원가족과의 관계에 얽매여 있는 점에 초점을 맞추었다.

지젤라는 정서적으로 적용 가능한 내담자였다. 그녀는 자신의 정서에 접근하는 데 문제가 없었지만 모든 정서를 사용할 수 있는 것은 아니었고, 적응적 분노는 그중 하나가 아니었다. 처음에 그녀는 무력감과 두려움뿐만 아니라 무망감이라는 이차 슬픔을 다소 조절되지 않는 방식으로 많이 표현했다. 치료가 진행되는 동안 그녀는 점차 분노와 슬픔에 대한 보다 적응적 감정에 접근할 수 있게 되었다. 또한 그녀는 주요 타자들(significant others)과 차별화되고 자신의 목소리를 주장했다. 그녀는 수치심을 유발하는 자신의 비판적이고 까다로운 목소리, 남편과 내면화된 아버지의 목소리에 맞서 자신을 더 잘 주장할 수 있게 되었다. 그녀는 회기 내 가상의 대화에서 남편과의 관계 방식을 바꾸었고, 자신이 자라온 방식이 어떻게 결혼 생활의 어려움에 기여하고 자신의 목소리를 잃게 만들었는지 인식했다. 그녀는 자신의 욕구를 더 잘 인식하게 되었고, 거기서부터 자신의 욕구를 충족시키는 데 방해가 되는 내적 과정을 극복하기 위해 노력했다. 치료가 끝날 무렵, 지젤라는 증상의 변화와 우울증의 뚜렷한 완화를 포함하여 자신의 삶에 변화가 생겼으며 남편을 대하는 방식이 달라졌다고 보고했다. 우울증 · 일반적인 증상 · 대인관계 기능에 대한 그녀의 측정치는 치료 종결과 후속 조치를 통해 모두 크게 변화했다(Greenberg & Watson, 1998).

1회기

치료는 치료자의 공감적 이해(empathic understanding)를 바탕으로 내담자가 자신의 이야기를 펼치는 것으로 시작된다. 다음 축어록은 치료자의 공감적 반응(empathic responses)이 내담자의 내적 초점을 통해 어떻게 내담자의 처리를 더 내재적으로 유도하는지 추적한다. 치료자는 구체적인 예를 든 다음 일어난 일을 처리하는 외현적 방식에서 그 일이 어떤 느낌인지에 대한 내재적 방식으로 초점을 전환한다.

치료자: 최근에 있었던 일 같은 것이 있나요? 아니면…. **(요청 예시)**

내담자: 음… [남편이] 외출한다고 하고, 그동안에 집에서 할 수 있는 다른 일들이 있잖아요. (치료자: 으흠.) 그러면 남편이 도박이나 카드 게임 같은 걸 하러 나갈 거라고 자동적으로 생각해서 기분이 바뀌곤 하죠. (치료자: 어허.) 그리고 제 기분은, 그냥, 그게 촉발하고, 네, 감정은, 음, 음, 재발하고, 사라지지 않고, 그냥 모든 감정보다 더 억압되고, 항상 느껴져요, 네. (치료자: 으흠.) 음… 저는 남편을 봐주고, 알다시피, 이건 병이고, 그는 어쩔 수 없다고 생각하고 (치료자: 어허.) 그리고 그게 다이고, 나는 남편에게 표현하지 않는 것처럼 그대로 둬요. **(주로 일어나는 일에 외현적으로 초점을 맞춰 이야기를 전개함)**

치료자: 네, 하지만 그게 꽤 무거운 짐처럼 느껴지겠어요? **(어떤 느낌인지 내재적 경험에 초점을 맞추고, 공감적으로 이해를 확인함)**

내담자: 네, 그래요, 그런 일이 생기면 다시 기분이 나빠지고, 갑자기 아이들에게 물건을 집으라고 소리를 지르기 시작하거든요. **(이야기를 계속 이어가되, 외현적 모드로 자신이 하는 일을 자세히 설명함)**

치료자의 공감적 따라가기(empathic following)와 내면에 대한 집중에 힘입어 내담자는 나중에 자신이 무시당하고 위축된 느낌을 받았지만 치료자에게 도전하는 것이 두렵다고 말하면서 자신이 느끼는 내면의 이야기를 자세히 설명한다.

내담자: 그냥, (울면서) 내가 무슨 말을 해도 아무 의미가 없지 않나요? **(내적 내러티브)**

치료자: 어허, 왠지 남편이 당신을 고려하지 않는 것 같군요, 남편은 당신이 중요하지 않다고 느끼는 것 같군요. **(내적 경험에 집중)**

내담자: 네(코를 훌쩍이며), 전 그냥 남편의 아내일 뿐이고(코를 훌쩍이며), 그저 부양자로서 곁에 있는 것뿐이죠. **(어떤 느낌인지에 대한 내재적 방식이 아니라 그것이 무엇을 의미하는지에 대한 반영적 내러티브 방식으로 이야기를 전개함)**

치료자: 네, 내 목소리도 마찬가지로 중요한 것 같군요. **[암묵적 경험에 대한 탐색적 공감(exploratory empathy)]**

내담자: 네, 맞아요, 음, 아니면 남편은 (울면서) 자기 목소리가 중요하다고 믿는 거죠. 그렇게 자랐을 수도 있지만 제 목소리도 중요해요. **[정서를 불러일으키는 초점은 처음에는 (남편에게) 외부에 있지만 그녀의 경험으로 옮겨짐]**

지젤라는 남편이 언성을 높일까 봐 싸우는 것이 두렵고 그래서 몸을 낮춘다고 자세히 설명한다. 또한 그녀는 남편이 집을 나가버릴까 봐 자신이 느끼는 감정을 말하지 않아서 자신을 위해 일어서는 것이 두렵다고 설명한다. 그녀는 3인칭으로 이야기를 이어간다.

내담자: 그래서 싸움을 시작하면 남편은 결국 집을 나가거나 떠날 수 있고, 제가 남편을 무시하는 분위기가 되면 남편은 다시 도박에 빠져들고, 남편은 제가 남편을 다시 도박에 빠지게 만들었다는 식으로 말하죠.

치료자: 그렇군요, 그러니까 당신이 배를 흔들고 남편이 떠나면 당신은 비난받

는다고 느끼는 거군요. **(비난감을 느끼는 내적 경험에 초점을 맞춘 공감적 이해)**

내담자: 마치 제 잘못인 것 같아요. (울음) **(내적 내러티브, 내적 경험을 상징함)**

치료자: 네, 그래서 정말 고통스러운 것 같아요. (내담자: 네.) 너무 많은 게 당신한테 달려 있는 것 같아요. **(공감적 이해로 고통을 따라가며)**

내담자: 네, 그러면 안 돼요, 전 남편의 행동에 책임이 없어요. (울음) **(내적 경험에 집중)**

치료자: 네, 알지만 그래도 당신이 이쪽으로 움직이면 남편은 저쪽으로 움직이고, 남편이 또 다른 행동을 할 테니까 당신은 그냥 발만 동동 구르고 있어야 하는 것 같군요. **(발끝으로 움직이지 않으면 안 된다는 암묵적 경험에 대한 공감적 탐색)**

내담자: 마치, 역기능 가정에서 왔는데 모두가 조용하지만 한 사람이 가족을 분열시키거나 (웃음) 질문하거나 순종하지 않거나… 하는 것과 비슷하지 않나요? **(의미에 대한 3인칭 반영적 처리)**

치료자: 으흠. 그래서 다시 말하지만, 당신은 배를 흔드는 것을 두려워해서 배를 흔들지 말아야 한다고 생각하네요. **(내적 경험에 대한 탐색적 이해)**

내담자: 네, 네, 맞아요, 두려워요. 그냥 비밀로 해야 할 것 같고… 그리고 삶은 계속되지요. **(내적 경험으로 주의를 전환)**

회기 후반부에 지젤라는 남편과 관련된 자신의 감정에 대해 이야기하고, 치료자는 내담자가 내면에 집중하도록 천천히 안내하면서 일관되고 부드럽게 내면에 집중한다.

치료자: 네, 그래서 그 얘기를 할 때도 옛날 감정이 다시 떠오르는 것 같군요, 그렇죠? **(내면에 집중)**

내담자: 네, (코를 훌쩍이며) 그 생각을 안 하려고, 생각하지 않으려고, 다시 생각하지 않으려고 노력하지만 그냥 (코를 훌쩍이며) 그냥 떠오르더라

고요. **(내면에 집중)**

치료자: 그러니까 지금 이 순간에도 그 얘기를 하면 그런 감정이 떠오르는 것 같군요. (내담자: 네.) 어떤 느낌인가요, 거의 상처받은 것 같은 느낌, 잘 모르겠어요? **[탐색적 질문(exploratory question)으로 내면의 감정에 집중]**

내담자: 음, 거절감 같은 거죠. **(내적 감정에 집중)**

치료자: 네, 거절감을 느끼시네요. **(내적 감정에 집중)**

내담자: 네, 그리고, 음, 사랑받지 못한다고 하면 안 되겠죠… 어쩌면… 모르겠어요, 관심받지 못한다고 하면 안 되겠죠, 병이잖아요…. **(남편의 행동에 대한 내적 감정과 의미에 집중)**

치료자: 어허, 당신은 그게 병이라는 걸 알고도 남편이 진심이 아니라는 걸 알게 되더라도, 마치 당신이 남편과 꽤 가까운 사이인데도 불구하고 여전히 그 감정을 느끼게 되는 것 같아요. 그 감정이 당신을 향하고 있어요. 왠지 "남편은 정말로 신경 쓰지 않고 나는 사랑받지 못하는 느낌"이라고 느끼는 것 같아요. **(내적 감정에 집중)**

내담자: 네, 그렇게 느껴져요, 사랑받지 못하는 것 같지만 다른 한편으로는 남편은 신경을 써주지만 저는 정말 혼란스러워요. **(갈등을 말함)**

치료자: 네, 남편이 신경 쓴다는 걸 알고 있는 것 같네요. **(공감적 이해)**

내담자: 네, 하지만 여전히 그러고 있어요. **(외부)**

치료자: 내 말을 듣지 않는 것 같군요. **(내적 감정에 집중)**

내담자: 음, 알다시피, 남편은 가족과… 그리고… 그리고 모든 것을 원하지만 여전히 다른…. **(외부)**

치료자: 네, 그러다 보면 당신은 결국 소외감을 느끼게 되죠. **(내적 감정에 집중)**

내담자: 네, 무시당하거나 거부당하거나, 음, 그냥 아이들을 위한 부양자로서 거기에 있는 것만으로, 그리고. **(내적 감정으로 전환)**

치료자: 으흠, 그러니까 그냥 혼자 짐을 지고 있는 것 같군요. **(내적 감정에 집중)**

내담자: 네, 네, 제 생각에는 제가… 어깨에 짊어지고 있는 게 많아서… (치료자:

음…) 음… 남편을 봐주는 것 같아요. 병이라서 어쩔 수 없다고 생각해요. (치료자: 네.) 그리고 그게 다예요, 표현하지 않고 그냥 그렇게 놔두죠. **(내적 경험과 의미에 집중)**

치료자: 네, 그렇긴 한데 꽤 무거운 짐처럼 느껴지죠, 그렇죠? **(확인 질문으로 내적 감정에 초점)**

내담자: 그리고 그건, 거기서 벗어날 방법이 없다는 거죠, 갇힌 느낌. (치료자: 네.) 네. **(내적 감정에 집중)**

치료자: 그러니까, 갇혀 있는 느낌 같은 거죠. **(내적 감정에 집중)**

내담자: 네, 좀 더, 어, 고립된 느낌에 가깝죠 (치료자: 네.) 제가 아무것도 할 수 없다는 걸 알잖아요, 일어나고 있지만…. **(내면의 감정을 구분함)**

치료자: 그래서, 거의 무력감을 느끼기 시작하네요. **(내적 감정에 집중)**

내담자: 네, 맞아요, 아무것도 할 수 없는 무력감이 들어요. **(내적 감정에 집중)**

회기 내내 치료자는 공감적 이해와 정동(affect)에 대한 조율(attunement)로 반응한다. 지젤라는 회기에서 무망감 · 무력감 · 슬픔 · 거부감 · 사랑받지 못하는 느낌 · 고립감 등 다양한 정서를 표현한다. 지젤라는 외로움이라는 핵심 슬픔을 견디기 어려워하며 종종 무망감이라는 이차 슬픔으로 전환하기도 한다. 또한 분노와 억울함을 표현하기도 하지만, 이는 곧 상처와 무력감으로 빠르게 전환된다. 그녀의 핵심 정서적 고통은 고립되고, 귀 기울여주지 않고, 거부당하며, 궁극적으로 사랑받지 못한다는 느낌에 대한 슬픔인 것으로 보인다. 그녀는 분노의 뿌리가 어린 시절 아버지의 통제적인 모습, 특히 자신에게 소리를 지르던 아버지를 경험했던 어린 시절에 있다고 말한다. 그녀는 남편이 자신을 비난하고 소리를 지르며 도박을 하러 집을 나가겠다고 협박할 때도 비슷한 통제감을 느낀다. 이는 그녀가 스스로를 옹호하고 자신의 필요를 주장하며 성장하고 자신의 목소리를 내는 것을 방해한다. 이것은 남편에 대한 자신의 감정을 표현하고 싶은 부분과 침묵을 지키고 싶은 부분 사이의 내적 분열(internal split)을 조기에 나타내는 지표다. 이 첫 번째 회기에서 그녀는 다른 감정들 중에서도 분노를 느끼지만 그 분노가 배를 흔들까 봐 두려워서 분노를 차단한다. 이 회기는 그녀가 침묵하고 있는 모든 감정을 다룰 수 있도록 함께 노력하기로 합의하면서 끝난다.

2회기

치료가 시작될 때 내담자는 어린 시절의 기억과 어머니가 동생들을 돌봐주기를 기대했던 기억을 떠올린다. 그녀는 어린 시절을 놓쳤다고 생각한다. 내담자는 어머니와 관련하여 슬픔 · 상처 · 분노가 혼합된 감정을 표현하며, 때때로 이러한 감정이 정서적으로 압도적이다. 그녀는 어머니가 자신을 지지해 주지 않았다고 생각하며, 지금은 어머니를 밀어내지만 기분이 나쁘다고 말한다.

내담자: 네. (울음) 기분이 안 좋아요. (코를 훌쩍이며) **(높은 정서적 각성)**

치료자: 엄마를 밀어내서 기분이 나쁘군요. **(내적 감정에 집중)**

내담자: 네, 네. (울음, 코를 훌쩍이며)

치료자: 그러니까, 일종의… 감정이 올라오는 거죠. **(몸으로 느끼는 감각에 집중)**

내담자: 제가 엄마에게 벌을 주는 것 같은 느낌이 들어요. (울음) 그게… 무엇인지는 모르겠어요. (코를 훌쩍이며) **(내적 감정에 집중)**

치료자: 숨을 쉬세요. **(호흡으로 안정화)**

내담자: 하지만 다시 말하지만, 이건 정말 불공평해요. (울음) 엄마는 단지 인간일 뿐이에요. (코를 훌쩍이며) … 하지만 나는 엄마에게 꽤 가혹해요… 나는 나 자신에게 가혹하고 엄마에게도 가혹한 것 같아요.

치료자: 엄마에 대한 감정이 꽤 강한 것 같네요. **(내면에 집중)**

내담자: 네, 속으로는 정말 화가 나고 답답하고 왜 엄마가 저를 이렇게 대하게 내버려두는 건지, 엄마한테 그렇게 말하면 안 되겠어, 이런 생각이 들어요.

치료자: 네, "너는 엄마에게 무례하게 굴면 안 돼"라는 목소리가 들리는데, 그

게 그런 건가요? **[방해(interruption)]에 집중]**

내담자: 네, 네, 무례하거나, 아시다시피 엄마는 자신의 문제가 있고 충분히 겪고 있으니 제게서 그런 소리를 들을 필요가 없지요.

내담자는 어머니도 인간일 뿐이고 자신도 힘든 시간을 보냈기 때문에 어머니를 용서해야 한다고 말한다. 그리고 그녀의 슬픔을 들은 치료자는 이렇게 말한다.

치료자: 하지만 다른 감정도 떠오르게 하는 것 같아요, 마치…. **(기저의 감정으로 안내)**

내담자: 슬픔이요. **(내적 감정에 집중)**

치료자: 어허, 어허, 슬픔이요. (11초간 침묵) 잠시 슬픔에 머물러 있어 보세요. **(내적 감정에 집중)**

내담자: (한숨) 음, 통제당하는 것이요…. **(내적 감정을 구분)**

나머지 회기에서 내담자는 자신이 겪고 있는 일을 아무도 이해하지 못하고 혼자서 겪고 있다고 생각하면서 무력감과 무망감이라는 이차 정서를 표현한다. "아무도 이해하지 못하는 것 같고, 내가 겪고 있는 일인데 도움이나 지원을 요청해도 소용이 없는 것 같아요(코를 훌쩍이며)"라고 그녀는 말한다.

내담자: 그냥 걸어 다니면서 그냥 그런 척을 하는 것 같아요. 실제로는 일어나지 않는 일이지만 실제로 일어나고 있는 것처럼요. **(외부에 집중)**

치료자: 네, 그럼 그런 척하는 게 고통스럽거나 그런 게 있나요? **(내적 감정에 탐색적 초점)**

내담자: 네, 맞아요, 맞아요, 왜냐하면 속으로는 고통스럽다는 걸 알거든요. **(의미에 집중)**

치료자: 어허, 어허, 그래서 당신이 엄마의 고통에 대해 이야기 할 때, 그것은 또한 당신의 고통을 불러일으킨다고 하는군요. (내담자: 네.) 그래서 아

마 그게…. **(내적 감정에 집중)**

내담자: 글쎄요, 전 가까이 가고 싶지 않아요 (치료자: 아, 그렇군요.) 음… 두려움이나…. **(내적 감정에 집중)**

치료자: 두려움이요? **(내적 감정에 집중)**

내담자: 음, 믿지 못하는 것 같아요. (치료자: 네.) 제 생각에는, 고통이 있기 때문에, 그게, 그게, 그게 제가 아는 전부인 것 같아요, 만약 당신이 믿는다면… 모르겠어요, 설명하기 어렵고, 음, (6초간 침묵) 아무도 이해하지 못하고, 나만 겪고 있는 것 같고, 도움이나 지원을 요청할 필요가 없는 것 같고요. (코를 훌쩍이며) **(내적 감정과 의미 창출에 집중)**

치료자: 오, 알겠어요, 그러니까 그런 시도를 해봤고, 지원을 요청했거나…. **(공감적 이해)**

내담자: 네, 그러다가 뒤통수를 맞은 것 같아요. (치료자: 알겠어요.) 아무도 믿을 수 없게 되는 거죠. **(내적 감정을 표현)**

치료자: 그렇군요. 그러니까, 이 모든 고통이 내 안에 있고, 아무도 의지할 수 없는 것 같군요. **(내적 감정과 의미에 집중)**

내담자는 나중에 사랑과 지지를 받을 자격이 있다고 느끼고 싶다는 욕구를 표현한다. 이것은 차단되었던 적응적 자기진정(self-soothing) 정서와 주장적 화(assertive anger)를 짧게 표현한 결과이다. 내담자는 평생 동안 어머니가 자신에게 반응하지 않는 것에 대해 적응적인 주장적 화를 표현한다. 이 분노는 자기보호적인 것이며 분리와 경계 설정 과정을 시작한다. 또한 내담자는 자신의 경험에 대해 성찰적인 자세를 취함으로써 분노를 현존하면서도 조절할 수 있게 되어 자기주장에 유용하게 사용할 수 있게 되었다. 회기는 전날 발생한 사건에 대해 이야기하는 것으로 마무리되었다. 그녀는 자신이 왜 그 이야기를 꺼냈는지 모르겠지만 남편에게 "당신은 가끔 내가 테레사 수녀처럼 되기를 기대하잖아요"라고 말했다고 말한다. 그녀는 집에서는 자신의 감정에 대해 이야기하지 않지만, 갑자기 감정을 털어놓으면 남편과 아이들은 그녀가 너무 미친 것 같아서 무슨 일인지 모른다고 말한다. 이쯤 되면 그녀는 슬픔뿐만 아니라 분노로 인해 힘들어하며 스스로 침묵하고 있다는 것을 알 수 있었다.

3회기

이 회기 초반에 내담자의 이야기는 슬픈 외로움과 정서적 경험을 회피함으로써 대처를 조장하는 가족 문화에서 자란 경험과 관련이 있다. 내담자는 어머니가 남편과 어려운 가정 상황에 계속 처해 있고, 어머니의 정서적 지지에 대한 욕구가 내담자의 아버지에 의해 무시된다는 점에서 어머니의 고통과 동일시한다. 내담자는 자신의 정서를 억누르는 방법을 아버지로부터 배웠다고 말하며, 이것이 아버지의 고통에 대처하는 방식이었다고 말한다. 그녀는 아버지의 행동으로 인해 자신의 정서 표현에 어려움을 겪게 된 것을 보면서 아버지에게 분노를 느낀다고 설명한다. 치료자는 아버지에 대한 분노를 표현할 수 있는 기회를 제공할 수 있도록 아버지와의 미해결 과제(unfinished business) 대화를 위해 빈 의자 대화[2]를 제안한다. 이 대화에서 치료자는 인식을 촉진하는 개입과 정서 표현을 촉진하는 개입의 두 가지 다른 형태의 차이에 대해 설명한다.

치료자: 아빠에 대한 분노가 매우 강한데, 아빠를 상상 속에서 데려온다면 실제로 아빠를 향해 분노를 표현할 수 있는 기회를 가질 수 있을 것 같아서 실험을 해 볼게요. 그렇게 해 주시겠어요?

내담자: 네, 알았어요.

치료자: 좋아요, 그럼 제가 방법을 알려드릴게요. 여기에 의자를 놓을 테니, 먼

2 역자 주) 빈 의자 작업(empty chair work)은 내담자의 과거 주요 타자와의 미해결 과제(unfinished business)에 대해 적용하는 정서중심치료의 주요 기법이다. 이에 대한 상세한 개입 과정은 『정서중심상담의 실제』, Robert Elliott, Leslie Greenberg 공저, 김영근 외 공역(2024), 학지사 7장 참조.

저 아빠가 여기 있다고 마음속으로 상상하고 아빠를 여기로 데려오세요. (내담자: 알겠습니다.) **(실험 구조화)**

치료자: 아빠를 느낄 수 있나요? (내담자: 으흠.) 뭐, 아빠를 볼 수 있을 때 어떤 느낌이 드나요? (내담자: (울음)) 있는 그대로 느껴지는군요. (내담자: (울음)) 무서워요, 아니면 뭔가요? **(아버지를 보는 신체 감각에 집중)**

내담자: 네, 무서워요. (울음) 무서워요. 아빠 앞에서는 항상 착한 여자애가 되어야만 했던 것 같아요.

치료자: 네, 할 말이 있는 것 같네요. 더 말해 봐요. 말해 봐요. **(정서 표현에 대한 안내)**

내담자: 네, 전 받아들여지지 않아요.

치료자: 어, 이대로는 괜찮지 않다고요? (내담자: 네.) 그렇게 말할 수 있나요? "나는 아빠에게 받아들여지지 않는다고 느껴요"라고 말해 주세요. **(수치심에 기반한 감정에 이름을 붙이고 정서를 표현하도록 안내하기)**

내담자: (한숨) 음. (6초간 잠시 침묵) (한숨) 음, 제가 차단하고 있는 것 같아요. 또 정신이 나갔어요. **(방해가 나타남)**

치료자: 네, 알았어요, 그럼 그냥 그 자리에 계세요. 당신이 아닌 다른 사람이 되려고 노력하지 말고 지금 무엇을 느끼고 있는지, 지금 떠오르는 것이 무엇인지. **(정서를 알아차리도록 안내)**

내담자: 음, 전 직면하고 싶지 않아요.

치료자: 마주하고 싶지 않다고요?

내담자: 음, 예, 아니요, 다시 말하지만, 음, 알다시피, 아빠가 원하고, 아니요, 미안해요, 음, 아빠 앞에서 편안하지 않고….

치료자: 지금 그렇게 느낀다고요, 불편하다고요? (내담자: 네, 음.) 불편하군요. **(정서에 대한 인식에 집중)**

내담자: 착한 딸이 되고 싶고, 그렇지 않다면 저는, 알다시피, 좋지 않아요.

치료자: 당신 기분이 어떤지 말해 주세요. **(정서 표현에 집중)**

그녀는 아버지가 어머니에게 주는 고통에 대해 아버지에게 약간의 분노를 표현하기 시작한다. 대화의 이 시점에서 치료자는 그녀가 아버지로부터 내면화한 핵심 메시지를 묻는다.

치료자: 네, 그러니까 그냥, 메시지가 뭐죠, 그냥 고통을 치워두고…. (**타자의 메시지에 대한 인식**)

내담자: 네, 우리 가족에게는 허용되지 않아요.

치료자: 좋아요, 그럼 "넌 네 감정을 갖는 게 허용되지 않아"라고 말해 주세요. (**정서 차단에 집중**)

내담자: 그래, 네가 진짜로 느끼는 감정을 느끼는 것도 허용되지 않고, (울면서) 고통을 느끼는 것도 허용되지 않아. (코를 훌쩍이며)

내담자가 이 메시지에 어떻게 반응할지 물었을 때, 그녀는 두려움, 즉 자신이 받아들여지지 않을 것이라는 두려움과 아버지의 분노에 대한 두려움을 표현한다. 이러한 두려움으로 인해 그녀는 자신의 감정을 숨기게 되고, 그 결과 "가짜"라고 느끼게 된다. 그런 다음 그녀는 아버지에게도 어려움이 있었다는 것을 알고 아버지를 이해하는 자세를 취하기 시작한다. 그녀는 아버지와 다른 사람들에 대한 약간의 자기주장과 공감 사이에서 왔다 갔다 하며 자신의 감정과 욕구를 붙잡는 데 어려움을 겪는다. 대화에서 아버지는 내담자의 말이 옳았고 어머니의 고통을 더 보았어야 했다며 사과하고 반성하는 태도를 보인다. 이는 내담자에게 슬픔을 가져다주고, 내담자는 슬프고 무력한 자신을 빠르고 반복적으로 정리한다. 그녀는 자라면서 느꼈던 외로움과 그로 인한 공허감으로 인한 부적응적 외로움의 핵심 고통을 표현한다. 그녀는 슬픈 무망감이라는 이차 정서적 반응에 무너지지 않고 그 정서에 머무르며 그 정서에 내재된 의미를 탐색한다. 이러한 욕구는 수용 · 경청 · 지지 · 이해 · 친밀감을 찾고자 하는 것이다. 본질적으로는 결코 존재하지 않았던 연결에 대한 갈망이 있다.

치료자: 음, 슬픔을 불러일으키네요. (내담자: 네.) 슬픔에 머물러 있어 보세요. 아빠한테 슬픈 감정에 대해 말해 줄 수 있어요? (**정서 표현하기**)

내담자: 아빠는 저한테 사랑한다는 말을 한 번도 안 하셨어요. 그 말을 더 자주 듣고 싶었어요.

잠시 후 내담자는 자신의 욕구가 충족되지 못한 것에 대해 분노를 표현한다. 치료자는 내담자의 감정과 욕구를 타당화한다.

치료자: 그럼, 당신이 느끼는 감정, 아빠에게 어떤 감정을 느끼는지 말해 보세요. (**정서에 대한 인식**)

내담자: 음, 저는 아빠가 우리 엄마를 학대하는 방식에 화가 났어요.

치료자: "엄마를 대하는 태도에 화가 나요. 아빠는 엄마를 고려하지 않았어요" (**정서 타당화**)

내담자: 음, 엄마를 대하는 방식이 원망스럽고, 그래서 엄마가 지금 자신의 인생에서 자신의 문제에 얽매여 있는 것 같아요.

치료자가 대화에 존재하는 내담자의 분노에 초점을 유지하면 내담자는 자기보호적 분노를 주장하여 경계를 설정하는 분리감을 증진한다.

내담자: 아빠가 도박을 한 건 내 잘못이 아니에요!

치료자: 그렇게 말할 때 속으로는 어떤 느낌이 드세요? (**정서에 대한 인식**)

내담자: 마치 내가 나 자신인 것처럼 아빠로부터 분리된 느낌이요.

치료자: 그럼, "나는 나이고, 나만의 감정이 있어요"라고 말해 주세요. (**정서 표현**)

내담자: 나는 나이고, 이 감정은 내 것이며, 내가 말하고 싶으면 말할 거예요.

내담자와 아버지 사이의 대화가 계속되면서, 심상 속의 아버지가 의도하지 않은 상처였다고 확신하면서 아버지가 준 상처를 인정하는 것을 경험하는 등 몇 가지 중요한 순간에 자기진정 정서가 생긴다. 회기가 끝날 무렵, 아버지에 대한 감정을 표현한 결과, 그녀는 더 이상 분노를 품고 다닐 필요가 없다며 분노의 일부를 내려놓을 수 있게 되었다. 이제 그녀는 아버지를 슬픔을 많이 간직한 사람으로, 대화할 상대가 없는 세상에 홀로 있는 사람으로 바라보게 되었다. 그녀는 아버지가 자신에게 준 상처의 영향을 인식하고, 그럴 수 있었지만 그러지 못한 관계에 대해서도 슬퍼할 수 있게 되었다. 애도에는 놓아버리는 특성(letting-go quality)이 있다. 내담자는 평화로움을 느끼고 아버지를 사랑한다고 말한다.

대화 초반에 이어서 치료자는 딸에게 슬픔을 그대로 간직하고 아버지에게 표현해 달라고 요청한다.

치료자: 음, 슬픔을 불러일으키네요. (**내담자**: 네.) 슬픔에 머물러 있어 보세요. (10초간 침묵) 아빠에게 슬픈 감정에 대해 말씀해 주시겠어요? (**감정 표현하기**)

내담자: 아빠는 저에게 사랑한다는 말을 한 번도 안 해 주셨는데, 그 말을 더 자주 듣고 싶었어요. (**치료자**: 네.) 하지만 제가 어떤 선택을 하든 안심할 수 있었으면 좋았을 거예요.

치료자: "제가 괜찮다는 아빠의 확신이 있었으면 좋았을 거예요"

내담자: 네. 그 말을 들으면 기분이 좋았을 것 같아요.

4회기

4회기에서는 남편의 행동과 관련된 내담자의 고통에 대한 탐색을 계속한다. 내담자가 다양한 정서 상태를 거치면서 그녀의 고통스러운 핵심 슬픔을 탐색하고 더욱 정교화한다. 남편의 학대와 관련하여 수치심과 외로움과 같은 더 일차적인 부적응적 정서에 접근한다. 회기에서 외로움 · 거부감 · 사랑받지 못한다는 핵심 정서적 고통을 경험하고 그 속에 내재된 욕구를 표현할 수 있게 되면서 그녀는 자신에 대해 더 적극적인 분노와 연민을 표현하게 된다.

회기 초반에 자신의 상태를 묻는 치료자의 질문에 대해 그녀는 이번 주에 남편에게 약간 화가 났다고 말했다. "약간의 분노가 있었고(울음), 어, 어, 약간의 실망감이 또 있어요" 그리고 "이제 도박이 너무 명백해졌어요"라고 말한다. 치료자는 그녀가 실망감을 느끼고 있다고 공감적으로 반응했고, 내담자는 남편이 도박을 통제할 수 없다는 것을 이해하지만 남편이 뭔가 조치를 취해야 한다고 말하며 남편의 행동을 봐주었다. 이 시점에서 그녀는 눈물을 흘린다. 그런 다음 그녀는 남편이 12단계 프로그램에 다시 들어가서 따라오겠다고 말했지만 남편은 단지 그녀를 집으로 돌아오게 하려고 그렇게 한 다음 자신이 하고 싶은 대로 했다고 자세히 설명한다. 그녀는 일주일 동안 너무 화가 나서 남편 앞에서 신용카드를 잘랐던 사건을 이야기하며 남편이 너무 통제 불능이어서 자신이 무슨 짓을 하고 있는지 깨닫지 못한다고 말한다.

그런 다음 내담자는 남편과의 소통 능력 부족에 대해 자기비판적 수치심에 빠지게 된다. 한편으로는 남편의 행동에 대한 책임이 자신에게 있다고 느낀다. "그래, 내가 충분히 노력하지 않은 것이 내 잘못인가?라고 스스로에게 말하지요" 내담자는 남편이 두렵고 남편이 자신을 대하는 태도에 대해 어떻게 느끼는지 설명한다. 남편이 자신을 실망시켰다는 사실을 알게 되면 남편의 감정이 상하고 상황이 더 나빠질까 봐 두려워한다. 그녀는 거절과 상황 악화로부터 자신을 보호하고 있다. 그녀가 드러내지 않는 핵심 일차 감정은 거절에 대한 두려움 · 고립감 · 슬픈 외로움이다. 그러나 그녀는 "나는… 나는… 나는… 남편을 볼 때 마치 아빠처럼 보고… 나는 두려움을 가지고 있어요. 남편을 두려워하는 것 같아요"라고 말하지만 이 시점에서 그것은 경험적이라기보다는 개념적인 것 같다.

치료자는 남은 회기 동안 남편과의 미해결 과제에 대한 빈 의자 대화(empty-chair dialogue)에 집중하여 외로움에 대한 슬픔과 사랑받지 못한다는 감정에 대한 내담자의 핵심 정서도식(core emotional scheme)을 탐색하는 것을 촉진한다. 처음에 내담자는 남편에게 화가 났다고 이야기하지만, 흥분하지 않고 소심하게 표현한다. 치료자의 공감적 탐색(empathic exploration)과 타당화를 통해 내담자는 자신의 일차 부적응적 외로움, 즉 사랑받지 못하고 지지받지 못한다는 느낌을 표현한다. 그러나 내담자는 곧 이 핵심적인 고통스러운 정서적 고통에서 벗어나 자신에게 화를 낼지도 모른다는 두려움을 표현함으로써 자기방해적인 과정에 참여하게 된다. 다음의 긴 부분은 내담자가 자기방해(self-interruption)를 극복하는 과정을 보여 준다.

치료자: 좋아요, 그럼 해 볼게요…. 여기 있는 남편을 상상할 수 있나요? **(대화를 설정하고 그와의 심상적 접촉을 통해 경험을 만들도록 안내함)**

내담자: (한숨) 아, 그래요.

치료자: 남편에 대한 느낌이 드세요? 남편이 지금 무엇을 하고 있나요, 아니면 뭐가 보이나요? **(접촉 증폭)**

내담자: (한숨) (7초간 침묵) 슬프네요.

치료자: 네, 슬퍼 보이네요. (**내담자**: 네.) 그럼 지금 남편에게 어떤 기분이 드세요? **(정서에 현재 중심적으로 집중)**

내담자: 음… 화가 나요… 음….

치료자: 말해 봐요. "나는 당신에게 화가 났어요"라고 말해 주세요. **(표현 촉진)**

내담자: 나는 당신이… 음… 노력하지 않은 것에 대해… 노력하지 않은 것에 대해… 노력하지 않은 것에 대해 화가 났어요. (**치료자**: 네.) 다른 사람들이 당신을 돕지 못하게 한 것에 대해 화가 났어요. (**치료자**: 네.) 혼자서만 하려고 하고 다른 사람들을 밀어내려고 하잖아요.

치료자: 네. "노력하지 않는 것에 대해 화가 났어요" 맞아요. **(공감적으로 타당화)**

내담자: 네. 노력하지 않는 것, 그리고 적어도 한동안은 그 노력을 계속하지 않는 것에 화가 나죠. 상황이 나아지면 더 이상 도움이 필요하지 않다고 생각하거나 혼자서 할 수 있다고 생각하면서 그냥 손을 떼고 싶어 하죠. 사랑받지 못하고, 지지받지 못한다고 느껴요. 당신에게서 지지를 받지 못한다고 느껴요.

치료자: 그렇군요. 그런 기분이 어떤지 말해 줘요. **(표현 촉진)**

내담자: 음… 외롭고… 아프고… 마치 새장 안에 갇혀서 빠져나올 수 없는 것 같아요. **(내담자가 부적응적 핵심 감정에 접근하고 있음)**

치료자: 그렇군요. 그 갇힌 느낌에 대해 이야기해 보세요. **(그 감정을 자세히 설명하고 차별화함)**

내담자: 음… 철창 같은 게 있는 것 같아요… 그냥… 내 마음이 나가서 옳다고 느끼는 일을 해야 한다고 말하지만, 당신이 여기 내 앞에 있으면 멈추고 아무데도 가지 말라는 것 같아서 할 수 없는 것 같아요.

치료자: 스스로에게 "멈춰, 아무데도 가지 마"라고 말하는 건가요? **(자기방해를 반영함)**

내담자: 네, 왜냐하면 남편은, 남편은 화를 내거나 나에게 화를 내거나, 내가 하는 일이 옳다고 생각해야 하기 때문에 (**치료자:** 음흠.) … 그래서 당신은… 만약 내가… 만약 내가 그 일을 하기 위해 모든 노력을 기울이면 내 마음이 완전히 반대 방향으로 가는 것처럼 내 마음을 바꾸게 돼요.

치료자: 의자를 바꾸어 보세요. 음, 알았어요, 그럼 당신이 자신을 어떻게 막는지 한번 보죠.

내담자: 맞아요, 맞아요.

치료자: 겁을 줘요. 어떻게 하나요? 어떻게 하시겠어요? (**내담자:** 음, 지금.) 아니면 V인지 당신인지 잘 모르겠어요…. 뭔가 있어요. 내 말은 어떻게든 당신은 자신을 막고 있고, 남편에게 화가 났다는 거예요. **(그녀에게 방해의 주체가 되라고 안내함)**

내담자: 알았어요, 그 목소리가 저일 수도 있어요.

치료자: 알았어요, 그럼 지금은 그 사람이 되어서 당신의 일부가 되어 보세요. 그리고 그녀가 남편에게 화를 내지 못하게 하세요. **(당하는 사람이 아니라 하는 사람이 되어)**

내담자: 음. 아니, 그렇게 하면 안 돼… 음, 그냥 집에 있으면서 아이들과 함께 있고… 아이들을 돌보고… 너의 시간은 나중에 올 거야…. 지금 가장

우선 순위는… 너의 아이들이야.

치료자: 그러니까 아이들을 생각하는 것도 그 일환이죠? 다른 건요? **(타당화 및 격려)**

내담자: 그래, 그래, 알다시피, 너는 그렇게 할 자격이 없거나….

치료자: 너는 자유로울 자격이 없다, 그런 말씀이신가요?

내담자: 네, 옳다고 생각하는 일을 할 자격이 없다는 거죠.

치료자: 그녀는 그럴 자격이 없군요. (내담자: 아니요.) 그녀는 그럴 가치가 없다고 말해 주세요. **(강화함)**

내담자: 음. (6초간 침묵) 우리 엄마는 항상 집에 계셨고, 가족을 먼저 챙기셨고, 그다음에… 그리고… 너는 그렇게 할 수 없어… 알잖아… 집에 있어야 하고 그게 우선이지.

치료자: 그러니까, 그렇게 배웠고 그렇게 믿고 계시잖아요. **(관계적 이해와 연결을 유지하기 위해 반영)**

내담자: 응, 그래. 그렇게 하면 너는 나쁜 사람이고, 그렇지 않으면….

치료자: 그렇군요, 그럼 만약 당신이… 만약 당신이 떠나거나 자신을 표현한다면요? **(파국화의 표현을 촉진)**

내담자: 음… 글쎄요, 제가 표현을 하면, 표현을 하면, 비웃음을 받거나….

치료자: 오, 알겠어요, 그럼 "자신을 표현하지 않으면 비웃음을 당할 거야"라고 말해 주세요. **(대화에서 표현하도록 다시 안내)**

내담자: 너는 비웃음만 당하고 (치료자: 네, 그래요.) 말을 듣지 않을 테니까 너 자신을 표현하지 마.

치료자: (기침) 그게 우리가 전에 말했던 거고, 그중 일부는… 여기 메시지 같은 건데, 시도하려고 하지 말고, 표현하지 말라는 거죠. **(강조를 위한 반영)**

내담자: 네가 자신을 표현하면 아무도 너의 말을 듣지 않거나 그냥… 그래, 그래, 그래, 하지만… 알다시피, 너는 중요하지 않아, 너의 감정은 중요하지 않아.

치료자: 그래요, 그렇게 말해 주세요. "네 감정은 중요하지 않아" **(표현)**

내담자: 네, 네 감정은, 다른 사람이 너에게 어떻게 하든 상관없어.

치료자: 알았어요, 의자를 바꾸어 보세요. … 남편이 어차피 당신의 말을 듣지 않을 것이고 당신의 감정은 중요하지 않다고 말할 때 어떤 기분이 드나요? **(정서에 접근하기 위해 경험하기 의자로 전환)**

내담자: (한숨) 음… 네, 감정은 중요하죠. **(내담자가 스스로를 위해 일어남)**

치료자: "나, 나는 중요해"라고 그녀에게 말해 주세요. **(표현을 지지하며)**

내담자: 나, 나는 중요해.

치료자: 어떤 느낌이 드세요? **(이 질문은 단순히 행동이 아니라 내담자의 진정한 경험에 접근하는 데 중요함)**

내담자: (울면서) 슬퍼요. **(말은 주장적이었지만 그 정동은 취약함)**

치료자: 슬픔에 머물러 있어 보세요. 슬픔이 상당히 강하군요. 슬픔에 대해 남편에게 이야기해 보세요. **(치료자는 정동에 공감적으로 조율하고 고통을 따라감).**

내담자: 음… 정말 할 수 있다고 믿고 싶어요.

치료자: 당신은 원하는군요…. **(욕구/원함의 출현을 따라감)**

내담자: 제 자신을 믿고 싶어요.

치료자: 어, 누구에게 그런 말을 하는 거죠? **(그녀의 경험에 따라 명확히 말함)** "나는 무엇을 원해요"라고 남편에게 말해 주세요. **(욕구/원함을 표현)**

내담자: 당신이 날 진지하게 받아줬으면 좋겠어요. (치료자: 네.) … 그러지 않으면 정말 고통스러워요.

치료자: 네. 고통에 대해 남편에게 말해 주세요. **(여기서 우리는 정서중심치료의 특징을 볼 수 있는데, 고통을 건너뛰거나 좋은 의도를 촉진하는 것이 아니라 새로운 입력에 접근할 수 있도록 고통 속으로 들어가는 것임)**

내담자: 음(코를 훌쩍이며)… 외로워지고(울음)… 그리고… 난… 난 그냥(한숨) 당신과 아이들을 부양하기 위해 거기에 있는 것 같고 다른 것은 나누지 않는 것 같아요. (코를 훌쩍이며)

치료자: 네, 그렇군요, 사랑받지 못하는 것도 힘들고 고립되는 것도 힘들죠. **(이제 치료자는 고통스러운 핵심 정서에 공감하고 타당화함)**

내담자: 네. 음… 나는 당신의 보호주의와 질투심이 마음에 들지 않아요.

치료자: 그럼 "난 당신이 싫어요"라고 말할 때 남편에게 어떤 기분이 드나요? (**내담자**: 음.) 남편이 그런 행동을 하면 어떻게 되는지 말해 주세요. **(출현하는 분노를 따라감)**

내담자: 음, 남편은… 갑자기 당신을 믿지 못하겠고, 그런 사람과 함께 살고 싶지 않아요. 정말 불편해요.

치료자: 으흠. 어떤 경우에 같이 살고 싶지 않다는 건가요? **(질문을 구체화)**

내담자: 당신이 통제하거나 질투하거나 나를 믿지 못할 때요.

내담자는 자기방해의 영향을 경험하면서 자신이 어떻게 대우받고 있는지에 대한 슬픔 · 상처 · 외로움이라는 보다 부적응적 일차 정서에 접근하게 된다. 이를 통해 내담자는 남편과의 분리와 거리두기에 대한 필요성을 표현할 수 있다. 이러한 욕구에는 약간의 분노가 수반되지만, 내담자는 이러한 분노를 쉽게 견디지 못하고 곧 분노와 슬픔이 융합된 이차적인 불만 정서로 무너진다.

치료자는 내담자가 분노에 머무르고 표현하도록 안내하여 분노와 사랑 · 지지 · 존중 · 수용의 필요성을 보다 일치되게 표현할 수 있도록 유도한다. 몇 분 후 대화에서 그녀는 이렇게 말한다.

내담자: 네, 당신은 저를 위해 존재하지 않아요.

치료자: 그 점에 대해 어떻게 느끼는지 남편에게 말해 주세요. **(표현)**

내담자: 음, 당신이 집에서 지지해 주지 않아서 화가 나고….

치료자: 그 분노에 대해 말해 보세요. 어떻게 화가 났는지, 어떤 점이 원망스러운지, "나는 당신이 집에 없는 게 원망스러워…"라고 말하세요. **('나'라는 진술로 분노 표현을 촉진함)**

내담자: 네, 네. 당신이 집에 있지 않고 나나 아이들과 함께 무언가를 하지 않

는 것이 원망스러워요. 당신이 집에 있을 때는 하루 일과를 열심히 했다고 생각하지만 실제로는 아무것도 아니고 나나 아이들에게는 충분하지 않아요.

치료자: 그래서, "나는 당신을 원망해요…" **(반복)**

내담자: 네, 곁에 있어 주지 않는 것, 네, 그냥… 해야 할 일이 있으면, 당신은 내가 도움이 필요하다고 말하지 않고, 내가 모든 것을 처리하고 슈퍼맘이 되어야 한다고 잔소리만 하잖아요.

치료자: 네. 그래서 "당신이 50%도 노력하지 않는 게 원망스러워요…" **(반복)**

내담자: 노력, 집안일, 아이들과 함께.

치료자: "그리고 나에게 너무 많은 책임을 떠넘긴 것도 원망스러워요" **(반복하고 정교화)** (내담자: 네, 네.) 그 원망에 대해 말해 주세요. **(표현하고 정교화)**

내담자: 음… 당신과 내가 미워지는 날이 있어요. (울음) … 당신과 함께 있고 싶지 않아요. (코를 훌쩍거림) … 너무 외롭고….

치료자: 이 외로운 감정에 대해 남편에게 이야기해 보세요. **(출현하는 감정을 따라가며, 표현하고 정교화)**

내담자: 내 하루를 함께 나눌 사람이 없어요. (울음, 한숨)

치료자: "외로움을 느껴요" 지금 남편에 대해 어떤 기분이 드세요? **(현재 경험에 집중하여 차별화 및 심화)**

내담자: 화가 났어요. **(화가 났다고 스스로 정리함)**

치료자: 그래요, 남편에게 "나는 화가 났고, 분개하고…"라고 말하세요. **(표현)**

내담자: 화가 나요. (울음) … 당신은 항상 나를 어린애처럼 대하잖아요. (울음) (치료자: 음.) 당신은 나를 진지하게 받아들이지 않고 나를 여자처럼 대하지 않아요.

치료자: 응, "당신이 날 진지하게 대해 줬으면 좋겠어요" … 남편에게 말해 보세요. **(심화하기 위해 원함/욕구에 초점)**

내담자: 나를 진지하게 받아주었으면 좋겠어요!

치료자: 그리고 당신이 원망하는 것을 남편에게 말해 주세요. (내담자: (한숨)) "여기에는 많은 감정이 있고 나는…" (**심화하기 위해 분노로 다시 돌아감**)

내담자: 음, 당신과 결혼한 것조차 원망스러울 때가 있어요.

치료자: 남편에게 이렇게 말하세요. "가끔은 당신과 결혼한 게 후회될 때도 있어요." (**표현**)

내담자: 가끔은 (기침) 당신과 결혼한 게 후회될 때가 있어요.

치료자: 남편에게 이렇게 말하면 기분이 어때요? (**정교화하기 위한 경험적 질문**)

내담자: (한숨) 정말 쉽죠.

치료자: 남편에게 원망에 대해 더 자세히 말해 보세요. "당신과 함께 있는 것이 원망스러워요…" (**분노 표현하기**)

내담자: 당신은 내게 자격이 없어요. 난 이보다 더 나은 대우를 받을 자격이 있다는 걸 알아요. (한숨)

치료자: 그래요, 남편에게 다시 말해 보세요. (**진심 어린 욕구의 반복 및 표현**)

내담자: 당신, 당신은 그럴 자격이 없어요! 나, 나는 더 나은 대우를 받을 자격이 있어요.

치료자: 그래요, 당신이 받을 자격이 뭔지 말해 보세요…. 당신이 원하는 것, 당신이 남편에게서 원하는 것을 말해 주세요. (**진심 어린 욕구의 표현과 차별화**)

내담자: 나는 사랑과 연민을 받을 자격이 있고, (코를 훌쩍이며) 대우받고, 있는 그대로 받아들여질 자격이 있어요.

치료자: 네, 이렇게 말하면서 어떤 느낌이 드세요, 이런 수용을 원하시나요? (**현재 경험에 주의를 집중시키기 위해 단어를 표현하는 경험에 집중**)

내담자: (한숨) 음… 기분이 어떠냐고요? 슬픈 기분이 들어요.

치료자: 으흠. 그렇게 말할 때 이쪽의 남편이 보이세요? (**접촉 촉진**)

내담자: 네, 네… 정말 남편이 "내가 해 줄 수 있는 건 그게 다야. 이게 내가 할 수 있는 최선이야"라고 말하는 것 같은 기분이 들어요.

치료자: 네, 남편이 말하는 거 맞죠?

내담자: 네, "그게 내가 할 수 있는 최선이야"

치료자: 의자를 바꾸어 보세요. … 그녀에게 "그게 최선이야, 내가 줄 수 있는 최선이야"라고 말하세요. **(이것은 부정적인 목소리를 증폭시켜 고통스러운 감정을 더 활성화하기 위한 것임)**

내담자: 이게… 내가 당신에게 줄 수 있는 최선이야, 이게 내가 당신을 위해 할 수 있는 최선이야, 내가 편안하게 느낄 수 있는 최선이야.

치료자: 네… "이게 내가 줄 수 있는 전부야" 맞죠? (**내담자**: 네.) "이게 내가 가진 전부야" (**내담자**: 네.) 그렇게 그녀에게 말해 주세요. **(표현)**

내담자: 이게 내가 줄 수 있는, 내가 줄 수 있는 최선이야.

치료자: 알았어요, 이리 돌아와요. "이게 내가 줄 수 있는 전부야, 이게 내가 줄 수 있는 전부야"라고 말했어요. 기분이 어떠세요? 내면으로. **(내부에 집중하며)**

내담자: 그걸로는 충분하지 않아요.

치료자: 원하는 게 뭔지 말해 보세요. **(욕구/원함 표현)**

내담자: 나는 당신의 솔직함을 바라고, 당신이 나를 사랑해 준다는 것을 믿기 바라요.

치료자: "당신이 날 사랑해 줬으면 좋겠어요"라고 말할 때 당신의 목소리에서 어떤 종류의 갈망이 들리는 것 같은 느낌이 드나요? **(인식을 높이고 일치하는 표현을 촉진하기 위해 비언어적 표현에 집중)**

내담자: 당신이 날 사랑해 줬으면 좋겠어요.

치료자: 그렇게 말할 때 내면에서는 어떤 일이 일어나나요? **(인식 및 상징화 촉진)**

내담자: (7초간 침묵) 기분이 좋아요. 그게 내가 원하는 거예요. (**치료자**: 으흠.) 난 그럴 자격이 있어요, 음….

치료자: "나는 사랑받을 자격이 있어요"라고 말하면 어떤 일이 일어나나요? **(인식 및 상징화 촉진)**

내담자: 나는 사랑을 받을 자격이 있어요, 음, 나 자신을 사랑하고 나도 사랑받고 싶어요.

치료자: 지금 내 안에서 무슨 일이 일어나고 있나요? **(인식 및 상징화 촉진)**

내담자: (기침) 평화로운 기분이 들어요, 그렇게 말하니 기분이 좋아요.

치료자: 으흠, 으흠… 그래서 좀 더 평온해졌나요? **(이해 반영)**

내담자: 네, 그리고 받아들이는 것, 음, 그게 남편이 할 수 있는 전부니까요.

치료자: "그게 당신이 할 수 있는 전부라면…"이라고 남편에게 말해 주세요. **(표현)**

내담자: 그게 당신이 할 수 있는 전부라면, 음, 나한테는 그것만으로는 충분하지 않아요. 나한테는 그것만으로는 충분하지 않아요. 나는 그 이상을 원해요.

치료자: 당신이 원하는 것, 당신이 원하는 것, 받아들일 수 있는 것이 무엇인지 남편에게 말해 주세요. **(주장 및 욕구를 촉진)**

내담자: 음, 당신이 집에서 아이들과 함께 지내주는 것, 그리고… 내가 당신을 불편하게 느끼지 않게 해 주고, 당신을 두려워하지 않게 해 주고, 나를 비웃지 않게 해 주고, 나를 G(지젤라 자신)처럼 대해 주는 것 말이에요.

치료자: 네, 그래서 그 대우, 즉 당신을 비웃는 것이… 당신은… 남편이 당신을 비웃으면 어떻게 되나요? **(인식 및 상징화 촉진)**

내담자: 음, 남편이 나를 비웃을 때, 그는 마치 어린애를 비웃는 것 같아요. (치료자: 네.) 하하하, 그래, 당신이 하고 싶은 말을 해, 하지만 나는 동의하지 않아, 나는 당신을 믿지 않아, 또는 그런 말을 하면 안 돼, 당신은 그럴 자격이 없어.

치료자: 그러니까, 그 메시지는… 그냥, 당신은 정말 중요하지 않다는 것이군요. **(부정적인 메시지에 대한 인식 및 상징화 촉진)**

내담자: 당신은 쓸모없어, 그래, 당신은 중요하지 않아. **(여기서 우리는 변화되어야 할 수치심을 볼 수 있음)**

치료자: 좋아요, 이리로 와보세요. 그렇게 말하는 사람이 당신인지 아니면 J(남편 V)인지 잘 모르겠지만, 어쨌든 당신은 남편에게서 당신의 감정은 중요하지 않다는 메시지를 받게 되는군요. **(부정적인 목소리를 내어 구체화를 증진하고 궁극적으로 자기의 감정을 증폭시키기)**

내담자: 네, 맞아요.

치료자: 그럼 "어떻게 그렇게 하세요, 당신은 왠지 정말 그녀를 작게 느껴지게 하는 것 같네요"라고 그녀에게 말해 주세요. **(부정적 측면 증폭)**

내담자: 음, 음, 전… 좋아요, 전 다시 V예요.

치료자: 네, 좋아요, J가 되어서 그냥 묘사하기보다는 "당신은 어떻게 하면 그녀를 기분 나쁘게 만들지, 당신은 어떻게 하면 그녀를 어린애처럼 느끼게 만들지?"라고 실연하는 것처럼 말해 보세요. **(표현 및 구체화 촉진)**

내담자: 비웃으면서… 그냥 솔직하게… 그녀를 진지하게 받아들이지 않고.

치료자: 이게 뭐예요, 그녀를 뒤로 밀어내는 것 같은 거예요? (**내담자**: 네.) 좀 더 해봐요. (**내담자**: 음.) 손으로도 해봐요. **(행동 참여 촉진)**

내담자: (손으로 옆으로 밀어내는 동작) 음, 됐어요, 필요 없어요, 옷 입고 나갈 수 있게 비켜주세요. (웃음) (**치료자**: 으흠.) 당신은 중요하지 않고 그냥 애들이 있기 때문에 거기 있는 거지, 음…. (한숨, 울음) (8초간 잠시 침묵)

치료자: 무슨 일이 일어나나요? **(말로 인식 및 상징화)**

내담자: (울음) 나는 나야. 다시.

치료자: 좋아요, 이리로 오세요, 기분이 어때요? **(말로 인식 및 상징화)**

내담자: (울면서) 아까 말했듯이, 남편이 나를 사랑하지 않는다고요.

치료자: 그래서, 남편이 당신을 무시해 버리고 당신은 사랑받지 못한다고 느끼는군요. **(감정 반영)**

내담자: (코를 훌쩍이며) 네.

치료자: 남편에게 그 느낌에 대해 말해 주세요. **(표현)**

내담자: 음… 제가 열심히 노력하는데도 당신은 계속 나를 밟는 것 같고, 음,

나는 단지 남편의 노예로만 존재하는 것 같아요, 아내로서가 아니라.

치료자: 노예가 된 것만 같은 기분이 어떤가요? **(경험적 질문)**

내담자: 그냥, 당신과 애들 또는 모든 사람을 위해 모든 것을 해야 하는 거죠. 하지만 함께 일을 하는 것은 아니죠. 거기에는 마치 내가 없는 것 같고 당신은 나를 원하지 않는 것과 같아요.

치료자: 원하지 않고 사랑받지 못한다고 느끼는 기분이 어떤지 남편에게 말해 주세요. **(표현)**

내담자: 정말 원망스러워요, 당신이 밀어낼 때. (치료자: 네.) 당신이 밀어낼 때, 당신이 원망스러워요, 당신이 원망스러워요.

치료자: "나는 당신을 원망해요"라고 남편에게 말해 주세요. **(원망의 표현을 촉진함)**

내담자: 아니요, 난 중요하지 않아요, 음….

치료자: 중요하지 않다고 느끼는 것이 어떤 느낌인지 남편에게 말해 보세요. (내담자: 음.) 사랑받지 못한다고 느낀 경험은 어떤 건가요? 제 말은…. **(차별화)**

내담자: 음, 당신은 친구나 운동 등 다른 사람들이 우선이고, 그래서 내가 무시당하는 느낌이 들고, 내가 충분히 잘하고 있다고 느끼지 못하거나 최선을 다하고 있다고 느끼지 못하는 것에 지쳤어요.

치료자: "무시당하는 느낌에 지쳤어요"라고 남편에게 말해 주세요. **(표현)**

내담자: 난 그런 느낌에 지쳤어요…. 그냥 옆으로 밀쳐버리지요!

치료자: 원하는 게 뭔가요? **(진심 어린 욕구 표현)**

내담자: 음, 내가 원하는 게 뭔가 하면… 난….

치료자: … "밀려나는 느낌에 지쳤어요. 내가 원하는 건…" **(진심 어린 욕구 표현)**

내담자: 내가 새 삶을 원한다고 생각하거나, 당신이 지겨워요.

치료자: 네, 그럼 "난 당신이 지겨워요"라고 남편에게 말해 주세요. **(감정 표현)**

내담자: 난 당신이 지겨워요! 계속 이렇게 살고 싶지 않아요. 난 뭔가 다른 걸 원해요, 난 다른 걸 원해요.

치료자: 그렇게 말할 때 고통스러우신가요? "난 다른 것을 가질 자격이 있어요"라고 남편에게 말해 주세요. (**인식 및 욕구를 증폭시키기**)

내담자: 음, 난 더 나은 대우를 받을 자격이 있고, 무언가를 누릴 자격이 있고, 행복할 자격이 있어요. 남은 인생을 이런 기분으로 살아가고 싶지 않아요.

치료자: 그럼 이렇게 말하면 무슨 일이 일어나나요? (**인식을 높이기 위한 경험적 질문**)

내담자: 음, 나는 당신이 나를 사랑하지 않기 때문에 절대 변하지 않을 거라는 걸 알겠어요.

치료자: 네, 그래서 남편에게 사랑받지 못한다고 느끼시는군요. (**공감적 이해**)

내담자: 네.

치료자: 남편에게 사랑받지 못하고 외로울 때의 기분이 어떤지 남편에게 말해 보세요. (**고통스러운 핵심 감정을 표현**)

내담자: 네, 너무 외로워서… 그냥 스스로를 달래야 해요.

몇 분 후 대화가 계속 이어진다.

내담자: 포기했어요! 더는 못 참겠어요! 더는 못 견디겠어요. (울면서)

치료자: 그렇게 말할 때 속에서는 어떤 일이 일어나나요? (**경험적 질문**)

내담자: (코를 훌쩍이며) 비웃음을 당하고 있어요.

치료자: 그래요, 남편이 당신을 비웃고 있군요. (**공감적 반영**)

내담자: 네.

치료자: 좋아요, 이리 와보세요. 누가 비웃고 있다고 했지요?

내담자: J. … J가 날 비웃고 있어요.

치료자: 남편이 뭐라고 하는데요? 그의 비웃음 속에 담긴 메시지가 뭔가요? (**구체화**)

내담자: 네, 네, 네, 음… 당신은 아무데도 갈 수 없어, 당신 혼자서는 할 수 없

어, 당신, 음….

치료자: 그러니까 그녀에게 겁을 주고, 당신이 보는 것을 다시 J로 그녀에게 말해 주세요. **(부정적으로 증폭)**

내담자: 네, 네.

치료자: 음, 남편… 남편이 비웃으면서 당신이 혼자서는 못 할 거라고 말하면서(기침) … 당신이 그녀에게 겁을 주고 있는 거죠? 해봐요. **(명확화 및 표현)**

내담자: 그래, 당신은 용기가 부족해서… (치료자: 으흠.) 당신이 처음에 했던 것처럼, 당신이 나에게 돌아왔던 것처럼, 또는… 여보, 당신은 나랑 붙어 있고… 그리고 그게 좋든 싫든 그렇게 될 거라고. (치료자: 네.) 그게 제 생각이에요. 남편이 그렇게 될 거라고 제게 말하는 거요.

치료자: 당신은 끈기나 끈기 없이 버틸 수 있는 수단이 없다는 말인가요? **(명확히 질문)**

내담자: 음, 저도 그렇게 해봤는데요…. 외로워요.

그런 다음 그녀는 슬픔에 잠긴다. 남편은 다시 무반응으로 일관하며 변하지 않겠다고 말하고, 그녀는 그렇게 살고 싶지 않고 인생을 즐기고 꽃을 피우고 싶다고 대답한다. 이 시점에서 그녀는 무망감과 슬픔을 느끼고, 남편이 반응하지 않는 것을 보고 화를 내고, 다시 슬퍼하는 악순환에 빠져 있다는 것이 분명해졌다. 남편의 변화 거부에 대해 그녀는 "나는 꽃을 피우고 싶고, 나는 그럴 자격이 있다"고 말하지만 무력감과 무망감의 슬픔에 빠져 매우 온순하고 무기력한 태도로 자신이 가치 있는 사람이라고 주장하며 무너져 내린다. 그녀는 착하고 지지해 주는 아내가 되어야 한다는 것에 대한 원망과 비난 · 거절 · 외로움이 너무 두려워서 원망의 목소리를 내지 못하는 것 사이에서 끔찍한 갈등을 겪고 있는 것이 분명하다.

처리 문제는 그녀의 자동적이고 역동적인 자기조직화(self-organizing) 과정에 있다. 그녀는 분노에 의해 더 주장적인 상태로 들어갔지만 무력감과 때로는 무망감에 의해 더 약한 슬픈 상태로 자동적으로 전환되고 심지어 복종적인 수용으로 바뀌기도 한다. 문제 중 하나는 그녀의 내러티브와 실제 경험 사이의 불일치, 또는 더 근본적인 수준에서는 그녀의 경험적 과정에서 강함에서 약함으로의 자기조직적 전환이다. 자신의 일부는 자신이 자격이 있고 강하다고 느끼지만, 그 느낌을 지속하기 어렵고 약하다는 느낌으로 빠르게 이동한다. 자신이 마땅히 받아야 할 것을 아는 것과 마땅히 받아야 한다고 느끼는 것에는 차이가 있다. 자신의 감정에 대한 인식과 자기주장(self-assertion)에 대한 내러티브는 발전하고 있지만, 불공평과 위반에 대한 분노의 자격 · 가치 · 적응적 분노에 대한 일치된 경험의 뒷받침이 아직 부족하여 확고한 경계를 설정하는 데 도움이 될 수 없다. 회기의 이 시점에서 그녀의 슬픔은 절망적인 이차 슬픔에 가까웠고, 분노를 표현할 때 그녀의 말은 그녀의 경험과 일치하지 않았으며, 슬픈 무력감에 가까웠다.

이 사이클이 한 차례 반복된 후, 그녀는 자신이 더 많은 것을 받을 자격이 있다는 것을 알면서도 남편을 사랑한다고 말하며 행동으로 자신을 주장하고 있다.

치료자: 그런데도 "나를 진지하게 받아들이고 여자로 대해 주었으면 좋겠어요"라고 말하는군요. **(주장적 조직화를 지지함)**

내담자: 네, 네, 내가 하는 말을 당신이 믿어 주었으면 좋겠어요. 나는 그것을 위해 싸울 거예요. 당신은 내 마음을 바꾸지 못할 거예요. (**치료자:** 네.) 당신이 믿는 것, 당신이 원하는 것을 믿도록 나를 조종할 수는 없을 거예요.

치료자: 그래서 나는 이 입장에서 물러서지 않을 거예요. **(주장적 조직화를 지지함)**

내담자: 아뇨, 아뇨, 난 그냥… 난 내가 좋은 대우를 받을 자격이 있다는 걸 알아요. (**치료자:** 네, 네.) 나는 좋은 대우를 받을 자격이 있고, 좋은 삶을 살 자격이 있지만….

치료자: 그럼, 당신이 그렇게 말하고 남편을 바라보는 순간 무슨 일이 일어날까요? 그 모습이 어떨까요? **(인식)**

내담자: 음, 남편은 "당신이 원하는 대로 해"라고 말하고 있어요.

치료자: 남편에게 그렇게 느껴지나요? **(인식)**

내담자: 아니요, 저한테 말하고 있어요.

치료자: 좋아요, 그냥 이리 와보세요.

내담자: 당신이 하고 싶은 대로 해.

치료자: 하고 싶은 대로 하라니, 그게 무슨 뜻이죠? **(비판적인 목소리 인식)**

내담자: 음, (9초간 침묵) 나는 당신을 받아들이고, 받아들여, 괜찮아, 당신은 (울음) 최선을 다했어, 당신은 (울음) 최선을 다했고, 당신 잘못이 아니야. (코를 훌쩍이며) **(그녀는 남편을 돕지 못한 것에 대해 본질적으로 용서하고 있는 것을 실연함)**

치료자: 그런데도 그렇게 말하면서 슬퍼 보이네요. (내담자: 네.) 당신 잘못이 아니야. **(공감적 탐색)**

전체적으로 그녀는 분화되지 않은 슬픔 · 실망 · 피곤함 · 무력감 · 무망감이 혼합되어 있다고 묘사한다. 그녀는 자신의 정서가 다소 압도적으로 느껴지는 희생자처럼 느껴진다. 그녀의 정서는 거의 제한 없이 고도로 흥분하고 말투가 상당히 혼란스러워진다.

외로움이라는 일차 슬픔을 "그것, 또는 남편이 나를 슬프게 한다"라는 피해자가 아니라 "나는 슬프고 외롭다…"라는 주체로서 그 정서에 머물러서(stay with the emotion) 처리할 수 있다면 생산적일 수 있지만, 그녀는 그렇게 하기가 어렵다는 것을 알게 된다. 회기는 그녀가 주체(agent)로서 최선을 다했고, 남편이 도박을 하는 것은 그녀의 잘못이 아니며, 이혼하더라도 그녀의 잘못이 아니라는 것을 수용하는 것으로 끝난다. 남편이 자신을 대하는 방식에 대한 고통과 무언가를 잃어버렸고 그것이 바뀌지 않을 것이라는 애도를 일부 놓아버리는(letting go) 특성이 있다. 상실에 대한 슬픔을 표현하는 동안 그녀는 압도되지 않고 침착함을 유지한다. 그러나 그녀는 여전히 슬픔 · 분노 · 수치심 · 죄책감 · 사랑이 뒤섞인 정서적 혼란에 빠져 있는 것이 분명하다. 치료는 그녀가 더 통합되고 강해지며 평안함을 느낄 수 있는 새로운 정서적 조직화 방법을 개발하도록 도와야 한다.

5회기

이 회기가 시작될 때 내담자는 자신이 강해져서 남편을 지지해야 한다고 말한다. 남편이 자신을 지지하지 않는 내담자를 이기적이라고 말했을 때 당시에는 그 말을 믿었다고 말한다. 지금은 자신과 자신의 필요를 위해 일어서는 법을 배우고 있지만, 여전히 남편을 버리는 것 같고 남편이 더 많은 도박을 하도록 부추기고 있다고 말한다. 그녀는 남편에게 상처받을까 봐 두려워서 자신의 감정을 표현하는 것을 피한다고 말한다. 이 회기에서 그녀는 외롭게 버림받았다는 느낌과 사랑받지 못한다는 일차 부적응적 핵심 고통으로 이어진다. 그녀는 이차 무력감이나 무망감에 빠지지 않고 이러한 정서를 처리할 수 있게 되었다.

몇 분 후, 치료자는 지젤라가 남편을 위해 있어야 한다고 요구하는 자기비판적인 부분(self-critical part)과 더 이상 참을 수 없어 그와 거리를 두어야 한다는 부분 사이의 갈등을 강조하는 두 의자 대화(two-chair dialogue)[3]를 소개한다. 자기비판적 분열(self-critical split)의 설정은 다음 대화에 나와 있다.

치료자: 당신의 한 부분은… 남편을 위해 있어 주세요. **(이 부분을 확인하며)**

내담자: 그래… 그래, 너는 남편을 정말 나쁘게 대하고 있고… (치료자: 그리고.) … 너는 그를 이렇게 대하면 안 되고, 너는 그를 위로하고, 그것이… 고통스럽다는 것을 알려주고 (치료자: 으흠, 으흠.) 그래, 모든 것을….

치료자: 그래서, 그래서, 음, 이게 갈등인 거 알아요, 그렇죠? **(과업에 대한 동의 얻기)** (내담자: 으흠.) 어떤 의미에서는, 정말 두 가지 부분이 있어요….

3 역자 주) 두 의자 작업(two chair work)은 내담자의 자기비판과 같은 갈등 분열(conflict splits)에 대해 적용하는 정서중심치료의 주요 기법이다. 이에 대한 상세한 개입 과정은 『정서중심상담의 실제』, Robert Elliott, Leslie Greenberg 공저, 김영근 외 공역(2024), 학지사 6장 참조

내담자: 네(목을 가다듬으며) … 네, 그런 느낌이군요.

치료자: … 그래서, 만약 우리가 다른 의자와 관련된 대화를 한다면, 그것은 우리가 해왔던 것과는 조금 다르지만… 음… 그것은 마치 두 개의 다른 의자에 당신의 두 측면을 놓고 그들 사이에서 대화를 나누는 것과 같아요. (내담자: 네… 네.) 그냥 일종의… 갈등을… 해결하려고 노력하는 것이지요. **(실험 구조화)**

내담자: 네, 네, 그거 이해가 되네요, 그런 느낌이 들거든요.

치료자: 네, 왜냐하면 당신은… 다른… 다른… 다른 부분을 선택하기 때문에… 그래서… 지금 어느 쪽에 더 가깝지요? **(실험을 구조화하며)**

내담자: 음… 남편을 지지하는 쪽이요.

치료자: 네… 알았어요. 사실, 준비하고 싶으시면 이쪽으로 오세요…. 좋아요, 그럼 이 두 부분은 서로 다른 지젤라예요, 맞죠? … 지젤라를 여기 앉히고 어떻게 해야 하는지 알려주세요. … 이것은 당신이 남편을 도와야 한다고 말하는 부분이에요. **(실험을 구조화하고 표현하기)**

내담자: 음… 남편에게 무슨 일이 일어나고 있는지 이해하기 위해….

내담자는 자신의 비판적이고 강압적인(coercive) 부분에서 남편을 부양하지 못하는 자신의 모습에 경멸을 표현한다. 그녀는 자신을 비난한다. 이러한 부정적인 자기대우(self-treatment)에 대해 내담자는 처음에는 부정적인 목소리에 동의하지만 자주 경험하는 이차 슬픔과 무망감의 상태로 전환한다. 그런 다음 내담자는 자신의 욕구가 인정되지 않을 때 비판자(critic)에게 약간의 분노를 표출하고 더 강한 자기감(sense of self)으로 자기재조직화(self-reorganizes)를 한다. 그녀는 진지하게 받아들여지고 비웃음을 당하지 않으려는 자신의 욕구를 표현한다. 그런 다음 내담자는 힘을 잃고 주로 슬프고 나약해지며 나중에는 빈 의자에서 남편의 지배력과 관련하여 어린아이처럼 변한다. 결국 그녀는 다시 화를 내고 강해진다. 서로 다른 역동적인 자기조직화 상태 사이에서 이렇게 왔다 갔다 하는 것은 치료를 통해 변화하는 주요 과정이 된다. 회기가 진행되는 동안 그녀는 두 걸음 앞으로 나아갔다가 한 걸음 뒤로 물러나는(two steps forward and one step backward) 비선형적인 과정을 통해 점진적으로 앞으로 나아가고(A. Pascual-Leone, 2009), 반응적으로 화를 냈다가 절망적인 슬픔에 빠지거나 외로운 슬픔과 두려움이라는 고통스러운 핵심 감정으로 들어가 궁극적으로는 적응적 분노와 힘으로 나아간다.

치료자: 지금 기분이 어떠세요? **(알아차림)**

내담자: 강함을 느껴요… (치료자: 으흠.) 알다시피… 내 안의 지지… 평화… 음… 버텨낼 거예요.

치료자: 네, 으흠. 조금 더 강해진 것 같지 않아요? (내담자: 네.) 그 정서는 더…. **(타당화)**

내담자: 전보다 더 강해졌어요. 예전보다 더 강해져서 쉽게 찾을 수 있었죠. 제가 들어왔을 때는 절망적이었고, 음, 또 제 잘못이었고, 더 많은 일을 해야 하는데 (치료자: 음, 음…) 지금은… 알다시피, 할 만큼 했어요… 음, 내가 할 수 있는 것….

치료자: "내가 할 수 있는 최선" (내담자: 으흠.) 네, 어떤 면에서는 자신을 더 받아들이는 거죠. **(공감적 타당화)**

내담자: … 네, 네, 저는 제 자신을 있는 그대로 받아들이고, 제게 필요한 것을 받아들이지요.

슬픈 무망감과 불안한 무력감에 번갈아 가며 무너진 그녀는 결국 적응적 분노를 표현함으로써 자신과 남편 사이의 경계를 설정하여 치료적 변화를 촉진한다. 이러한 치료적 변화는 그녀가 자신의 욕구를 충족시킬 자격이 있고 자신을 수용할 수 있다는 느낌으로 이어진다.

6회기

이 회기는 휴일로 인해 정규 일정이 중단되어 3주 후에 진행된다. 지젤라는 남편이 도박을 더 많이 하고 있으며 "남편과 함께 생활하고 대처하는 것이 무섭다"고 말한다. 그녀는 이전에는 그냥 넘어가고 피하기만 했다고 말한다. 이제 그녀는 도박을 마주하고 나니 슬프고 무섭고 나약해졌지만 다른 한편으로는 강해졌다고 느꼈다.

내담자는 다시 한번 자기비판적 과정에 들어가며 슬픔을 느낀다. 남편과 싸우고 집을 나설 때 수치심을 느낀다고 표현하지만, 그 후 자신을 돌봐야 할 필요성을 표현한다. 그녀는 또한 자녀에 대해 이야기할 때 슬픔을 표현하고 싸움이 자녀에게 미치는 영향에 대해 이야기한다. 내담자는 남편이 자신과 싸우고 자신의 의견을 거부할 때 얼마나 외로움을 느끼는지 깨닫기 시작했다고 말한다.

회기가 진행됨에 따라 내담자는 자신의 상황에 대한 외로움에 접근하기 시작한다. 그녀의 외로움은 친밀감과 타당화에 대한 평생의 갈망과 연결되어 있기 때문에 그녀의 주요 부적응적 정서 조직화에서 중요한 부분이다. 이 회기에서 그녀는 이 느낌에 머물 수 있다. 그녀는 그것에 압도되지 않고 의미를 만들기 위해 그것을 반영할 수 있다. 또한 회기에서 때때로 그녀는 자신에 대한 연민을 경험하고 표현한다.

회기의 주요 과정은 "계속 시도해 보라"라고 말하는 부분과 "계속 시도하기에는 너무 고통스러워"라고 말하는 부분 사이의 두 의자 대화이다. 이 대화의 어느 시점에서 치료자는 고통을 경험함으로써 생존과 안녕(well-being)을 촉진하고 정서적으로 재구성하는 방법을 찾는 자기조직화 과정이 작동한다는 것을 이해하면서 지젤라가 고통속으로 들어가도록 안내한다. 지젤라는 자신으로서, 때로는 다른 의자에 앉은 남편으로서 기본적으로 좋은 아내가 되지 못한 자신을 꾸짖으며 분노보다는 고통 속에서 "날 내버려둬"라고 말한다.

지젤라는 고통과 두려움의 깊은 곳으로 들어가면서 건강한 자원에 접근하고, 더 강해지며, 가능성을 보게 된다. 회기 후반에 지젤라가 수치심에 기반한 조직으로 돌아왔을 때 치료자는 그녀에게 자신을 부끄러워하라고 요청하고, 그녀는 자신이 좋은 아내가 아니라고 말함으로써 수치심을 느낀다. 대화가 계속되고, 수치심을 느끼는 내담자는 선을 지키라고 말함으로써 자신을 보호하려고 한다고 말한다. 그러면 내담자는 자신이 인정받고 싶다고 대답한다. 회기는 내담자가 자신의 수용 욕구를 주장하면서 끝난다. 이 회기에서는 내적 갈등의 양쪽이 변화하기 시작하여 비판자는 조금 더 연민을 느끼고 자기는 더 강하고 합당하다고 느끼는 모습을 보여 준다.

7회기

지젤라는 치료를 소중히 여기고 치료에 올 때 안전하다고 느끼며, 그래서 치료에서 슬픈 감정이 다시 돌아온다고 말하며 이 회기를 시작한다. 그녀는 이제 자신의 상황을 더 잘 이해하고 받아들이고 있지만 주중에는 매우 불안해한다고 말한다. 그녀는 불안이 너무 심해서 일어나서 집안 청소를 하는데, 그렇게 해서 고통을 차단하는 것 같다. 회기 초반에 그들은 다시 남편과 대화를 시작한다.

이 대화에서 그녀는 부부의 싸움이 아이들에게 영향을 미치고, 자신도 어렸을 때 그런 일이 있었고, 매우 고통스러웠고 소외감을 느꼈기 때문에 그런 일이 일어나지 않았으면 좋겠다고 말한다. 내담자는 남편과의 관계가 자신과 아버지의 관계와 비슷한 것 같다고 말한다. 그녀의 아버지도 도박꾼이었고 어머니와의 싸움으로 인해 아버지는 집을 떠나게 되었다. 어렸을 때 그녀는 부모님이 싸울 때 자신의 잘못이라고 생각하면서 수치심을 느꼈다. 치료자는 대화를 아버지에게로 옮겼고, 내담자는 아버지가 이 문제에 대해 이야기해야 할 부모라고 말했다.[4]

4 이 치료에는 매 회기마다 거의 한 번씩, 평균보다 많은 수의 대화가 포함된다. 16~20회의 회기로 구성된 치료에서 대화는 평균적으로 절반의 회기에서 발생하며, 그 회기 중 약 절반에서 대화가 이루어진다.

다른 의자에 앉은 아버지는 "그냥 그 자리에 있어, 집을 떠나지 마, 결혼하지 마, 그건 널 믿지 못하는 거야, 너 자신을 믿지 못하는 거야" 등의 말을 하며 보호적으로 그녀를 억압한다. 치료자는 아버지가 보낸 메시지를 더 풀어내도록 안내하고, "지금 있는 곳에 머물고 다른 것을 배우지 말라"는 핵심 메시지에 도달한다. 내담자가 이 말을 하는 동안 치료자는 아버지의 의자에서 내담자가 손으로 자신을 억압하는 것을 발견하고 이 행동에 대해 질문한다. 내담자는 아버지가 자신을 억압하고 말을 하지 못하게 하고 있다고 말한다.

내담자가 자기 의자(self chair)로 자리를 옮기면서 치료자가 "필요한 것을 아빠에게 말해 보세요"라고 말하자, 그녀는 위로와 인정을 받고 싶다고 말한다. 그녀의 아버지는 슬픔을 느끼며 그녀를 사랑한다고 말한다. 그녀는 그 말을 충분히 듣지 못했다고 말하며 자신의 슬픔으로 응답한다. 이제 내담자는 한 번도 받지 못한 사랑을 잃은 것에 대해 슬퍼하며 아버지를 용서하고 사랑한다고 말한다.

내담자: 음, 아빠와 좋은 관계를 맺는 것을 놓쳤어요. (코를 훌쩍이며)

치료자: 이 상실감, 맞아요, 당신이 놓친 것들에 그저 머물러 있어 보세요. **(정서에 대한 인내를 장려함)**

내담자: 네, 상실감이죠. 아빠는…. (코를 훌쩍이며)

치료자: 당신이 무엇을 놓쳤는지 아빠에게 말해 주세요. **(정서의 정교화를 장려함)**

슬픔에 잠긴 후, 그녀는 사랑받지 못하고 무시당했다는 기저의 핵심 감정을 표현한다. 회기는 아버지가 곁에 있는 것이 그리웠고, 그가 자신을 사랑하고 좋은 관계를 갖기를 원한다고 말하는 것으로 끝난다. 그녀는 관계 상실에 대한 슬픔을 표현하고 있으며, 이 슬픔은 놓아버리는 특성을 가지고 있다. 그녀는 더 강해지고 평화로워졌다고 말한다.

치료가 진행되면서 지젤라는 외로움에 대한 핵심 슬픔과 수치심에 대한 접근을 통해 분노를 강화하는 동시에 남편의 문제에 책임이 없다는 새로운 내러티브와 함께 모든 정서처리(emotional processing)에서 새로운 자기감이 생겨나고 있다. 지젤라는 또한 남편에게 '붙어 있는' 존재가 아닌 분리된 존재로서 자신을 훨씬 더 차별화하는 감각을 키워가고 있다. 지젤라는 이제 주변 사람들이 말하는 자신과는 다른 자신만의 목소리를 갖게 되었다. 또한 그녀는 현재 자신의 기능과 자신이 자란 방식 사이의 연관성을 명확하게 인식하고 있다. 의자 작업(chair work)은 그녀가 갈등을 겪고 있는 자신의 일부를 인식하고 그것이 자신에게 미치는 영향을 탐색할 수 있도록 도와주었다. 그녀는 자신이 처한 상황에서 벗어나 관찰자의 관점을 취해 상황을 되돌아볼 수 있게 되었고, 이를 통해 새로운 의미를 만들어 낼 수 있었다. 지젤라는 여전히 갈등을 겪고 있고 남편의 행동이 여전히 상처를 주지만 그의 행동에 대한 책임이 없다는 것을 분명히 느꼈고, 그를 감시하지 않는 것이 어렵다는 것을 알았다.

8회기

지젤라는 이 회기를 시작하면서 확실히 더 강해졌다고 말하며 일주일 동안 행복하게 지내려고 노력하지만 여전히 외로움이 찾아온다. 그녀는 희망을 느끼지만 집에 혼자 있으면 외로움이 다시 찾아온다고 한다. 그녀는 남편이 곁에 있다는 안정감이 좋다고 말한다. "남편 없이는 아무것도 할 수 없는 것 같으면서도 나쁜 감정이 밀려와서 만감이 교차해요" 그녀는 자신을 받아들이면서 자신과 훨씬 더 평화로워졌다고 말한다. 치료자는 " '남편이 나 때문에 도박을 한다'는 부담이 가벼워진 것처럼 무거움이 일부 사라진 것 같아요"라고 말했고, 내담자는 "그래요, 그건 사라졌지만 여전히 외로움을 느껴요"라고 답했다.

회기가 시작되고 약 10분이 지나자 그녀는 자신이 얼마나 정서적으로 찢어지는지 설명한다.

치료자: 네, 아직 감정이 많이 남아 있다는 말씀이군요. **(내면에 집중)**

내담자: 네, (7초간 침묵) 음, 슬픔의 감정이 있어요. (울음) (**치료자**: 으흠.) 음, 여전히 원망이 있어요.

치료자: 으흠. 남편에 대한 원망이요? **(차단된 분노에 집중)**

내담자: 음, 음… 그리고 그게, 그게 지금 제가 느끼는 지점이에요.

치료자: 원망을 느끼고 있다고요? **(내면에 집중)**

내담자: 제가 원하지 않는 만큼, 그리고 아시다시피 우리 모두는 용서해야 하잖아요. 속은 기분이에요. (웃음)

치료자: 속은 기분이군요. **(내면에 대한 공감적 반영)**

내담자: 속았어요, 음, 모든 일을 다 해놓고, 그냥….

치료자: 남편하고 관련해서 느끼는 게 많으니까 여기서 몇 가지 얘기하고 싶지 않으세요? **(대화를 제안하며)** (**내담자**: 알았어요.) 그냥 남편을 의자에 앉히고 이런 것들을 분리하는 데 도움이 될 수 있어요. (남: 알았어요.) … 그래서, 저기 남편이 보여요? (**내담자**: 음, 네.) 그리고 마지막에 속은 것 같다고 하셨잖아요. **(인식 및 표현)**

지젤라는 힘과 의심 · 분노와 죄책감 · 절망적인 슬픔 사이를 오간다. 이것은 역동적인 자기조직화 시스템으로, 순간순간 다양한 상태를 자동으로 통합하여 한 감정에서 다른 감정으로의 전환을 유도한다. 치료의 과정은 내담자가 자기조직화를 시작하고 자신을 더 탄력적으로 구성하는 데 도움이 되는 새로운 경로를 마련하는 새로운 경험을 하도록 돕는 것이다. 그녀는 남편과의 문제 때문에 아이들과의 감정을 차단해야 했던 것과 관련하여 슬픔을 표현하기 위해 계속 나아간다. 그녀의 슬픔에는 수용하는 느낌과 놓아버리는 특성이 있다.

이 회기의 자기비판적 대화에서 지젤라는 자신의 욕구가 충족되지 못한 것과 관련하여 적응적 일차 분노를 표현하지만, 여전히 분노를 표현하는 데 어려움을 느끼고 있다. 그녀는 분노를 표현하는 것을 '좋은 여자' '좋은 아내'가 되지 못하는 것과 연관시키면서 분노를 표현하는 것에 대한 두려움을 표현한다. 그러나 그녀는 자신의 어머니가 아버지에 대한 어머니의 반응을 관찰한 데서 비롯된 남편에 대한 반응 패턴을 파악한다. 그녀는 이제 자녀의 감정에 집중하고 자녀가 같은 일을 목격하지 않도록 하고 싶다고 말한다. 그녀의 분노는 두려움을 극복하는 데 도움이 된다. 회기가 끝날 무렵, 내담자는 더욱 주장적이며 편안함과 평온함을 느끼고 자신의 문제에 더 강하게 대처할 수 있을 것 같다고 말한다. 그녀는 "그냥 계속될 것이라는 것을 알지만 좋은 아내가 되지 못하는 것이 두렵고 부끄럽기까지 해요"라고 말하며 자신의 딜레마를 다시 이야기한다. 지젤라는 남편 및 친정 가족과 훨씬 더 차별화되고 자신의 정서적 기능(emotional functioning)에 대해 더 잘 알고 있는 것처럼 보인다. 자신의 핵심 두려움을 경험함으로써 분노에 더 많이 접근하여 두려움을 극복할 수 있게 되었다.

9회기

이 회기가 시작될 때 내담자는 일반적인 삶에서 자신을 주장하지 못하는 것에 대해 수치심을 표현한다. 그녀는 자신이 겪고 있는 일과 관련하여 비난에 대한 두려움과 외로움에 대해 이야기한다. 내담자는 집에 세입자가 들어와서 거절하고 싶어도 거절할 수 없었던 어려운 상황에 대해 이야기한다. 그녀는 화를 내고 자신의 필요를 주장할 권리가 있다고 믿지만, 대신 자신을 주장하고 세입자와 경계를 설정하는 것이 두렵다. 이러한 감정을 탐색할 때 비판과 거절에 대한 두려움이 나타나고 스스로를 옹호하지 못하게 하는 자기방해적 과정으로 작용한다. 치료자는 다시 자기방해에 대한 두 의자 실연(enactment)을 도입하여 그녀가 어떻게 자신을 억제하는지 탐색한다. 그녀는 방해하는 사람에게 맞서서 세입자와의 경계를 설정할 권리를 주장하고 심상 속의 세입자와 대화를 나누면서 이 방해를 해결한다. 그녀는 세입자의 요청을 거절하고 자신에 대해 기분이 좋아지는 것으로 회기를 마친다.

10회기

이 회기는 지난 회기가 끝나고 몇 주 후에 진행된다. 지젤라는 자신의 감정과 책임에 대해 더 명확하게 느낀다고 말한다. 그녀는 자신의 욕구가 무엇인지 더 명확하게 알게 되었고 남편을 바꿀 수 없다는 것을 깨달았다. 지젤라는 자신과 자신의 감정을 더 잘 받아들이게 되었다고 말한다. 남편이 변하지 않겠다고 단호하게 말하더라도 계속 발전해 나갈 것이라고 말한다. 지젤라는 남편과 대화를 나누며 남편이 스스로 책임질 것을 요구한다. 그녀는 자신을 더 이상 작다고 느끼지 않고 크고, 살아 있으며, 낙관적이라고 말하며 남편이 정직하고 자신이 말한 것을 실천하기를 기대한다고 말한다. 그녀는 그가 넘어지게 내버려두고 더 이상 그를 보호하지 않겠다고 말하며 끝을 맺는다. 그런 다음 이러한 감정을 더 탐색하고 빈 의자 대화에서 표현한다. 회기의 대부분은 남편에게 책임을 묻고, 분노를 표현하고, 요구를 하는 데 소비된다.

내담자는 권한 부여(empowerment)와 주체성(agency)을 나타내는 많은 진술을 한다. 심상 속의 남편이 자신의 행동을 바꾸지 않으니 있는 그대로의 남편을 받아들여 달라고 요청하면서 내담자는 상처를 느끼기 시작하고, 이는 사랑받지 못한다는 자신의 핵심 정서적 고통(core emotional pain)을 가리킨다. 내담자는 남편이 여전히 고통스러워하는 모습을 보고 아무것도 할 수 없는 무력감에 대한 슬픔을 표현하기 시작한다. 또한 버림받았다는 느낌으로 인한 자신의 외로움에 대한 슬픔을 표현한다. 나중에 그녀는 오랫동안 자신을 억압했던 것에 대한 상실감과 자신의 상처에 대한 슬픔을 비난이나 자기동정(self-pity) 없이 표현하는 단계로 나아간다. 이러한 애도는 남편의 행동에 대한 보다 건강한 적응적 반응을 촉진한다. 그녀는 남편이 어렸을 때 느꼈던 외로움에 공감할 수 있다고 믿지만, 궁극적으로 남편이 스스로에게 상처를 주는 행동을 그녀가 멈출 수는 없다는 것을 깨닫게 된다.

11회기와 12회기

이 회기에서 내담자는 삶의 여러 측면에서 지속적인 진전을 보였으며, 특히 감정을 참지 않고 표현할 수 있게 되었다고 보고한다. 이를 통해 그녀는 더욱 힘을 얻었다고 느낀다. 그녀는 이제 감정 표현의 '장애물을 넘어섰다'고 생각하며, 필요하면 싫은 감정을 표현할 수 있게 되었다. 그녀는 더 이상 남편을 변화시키거나 남편에게 문제가 있다는 것을 인식시키려 하지 않고 남편에 대한 새로운 관점을 갖게 되었다. 이제 그녀는 남편에게 자신의 감정을 말하지만, 이는 남편의 기분을 나쁘게 만들려는 시도가 아니다. 그녀는 남편에게 자신을 표현하는 것이 안도감을 주고, 이를 통해 자신이 더 강해지고 한 개인으로 느껴질 수 있다고 설명한다.

11회기 내내 지젤라는 자신을 인식하고 다른 사람들과 자신을 구별하는 능력이 상당히 안정된 것처럼 보였다. 그녀는 가족 문제에 대해 다른 가족 구성원들에게 책임을 돌렸고 자신의 욕구를 해결해 주지 않는 가족들에게 분노를 표출했다. 12회기에서 지젤라는 남편에게 좀 더 단호해졌지만 여전히 자신을 옹호하는 것에 대해 자기비판과 죄책감을 느낀다고 보고한다. 회기가 끝날 무렵, 그녀는 비판자에게 주장적 화로 대응할 수 있게 되었다.

13회기

일정 문제로 인해 3주 후에 진행된 회기가 시작되었을 때 지젤라는 우울증이 사라지고 미래에 대한 희망이 생겼다고 말했다. 그녀는 이제 자신이 더 강해지고 자신을 주장할 수 있게 되었다고 생각한다. 더 이상 감정이 막히지 않아서 자신에 대해 기분이 나아졌다고 말한다. 그녀는 자신의 감정을 표현하지 않음으로써 자신의 욕구를 충족시키지 못했다는 점에서 과거에 대해 슬퍼하고 있다고 생각한다. 그녀는 왜 그렇게 오랫동안 자신의 진정한 감정을 억누르고 다른 사람들이 자신을 조종하도록 허용했는지에 대해 스스로에게 질문한다. 치료자는 이러한 경향성을 탐색하면서 내담자가 어렸을 때 부모로부터 받은 메시지가 정서를 억압하는 데 기여했음을 확인한다. 그녀의 부모님은 항상 그녀에게 무엇이 옳은지 알고 있다고 말했다. 그녀는 자라면서 문제에 대해 선택할 기회가 주어지지 않았다고 생각했다. 게다가 어머니와 아버지 모두 가족들이 겪는 어려움에 대해 정기적으로 정서를 억압했다. 내담자는 이러한 행동으로 인해 자신의 감정을 부정하고 다른 사람에게 의존하게 되었다고 생각한다. 내담자는 이 때문에 부모님에 대한 원망은 전혀 없다고 말한다.

지젤라는 남편도 비슷한 방식으로 자신을 대했다고 믿는다. 그런 다음 그녀는 남편이 계속해서 자신을 '폄하하는' 방법을 설명한다. 지젤라가 스스로 일어서려고 할 때 무언가가 그녀를 막는다. 그녀는 겁을 먹고 자신을 '작은 존재'로 여기며 스스로를 폄하한다. 그녀는 자신의 문제와 해야 할 일을 더 명확하게 알게 되었다고 말하며 그 동안의 시간 낭비를 애도하기 시작한다.

13회기에서 그녀는 자신이 자라온 방식이 자신을 더 잘 알지 못하도록 이끌었다는 것을 이해하면서 새로운 내러티브를 발전시켰다. 그녀는 자신에게 연민을 보이고, 상황을 다르게 관리하는 방법에 대한 이해를 키웠으며, 자신이 느끼는 것을 허용하고 경청함으로써 자신이 갇혀 있던 순환에서 벗어날 수 있다는 것을 배웠다. 지젤라는 이제 부모님과 남편으로부터 분리되어 있다고 느끼며, 그들에 대한 원망을 느끼고 싶지 않은 동시에 자신과 자신의 필요를 굳건히 지키고 돌보고 싶은 두 가지 감정을 수용의 형태로 통합했다.

14회기

지젤라는 14번째 회기에서 자신과의 평화에 대해 이야기한다. 그녀는 자신이 느꼈던 감정을 극복하고 모든 것을 정리했으며 자신에 대해 편안함을 느끼고 있다. 그녀는 치료가 자신에게 정말 놀라운 일을 해 줬다고 말한다. 그녀와 치료자는 종결에 대해 이야기하며 슬픔과 불안감을 불러일으킨다. 그녀는 남편과의 싸움이 여전히 계속될 것이라는 것을 알고 있지만, 스스로가 훨씬 더 강해지고 자신의 감정을 훨씬 더 잘 이해하게 되었다고 말한다.

이 회기에서 그녀는 자신의 두 가지 측면, 즉 그를 원망하는 고통스러운 측면과 그를 받아들이고 자신을 짓누르지 말아야 한다고 말하는 다른 측면 사이에서 마지막 대화를 나눈다. 자기 의자에서 응답하면서 그녀는 다시 혼자가 되는 것에 대한 두려움과 슬픔을 반복하지만, 이 주기는 훨씬 더 빠르다. 그녀는 고통스러운 상태에서 보내는 시간이 줄어들고 수용, 지지 및 이해에 대한 욕구에 더 빨리 도달한다. 그녀는 빈 의자에 앉은 남편에게 이러한 욕구를 이야기하며 남편이 자신의 문제에 대한 책임을 받아들이고 무언가 조치를 취해 주기를 바란다고 말한다. 대화는 남편이 변하지 않을 것 같다는 느낌과 동시에 자신이 원하는 것을 강력하게 주장하는 것으로 끝난다.

15회기: 종결

이 회기가 시작될 때 내담자는 취직 일정 때문에 다음(마지막) 회기를 취소한다. 그녀는 이제 남편이 그렇게 강해 보이지 않고 약해 보이는 것 같다고 말한다. 전에는 자신이 남편에게 붙어 있다고 느꼈지만 이제는 자신은 별개의 개인이며 치료가 아무도 빼앗을 수 없는 씨앗을 심어 주었다고 말한다. 치료자는 훌륭한 비유이며 치료가 도움이 되었다는 말을 들으니 기쁘다고 말한다.

지젤라는 자신과 남편 사이의 경계를 계속 주장하고 있다고 말하며 미래에 대한 계획을 밝힌다. 치료자는 내담자가 스스로 인식한 변화와 내담자가 치료에서 보여 준 강점을 타당화한다. 회기가 끝날 무렵, 내담자는 결혼 생활을 유지하기로 선택하면서 남아 있는 슬픔에 대해 약간의 애도를 표현한다. 내담자는 다음과 같이 말하며 회기를 마무리한다.

내담자: 여기 와서 제가 성취한 것을 보면, 짧은 시간에 많은 것을 이루었다고 생각해요. 몇 년씩 걸리는 일이 아니죠. (웃음) (**치료자**: 네, 그렇지요.) 시간이 좀 걸린다고 생각해요. 음, 정말 간절히 원한다면 어느 정도 가능하다고 생각해요. (**치료자**: 네.)

논의

치료 내내 내담자와 치료자는 지젤라의 내적 갈등과 대인관계 갈등을 해결했고, 마지막에는 남편과 부모의 목소리를 구분할 수 있게 되었다. 치료자는 공감적 이해(empathic understanding), 공감적 탐색(empathic exploration), 환기적 반영(evocative reflections)을 통해 내담자의 정동을 따라갔고 공감적 추측(empathic conjecture), 재집중(refocusing), 과정 관찰(process observation) 및 안내(guidance)를 통해 과정을 안내했으며, 이 모든 것이 유용하다는 것이 입증되어 내담자에게 생산적으로 사용되었다.

치료자는 인식과 표현을 촉진하기 위해 많은 의자 작업을 제공했고, 이를 통해 지젤라는 내적 갈등과 대인관계 갈등을 더 깊이 경험할 수 있는 기회를 얻었다. 이 과정을 통해 지젤라는 자신을 인정하고 자신의 목소리를 찾는 경험을 할 수 있었다. 방해를 받던 분노가 주장적 화로 바뀌면서 자신의 욕구를 충족시킬 자격이 있다고 느끼고 고통스러운 감정을 되찾을 수 있었다. 또한 그녀는 수치심을 변화시키는 데 도움이 되는 적응적 분노 · 슬픔 · 연민이라는 중요한 새로운 경험을 통해 더 이상 남편에게 집착하지 않고 부모를 용서하는 새로운 내러티브와 가치감을 개발하게 되었다.

이 회기는 정서 변화 과정의 전형적인 측면을 보여 준다. 슬픈 외로움이라는 고통스러운 부적응적 핵심 감정과 거절에 대한 핵심 두려움을 불러일으키기 위해 자신을 작고 절망적으로 느끼게 하는 힘을 반복적으로 강화하고 이를 여러 차례에 걸쳐 반복하는 것이 포함된다. 성공적인 치료에서 정서처리는 이러한 두 단계

전진, 한 단계 후퇴 방식(two-steps-forward, one-step-back fashion)으로 이루어지는 것으로 나타났다(A. Pascual-Leone, 2009; A. Pascual-Leone & Greenberg, 2007). 이는 시간이 지남에 따라 더 자주, 더 오랜 시간 동안 더 높은 수준의 적응적 정서 상태를 경험함으로써 부적응적 정서 상태가 변화하는 유동적이고 역동적인 과정이다. 이러한 관점에서 개인은 여전히 핵심 정서적 고통을 경험할 수 있지만, 정서적 고통은 덜 자주 발생하고 더 빠르게 처리되며 시간이 지남에 따라 계속 발전한다.

또한 지젤라를 위한 치료에는 그녀가 있는 곳으로 변화하는 과정과 그녀가 없는 곳에 있으려고 하지 않는 과정이 모두 포함된다는 점에 유의하라. 지젤라는 떠나기 전에 자신이 있는 곳에 진정으로 도착해야 했다. 그런 다음 슬픔 · 수치심 · 두려움이라는 고통스러운 부적응적 정서의 깊이에서 수용 · 지지 · 사랑 · 가치에 대한 욕구를 바탕으로 생존하려는 유기체적 의지가 나왔다. 또한 경험적 변화에는 새로운 이해뿐만 아니라 새로운 경험이 포함되며, 심리극적 실연(psychodramatic enactments)은 아는 것이 아니라 행하는 형태로 내담자를 참여시킨다는 점에 유의하는 것이 중요하다. 분노를 느끼고 그것을 주장하는 것은 행동의 한 형태이므로 새로운 신경 경로(neural pathways)를 마련하는 데 중요하다.

치료를 통해 내담자는 전반적 고통(global distress)이라는 이차적이고 분화되지 않은 정서를 주된 정서로 삼는 것에서 벗어나 점차 더 넓은 범위의 감정을 경험하게 되었고, 그중 가장 중요한 감정은 주장적 화였다. 그녀는 자신이 책임이 있고 남편을 부양해야 한다는 자기비판적인 믿음에 맞서 싸울 수 있었고, 남편의 행동에 대해 자신은 책임이 없다는 것을 받아들일 수 있었다. 또한 지젤라는 외로움에 대한 슬픔 · 거절에 대한 두려움 · 사랑받지 못한다는 느낌 · 수치심과 같은 기저의 부적응적 일차 정서를 견디고 처리할 수 있었다. 치료가 진행되는 동안 정서 상태의 분화가 더 뚜렷해졌고, 내담자의 핵심 정서적 고통이 회기 중에 전반적으로 더 많이 해결되었다. 주장적 화에 도달함으로써 자기감이 강화되었고, 내담자는 이러한 정서 상태에 대한 성찰을 통해 새로운 의미를 창조할 수 있었다.

두 가지 주요 변화 과정이 있었다. 하나는 차단되었던 분노에 접근하여 욕구를 주장하게 된 것이었다. 이 사례는 차단된 분노에 접근하는 것이 수년간의 억압을 해소하는 중요한 과정, 즉 이전에 부인했던 적응적 분노와 그 안에 내재된 욕구에 도달하고 받아들이는 과정임을 강조한다. 두 번째 과정은 정서로 정서를 변화시키는(changing emotion with emotion) 과정이었다(Greenberg, 2021). 새롭게 경험한 주장적 화 · 애도에 대한 슬픔 · 연민은 그녀의 핵심 부적응적 슬픔 · 두려움 · 수치심을 해소하는 데 도움이 되었다. 충족되지 못한 욕구(unmet needs)를 되찾은 그녀는 적응적인 보호적/주장적 화(protective/assertive anger)와 자신에 대한 연민으로 이어졌다. 또한 그녀는 그러한 욕구가 충족되지 못한 고통에 대해 슬퍼했으며, 이러한 슬픔은 절망보다는 슬픈 성찰의 입장에서 표현되었다. 그녀는 결국 수용의 상태로 끝을 맺었다.

13장

좋든 나쁘든, 분노와 수치심

열정의 지옥을 통과하지 못한 사람은 결코 그것을 극복할 수 없다.

—칼 융(Carl Jung)

수치심과 분노는 모두 매우 고통스러운 정서이며 많은 고통의 원인이 된다. 수치심은 너무 소모적이고 자기파괴적으로 보이기 때문에, 분노는 잠재적인 파괴력으로 너무 무섭기 때문에 치료자와 내담자 모두 치료에서 이러한 정서를 직면하기 어렵다고 느끼는 경우가 많다. 이러한 정서는 많은 장애의 기저에 깔려 있으며, 이러한 정서를 변화시키기 위해 노력하면 장애의 기저에 깔린 결정 요인 중 일부에 대한 구체적인 변화 메커니즘을 제공한다. 예를 들어, 약물 남용의 기저에 깔린 수치심과 분노를 조절하기 위해 노력하면 문제가 되는 행동만 관리하는 것이 아니라 문제의 원인에 직접 접근할 수 있다. 마찬가지로 불안이나 우울과 같은 장애의 경우 대처 기술만 제공하는 것보다 표현되지 않은 기저의 분노와 기저의 수치심을 치료하는 것이 훨씬 더 효과적이다.

이 두 가지 주요 정서는 서로 연결되어 있고 함께 작업해야 하기 때문에 치료에서 다루기 어렵다. 따라서 각 정서에 대한 올바른 이해와 각 정서가 서로를 돕거나 방해하는 방식에 대한 이해가 필요하다. 수치심과 분노는 적응적인 형태와 부적응적인 형태가 있기 때문에 효과적인 개입은 경험하는 수치심 및/또는 분노의 유형과 발생 순서에 따라 달라진다. 치료자는 각 정서가 회기 중에 발생할 때마다 무엇을 전달하고 있는지, 그리고 각 정서가 서로 어떻게 관련되어 있는지에 대한 과정 진단(process diagnoses)을 내려야 한다.

사회적으로 연관성이 높은 이 두 가지 정서를 다룰 때 치료자가 염두에 두어야 할 또 다른 측면은 문화 · 인종 · 성별이 경험과 표현에 영향을 미치는 방식이다. 내담자를 자신의 경험에 대한 전문가로 대하는 정서중심 접근법(emotion-focused approach)의 기반이 되는 공감적 과정(empathic process)은 내담자의 정서적 경험에 대해 단일한 문화적 해석을 강요하는 것을 피한다. 또한 수치심과 분노에 대한 각 개인의 문화적 · 하위문화적 관점에 대한 정보를 항상 파악하는 것이 중요하다.

중요한 것은 이 책이 '치료에서' 수치심과 분노를 활성화하는 것의 치료적 가치에 관한 것이지, '일상에서' 정서를 관리하는 방법이나 이러한 정서를 표현하는 것이 좋다는 것이 아니라는 점이다. 대인관계 상황에서 분노를 거침없이 표현하는 것도, 공공장소에서 분노를 표출하는 것도 제안되지 않는다. 오히려 과거의 상처로 인해 이전에 인정하지 않았거나 부인했던 분노를 경험하고 표현하는 것이 치료의 목적이 된다. 치료에서 수치심을 활성화하는 목적은 내담자가 자신에 대해 더 나쁘게 느끼도록 만드는 것이 아니라 수치심을 변화시킬 수 있도록 만드는 것이다. 치료자의 목표는 수치심을 안전한 치료 상황에서 본능적으로 인정하고 경험함으로써 수치심을 변화시킬 수 있는 방법을 제공하여 수치심을 변화시킬 수 있도록 하는 것이며, 이는 수치심을 떠나기 전에 그 장소에 도착해야 한다는 원칙(the principle that one needs to arrive at a place before one can leave it)에 기초한다. 일반적으로 치료 밖에서, 그리고 치료로 인해 내담자는 부적응적 수치심을 덜 느끼고 반응적 이차 분노를 덜 느낄 것으로 기대된다.

사회적 차원에서 Flanagan(2022)은 북미인들이 수치심을 고유한 사회화 정서(socializing emotion)로 받아들여야 하며, 이는 절제되지 않은 분노와는 달리 도덕적 진보를 촉진할 수 있다고 제안했다. 그는 주로 미국에서 일어난 최근의 정치적 사건을 근거로 분노를 줄이고 수치심을 높여야 한다는 주장을 펼쳤다. 그는 북미에서 널리 퍼진 복수나 보복에 기반한 분노는 다른 사람에게 상처를 전가하기 때문에 매우 파괴적인 사회적 행동 형태라고 설명했다. 그는 겸손 · 친절 · 정직과 같은 긍정적인 가치를 보호하는 특정 형태의 사회적 수치심(social shame)을 증가시킬 것을 촉구했다. 그는 도덕적 진보를 촉진할 수 있는 고유한 사회화 정서인 (적응적 일차) 수치심을 수용하고, 도덕적 악화를 촉진하는 무절제한 (반응적 이차) 분노를 피해야 한다고 제안했다. 사회는 폭발적인 분노가 너무 많고 개인적인 행동과 욕망에 대한 겸손과 부끄러움은 너무 적기 때문에 사회적 차원에서 필요한 것은 수치심을 더 중시하고 분노를 더 많이 거부하는 것이다. 그러나 다시 말하지만, 이 책에서 제안하는 분노와 부적응적 수치심의 증가는 세상에서의 행동이 아니라 치료의 변화 과정을 의미한다.

이 책의 주요 목적은 분노와 수치심에는 적응형과 부적응형이 모두 있으며, 이 두 가지가 밀접하게 관련되어 있기 때문에 치료에는 종종 두 가지를 함께 다루는 것이 포함된다는 것을 보여 주기 위한 것이다. 수치심과 분노를 언제 조절하고 언제 활성화해야 하는지 아는 것도 중요하다. 일반적으로 일차 정서는 활성화하고 이차 정서는 조절해야 한다. 정서중심치료(emotion-focused therapy)는 이러한 정서에 접근하고, 정면으로 마주하고, 필요할 때 조절하며, 궁극적으로 내담자가 더 이상 정서를 관리하기 위해 애쓸 필요가 없도록 변화시킬 수 있는 안전한 공감적 관계(empathic relationship)를 제공함으로써 기저의 정서를 직접 다루는 방법을 제공한다. 변화란 분노와 수치심이 한 번 활성화되면 단순히 관리되는 것이 아니라 더 이상 활성화되지 않도록 하는 것을 의미한다.

나는 책 전반에 걸쳐 대처 기술도 유용하지만, 효과적인 치료의 궁극적인 목표는 변화여야 한다고 강조했다. 의도적인 행동 및 인지적 형태의 조절, 즉 좌반구적 과정(left-hemispheric processes)은 통제 불능이라고 느낄 때 유용하다. 수치심이나 분노가 압도적일 때는 자신을 진정시키고 달래며 심상 속에서 안전한 장소를 찾는 것이 이러한 감정에 대응하는 데 도움이 될 수 있다. 인지행동치료(cognitive behavior therapy)에서 영감을 얻은 방법에서 제안하는 또 다른 변화 전략은 재평가(reappraisal)이다(J. S. Beck, 2011). 그러나 이러한 전략은 일시적인 대처 기술로 편도체 기반의 정서적 반응성(amygdala-based emotional reactivity)에 침투하지 못한다. 오히려 지속적인 변화를 위해 사람들은 자동 편도체 기반 과정(automatic amygdala-based processes)이 활성화되는 것을 방지하는 데 도움이 되는 정동(affect) 변화 및 조절을 위한 암묵적 또는 자동적 역량을 구축해야 한다. 통합에 의해 변화된 정서를 직접 경험하는 것, 즉 정서로 정서를 변화시키는 것(changing emotion with emotion)이 필요하다.

이 책에서 내가 논의한 두 가지 주요 변화 과정은 (1) 핵심 부적응적 수치심에 접근하여 적응적 분노로 변화시키는 것과 (2) 수치심으로 인해 종종 발생하는 분노의 방해를 극복하여 차단된 분노에 접근하는 것이다. 수치심과 분노가 너무 압도적일 때 수치심과 분노를 조절하고 부적응적 분노의 기원을 탐구하는 것과 같은 다른 과정도 중요하지만 부적응적 수치심을 변화시키고 차단된 분노에 접근하는 것만큼 핵심적이지는 않다. 나는 내담자가 자존감이 위협받을 때 종종 격렬한 분노와 격노(rage)를 경험하고 표현할 수 있으며, 이러한 분노는 극심한 수치심을 느끼지 않도록 보호한다고 설명했다. 이러한 상황에서는 고통스러운 수치심을 치료적으로 처리할 수 있도록 치료에서 이차 분노를 탐색하거나 우회하여 기저의 수치심에 도달할 수 있도록 해야 한다. 반면에, 새로 발견한 주장적 일차 화(assertive primary anger)는 일차 수치심에 대한 건강한 해독제가 될 수 있다. 건강한 주장적 화(healthy assertive anger)는 수치심이 위축되는 경향을 자기주장(self-assertion)과 자신감으로 전환하는 데 도움이 될 수 있으므로 무가치함에 대한 수치심에 관하여 해독제로서 치료에서 접근해야 하는 경우가 많다. 요약하면, 분노는 기저의 수치심에 대한 도움이 되지 않는 반응적 이차 정서(secondary reactive emotion)일 수도 있고, 사람들이 복종적인 수치심(submissive shame)을 자신감과 자기가치감(self-worth)으로 바꾸는 데 도움이 될 수도 있다.

이전에 인정되지 않고 차단된 분노에 접근하는 것이 중요한 또 다른 핵심 변화 과정이다. 내담자는 종종 수치심으로 주장적 화를 차단하고, 주장적 화가 규범을 위반하거나 위반했다고 느끼기 때문에 반응을 철회하는 방식으로 대응한다. 이러한 이차 수치심은 사람들이 화를 내는 것을 억압하거나 기분이 나쁘게 만든다. 따라서 치료자는 내담자가 차단된 분노에 접근할 수 있도록 도와야 한다. 마지막으로, 놀랍게도 수치심은 부당한 분노에 대한 건강한 해독제가 될 수 있으며, 비난이나 방어적 분노를 사과와 용서를 구하는 분노로 전환하는 데 도움이 될 수 있다. 이러한 상황에서 수치심은 화해와 관계 회복에 도움이 되는 순종적인 접근 경향성을 제공한다.

현재 치료 분야에서는, 장애에 기반한 차별적 치료 접근 방식(disorder-based differential treatment approach)에서 벗어나 변화의 메커니즘에 대한 지식을 바탕으로 한 과정 중심적 치료 관점(process-oriented view of treatment)으로 나아가고 있기 때문에(Greenberg, 1986; S. C. Hayes & Hofmann, 2018; S. C. Hayes et al., 2020; Rice & Greenberg, 1984), 수치심과 분노를 장애와는 별개로 과정으로 변화시키는 방법을 아는 것이 가장 유용할 것이다. 과정 기반 접근법은 치료자가 내담자 문제의 기저에 있는 역기능적 과정이 무엇인지 묻고 이러한 과정을 변화시키기 위해 개입하도록 유도한다. 따라서 치료자는 이 사람을 위한 사례공식화(case formulation)를 개발하고 변화의 메커니즘에 대한 지식을 바탕으로 개입한다. 치료는 현재 나타나는 문제나 장애에 관계없이 모든 유형의 사람들에게 변화 과정을 초진단적(transdiagnostic)으로 적용하는 것을 포함한다. 수치심과 분노, 그리고 그 상호 관계는 진단 분류에 관계없이 많은 유형의 내담자 문제의 기저에 있으며, 많은 기능 장애의 근본 원인이 된다.

이 장의 내용이 수치심과 분노, 그리고 그 상호작용이 치료적 변화에 미치는 중요한 역할을 강조하는 데 도움이 되었기를 바란다. 더 중요한 것은, 제시된 방법들로 치료자들이 수치심과 분노, 그리고 그 상호작용을 보다 효과적으로 다루는 데 도움이 되기를 바란다.

참고문헌

Abbass, A. (2015). *Reaching through resistance: Advanced psychotherapy techniques*. Seven Leaves Press.

Akhavan, S. (2001). Comorbidity of hopelessness depression with borderline and dependent personality disorders: Inferential, coping, and anger expression styles as vulnerability factors. *Dissertation Abstracts International: B. The Sciences and Engineering*, *61*(12-B), 6694.

Alexander, F., & French, T. M. (1946). *Psychoanalytic therapy: Principles and application*. Ronald Press.

Angus, L. E., & Greenberg, L. S. (2011). *Working with narrative in emotionfocused therapy: Changing stories, healing lives*. American Psychological Association. https://doi.org/10.1037/12325-000

Archer, J. (2004). Sex differences in aggression in real-world settings: A metaanalytic review. *Review of General Psychology*, *8*(4), 291-322. https://psycnet.apa.org/doi/10.1037/1089-2680.8.4.291

Aristotle. (1926). *The "art" of rhetoric* (J. H. Freese, Trans.). Heinemann. (Original work published ca. 350 B.C.E.)

Aristotle. (2009). *The Nicomachean ethics* (D. Ross, Trans.; L. Brown, Ed.). Oxford University Press. (Original work published ca. 350 B.C.E.)

Auszra, L., Greenberg, L., & Herrmann, I. (2013). Client emotional productivity—Optimal client in-session emotional processing in experiential therapy. *Psychotherapy Research*, *23*(6), 732-746.

Averill, J. R. (1983). Studies on anger and aggression: Implications for theories of emotion. *American Psychologist*, *38*(11), 1145-1160. https://doi.org/10.1037/0003-066X.38.11.1145

Barlow, D. H. (1988). *Anxiety and its disorders: The nature and treatment of anxiety and panic*. Guilford Press.

Beauboeuf-Lafontant, T. (2007). "You have to show strength": An exploration of gender, race, and depression. *Gender & Society*, *21*(1), 28-51. https://doi.org/10.1177/0891243206294108

Beck, A. T., Ward, C. H., Mendelson, M., Mock, J., & Erbauch, J. (1961). *Beck Depression Inventory (BDI)* [Database record]. APA PsycTests. https://doi.org/10.1037/t00741-000

Beck, J. S. (2011). *Cognitive behavior therapy: Basics and beyond* (2nd ed.). Guilford Press.

Bedford, O. (2004). The individual experience of guilt and shame in Chinese culture. *Culture and Psychology*, *10*(1), 29-52. https://doi.org/10.1177/1354067X04040929

Berkowitz, L. (1990). On the formation and regulation of anger and aggression. A cognitive-neoassociationistic analysis. *American Psychologist*, *45*(4), 494-503. https://doi.org/10.1037/0003-066X.45.4.494

Beutler, L. E., Daldrup, R., Engle, D., Guest, P., Corbishley, A., & Meredith, K. E. (1988). Family dynamics and emotional expression among patients with chronic pain and depression. *Pain*, *32*(1), 65-72. https://doi.org/10.1016/0304-3959(88)90024-3

Beutler, L. E., Engle, D., Mohr, D., Daldrup, R. J., Bergan, J., Meredith, K., & Merry, W. (1991). Predictors of differential response to cognitive, experiential, and selfdirected psychotherapeutic procedures. *Journal of Consulting and Clinical Psychology*, *59*(2), 333-340. https://doi.org/10.1037/0022-006X.59.2.333

Bishop, S. R., Lau, M., Shapiro, S., Carlson, L., Anderson, N. D., Carmody, J., Segal, Z. V., Abbey, S., Speca, M., Velting, D., & Devins, G. (2004). Mindfulness: A proposed operational definition. *Clinical Psychology: Science and Practice*, *11*(3), 230-241. https://doi.org/10.1093/clipsy.bph077

Bohart, A. C. (1980). Toward a cognitive theory of catharsis. *Psychotherapy: Theory, Research, & Practice*, *17*(2), 192-201. https://doi.org/10.1037/h0085911

Bohart, A. C., & Greenberg, L. S. (1997). *Empathy reconsidered: New directions in theory research & practice*. American Psychological Association.

Bowlby, J. (1982). Attachment and loss: Retrospect and prospect. *American Journal of Orthopsychiatry*, *52*(4), 664-678. https://doi.org/10.1111/j.1939-0025.1982.tb01456.x

Bowlby, J. (1988). *A secure base: Parent-child attachment and healthy human development*. Basic Books.

Bradshaw, J. (1988). *Healing the shame that binds you*. Health Communications Inc.

Brewin, C. R. (2001). Memory processes in post-traumatic stress disorder. *International Review of Psychiatry*, *13*(3), 159-163. https://doi.org/10.1080/09540260120074019

Bridewell, W. B., & Chang, E. C. (1997). Distinguishing between anxiety, depression, and hostility: Relations to anger-in, anger-out, and anger control. *Personality and Individual Differences*, *22*(4), 587-590. https://doi.org/10.1016/S0191-8869(96)00224-3

Bridges, M. R. (2006). Activating the corrective emotional experience. *Journal of Clinical Psychology*, *62*(5), 551-568. https://doi.org/10.1002/jclp.20248

Brody, C. L., Haaga, D. A. F., Kirk, L., & Solomon, A. (1999). Experiences of anger in people who have recovered from depression and never-depressed people. *Journal of Nervous and Mental Disease*, *187*(7), 400-405. https://doi.org/10.1097/00005053-199907000-00002

Brown, B. (2012). *Daring greatly: How the courage to be vulnerable transforms the way we live, love, parent, and lead*. Gotham.

Budiarto, Y., & Helmi, A. F. (2021). Shame and self-esteem: A meta-analysis. *Europe's Journal of Psychology*, *17*(2), 131-145. https://doi.org/10.5964/ejop.2115

Bushman, B. (2002). Does venting anger feed or extinguish the flame? Catharsis, rumination, distraction, anger, and aggressive responding. *Personality and Social Psychology Bulletin*, *28*, 724-731.

Buss, A. H., & Durkee, A. (1957). An inventory for assessing different kinds of hostility. *Journal of Consulting Psychology*, *21*(4), 343-349. https://doi.org/10.1037/h0046900

Carter, R. T., & Forsyth, J. (2010). Reactions to racial discrimination: Emotional stress and help-seeking behaviors. *Psychological Trauma: Theory, Research, Practice, and Policy*, *2*(3), 183-191. https://doi.org/10.1037/a0020102

Castonguay, L., & Hill, C. (Eds.). (2012). *Transformation in psychotherapy: Corrective experiences across cognitive behavioral, humanistic, and psychodynamic approaches*. American Psychological Association. https://doi.org/10.1037/13747-000

Chemaly, S. (2018). *Rage becomes her: The power of women's anger*. Simon & Schuster.

Chou, T., Asnaani, A., & Hofmann, S. G. (2012). Perception of racial discrimination and psychopathology across three U.S. ethnic minority groups. *Cultural Diversity & Ethnic Minority Psychology*, *18*(1), 74-81. https://doi.org/10.1037/a0025432

Compas, B. E., Jaser, S. S., Bettis, A. H., Watson, K. H., Gruhn, M. A., Dunbar, J. P., Williams, E., & Thigpen, J. C. (2017). Coping, emotion regulation, and psychopathology in childhood and adolescence: A meta-analysis and narrative review. *Psychological Bulletin*, *143*(9), 939-991. https://doi.org/10.1037/bul0000110

Consedine, N. S., Magai, C., & Bonanno, G. A. (2002). Moderators of the emotion inhibition-health relationship: A review and research agenda. *Review of General Psychology*, *6*(2), 204-228. https://doi.org/10.1037/1089-2680.6.2.204

Cooley, C. H. (1902). *Human nature and the social order*. Scribner.

Cox, D. L., Stabb, S. D., & Bruckner, K. H. (1999). *Women's anger: Clinical and developmental perspectives*. Brunner-Mazel.

Cozolino, L. J. (2002). *The neuroscience of psychotherapy: Building and rebuilding the human brain*. W. W. Norton & Co.

Craske, M. G., Treanor, M., Conway, C. C., Zbozinek, T., & Vervliet, B. (2014). Maximizing exposure therapy: An inhibitory learning approach. *Behaviour Research and Therapy*, *58*, 10-23. https://doi.org/10.1016/j.brat.2014.04.006

Dalai Lama. (1995). *The power of compassion: A collection of lectures by His Holiness the XIV Dalai Lama* (T. Jinpa, Trans.). Thorsons.

Dalgleish, T., Yiend, J., Schweizer, S., & Dunn, B. D. (2009). Ironic effects of emotion suppression when recounting distressing memories. *Emotion*, *9*(5), 744-749. https://doi.org/10.1037/a0017290

Damasio, A. R. (1999). *The feeling of what happens: Body and emotion in the making of consciousness*. Harcourt Brace.

Darwin, C. (1872). *The expression of emotion in man and animals*. John Murray. https://doi.org/10.1037/10001-000

Davidson, R. (2000). Affective style, mood, and anxiety disorders: An affective neuroscience approach. In R. Davidson (Ed.), *Anxiety, depression, and emotion* (pp. 88-108). Oxford University Press. https://doi.org/10.1093/acprof:oso/9780195133585.003.0005

Dearing, R. L., & Tangney, J. P. (Eds.). (2011). *Shame in the therapy hour*. American

Psychological Association. https://doi.org/10.1037/12326-000

Deffenbacher, J. L. (2011). Cognitive-behavioral conceptualization and treatment of anger. *Cognitive and Behavioral Practice*, *18*(2), 212-221.

De la Fuente, V., Freudenthal, R., & Romano, A. (2011). Reconsolidation or extinction: Transcription factor switch in the determination of memory course after retrieval. *The Journal of Neuroscience*, *31*(15), 5562-5573.

DeYoung, C. G. (2015). Cybernetic Big Five Theory. *Journal of Research in Personality*, *56*, 33-58. https://doi.org/10.1016/j.jrp.2014.07.004

DeYoung, P. (2022). *Understanding and treating chronic shame: Healing right brain relational trauma*. Routledge.

Dickerson, S. S., & Kemeny, M. E. (2004). Acute stressors and cortisol responses: A theoretical integration and synthesis of laboratory research. *Psychological Bulletin*, *130*(3), 355-391. https://doi.org/10.1037/0033-2909.130.3.355

Ekman, P. (2003). *Emotions revealed*. Holt Paperbacks. https://doi.org/10.1080/02699939208411068

Elliott, R., Watson, J. C., Goldman, R. N., & Greenberg, L. S. (2004). *Learning emotion-focused therapy: The process-experiential approach to change*. American Psychological Association. https://doi.org/10.1037/10725-000

Fava, M., Anderson, K., & Rosenbaum, J. F. (1990). "Anger attacks": Possible variants of panic and major depressive disorders. *The American Journal of Psychiatry*, *147*(7), 867-870. https://doi.org/10.1176/ajp.147.7.867

Fernandez, E. (2010). Toward an integrative psychotherapy for maladaptive anger. In M. Potegal, G. Stemmler, & C. Spielberger (Eds.), *The international handbook of anger: Constituent and concomitant biological, psychological, and social processes* (pp. 499-513). Springer. https://doi.org/10.1007/978-0-387-89676-2_28

Fernandez, E. (Ed.). (2013). *Treatments for anger in specific populations: Theory, application, and outcome*. Oxford University Press. https://doi.org/10.1093/med:psych/9780199914661.001.0001

Fernandez, E., & Johnson, S. L. (2016). Anger in psychological disorders: Prevalence, presentation, etiology and prognostic implications. *Clinical Psychology Review*, *46*, 124-135. https://doi.org/10.1016/j.cpr.2016.04.012

Fernandez, E., & Malley-Morrison, K. (2013). Gender-inclusive and genderinformed treatment of anger. In E. Fernandez (Ed.), *Treatments for anger in specific populations: Theory, application, and outcome* (pp. 213-235). Oxford University Press. https://doi.org/10.1093/med:psych/9780199914661.003.0012

Fernandez, E., & Scott, S. (2009). Anger treatment in chemically-dependent inpatients: Evaluation of phase effects and gender. *Behavioural and Cognitive Psychotherapy*, *37*(4), 431-447. https://doi.org/10.1017/S1352465809990075

Fernandez, E., Vargas, R., & Garza, C. (2010, May). *Five parameters for mapping the angry person: Results from a community sample* [Paper presentation]. Association for Psychological Science 22nd Annual Convention, Boston, MA, United States.

Flanagan, O. (2022). *How to do things with emotions: The morality of anger and shame across cultures*. Princeton University Press.

Fonagy, P., Gergely, G., Jurist, E. L., & Target, M. (2002). *Affect regulation, mentalization, and the development of the self*. Other Press.

Fonagy, P., & Target, M. (2005). Mentalization and the Changing Aims of Child Psychoanalysis (1998). In L. Aron & A. Harris (Eds.), *Relational psychoanalysis: Innovation and expansion* (Vol. 2, pp. 253-278). Analytic Press.

Forgas, J. P. (1995). Mood and judgment: The affect infusion model (AIM). *Psychological Bulletin*, *117*(1), 39-66. https://doi.org/10.1037/0033-2909.117.1.39

Forgas, J. P., & Bower, G. H. (1987). Mood effects on person-perception judgments. *Journal of Personality and Social Psychology*, *53*(1), 53-60. https://doi.org/10.1037/0022-3514.53.1.53

Forgas, J. P., & Locke, J. (2005). Affective influences on causal inferences: The effects of mood on attributions for positive and negative interpersonal episodes. *Cognition and Emotion*, *19*(7), 1071-1081. https://doi.org/10.1080/02699930541000093

Fosha, D. (2000). *The transforming power of affect: A model for accelerated change*. Basic Book.

Fredrickson, B. L., Mancuso, R. A., Branigan, C., & Tugade, M. M. (2000). The undoing effect of positive emotions. *Motivation and Emotion*, *24*(4), 237-258. https://doi.org/10.1023/A:1010796329158

Freud, S. (1923). *The ego and the id*. W. W. Norton & Co.

Frijda, N. H. (1986). *The emotions*. Cambridge University Press.

Frijda, N. H. (1988). The laws of emotion. *American Psychologist*, *43*(5), 349-358. https://doi.org/10.1037/0003-066X.43.5.349

Geller, S. M., & Greenberg, L. S. (2002). Therapeutic presence: Therapists' experience of presence in the psychotherapy encounter in psychotherapy. *Person-Centered and Experiential Psychotherapies*, *1*, 71-86. https://doi.org/10.1080/14779757.2002.9688279

Geller, S. M., & Greenberg, L. S. (2012). *Therapeutic presence: A mindful approach to effective therapy.* American Psychological Association. https://doi.org/10.1037/13485-000

Geller, S. M., & Greenberg, L. S. (2023). *Therapeutic presence: A mindful approach to effective therapy* (2nd ed.). American Psychological Association. https://doi.org/10.1037/0000315-000

Geller, S. M., Greenberg, L. S., & Watson, J. C. (2010). Therapist and client perceptions of therapeutic presence: The development of a measure. *Psychotherapy Research*, *20*(5), 599-610. https://doi.org/10.1080/10503307.2010.495957

Gendlin, E. T. (1981). *Focusing*. Bantam.

Germer, C. K., & Neff, K. D. (2013). Self-compassion in clinical practice. *Journal of Clinical Psychology*, *69*(8), 856-867. https://doi.org/10.1002/jclp.22021

Gilbert, P. (2006). A biopsychosocial and evolutionary approach to formulation with a special focus on shame. In N. Tarrier (Ed.), *Case formulation in cognitive behaviour therapy: The treatment of challenging and complex cases* (pp. 81-112). Routledge/Taylor & Francis Group.

Gilbert, P., & Andrews, B. (Eds.). (1998). *Shame: Interpersonal behavior, psychopathology, and culture*. Oxford University Press.

Gilbert, P., & Gilbert, J. (2003). Entrapment and arrested fight and flight in depression: An exploration using focus groups. *Psychology and Psychotherapy: Theory, Research and Practice*, *76*(2), 173-188. https://doi.org/10.1348/147608303765951203

Goldin, P. R., Jazaieri, H., & Gross, J. J. (2014). Emotion regulation in social anxiety disorder. In S. G. Hofmann & P. M. DiBartolo (Eds.), *Social anxiety: Clinical, developmental, and social perspectives* (3rd ed., pp. 511-529). Elsevier.

Goldman, R. N., & Fox-Zurawic, A. (2012, July). *Self-soothing in emotion-focused therapy: Findings from a task analysis* [Paper presentation]. Tenth annual conference of the World Association for Person Centered and Experiential Psychotherapy & Counseling, Antwerp.

Goldman, R. N., & Greenberg, L. S. (2015). *Case formulation in emotionfocused therapy: Co-creating clinical maps for change*. American Psychological Association. https://doi.org/10.1037/14523-000

Goss, K., & Allan, S. (2009). Shame, pride and eating disorders. *Clinical Psychology & Psychotherapy*, *16*(4), 303-316. https://doi.org/10.1002/cpp.627

Greenberg, L. S. (1979). Resolving splits: Use of the two chair technique. *Psychotherapy: Theory, Research, & Practice*, *16*(3), 316-324. https://doi.org/10.1037/h0085895

Greenberg, L. S. (1984). A task analysis of intrapersonal conflict resolution. In L. N. Rice & L. S. Greenberg (Eds.), *Patterns of change: Intensive analysis of psychotherapy process* (pp. 67-123). Guilford Press.

Greenberg, L. S. (1986). Change process research. *Journal of Consulting and Clinical Psychology*, *54*(1), 4-9. https://doi.org/10.1037/0022-006X.54.1.4

Greenberg, L. S. (2002). *Emotion-focused therapy: Coaching clients to work through their feelings*. American Psychological Association. https://doi.org/10.1037/10447-000

Greenberg, L. S. (2007). A guide to conducting a task analysis of psychotherapeutic change. *Psychotherapy Research*, *17*(1), 15-30. https://doi.org/10.1080/10503300600720390

Greenberg, L. S. (2011). *Emotion-focused therapy*. American Psychological Association.

Greenberg, L. S. (2012). Emotions, the great captains of our lives: Their role in the process of change in psychotherapy. *American Psychologist*, *67*(8), 697-707. https://doi.org/10.1037/a0029858

Greenberg, L. S. (2015). *Emotion-focused therapy: Coaching clients to work through their feelings* (2nd ed.). American Psychological Association. https://psycnet.apa.org/doi/10.1037/14692-000

Greenberg, L. S. (2021). *Changing emotion with emotion: A practitioner's guide*. American Psychological Association. https://doi.org/10.1037/0000248-000

Greenberg, L. S., & Angus, L. E. (2004). The contributions of emotion processes to narrative change in psychotherapy: A dialectical constructivist approach. In L. E. Angus & J. McLeod (Eds.), *The handbook of narrative psychotherapy* (pp. 331-349). Sage Publications. https://doi.org/10.4135/9781412973496.d25

Greenberg, L. S., & Bolger, E. (2001). An emotion-focused approach to the overregulation of emotion and emotional pain. *Journal of Clinical Psychology*, *57*(2), 197–211. https://doi.org/10.1002/1097-4679(200102)57:2〈197::AIDJCLP6〉3.0.CO;2-O

Greenberg, L. S., & Foerster, F. S. (1996). Task analysis exemplified: The process of resolving unfinished business. *Journal of Consulting and Clinical Psychology*, *64*(3), 439–446. https://doi.org/10.1037/0022-006X.64.3.439

Greenberg, L. S., Ford, C. L., Alden, L. S., & Johnson, S. M. (1993). In-session change in emotionally focused therapy. *Journal of Consulting and Clinical Psychology*, *61*(1), 78–84. https://doi.org/10.1037/0022-006X.61.1.78

Greenberg, L. S., & Goldman, R. N. (2008). *Emotion-focused couples therapy: The dynamics of emotion, love, and power*. American Psychological Association. https://doi.org/10.1037/11750-000

Greenberg, L. S., & Iwakabe, S. (2011). Emotion-focused therapy and shame. In R. L. Dearing & J. P. Tangney (Eds.), *Shame in the therapy hour* (pp. 69–90). American Psychological Association. https://doi.org/10.1037/12326-003

Greenberg, L. S., & Malcolm, W. (2002). Resolving unfinished business: Relating process to outcome. *Journal of Consulting and Clinical Psychology*, *70*(2), 406–416. https://doi.org/10.1037/0022-006X.70.2.406

Greenberg, L. S., & Paivio, S. C. (1997). *Working with emotions in psychotherapy*. Guilford Press.

Greenberg, L. S., & Pascual-Leone, J. (1995). A dialectical constructivist approach to experiential change. In R. A. Neimeyer & M. J. Mahoney (Eds.), *Constructivism in psychotherapy* (pp. 169–191). American Psychological Association.

Greenberg, L. S., & Pascual-Leone, J. (1997). Emotion in the creation of personal meaning. In M. J. Power & C. R. Brewin (Eds.), *Transformation of meaning in psychological therapies: Integrating theory and practice* (pp. 157–173). Wiley.

Greenberg, L. S., Rice, L. N., & Elliott, R. K. (1993). *Facilitating emotional change: The moment-by-moment process*. Guilford Press.

Greenberg, L. S., & Safran, J. D. (1987). *Emotion in psychotherapy: Affect, cognition, and the process of change*. Guilford Press.

Greenberg, L. S., & Safran, J. D. (1989). Emotion in psychotherapy. *American Psychologist*, *44*(1), 19–29. https://doi.org/10.1037/0003-066X.44.1.19

Greenberg, L. S., & Watson, J. C. (1998). Experiential therapy of depression:

Differential effects of client-centered relationship conditions and process experiential interventions. *Psychotherapy Research*, *8*(2), 210-224.

Greenberg, L. S., & Watson, J. C. (2006). *Emotion-focused therapy for depression*. American Psychological Association. https://doi.org/10.1037/11286-000

Greenberg, L. S., & Webster, M. C. (1982). Resolving decisional conflict by Gestalt two-chair dialogue: Relating process to outcome. *Journal of Counseling Psychology*, *29*(5), 468-477. https://doi.org/10.1037/0022-0167.29.5.468

Greenberg, L. S., & Woldarsky Meneses, C. (2019). *Forgiveness and letting go in emotion-focused therapy*. American Psychological Association.

Gross, J. J. (2001). Emotion regulation in adulthood: Timing is everything. *Current Directions in Psychological Science*, *10*(6), 214-219. https://doi.org/10.1111/1467-8721.00152

Gross, J. J. (2013). Emotion regulation: Taking stock and moving forward. *Emotion*, *13*(3), 359-365. https://doi.org/10.1037/a0032135

Gross, J. J., & John, O. P. (2003). Individual differences in two emotion regulation processes: Implications for affect, relationships, and well-being. *Journal of Personality and Social Psychology*, *85*(2), 348-362. https://doi.org/10.1037/0022-3514.85.2.348

Gross, J. J., & Levenson, R. W. (1997). Hiding feelings: The acute effects of inhibiting negative and positive emotion. *Journal of Abnormal Psychology*, *106*(1), 95-103. https://doi.org/10.1037/0021-843X.106.1.95

Ha, F. I. (1995). Shame in Asian and Western cultures. *American Behavioral Scientist*, *38*(8), 1114-1131. https://doi.org/10.1177/0002764295038008007

Hariri, A. R., Bookheimer, S. Y., & Mazziotta, J. C. (2000). Modulating emotional responses: Effects of a neocortical network on the limbic system. *Neuroreport*, *11*(1), 43-48. https://doi.org/10.1097/00001756-200001170-00009

Harmon-Jones, E., Abramson, L. Y., Sigelman, J., Bohlig, A., Hogan, M. E., & Harmon-Jones, C. (2002). Proneness to hypomania/mania symptoms or depression symptoms and asymmetrical frontal cortical responses to an anger-evoking event. *Journal of Personality and Social Psychology*, *82*(4), 610-618.

Harmon-Jones, E., Lueck, L., Fearn, M., & Harmon-Jones, C. (2006). The effect of personal relevance and approach-related action expectation on relative left frontal cortical activity. *Psychological Science*, *17*(5), 434-440. https://doi.org/10.1111/

j.1467-9280.2006.01724.x

Harmon-Jones, E., Peterson, C., Gable, P. A., & Harmon-Jones, C. (2008). Anger and approach-avoidance motivation. In A. J. Elliot (Ed.), *Handbook of approach and avoidance motivation* (pp. 399-413). Psychology Press.

Harper, F. W. K., & Arias, I. (2004). The role of shame in predicting adult anger and depressive symptoms among victims of child psychological maltreatment. *Journal of Family Violence*, *19*(6), 359-367. https://doi.org/10.1007/s10896-004-0681-x

Hatch, H., & Forgays, D. K. (2001). A comparison of older adolescent and adult females' responses to anger-provoking situations. *Adolescence*, *36*(143), 557-570.

Hayes, J. A., & Vinca, M. (2017). Therapist presence, absence, and extraordinary presence. In L. G. Castonguay & C. E. Hill (Eds.), *How and why are some therapists better than others?: Understanding therapist effects* (pp. 85-99). American Psychological Association. https://doi.org/10.1037/0000034-006

Hayes, S. C., & Hofmann, S. G. (Eds.). (2018). *Process-based CBT: The science and core clinical competencies of cognitive behavioral therapy*. New Harbinger Publications, Inc.

Hayes, S. C., Hofmann, S. G., & Ciarrochi, J. (2020). A process-based approach to psychological diagnosis and treatment: The conceptual and treatment utility of an extended evolutionary meta model. *Clinical Psychology Review*, *82*, Article 101908. https://doi.org/10.1016/j.cpr.2020.101908

Hebb, D. (1949). *The organization of behavior*. Wiley.

Herrmann, I. R., Greenberg, L. S., & Auszra, L. (2016). Emotion categories and patterns of change in experiential therapy for depression. *Psychotherapy Research*, *26*(2), 178-195. https://doi.org/10.1080/10503307.2014.958597

Högberg, G., Nardo, D., Hällström, T., & Pagani, M. (2011). Affective psychotherapy in post-traumatic reactions guided by affective neuroscience: Memory reconsolidation and play. *Psychology Research and Behavior Management*, *4*, 87-96. https://doi.org/10.2147/PRBM.S10380

Hoglund, C. L., & Nicholas, K. B. (1995). Shame, guilt, and anger in college students exposed to abusive family environments. *Journal of Family Violence*, *10*(2), 141-157. https://doi.org/10.1007/BF02110597

Holowaty, K. A. M., & Paivio, S. C. (2012). Characteristics of client-identified helpful events in emotion-focused therapy for child abuse trauma. *Psychotherapy*

Research, *22*(1), 56-66. https://doi.org/10.1080/10503307.2011.622727

Hume, D. (1882). *A treatise on human nature* (T. H. Green & T. H. Grose, Eds.). Longmans, Green & Co.

Inda, M. C., Muravieva, E. V., & Alberini, C. M. (2011). Memory retrieval and the passage of time: From reconsolidation and strengthening to extinction. *The Journal of Neuroscience*, *31*(5), 1635-1643. https://doi.org/10.1523/JNEUROSCI.4736-10.2011

Izard, C. E. (1971). *The face of emotion*. Appleton-Century Crofts.

Izard, C. E. (1977). *Human emotions*. Plenum.

Izard, C. E. (1990). Facial expressions and the regulation of emotions. *Journal of Personality and Social Psychology*, *58*(3), 487-498. https://doi.org/10.1037/0022-3514.58.3.487

Izard, C. E. (1993). Four systems for emotion activation: Cognitive and noncognitive processes. *Psychological Review*, *100*(1), 68-90. https://doi.org/10.1037/0033-295X.100.1.68

Jack, D. C. (1991). *Silencing the self: Women and depression*. Harvard University Press.

James, W. (1890). *The principles of psychology* (Vol. 1). Henry Holt and Co.

Julle-Danière, E., Whitehouse, J., Mielke, A., Vrij, A., Gustafsson, E., Micheletta, J., & Waller, B. M. (2020). Are there non-verbal signals of guilt? *PLOS One*, *15*(4), Article e0231756. https://doi.org/10.1371/journal.pone.0231756

Jurist, E. (2018). *Minding emotions: Cultivating mentalization in psychotherapy*. Guilford Press.

Kannan, D., Henretty, J., Piazza-Bonin, E., Levitt, H., Coleman, R., Bickerest-Townsend, M., & Mathews, S. (2011). The resolution of anger in psychotherapy: A task analysis. *The Humanistic Psychologist*, *39*(2), 169-181. https://doi.org/10.1080/08873267.2011.563724

Kassinove, H., & Tafrate, R. C. (2002). *Anger management: The complete treatment guide for practitioners*. Impact.

Kaufman, G. (1996). *The psychology of shame: Theory and treatment of shamebased syndromes* (2nd ed.). Springer Publishing Co.

Kelly, A. C., Carter, J. C., Zuroff, D. C., & Borairi, S. (2013). Self-compassion and fear of self-compassion interact to predict response to eating disorders treatment: A preliminary investigation. *Psychotherapy Research*, *23*(3), 252-264. https://doi.org/10.1080/10503307.2012.717310

Kiecolt-Glaser, J. K., McGuire, L., Robles, T. F., & Glaser, R. (2002). Emotions, morbidity, and mortality: New perspectives from psychoneuroimmunology. *Annual Review of Psychology*, *53*(1), 83-107. https://doi.org/10.1146/annurev.psych.53.100901.135217

Kim, S., Thibodeau, R., & Jorgensen, R. S. (2011). Shame, guilt, and depressive symptoms: A meta-analytic review. *Psychological Bulletin*, *137*(1), 68-96. https://doi.org/10.1037/a0021466

Kircanski, K., Lieberman, M. D., & Craske, M. G. (2012). Feelings into words: Contributions of language to exposure therapy. *Psychological Science*, *23*(10), 1086-1091. https://doi.org/10.1177/0956797612443830

Kitayama, S., Markus, H. R., & Matsumoto, H. (1995). Culture, self, and emotion: A cultural perspective on "self-conscious" emotions. In J. P. Tangney & K. W. Fischer (Eds.), *Self-conscious emotions: The psychology of shame, guilt, embarrassment, and pride* (pp. 439-464). Guilford Press.

Klein, M. H., Mathieu, P., Gendlin, E., & Kiesler, D. J. (1986). *The Experiencing Scale: A research and training manual* (Vol. 1). Madison, University of Wisconsin Extension Bureau of Audiovisual Instruction, 1969.

Kohut, H. (1977). *The restoration of the self*. University of Chicago Press.

Kolts, R., Bell, T., Bennett-Levy, J., & Irons, C. (2018). *Experiencing compassionfocused therapy from the inside out: A self-practice/self-reflection workbook for therapists*. Guilford Press.

Kramer, U., Pascual-Leone, A., Berthoud, L., de Roten, Y., Marquet, P., Kolly, S., Despland, J. N., & Page, D. (2016). Assertive anger mediates effects of dialectical behaviour-informed skills training for borderline personality disorder: A randomized controlled trial. *Clinical Psychology & Psychotherapy*, *23*(3), 189-202. https://doi.org/10.1002/cpp.1956

Kramer, U., Pascual-Leone, A., Rohde, K. B., & Sachse, R. (2018). The role of shame and self-compassion in psychotherapy for narcissistic personality disorder: An exploratory study. *Clinical Psychology & Psychotherapy*, *25*(2), 272-282. https://doi.org/10.1002/cpp.2160

Kring, A. M. (2000). Gender and anger. In A. H. Fischer (Ed.), *Gender and emotion:*

Social psychological perspectives (pp. 211-231). Cambridge University Press. https://doi.org/10.1017/CBO9780511628191.011

Kuhn, T. S. (1962). *The structure of scientific revolutions*. University of Chicago Press.

Lane, R. D., Ryan, L., Nadel, L., & Greenberg, L. (2015). Memory reconsolidation, emotional arousal, and the process of change in psychotherapy: New insights from brain science. *Behavioral and Brain Sciences*, *38*, Article e1. https://doi.org/10.1017/S0140525X14000041

Lawrence, P., & Rozmus, C. (2001). Culturally sensitive care of the Muslim patient. *Journal of Transcultural Nursing*, *12*, 228-233.

Leach, C. W., & Cidam, A. (2015). When is shame linked to constructive approach orientation? A meta-analysis. *Journal of Personality and Social Psychology*, *109*(6), 983-1002. https://doi.org/10.1037/pspa0000037

LeDoux, J. (1996). *The emotional brain: The mysterious underpinnings of emotional life*. Simon & Schuster.

LeDoux, J. (2003). The emotional brain, fear, and the amygdala. *Cellular and Molecular Neurobiology*, *23*, 727-738. https://doi.org/10.1023/A:1025048802629

Leventhal, H. (1979). A perceptual-motor processing model of emotion. In P. Pliner, K. Blankenstein, & I. M. Spigel (Eds.), *Perception of emotion in self and others* (Vol. 5, pp. 1-36). Plenum. https://doi.org/10.1007/978-1-4684-3548-1_1

Levinas, E. (1969). *Totality and infinity*. Duquesne University Press.

Lewis, H. B. (1971a). *Shame and guilt in neurosis*. International Universities Press.

Lewis, H. B. (1971b). Shame and guilt in neurosis. *Psychoanalytic Review*, *58*(3), 419-438.

Lewis, H. B. (1987). The role of shame in depression over the life span. In H. B. Lewis (Ed.), *The role of shame in symptom formation* (pp. 29-50). Lawrence Erlbaum Associates, Inc.

Lewis, M. (2008). Self-conscious emotions: Embarrassment, pride, shame, and guilt. In M. Lewis, J. M. Haviland-Jones, & L. F. Barrett (Eds.), *Handbook of emotions* (pp. 742-756). Guilford Press.

Lieberman, M. D., Eisenberger, N. I., Crockett, M. J., Tom, S. M., Pfeifer, J. H., & Way, B. M. (2007). Putting feelings into words: Affect labeling disrupts amygdala activity in response to affective stimuli. *Psychological Science*, *18*(5), 421-428. https://doi.org/10.1111/j.1467-9280.2007.01916.x

Lindsay-Hartz, J., de Rivera, J., & Mascolo, M. F. (1995). Differentiating guilt and shame and their effects on motivation. In J. P. Tangney & K. W. Fischer (Eds.), *Self-conscious emotions: The psychology of shame, guilt, embarrassment, and pride* (pp. 274-300). Guilford Press.

Linehan, M. M. (1993). *Cognitive-behavioral treatment of borderline personality disorder*. Guilford Press.

Linehan, M. M., Bohus, M., & Lynch, T. R. (2007). Dialectical behavior therapy for pervasive emotion dysregulation: Theoretical and practical underpinnings. In J. J. Gross (Ed.), *Handbook of emotion regulation* (pp. 581-605). Guilford Press.

Loader, P. (1998). Such a shame□A consideration of shame and shaming mechanisms in families. *Child Abuse Review*, 7(1), 44-57. https://doi.org/10.1002/(SICI)1099-0852(199801/02)7:1〈44::AID-CAR334〉3.0.CO;2-7

Mackay, H. C., Barkham, M., Stiles, W. B., & Goldfried, M. R. (2002). Patterns of client emotion in helpful sessions of cognitive-behavioral and psychodynamicinterpersonal therapy. *Journal of Counseling Psychology*, *49*(3), 376-380. https://doi.org/10.1037/0022-0167.49.3.376

Mallinckrodt, B. (2010). The psychotherapy relationship as attachment: Evidence and implications. *Journal of Social and Personal Relationships*, *27*(2), 262-270. https://doi.org/10.1177/0265407509360905

Maren, S. (2011). Seeking a spotless mind: Extinction, deconsolidation, and erasure of fear memory. *Neuron*, *70*(5), 830-845. https://doi.org/10.1016/j.neuron.2011.04.023

Markus, H., & Kitayama, S. (1991). Culture and the self: Implications for cognition, emotion, and motivation. *Psychological Review*, *98*(2), 224-253. https://doi.org/10.1037/0033-295X.98.2.224

Martens, W. H. J. (2005). Shame and narcissism: Conflicting dimensions of pride, self-esteem and pathological vulnerability. *Annals of the American Psychotherapy Association*, *8*(2), 10-17.

Masters, R. A. (1999). *Until the fire is but light: An interdisciplinary psychospiritual investigation of anger* (UMI No.9934606) [Doctoral dissertation, Saybrook University]. Dissertation Abstracts International 60(5-B).

Matsumoto, D., Hee Yoo, S., & Chung, J. (2010). The expression of anger across culture. In M. Potegal, G. Stemmler, & C. Spielberger (Eds.), *International handbook of anger: Constituent and concomitant biological, psychological, and social problems* (pp. 125–137). Springer.

Mauss, I. B., Butler, E. A., Roberts, N. A., & Chu, A. (2010). Emotion control values and responding to an anger provocation in Asian-American and European-American individuals. *Cognition and Emotion*, *24*(6), 1026–1043. https://doi.org/10.1080/02699930903122273

Mayne, T. J. (1999). Negative affect and health: The importance of being earnest. *Cognition and Emotion*, *13*(5), 601–635. https://doi.org/10.1080/026999399379203

McGilchrist, I. (2009). *The master and his emissary: The divided brain and the making of the western world*. Yale University Press.

Miller, R. S. (1997). Inattentive and contented: Relationship commitment and attention to alternatives. *Journal of Personality and Social Psychology*, *73*(4), 758–766. https://doi.org/10.1037/0022-3514.73.4.758

Miller, S. (2021). *Changing emotion with emotion: A change process in depressed clients with shame* [Unpublished doctoral dissertation]. York University.

Mohr, D. C., Shoham-Salomon, V., Engle, D., & Beutler, L. E. (1991). The expression of anger in psychotherapy for depression: Its role and measurement. *Psychotherapy Research*, *1*(2), 124–134. https://doi.org/10.1080/10503309112331335551

Morrison, A. P. (1989). *Shame: The underside of narcissism*. Analytic Press.

Moscovitch, M. (2009). Consciousness and memory in amnesia. In W. P. Banks (Ed.), *Encyclopedia of consciousness* (pp. 183–192). Academic Press.

Moscovitch, M., & Nadel, L. (1999). Multiple-trace theory and semantic dementia: Response to K. S. Graham (1999). *Trends in Cognitive Sciences*, *3*(3), 87–89. https://doi.org/10.1016/S1364-6613(99)01290-5

Nadel, L., & Bohbot, V. (2001). Consolidation of memory. *Hippocampus*, *11*(1), 56–60. https://doi.org/10.1002/1098-1063(2001)11:1〈56::AID-HIPO1020〉3.0.CO;2-O

Nader, K., Schafe, G. E., & Le Doux, J. E. (2000). Fear memories require protein synthesis in the amygdala for reconsolidation after retrieval. *Nature*, *406*(6797), 722–726. https://doi.org/10.1038/35021052

Nagel, E., Bromberger, S., & Grunbaum, A. (1973). *Observation and theory in science*. Johns Hopkins University Press.

Nathanson, D. L. (1994). *Shame and pride: Affect, Sex, and the Birth of the Self*. W. W.

Norton & Co.

Neff, K. (2011). *Self-compassion: The proven power of being kind to yourself*. William Morrow.

Neimeyer, R. A., & Mahoney, M. J. (Eds.). (1995). *Constructivism in psychotherapy*. American Psychological Association. https://doi.org/10.1037/10170-000

Novaco, R. W. (1975). *Anger control: The development and evaluation of an experimental treatment*. Lexington.

Oatley, K. (1992). *Best laid schemes: The psychology of the emotions*. Cambridge University Press.

Ochsner, K. N., Bunge, S. A., Gross, J. J., & Gabrieli, J. D. (2002). Rethinking feelings: An FMRI study of the cognitive regulation of emotion. *Journal of Cognitive Neuroscience*, *14*(8), 1215-1229. https://doi.org/10.1162/089892902760807212

Olatunji, B. O., Lohr, J. M., & Bushman, B. J. (2007). The pseudopsychology of venting in the treatment of anger: Implications and alternatives for mental health practice. In T. A. Cavell & K. T. Malcolm (Eds.), *Anger, aggression, and interventions for interpersonal violence* (pp. 119-141). Lawrence Erlbaum Associates.

Paivio, S. C. (1999). Experiential conceptualization and treatment of anger. *Journal of Clinical Psychology*, *55*(3), 311-324. https://doi.org/10.1002/(SICI)1097-4679(199903)55:3〈311::AID-JCLP4〉3.0.CO;2-Y

Paivio, S. C. (2013). Essential processes in emotion-focused therapy. *Psychotherapy*, *50*(3), 341-345. https://doi.org/10.1037/a0032810

Paivio, S. C., & Greenberg, L. S. (1995). Resolving "unfinished business": Efficacy of experiential therapy using empty-chair dialogue. *Journal of Consulting and Clinical Psychology*, *63*(3), 419-425. https://doi.org/10.1037/0022-006X.63.3.419

Paivio, S. C., Hall, I. E., Holowaty, K. A. M., Jellis, J. B., & Tran, N. (2001). Imaginal confrontation for resolving child abuse issues. *Psychotherapy Research*, *11*(4), 433-453. https://doi.org/10.1093/ptr/11.4.433

Paivio, S. C., & Pascual-Leone, A. (2010). *Emotion-focused therapy for complex trauma: An integrative approach*. American Psychological Association. https://doi.org/10.1037/12077-000

Panksepp, J. (2008). The affective brain and core consciousness: How does neural activity generate emotional feelings? In M. Lewis, J. M. Haviland-Jones, & L. F. Barrett (Eds.), *Handbook of emotions* (pp. 47-67). Guilford Press.

Pascual-Leone, A. (2009). Dynamic emotional processing in experiential therapy: Two steps forward, one step back. *Journal of Consulting and Clinical Psychology*, *77*(1), 113-126. https://doi.org/10.1037/a0014488

Pascual-Leone, A., Gilles, P., Singh, T., & Andreescu, C. A. (2013). Problem anger in psychotherapy: An emotion-focused perspective on hate, rage, and rejecting anger. *Journal of Contemporary Psychotherapy*, *43*(2), 83-92. https://doi.org/10.1007/s10879-012-9214-8

Pascual-Leone, A., & Greenberg, L. S. (2007). Emotional processing in experiential therapy: Why "the only way out is through." *Journal of Consulting and Clinical Psychology*, *75*(6), 875-887. https://doi.org/10.1037/0022-006X.75.6.875

Pascual-Leone, A., & Paivio, S. C. (2013). Emotion-focused therapy for anger in complex trauma. In E. Fernandez (Ed.), *Treatments for anger in specific populations: Theory, application, and outcome* (pp. 33-51). Oxford University Press.

Pascual-Leone, J. (1990). An essay on wisdom: Toward organismic processes that make it possible. In R. J. Sternberg (Ed.), *Wisdom: Its nature, origins, and development* (pp. 244-278). Cambridge University Press. https://doi.org/10.1017/CBO9781139173704.013

Pascual-Leone, J., & Johnson, J. M. (2021). *The working mind: Meaning and mental attention in human development*. The MIT Press. https://doi.org/10.7551/mitpress/13474.001.0001

Pennebaker, J. W. (Ed.). (1995). *Emotion, disclosure, and health*. American Psychological Association. https://doi.org/10.1037/10182-000

Pennebaker, J. W. (1997). Writing about emotional experiences as a therapeutic process. *Psychological Science*, *8*(3), 162-166. https://doi.org/10.1111/j.1467-9280.1997.tb00403.x

Pennebaker, J. W., & Francis, M. E. (1996). Cognitive, emotional, and language processes in disclosure. *Cognition and Emotion*, *10*(6), 601-626. https://doi.org/10.1080/026999396380079

Perls, F. S., Hefferline, R. F., & Goodman, P. (1951). *Gestalt therapy*. Julian Press.

Phelps, E. A., & LeDoux, J. E. (2005). Contributions of the amygdala to emotion processing: From animal models to human behavior. *Neuron*, *48*(2), 175-187. https://doi.org/10.1016/j.neuron.2005.09.025

Pittman, C. T. (2011). Getting mad but ending up sad: The mental health consequences for African Americans using anger to cope with racism. *Journal of Black Studies*, *42*(7), 1106-1124. https://doi.org/10.1177/0021934711401737

Plaks, J. E., Robinson, J. S., & Forbes, R. (2022). Anger and sadness as moral signals. *Social Psychological & Personality Science*, *13*(2), 362-371. https://doi.org/10.1177/19485506211025909

Plutchik, R. (1962). *The emotions: Facts, theories and a new model*. Crown Publishing Group/Random House.

Plutchik, R. (2000). *Emotions in the practice of psychotherapy: Clinical implications of affect theories*. American Psychological Association. https://doi.org/10.1037/10366-000

Porges, S. W. (2007). The polyvagal perspective. *Biological Psychology*, *74*(2), 116-143. https://doi.org/10.1016/j.biopsycho.2006.06.009

Porges, S. W. (Ed.). (2011). *The polyvagal theory: Neurophysiological foundations of emotions, attachment, communication, and self-regulation*. W. W. Norton & Co.

Pos, A., Geller, S., & Oghene, J. (2011, June 29-July 2). *Therapist presence, empathy, and the working alliance in experiential treatment for depression* [Paper presentation]. Meeting of the Society for Psychotherapy Research, Bern, Switzerland.

Potter-Efron, R. (2011). *Healing the angry brain: How understanding the way your brain works can help you control anger and aggression*. New Harbinger Publications.

Pulakos, J. (1996). Family environment and shame: Is there a relationship? *Journal of Clinical Psychology*, *52*(6), 617-623. https://doi.org/10.1002/(SICI)1097-4679(199611)52:6〈617::AID-JCLP3〉3.0.CO;2-H

Ralston, M. B. (2006). *Imaginal confrontation versus evocative empathy in emotion-focused trauma therapy* [Unpublished doctoral dissertation]. University of Windsor.

Ramirez, J. M., Santisteban, C., Fujihara, T., & Van Goozen, S. (2002). Differences between experience of anger and readiness to angry action: A study of Japanese and Spanish students. *Aggressive Behavior*, *28*, 429-438. https://doi.org/10.1002/ab.80014

Retzinger, S. M. (1995). Identifying shame and anger in discourse. *American Behavioral Scientist*, *38*(8), 1104-1113. https://doi.org/10.1177/0002764295038008006

Rice, L. N., & Greenberg, L. S. (Eds.). (1984). *Patterns of change: Intensive analysis of psychotherapy process.* Guilford Press.

Ritter, K., Vater, A., Rüsch, N., Schröder-Abé, M., Schütz, A., Fydrich, T., Lammers, C. H., & Roepke, S. (2014). Shame in patients with narcissistic personality disorder. *Psychiatry Research*, *215*(2), 429-437. https://doi.org/10.1016/j.psychres.2013.11.019

Rizvi, S. L., & Linehan, M. M. (2005). The treatment of maladaptive shame in borderline personality disorder: A pilot study of "opposite action." *Cognitive and Behavioral Practice*, *12*(4), 437-447. https://doi.org/10.1016/S1077-7229(05)80071-9

Rogers, C. R. (1959). A theory of therapy, personality and interpersonal relationships, as developed in the client-centered framework. In S. Koch (Ed.) *Psychology: A study of a science* (Vol. 3, pp. 184-256). McGraw Hill.

Ross, C. E., & Van Willigen, M. (1996). Gender, parenthood, and anger. *Journal of Marriage and Family*, *58*(3), 572-584. https://doi.org/10.2307/353718

Rubin, Z. (1970). Measurement of romantic love. *Journal of Personality and Social Psychology*, *16*(2), 265-273. https://doi.org/10.1037/h0029841

Scheff, T. J., & Retzinger, S. M. (1991). *Emotions and violence: Shame and rage in destructive conflicts.* Lexington Books/D. C. Heath and Com.

Schopenhauer, A. (1969). *The world as will and representation*. Dover Pub. Schore, A. N. (2003). *Affect dysregulation & disorders of the self*. W. W. Norton & Co.

Shahar, B., Doron, G., & Szepsenwol, O. (2015). Childhood maltreatment, shame-proneness and self-criticism in social anxiety disorder: A sequential mediational model. *Clinical Psychology & Psychotherapy*, *22*(6), 570-579. https://doi.org/10.1002/cpp.1918

Sharkin, B. S. (1993). Anger and gender: Theory, research, and implications. *Journal of Counseling and Development*, *71*(4), 386-389. https://doi.org/10.1002/j.1556-6676.1993.tb02653.x

Shore, A. N. (2003). *Affect regulation and the repair of the self*. W. W. Norton & Co.

Short, D. (2001). Mandatory counseling: Helping those who do not want to be helped. In B. B. Geary & J. K. Zeig (Eds.), *The handbook of Ericksonian psychotherapy* (pp. 333-351). The Milton H. Erickson Foundation Press.

Sicoli, L. A. (2005). *Development and verification of a model of resolving hopelessness in process-experiential therapy of depression* [Unpublished doctoral dissertation].

York University.

Siegman, A. W., & Snow, S. C. (1997). The outward expression of anger, the inward experience of anger and CVR: The role of vocal expression. *Journal of Behavioral Medicine*, *20*(1), 29–45. https://doi.org/10.1023/A:1025535129121

Smart Richman, L., & Leary, M. R. (2009). Reactions to discrimination, stigmatization, ostracism, and other forms of interpersonal rejection: A multimotive model. *Psychological Review*, *116*(2), 365–383. https://doi.org/10.1037/a0015250

Snell, W. E., Gum, S., Shuck, R. L., Mosley, J. A., & Kite, T. L. (1995). The Clinical Anger Scale: Preliminary reliability and validity. *Journal of Clinical Psychology*, *51*(2), 215–226. https://doi.org/10.1002/1097-4679(199503)51:2〈215::AIDJCLP2270510211〉3.0.CO;2-Z

Spielberger, C. D., Reheiser, E. C., & Sydeman, S. J. (1995). Measuring the experience, expression, and control of anger. *Issues in Comprehensive Pediatric Nursing*, *18*(3), 207–232. https://doi.org/10.3109/01460869509087271

Spinoza, B. (1967). *Ethics (Part IV)*. Hafner Publishing Company. (Original work published 1677)

Stern, D. N. (1985). *The interpersonal world of the infant: A view from psychoanalysis and developmental psychology*. Basic Books.

Tangney, J. P., & Dearing, R. L. (2002). *Shame and guilt*. Guilford Press. https://doi.org/10.4135/9781412950664.n388

Tangney, J. P., Miller, R. S., Flicker, L., & Barlow, D. H. (1996). Are shame, guilt, and embarrassment distinct emotions? *Journal of Personality and Social Psychology*, *70*(6), 1256–1269. https://doi.org/10.1037/0022-3514.70.6.1256

Tangney, J. P., Wagner, P. E., Hill-Barlow, D., Marschall, D. E., & Gramzow, R. (1996). Relation of shame and guilt to constructive versus destructive responses to anger across the lifespan. *Journal of Personality and Social Psychology*, *70*(4), 797–809. https://doi.org/10.1037/0022-3514.70.4.797

Tarba, L. R. (2015). *Relating a model of resolution of arrested anger to outcome in emotion-focused therapy of depression* [Unpublished doctoral dissertation]. York University.

Tarba, L. R. (2007). *A task analysis of the expression of arrested anger in the resolution of depression in emotion-focused therapy* [Unpublished master's thesis]. York University.

Tausch, N., & Becker, J. C. (2013). Emotional reactions to success and failure of collective action as predictors of future action intentions: A longitudinal investigation in the context of student protests in Germany. *British Journal of Social Psychology*, *52*(3), 525-542. https://doi.org/10.1111/j.2044-8309.2012.02109.x

Terrizzi, J. A., Jr., & Shook, N. J. (2020). On the origin of shame: Does shame emerge from an evolved disease-avoidance architecture? *Frontiers in Behavioral Neuroscience*, *14*, Article 19. https://doi.org/10.3389/fnbeh.2020.00019

The Canadian Oxford Dictionary. (1998). *The Canadian Oxford dictionary*. Oxford University Press.

Thomas, S. A., & González-Prendes, A. A. (2009). Powerlessness, anger, and stress in African American women: Implications for physical and emotional health. *Health Care for Women International*, *30*(1-2), 93-113. https://doi.org/10.1080/07399330802523709

Thomas, S. P. (1989). Gender differences in anger expression: Health implications. *Research in Nursing & Health*, *12*(6), 389-398. https://doi.org/10.1002/nur.4770120609

Thompkins, T. (2004). *The real lives of strong Black women: Transcending myths, reclaiming joy*. Agate Publishing.

Tignor, S. M., & Colvin, C. R. (2017). The interpersonal adaptiveness of dispositional guilt and shame: A meta-analytic investigation. *Journal of Personality*, *85*(3), 341-363. https://doi.org/10.1111/jopy.12244

Timulak, L., & Keogh, D. (2022). *Transdiagnostic emotion-focused therapy: A clinical guide for transforming emotional pain*. American Psychological Association. https://doi.org/10.1037/0000253-000

Tompkins, S. S. (1963). *Affect, imagery, consciousness: II. The negative affects*. Springer.

Tompkins, S. S. (1987). Shame. In D. L. Nathanson (Ed.), *The many faces of shame* (pp. 133-161). Guilford Press.

Toohey, M. J. (2021). Cognitive behavioral therapy for anger management. In A. Wenzel (Ed.), *Handbook of cognitive behavioral therapy: Applications* (pp. 331-359). American Psychological Association. https://doi.org/10.1037/0000219-010

Traister, R. (2019). *Good and mad: The revolutionary power of women's anger*. Simon & Schuster.

Tregoubov, V. I. (2006). *Resolving clinical depression by accessing arrested anger* [Unpublished thesis]. York University.

Troop, N. A., Allan, S., Serpell, L., & Treasure, J. L. (2008). Shame in women with a history of eating disorders. *European Eating Disorders Review*, *16*(6), 480-488. https://doi.org/10.1002/erv.858

Tugade, M. M., & Fredrickson, B. L. (2004). Resilient individuals use positive emotions to bounce back from negative emotional experiences. *Journal of Personality and Social Psychology*, *86*(2), 320-333. https://doi.org/10.1037/0022-3514.86.2.320

Van Velsor, P., & Cox, D. L. (2001). Anger as a vehicle in the treatment of women who are sexual abuse survivors: Reattributing responsibility and accessing personal power. *Professional Psychology, Research and Practice*, *32*(6), 618-625. https://doi.org/10.1037/0735-7028.32.6.618

Velotti, P., Elison, J., & Garofalo, C. (2014). Shame and aggression: Different trajectories and implications. *Aggression and Violent Behavior*, *19*(4), 454-461.

Vrij, A. (2018). Nonverbal detection of deception. In H. Otgaar & M. L. Howe (Eds.), *Finding the truth in the courtroom: Dealing with deception, lies, and memories* (pp. 163-185). Oxford University Press.

Watson, J. C. (2021). Responsiveness in emotion-focused therapy. In J. C. Watson & H. Wiseman (Eds.), *The responsive psychotherapist: Attuning to clients in the moment* (pp. 171-194). American Psychological Association. https://doi.org/10.1037/0000240-009

Watson, J. C., & Greenberg, L. S. (2017). *Emotion-focused therapy for generalized anxiety*. American Psychological Association.

Webb, M., Heisler, D., Call, S., Chickering, S. A., & Colburn, T. A. (2007). Shame, guilt, symptoms of depression, and reported history of psychological maltreatment. *Child Abuse & Neglect*, *31*(11-12), 1143-1153. https://doi.org/10.1016/j.chiabu.2007.09.003

Weiss, J., Sampson, H., & the Mt Zion Psychotherapy Research Group. (1986). *The psychoanalytic process: Theory, clinical observations, and empirical research*. Guilford Press.

Whelton, W. J., & Greenberg, L. S. (2005). Emotion in self-criticism. *Personality and Individual Differences*, *38*(7), 1583-1595. https://doi.org/10.1016/j.paid.2004.09.024

Wille, R. (2014). The shame of existing: An extreme form of shame. *The International Journal of Psycho-Analysis*, *95*(4), 695-717. https://doi.org/10.1111/1745-8315.12208

Wingfield, A. H. (2010). Are some emotions marked "Whites only"? Racialized feeling rules in professional workplaces. *Social Problems*, *57*(2), 251-268. https://doi.org/10.1525/sp.2010.57.2.251

Woldarsky Meneses, C., & Greenberg, L. S. (2011). The construction of a model of the process of couples' forgiveness in emotion-focused therapy for couples. *Journal of Marital and Family Therapy*, *37*(4), 491-502. https://doi.org/10.1111/j.1752-0606.2011.00234.x

Woldarsky Meneses, C., & Greenberg, L. S. (2014). Interpersonal forgiveness in emotion-focused couples' therapy: Relating process to outcome. *Journal of Marital and Family Therapy*, *40*(1), 49-67. https://doi.org/10.1111/j.1752-0606.2012.00330.x

Wolfgang, L. E. (1998). *Relationship between childhood sexual abuse in women, internalized shame, and attachments to peers, mother, and father* [Unpublished doctoral dissertation]. New Mexico State University.

찾아보기

인명

내용

ㅇ

저자 소개

Leslie S. Greenberg, PhD

캐나다 온타리오주 토론토에 있는 요크대학교(York University)의 심리학 석좌 연구 교수(Distinguished Research Professor)로, 심리치료에서 정서를 다루는 데 있어 최고의 권위자이자 증거 기반 접근 방식인 정서중심치료(emotion-focused therapy)의 개발자이다. 그는 개인과 부부를 위한 정서중심치료 접근법에 관한 주요 저서를 집필했다. 가장 최근 저서는『Changing Emotion With Emotion』(2021)이다. Greenberg 박사는 변화의 과정에 관한 연구를 광범위하게 발표했다. 그는 국제심리치료연구학회(International Society for Psychotherapy Research)의 저명한 연구 경력상(Distinguished Research Career Award)과 미국심리학회(American Psychological Association)에서 수여하는 칼 로저스상(Carl Rogers Award)을 수상했다. 또한 캐나다전문심리학프로그램협의회 전문교육우수상(Canadian Council of Professional Psychology Program Award for Excellence in Professional Training)을, 전문직으로서의 심리학에 기여한 공로를 인정받아 캐나다심리학회 전문인상(Canadian Psychological Association Professional Award)을 수상했다. 여러 심리치료 학술지의 편집위원으로도 활동하고 있는 Greenberg 박사는 심리치료통합탐구학회(Society of the Exploration of Psychotherapy Integration: SEPI)의 창립 멤버이자 심리치료연구학회(Society for Psychotherapy Research: SPR)의 전 회장이다. 국제정서중심치료협회(International Society for Emotion Focused Therapy: ISEFT)의 명예 이사이며 현재 은퇴했지만 여전히 활동 중이다. 전 세계 사람들을 대상으로 정서중심 접근법을 교육하고 슈퍼비전하고 있다. 일하지 않을 때는 아내 Shelley, 두 자녀와 파트너, 그리고 무엇보다도 두 손자와 함께 시간을 보내는 것을 좋아한다.

역자 소개

김영근(Kim, Youngkeun), **PhD**

충북대학교 심리학과 상담심리학 전공으로 석사학위를, 서울대학교 교육학과 교육상담 전공으로 박사학위를 취득하여, 현재 인제대학교 상담심리치료학과에서 부교수로 재직하면서 학부생, 일반대학원생 및 교육대학원생들을 지도하고 있다. 그는 박사과정 재학시절 교육과학기술부로부터 'Global PhD Fellowship'에 선정되어 3년간 장학금을 전폭적으로 지원받았으며, 서울대학교 BK21플러스미래교육디자인연구사업단장으로부터 연구 실적이 우수함을 인정받아 'Junior Scholar Fellowship'에 선정되기도 하였다. 그리고 (사)한국상담심리학회로부터 우수박사학위논문상에 이어 박사학위 취득 후 7년 이내의 학자로서 4년간의 실적을 인정받아 소장학자 학술상을 수상하기도 하였다. 또한 (사)한국상담학회로부터 두 차례에 걸쳐 학술상을 수상했고, 그가 재직하고 있는 인제대학교에서 인제학술상을, 교육부 장관으로부터 제41회 스승의 날 학술진흥 분야의 유공 교원으로서 표창장을 수여받았다. 그는 박사학위 논문을 준비하면서부터 지금까지 정서중심치료에 지대한 관심을 가지고 있다. 이를 출발로 Leslie Greenberg 박사의 제자인 Antonio Pascual-Leone 박사가 소속된 캐나다 윈저대학교 심리학과에서 연구년을 가진 이후 국제정서중심치료학회 및 한국정서중심치료연구회에 소속되어 국내외 정서중심치료 학자들과 교류하면서 관련 연구와 교육을 수행하고 있다. 또한 최근에 한국정서변화와 성장연구소(Korean Institute for Emotional Transformation and Growth)를 설립하여 운영하고 있다. 현재 (사)한국상담학회『상담학연구』및『상담학연구: 사례 및 실제』학술지의 편집위원장과 함께 한국심리치료상담학회의 감사를 맡고 있다.

상담 및 심리치료에서
수치심과 분노 다루기
Shame and Anger in Psychotherapy

2025년 7월 15일 1판 1쇄 발행
2026년 1월 20일 1판 2쇄 발행

지은이 • Leslie S. Greenberg
옮긴이 • 김영근
펴낸이 • 김진환
펴낸곳 • ㈜ 학지사
04031 서울특별시 마포구 양화로 15길 20 마인드월드빌딩
대표전화 • 02-330-5114 팩스 • 02-324-2345
등록번호 • 제313-2006-000265호

홈페이지 • http://www.hakjisa.co.kr
인스타그램 • https://www.instagram.com/hakjisabook

ISBN 978-89-997-3449-6 93180

정가 25,000원